新 时 代

乡村振兴与农业农村现代化实务探索

主编：何旗红

下

黄海数字出版社

第七篇
现代农村农业电商
推广实务

第一章　现代农村与农业电商

现代农业的核心是科学化，特征是商品化，方向是集约化，目标是产业化。换句话讲，现代农业最核心的内容就是现代科学技术：现代农业必须用先进设备来解放人力；必须把从事农业的人集结起来，为了共同的目标，大家分工协作朝着产业链的方向努力：把有限的资源进行统一调配和使用，让资源配置更加高效：生产的农产品不是为了自给自足而是为了能卖出去，能赚到钱。

第一节　现代农业的含义

一、农业与现代农业

农业属于第一产业，是支撑国民经济建设与发展的基础产业，以有生命的动植物为主要劳动对象，以土地为基本生产资料，依靠生物的生长发育来取得动植物产品的社会生产活动。由于各国的国情不同，农业包括的范围也不同。狭义的农业仅指种植业或农作物栽培业；广义的农业包括种植业、林业、畜牧业、副业和渔业。一些经济发达国家，还包括为农业提供生产资料的前部门和农产品加工、储藏、运输、销售等后部门。现阶段，中国农业包括农业（农作物栽培，包括大田作物和园艺作物的生产）、林业（林木的培育和采伐）、牧业（畜禽饲养）、副业（采集野生植物、捕猎野兽以及农民家庭手工业生产）、渔业（水生动植物的采集、捕捞和养殖）。根据生产力的性质和状况，农业可分为原始农业、古代农业、近代农业和现代农业。

现代农业指广泛应用现代科学技术、现代工业提供的生产资料和现代生产管理方法的社会化农业。农业的根本特点是经济再生产与自然再生产交织在一起，受生物的生长繁育规律和自然条件的制约，具有强烈的季节性和地域性：生产时间与劳动时间不一致：生产周期长，资金周转慢：产品大多具有鲜活性，不便运输和储藏，单位产品的价值较低。中国幅员辽阔，从南到北跨热带、亚热带、温带和寒温带，农作物类型和作物栽培制度不同，从一年三季、一年两季到一年一季，区域间差异十分显著。农业是人类社会赖以生存的基本生活资料的来源，是社会分工和国民经济其他部门成为独立的生产部门的前提和进一步发展的基础，也是一切非生产部门存在和发展的基础。国民经济其他部门发展的规模和速度，都要受到农业生产力发展水平和农业劳动生产率高低的制约。

二、现代农业与传统农业有什么区别

传统农业单纯依靠农业内部物质循环，现代农业以科学技术为强大支柱。以现代工业装备为物质条件，是依靠增加大量现代工业装备和现代物质投入的、开放的高效农业系统。从发达国家的实践来看，现代农业主要有 4 个特点：

一是以工业化带动农业现代化；

二是机械动力替代人（畜）力、以信息技术控制来代替人工操作；

三是城镇化促进农业劳动力的转移，而农业劳动力的减少和非农产业的扩大又推动城镇化向更高水平迈进，从而加快了城乡经济的协调发展；

四是以农业机械化带动农业劳动生产率与土地生产率的不断提高。

现代农业以产业化为重要途径，伴随着市场经济的发展而发展，通过多种形式联合起来，实现产业化生产、一体化经营，使农业生产呈现专业化、规模化、科学化和商品化趋势。我国于20世纪90年代初提出了农业产业化经营的发展道路，这是符合现代农业发展趋势和要求的。在市场经济迅速发展、市场竞争十分激烈的情况下，家庭经营通过多种形式联合起来，实现产业化生产、一体化经营，使农业生产呈现专业化、规模化、科学化和商品化趋势，已成为现代农业发展的重要途径。农业是经济再生产与自然再生产交织在一起的过程，其发展既受自然因素的制约，也受生物规律和市场规律的制约。鉴于农业具有明显的基础性、公益性、战略性，发达国家和一些发展中国家政府在现代农业发展的不同阶段。都采取了一系列的有力扶持保护措施，在价格、信贷、税收、贸易、资源、科技、教育等方面制定相应的政策，推动了现代农业的全面发展。

现代农业的核心是科学化，特征是商品化，方向是集约化，目标是产业化。突破传统农业单纯或主要从事初级农产品原料生产的局限性，实现种养加（种植业、养殖业、加工业）、产供销（生产、供应、销售）、贸工农（贸易、工业、农业）一体化生产，使农业的内涵不断得到拓宽和延伸。突破传统农业远离城市或城乡界限明显的局限性，实现城乡经济社会和谐发展。突破传统农业部门分割、管理交叉、服务滞后的局限性，按照市场经济体制和农村生产力发展要求，建立一个全方位的、权责一致、上下贯通的现代农业管理及社会化服务体系。突破传统农业封闭低效、自给半自给的局限性，立足全球，发挥资源优势和区位优势，实现农产品优势区域布局、农产品贸易国内外流通，使之有利于资源的合理利用、先进科学技术的推广应用、优质农产品标准化生产和现代管理手段的实际运用，不断提高农业的经济效益、社会效益和生态效益。

第二节　电子商务与现代农业的结合

现代农业是以生物技术和信息技术为先导的、技术高度密集的科技型产业：现代农业信息技术是现代信息技术与农业科学相结合的新兴交叉学科，主要研究现代信息技术在农业领域应用的理论与方法，利用高新技术改造传统农业，为农业生产、经营管理、科学研究和技术推广提供新的思路、管理技术、试验手段和传播途径，促进传统经验型农业向现代精确型农业转变。农业信息化包括管理信息化、服务网络化、农作数字化、智能化和精准化。我国农业是传统的弱质产业，历来存在着生产经营分散、产品竞争力不强、流通环节多、交易成本高、标准化程度低等问题：面临小农户与大市场的矛盾，农产品流通已成为我国农业发展的致命弱点。如何建立一种市场信息流通、规范、高效的农产品流通新模式，已成为降低我国农产品交易成本，提高农业整体收益。保证农业持续稳定健康发展和促进农民增收的重大现实问题。而电子商务作为一种以信息网络为基础的商务信息平台。为解决以上问题提供了较成熟完善的技术条件。

发展农业电子商务，可以解决农业信息畅通问题。我国农业结构存在的问题主要集中在信息、技术、产品管理、配送问题上，而信息问题最为重要。发展农业电子商务，可为物质能源产业的信息化改革服务。更好地促进其沿时代的方向发展，从而形成信息商务化、数字化。可以将农业生产的产前、产中、产后诸环节有机地结合到一起，解决了农业生产与市场信息不对称的问题，可以帮助领导科学决策，指导生产者进行合理的生产，可以有效避免盲目发展带来的不良影响。目前，农业经济增长对物质投入的依赖趋于减少，而越来越依靠信息劳动，依靠人的智力和知识的投入，利用电子商务强大的网络功能，可以跨越时间和地域的障碍，使农产品供需双方及时沟通，使农业生产者能够及时了解市场信息，根据市场需求情况合理组织生产，以避免因产量和价格的巨大波动带来的效益不稳定，降低农业生产风险。

发展农业电子商务，可以解决制约农业发展的农产品流通问题，有利于拓宽农产品销售渠道。目前，我国农产品流通体系不仅在实现正常的产品流通上尚有问题，而且功能也不完善，更不能起到有效引导和组织生产的作用。农民虽然在多方面已经努力地去适应市场的需要，但在销售方面显然与市场经济的要求相去甚远，不能主动地选择最有利的市场去销售，而是被动地等待市场的选择。电子商务的发展无疑为解决农业发展中农产品的流通问题提供了广阔的空间，利用电子商务技术改造传统经济下的流通过程，形成由信息流、资金流、物流、商流组成的并以信息流为核心的全新流通流程、推动农业的新发展。通过电子商务构建的网络商务平台，可以实现农产品流通的规模化、组织化。一方面，可以使交易双方处于信息对等的地位，避免了因信息不对称而造成的利益损失；另一方面，还提供了一种新的农产品销售渠道和方式，让供求双方最大可能的直接进行交易，从而减少交易环节，降低交易成本。

第三节　农产品电子商务的基本概念

一、农产品的概念

农产品的定义有多种说法，《中国大百科全书·农业卷》将农产品解释为：广义的农产品包括农作物、畜产品、水产品和林产品；狭义的农产品则仅指农作物和畜产品。《经济大辞典·农业经济卷》将"初级产品"定义为：初级产业产出的未加工或只经初加工的农、林、牧、渔、矿等产品。其中有的直接用于消费，有的用作制造其他产品的原料。初级产品有的是未经加工的原始形态的产品，有的是经过初步加工的产品。《中华人民共和国农产品质量安全法》中所称的农产品，是指来源于农业的初级产品，即在农业活动中获得的植物、动物、微生物及其产品。这里讲的"农业活动"，既包括传统的种植、养殖、采摘、捕捞等农业活动，也包括设施农业、生物工程等现代农业活动。"植物、动物、微生物及其产品"，是广义的农产品概念，包括在农业活动中直接获得的未经加工的以及经过分拣、去皮、剥壳、粉碎、清洗、切割、冷冻、打蜡、分级、包装等粗加工，但未改变其基本自然性状和化学性质的初加工产品。区别于经过加工已基本不能辨认其原有形态的"食品"或"产品"。这样来理解农产品的具体内涵有利于人们明确对象,有效采取措施。

二、农产品电子商务的基本概念

(一)农产品电子商务的定义

所谓农产品电子商务就是指围绕农村的农产品生产、经营而开展的一系列的电子化的交易和管理活动,包括农业生产的管理、农产品的网络营销、电子支付、物流管理以及客户关系管理等。它是以信息技术和网络系统为支撑,对农产品从生产地到顾客手上进行全方位、全过程的管理。发展农产品电子商务具有全局性、战略性和前瞻性,与国家建设社会主义新农村的战略相一致。

通过网络平台嫁接各种服务于农村的资源,拓展农村信息服务业务和服务领域,使之兼而成为遍布乡、镇、村的"三农"信息服务站。作为农产品电子商务平台的实体终端直接扎根于农村、服务于"三农",真正使"三农"服务落地,使农民成为平台的最大受益者。

农产品电子商务平台配合密集的乡村连锁网点,以数字化、信息化的手段、通过集约化管理、市场化运作、成体系的跨区域跨行业联合,构筑紧凑而有序的商业联合体,降低农村商业成本、扩大农村商业领域、使农民成为平台的最大获利者,使商家获得新的利润增长点。

农产品电子商务服务包含网上农贸市场、数字农家乐、特色旅游、特色经济和招商引资等内容。

一是网上农贸市场。迅速传递农、林、渔、牧业供求信息,帮助外商出入属地市场和属地农民开拓国内市场、走向国际市场。进行农产品市场行情和动态快递、商业机会撮合、产品信息发布等内容。

二是特色旅游。依托当地旅游资源,通过宣传推介来扩大对外知名度和影响力。从而全方位介绍属地旅游线路和旅游特色产品及企业等信息,发展属地旅游经济。

三是特色经济。通过宣传、介绍各个地区的特色经济、特色产业和相关的名优企业、产品等,扩大产品销售通路,加快地区特色经济、名优企业的迅猛发展。

四是数字农家乐。为属地的农家乐(有地方风情的各种餐饮、娱乐设施或单元)

提供网上展示和宣传的渠道。通过运用地理信息系统技术，制作全市农家乐分布情况的电子地图，同时采集农家乐基本信息，使其风景、饮食、娱乐等各方面的特色尽在其中，一目了然。既方便城市百姓的出行，又让农家乐获得广泛的客源，实现城市与农村的互动，促进当地农民增收。

五是招商引资。搭建各级政府部门招商引资平台，介绍政府规划发展的开发区、生产基地、投资环境和招商信息，更好地吸引投资者到各地区投资生产经营活动。

尽管农产品电子商务的发展条件日臻成熟，但建立和完善农产品电子商务不是一朝一夕就能完成的工程，因此，农产品电子商务发展的道路任重而道远，还需要社会多方的共同努力。

（二）农业电子商务的定义

农业电子商务是指利用互联网、计算机、多媒体等现代信息技术，为从事涉农领域的生产经营主体提供在网上完成产品或服务的销售、购买和电子支付等业务交易的过程。农业电子商务是一种全新的商务活动模式，它充分利用互联网的易用性、广域性和互通性，实现了快速可靠的网络化商务信息交流和业务交易。

农业电子商务同样应以农业网站平台为主要载体，为农业电子商务提供服务，或直接服务、完成、实现电子商务，或直接经营商务业务的过程。农业电子商务，是一个涉及社会方方面面的系统工程，包括政府、企业、商家、消费者、农民以及认证中心、配送中心、物流中心、金融机构、监管机构等，通过网络将相关要素组织在一起，其中信息技术扮演着极其重要的基础性的角色。在传统社会经济活动过程中，一直就存在两类经济活动形式：一个是企业之间的经济活动，一个是企业和消费者之间的经济活动。从经济活动来说，无论是企业之间，还是企业与个人之间，只存在两种经济活动内容：一种是提供产品，一种是提供服务。

全球移动互联网大会（CMIC）最新发布：在我国，电子商务概念先于电子商务应用与发展，网络和电子商务技术需要不断"拉动"企业的商务需求，进而引致我国电子商务的应用与发展。了解这一不同点是很重要的，这是我国电子商务发展的一大特点，也是理解我国电子商务应用与发展的一把钥匙。

电子商务日益广泛的应用显著地拉动第三产业的发展，创造了大量的就业和创业机会。并在促进中小企业融资模式创新、推进企业转型、建立新型企业信用评价体系等方面发挥了积极的作用。

电子商务具有更广阔的环境：人们不受时间的限制，不受空间的限制。不受传统购物的诸多限制，可以随时随地在网上交易。在网上这个世界将会变得很小，一个商家可以面对全球的消费者，而一个消费者可以在全球的任何一家商家购物。使用电子商务能够实现更快速的流通和更低廉的价格，电子商务减少了商品流通的中间环节，节省了大量的开支，从而也大大降低了商品流通和交易的成本。如今人们越来越追求时尚、讲究个性，注重购物的环境，网上购物更能体现个性化的购物过程。

我国电子商务发展迅猛。据中国电子商务研究中心报告，2010年，我国网上零售额规模达5131亿元，较2009年翻了一番，约占社会商品零售总额的3%，B2C（企业通过电子商务平台直接向终端消费者销售产品或提供服务）、C2C（通过电子商务平台，买方与卖方直接沟通的电子商务模式）、其他非主流模式企业数达 15800 家，同比增长58.6%，预计2011年将突破2万家，网上零售用户规模达1.58亿人，个人网店数量达1350万家，同比增长 19.2%。预计到2018 年，我国网上零售市场将会步入全新台阶，突破5万亿元大关，占全社会商品零售总额的20%以上。

（三）农村移动电子商务的定义

农村移动电子商务是指在建立农村移动电子商务平台的基础上，通过手机终端和农信通电子商务终端，建立起覆盖"县城大型连锁超市、乡镇规模店、村级农家店"的现代农村流通市场新体系，推进工业品进村、农产品进城、门店资金归集三大应用，实现信息流的有效传递、物流的高效运作、资金流的快捷结算，促进农村经济发展。以农产品进城为例，之前农产品的买方与卖方缺少信息沟通与交易的第三方中介，信良沟通与农产品交易不畅，推广农村移动电子商务后，农产品生产方（农户）与农产品购买方（城区超市）将建立起信息交互新模式，城区超市配送中心通过"农信通"电子商务终端向农村门店发出农产品收购需求，农村门店将信息发送到种养、购销大户手机上，确认采购意向后，再与城区超市配送中心确认订单，种养大户将相应农产品供应至农家店，城区超市配送中心在配送工业品的同时收购农产品返回城市。

三、农产品电子商务的发展优势

（一）经营成本低

零售企业开店投入的资金中。相当一部分花在地产租金上。在大城市，寸土寸金，一些繁华地带的租金动辄每平方米每年上万元，这样的高成本投入，使得我国零售企业很难拥有价格优势。而农村市场开发程度低，地价也大大低于城市，大大节约了企业的资金，降低了经营成本。另一方面，农村地区劳动力成本也大大低于城市。大城市人口密度大，消费水平高，劳动力工资水平自然也水涨船高，平均月工资多5000元以上；中小城市、农村地区，收入水平与大城市整体相差悬殊。农村电子商务的成本低，进入门槛也较低。

（二）竞争阻力小

相对于大城市优胜劣汰的激烈商战，中小城市和农村的竞争要小得多。目前，占据这些地区商业领域的主要是一些地方的中小型商业企业以及为数众多的零散经营个体零售业者，普遍存在着规模小、布局混乱、组织化程度低、商品质量差等诸多问题。因此，我国商业零售企业正好可以充分利用自身在品牌、资金、管理等方面的优势轻松占领农村电子商务市场。除了直接投资开店之外，还可通过收购、兼并、嫁接、加盟等形式的资产重组形式吸纳那些当地不景气的商场、市场，实现低成本、大规模的扩张。

（三）市场潜力大

我国是一个农村人口占绝大多数的国家，70%以上人口分布在农村地区，从这个意义上说。只有占领了农村市场才是真正占领了我国市场。尽管现在农民的购买力相对比较低，但农村丰富的人口资源在一定程度上弥补了购买力的不足。从长远来看，我国要建设小康社会，农村经济的发展、农民收入的提高是可预期的，因此农民购买力的提高是一个必然趋势，农村电子商务市场的潜力是无限的。

四、农村发展电子商务的条件

我国的国家信息基础设施建设发展迅速，基本完成了框架结构，为我国农产品电子商务提供了良好的基础。原中国电信已建成开通了覆盖全国的数据通信网络。其中，中国公用分组交换数据网于 1993 年建成开通，是中国电信最早建成的数据通信网络，网络规模目前已经覆盖到2200多个城市，并与世界上23个国家和地区的44个数据网互联。中国公用数字数据网1994年开通，目前骨干网已通达所有省会城市，覆盖到2000个县以上城市和2000多个经济发达地区的乡镇。中国公用计算机互联网目前已经有20多个省市的接入网建成。网络节点遍布全国200多个城市，并与美国等5个国家的

12个运营商有直达路由连接。中国公用宽带网目前已覆盖全国所有省会城市，20个省的省内宽带网已基本建成。中国公众多媒体通信网主要提供国内信息服务和各种应用。

五、农业电子商务的发展阶段

（一）农业电子商务必经发展阶段

（1）政府为主体、从"无"到"有"的启动建设阶段。此阶段以政府为主导，以面向农民提供农业信息服务为主，兼顾涉农企业。

（2）企业为主体、政府补贴的媒体平台阶段。该阶段的盈利模式有3种：一是向农用生产资料企业收取广告费。由于在很多农村地区还未能解决"最后一公里"（即进入农家）问题，广告受众有限，所以广告收费难以维持公司的正常运营、二是政府提供项目经费支持。如在实施农业信息化建设项目、农村信息扶贫项目过程中，通过购买公司开发的手持终端机等方式，对公司给予财政上的支持。三是开展农业电子商务的公司，通过承包政府农业信息化项目建设，如软件开发、为政府提供技术支持等，获得财政上的支持。该阶段也有政府牵头、企业赞助的模式。不过，考虑到经济效益，企业赞助的区域范围及其所赞助的设备和技术是有限的。

（3）以企业为主体，搭建 B2B 商务平台。农民对市场信息的需求超越了简单的供求信息发布之后，就想通过更广阔的平台收获更大的经济效益，农产品电子商务将成为核心之一

（二）农业电子商务的开展方式

（1）没有农业企业网站的电子商务。很多人认为农业企业要开展电子商务必须要建立自己的网站，其实，如果自身资源有限的话，可以不必建立独立的网站。目前，国内"百度一下"（baidu.com）可搜索到聪网、Ebay 易趣、淘宝网、一拍网等著名的大型电子商务网站，它们为企业或个人提供了很好的电子商务平台，企业只需要在上面注册自己的网上商店，刊登自己的供求信息，就可以很好地推广自己，这样，企业就可以花少量的投资甚至免费来实现初级电子商务。

（2）拥有农业企业网站的电子商务。由于网站的级别不同，各农业企业开展的电子商务方式也不同。比如有的企业网站上面仅仅是提供企业名称，一些简单的产品介绍。联系方式，这种企业仅仅借助于网站，在互联网平台上介绍自己，好比一张名片，实际的商务活动实现仍然是传统的方式；而有的企业网站里面已经实现了在线购物，

其至在线付款等功能，完全可以利用互联网平台销售自己的产品和服务。农业企业选择什么样的网站形式，要根据自身实际来决定。

第四节　农产品电子商务的作用

一、电子商务提升农业竞争优势

基于信息系统整合的农业电子商务系统集各种专项系统的功能，为农户提供全方位服务，帮助农户以市场需求为指导，合理管理资源，安排生产。及时响应市场需要。它是一种全新理念和技术的结合，将突破传统管理思想，为农业带来全新的竞争优势。

（一）速度优势

基于系统整合的农业电子商务系统按整合的观念组织生产、销售、物流方式，最快速度响应客户需求，给农业带来速度优势。

（二）顾客资源优势

传统农业生产经营是被动的，没有着眼于客户，更没有将客户作为资源纳入管理。整合的农业电子商务系统可通过各种方式收集客户及市场信息，为企业提供最直接最有价值的信息资源。

（三）个性化产品优势

整合的电子商务系统可以解决个体生产难以解决的品种单一问题。实现多产品、少批量、个性化生产。其一，它可在互联网支持下形成一套快速生产、加工、运输、销售计划；其二，在信息技术支持下，农户和农业企业可根据市场战略随时调整产品、重新组合、动态演变，适应市场变化；其三，柔性管理可实行职能重新组合，让每个农户或团队获得独立处理问题的能力，通过整合各类专业人员的智慧，获得团队最优决策。技术、组织、管理三方面的结合，使个性化农业生产成为现实。

（四）成本优势

整合的电子商务系统解决了产品个性化生产和成本是一对负相关目标这一矛盾。低生产成本、零库存和零交易成本，使农户在获得多样化产品的同时，还获得了低廉的成本优势。综合上述，中国农业发展需要一套集企业管理思想和各种信息系统于大成的，投资少、实用的电子商务系统。

农户甚至不用自己拥有网络设施和管理系统，只要在乡政府中心机房就可以实现农户个体管理企业化、电子商务化。

二、电子商务加速农村经济进步

（一）降低农业生产风险，促进农业产业化

我国目前的农业生产基本是以家庭为单位的小规模生产，农业生产者之间基本上不存在信息交流，农户往往凭借自己往年的价格经验来选择生产项目，确定生产规模。

农业产业化的实质是市场化，即以市场为导向，在农产品的生产和流通过程中实现生产、加工、销售一条龙，在经济利益上依据平均利润率的产业化组织原则实现生产、加工、销售一体化，即形成生产和流通利益共同体，把农户与市场联结在一起。通过电子商务强大的网络功能，跨越时间和地域的障碍，使农产品供需双方及时沟通，农业生产者能够及时了解市场信息，根据市场需求情况合理组织生产，以避免因产量和价格的巨大波动带来的效益不稳定，降低农业生产风险。农业产业化不同于计划经济条件下的农业生产经营方式，必须以市场需求为导向，优化调整农业结构，生产适销对路的产品，按市场机制配置生产要素，并要求农业产业化经营的各个环节和过程按市场机制组织活动。

（二）拓宽农产品销售渠道，减少环节，提高农业效益

我国目前的农产品流通体系尚不健全，因此农产品销售仍然存在着渠道窄、环节多、交易成本高、供需链之间严重割裂等问题。通过电子商务实现农业生产资料信息化，互联网将市场需求信息准确而又及时地传递给买卖双方，同时根据生产量需求信息传递给供应商适时补充供给。在业务模式上，提供了交易市场、农产品直销、招标等交易模式，自行选择最适合自己的方式，真正实现电子商务的效能。

（三）形成新型的农产品流通模式，促进相关行业的发展

我国农产品交易链及其通路过程存在环节多、复杂、透明度不高、交易信息对称性较差等问题。产业发展的基础是生产，但市场和流通是决定产业发展的关键环节。农产品流通不畅已经成为阻碍农业和农村经济健康发展、影响农民增收乃至农村稳定的重要因素之一。农产品的"卖难"及农产品的结构性、季节性、区域性过剩，从流

通环节来看，主要存在两个问题：一是信息不灵，盲目跟风。市场信息的形成机制和信息传播手段落后使农户缺少市场信息的指导。二是农产品交易手段单一，交易市场管理不规范。现在传统的方式主要是一对一的现货交易，现代化的大宗农产品交易市场不普及，期货交易、远期合约交易形式更少。通过建立以计算机联网为基础的农产品市场信息网络，实现网络营销和网上支付。保证了各地农产品销路畅通、供销协调。透明化的价格可以提高网上交易量，从网上获取产品和价格信息将增加产品的可比性和价格的透明度。由于不同地理位置产生的价格差别也将因不断增加的竞争而减小。

这将在生产资料价格上有利于农民，但是不利于其所生产的农产品价格。这就造成这样一个特别的现象：哪里存在许多有差别的农产品并有经常性的供给，哪里就需要生产资料供应专家为其服务。

生产商可以通过一个安全的市场获得收益，采购方从有保证的供应中受益，农业生产者可通过网上贸易受益，越是完善的网上市场越能为农民创造利润，甚至一些网站提供运费计算器，这样可以使交易者在价格、质量和运费之间选择最佳的组合，提高了农业效益。还可以把基于信任的个人接触的销售模式移植到网上，提供订单、合同的流转和管理，从而带动与农产品销售相关的金融、物流、交通、运输、电信等第三产业和服务业的发展，加快农业产业化的进程。

三、农业电子商务社会经济效益

（一）农业电子商务的直接效益

（1）降低管理成本。电子商务通过电子手段、电子货币大大降低了传统的书面形式的费用，节约了单位贸易成本。有统计显示，使用电子商务方式处理单证的费用是原来书面形式的 1/10，可以有效节约管理成本。

（2）降低库存成本。可以实现"零库存"，大量的农产品库存意味着农业企业流动资金占用和仓储面积的增加，利用电子商务可以有效地管理农业企业库存，降低库存成本，这是电子商务在农业企业的生产和销售环节最突出的一个特点。通过电子商务还可以减少农产品库存的时间、降低农产品积压程度，进而实现"零库存"，库存量的减少意味着农业企业在原材料供应、仓储和管理开支上将实现大幅度的节省，尤其是在土地价格不断上涨的今天，更可以节约大量成本。

（3）降低采购成本。利用电子商务进行采购，可以降低大量的劳动力和邮寄成本，据统计，施乐、通用汽车、万事达信用卡 3 个不同行业、不同性质的企业，通过电子商务在线采购后，成本分别下降了83%、90%和 68%。

（4）降低交易成本。虽然企业从事农业电子商务需要一定的投入（如域名、软件系统、硬件系统的维护费用），但是与其他销售方式相比，使用农业电子商务进行贸易的成本将会大大降低。例如，将互联网当作媒介做广告，进行网上促销活动，可以节约大量的广告费用而扩大农产品的销售量。同时农业电子商务进行交易，可以不受时间、空间的限制、全天候地进行网上交易。

（5）时效效益。通过农业电子商务，能够使交易双方提前回笼货品的应收账款，从而节约一大笔资金占用成本。时效效益的大小通常根据商家应收账款的数量和提前回笼时间的长短来估算。

（6）扩大销售量。通过电子商务，农产品可以打破地域的限制，扩大销售量，为农业企业获取更多的利润。

（二）农业电子商务的间接效益

（1）更好地客户关系管理。通过电子商务在互联网上介绍产品，可以为客户提供农产品的技术支持，客户可以自己查询已订购农产品的处理信息，这一方面使客户服务人员从繁琐的日常事务中解放出来，去更好地处理与客户的关系。而且使客户更加满意。

（2）促进信息经济的发展和全社会的增值。农业电子商务是目前信息经济中最具前途的发展趋势，是未来农产品贸易的发展方向，必将推动农业信息经济的发展。同时农业电子商务还将大幅度增加世界各国的农产品贸易活动，从而大大提高农产品贸易环节中多数交易的成交数量。

（3）其他收益。除此之外，农业电子商务还有很多难以测算的其他收益。例如，实施电子商务后，由于信息迅速、准确的传递，而获得的一系列的成本节约或收益。如广东农业企业专题信息发布、网站广告发布、定制信息分析服务、交易佣金等。

四、电子商务促进特色农业发展

有学者认为。决定一个产业竞争能力的因素主要有 5 个，即供应商、经销商、消费者、现有生产商、潜在进入者，这5种力量的彼此竞争决定了该产业发展的前景态势。那么，在电子商务环境下，特色农业的这5种力量会发生什么样的变化？

（一）电子商务对消费者的影响

电子商务环境下，消费者通过互联网可以了解众多商品的信息，而且对具体商品的各种功能与特征可以很方便地得到，因此，消费者的消费自主性得到极大的提升，个性化需求成为消费者的一个显著特点。而特色农产品由于其地域或功能的独特性，易于吸引消费者的目光。特别是主打绿色健康概念的特色农产品，很容易受到消费者的青睐。互联网成为人们工作、生活不可替代的工具，网上购物也成为消费者购物的新潮流。特色农产品的网上销售模式成为可能，从而使以往局限于特定地域的特色农产品通过互联网能够面向全球市场，销售半径的扩展使得扩大销售量成为可能。而网上店铺每天24小时在线商品展示及销售可以极大地节约销售成本。直接面向消费者也有利于收集消费者对于产品各方面的意见，对于产品质量的改进有着极为重要的作用。

（二）电子商务对生产商的影响

电子商务使生产商得以面对全球化的市场，一方面扩大了其销售半径，但另一方面也使其面临着全球化的竞争，以前特色农产品生产商的竞争对手可能主要局限于某一特定地域，而如今其将面临全球各地特色农产品的竞争，市场竞争的加剧势必影响各自市场占有率，进而影响着各自的效益。因此，产品之间的差异性变得更加重要，谁的产品更能满足消费者需求，谁就能在市场上获得更大的收益。互联网为特色农产品培育新的顾客群体提供了廉价的信息发布渠道，网上虚拟商店能以极低的成本每天24小时向消费者展示产品的特色。同时消费者使用后的反馈意见也可以很方便地在论坛上得以展现，网络口碑的传播能方便地为企业带来更多的新客户。

（三）电子商务对供应商的影响

特色农业的供应商主要是如种子、化肥、生产加工机械等相关生产资料的提供者，电子商务环境下，特色农产品的生产商通过互联网可以很方便地采购到所需的各种生产资料，而且能够货比多家，因而议价能力得以提升，价格更实惠。

（四）电子商务对经销商的影响

网上店铺直销方式的存在降低了特色农产品对传统商业模式中经销商的依赖，因而也能增加生产商对经销商的议价能力，同时互联网信息的快速传递，也易于生产商对经销商的沟通与掌控。

（五）电子商务对潜在进入者的影响

电子商务的出现，使传统特色农产品的利益市场全球化，市场容量的扩大为规模效益的实现提供了可能。另外，其对上下游环节的有效沟通提供了低成本且有效的方式，一定程度上降低了新进入者的成本，从而会有更多瞅准商机的企业进入这一市场。

由以上分析可知，电子商务具备使特色农业面临全球市场，降低其市场推广的销售成本，增强了生产商在供应链上下游环节的议价能力的优势。虽然，其也使市场竞争更趋激烈，但只要利用好电子商务这一利器，更好地锻造特色，就一定能为我国特色农业的发展助上一臂之力，变发展特色农业的可行性为现实性。

第五节　农产品电子商务的产生与发展

一、电子商务的产生

电子商务最早产生于 20 世纪 60 年代。发展于 90 年代，其产生和发展的重要条件主要是：

（1）计算机的广泛应用。近 30 年来，计算机的处理速度越来越快，处理能力越来越强，价格越来越低，应用越来越广泛，这为电子商务的应用提供了基础。

（2）网络的普及和成熟。由于 Internet 逐渐成为全球通信与交易的媒体，全球上网用户呈级数增长趋势。快捷、安全、低成本的特点为电子商务的发展提供了应用条件。

（3）信用卡的普及应用。信用卡以其方便、快捷、安全等优点而成为人们消费支付的重要手段，并由此形成了完善的全球性信用卡计算机网络支付与结算系统，使"一卡在手，走遍全球"成为可能，同时也为电子商务中的网上支付提供了重要的手段。

（4）电子安全交易协议的制定。1997年5月31 日，由美国 VISA 和 Mastercard 国际组织等联合指定的 SET （Secure Electronic Transfer Protocol）即电子安全交易协议的出台，以及该协议得到大多数厂商的认可和支持，为在开发网络上的电子商务提供了一个关键的安全环境。

（5）政府的支持与推动。自1997年欧盟发布了欧洲电子商务协议，美国随后发布"全球电子商务纲要"以后，电子商务受到世界各国政府的重视，许多国家的政府开始尝试"网上采购"，这为电子商务的发展提供了有力的支持。

二、电子商务的发展

（一）20世纪60—90年代：基于 EDI 的电子商务

从技术的角度来看，人类利用电子通讯的方式进行贸易活动已有几十年的历史了。早在20 世纪60 年代，人们就开始了用电报报文发送商务文件的工作：20世纪70年代人们又普遍采用方便、快捷的传真机来替代电报，但是由于传真文件是通过纸面打印来传递和管理信息的，不能将信息直接转入到信息系统中，因此人们开始采用 EDI（电子数据交换）作为企业间电子商务的应用技术，这也就是电子商务的雏形。

EDI 在 20 世纪 60 年代末期产生于美国。当时的贸易商们在使用计算机处理各类商务文件的时候发现，由人工输入到一台计算机中的数据 70%是来源于另一台计算机输出的文件，由于过多的人为因素，影响了数据的准确性和工作效率的提高，人们开始尝试使贸易伙伴之间的计算机上的数据能够自动交换，EDI 应运而生。

EDI（Electronic Data Interchange）：是将业务文件按一个公认的标准从一台计算机传输到另一台计算机上去的电子传输方法。由于 EDI 大大减少了纸张票据，因此，人们也形象地称之为"无纸贸易"或"无纸交易"。

从技术上讲。EDI 包括硬件与软件两大部分。硬件主要是计算机网络，软件包括计算机软件和 EDI 标准。

从硬件方面讲。20世纪90年代之前的大多数 EDI 都不通过 Interet，而是通过租用的线路在专用网络上实现，这类专用的网络被称为 VAN （Value-Addle Network，增值网），这样做的目的主要是考虑到安全问题。但随着 Internet 安全性的日益提高，作为一个费用更低、覆盖面更广、服务更好的系统，其已表现出替代 VAN 而成为 EDI 的硬件载体的趋势，因此有人把通过 Internet 实现的 EDI 直接叫做 Internet EDI。

从软件方面来看，EDI 所需要的软件主要是将用户数据库系统中的信息，翻译成EDI 的标准格式以供传输交换。由于不同行业的企业是根据自己的业务特点来规定数据库的信息格式的。因此，当需要发送 EDI 文件时，从企业专有数据库中提取的信息，必须把它翻译成EDI的标准格式才能进行传输,这时就需要相关的 EDI软件来帮忙了。

EDI 软件主要有以下几种。

（1）转换软件（Mapper）。转换软件可以帮助用户将原有计算机系统的文件，转换成翻译软件能够理解的平面文件 （Flathle），或是将从翻译软件接收来的平面文件，转换成原计算机系统中的文件。

（2）翻译软件（Translator）。将平面文件翻译成 EDI 标准格式，或将接收到的 EDI 标准格式翻译成平面文件。

（3）通信软件。将 EDI 标准格式的文件外层加上通信信封 （Envelope），再送到 EDI 系统交换中心的邮箱（Mailbox），或从 EDI 系统交换中心内将接收到的文件取回。EDI 软件中除了计算机软件外还包括 EDI 标准。美国国家标准局曾制订了一个称为 X12 的标准，用于美国国内。1987 年联合国主持制订了一个有关行政、商业及交通飞输的电子数据交换标准，即国际标准——UN/EDIFACT （UN/EDI For Administration Commerce and Transportation）。1997 年，X12 被吸收到 EDIFACT，使国际间用统一的标准进行电子数据交换成了现实。

（二）基于互联网的电子商务的优势

基于互联网的电子商务比基于 EDI 的电子商务具有以下一些明显的优势。

（1）费用低廉。由于互联网是国际化的开放性网络，使用费用很便宜，一般来说。其费用不到 VAN 的四分之一，这一优势使得许多企业尤其是中小企业对其非常感兴趣。

（2）覆盖面广。互联网几乎遍及全球的各个角落，用户通过普通电话线就可以方便地与贸易伙伴传递商业信息和文件。

（3）功能更全面。互联网可以全面支持不同类型的用户实现不同层次的商务目标，如发布电子商情、在线洽谈、建立虚拟商场或网上银行等。

（4）使用更灵活。基于互联网的电子商务可以不受特殊数据交换协议的限制，任何商业文件或单证都可以通过直接填写与现行的纸面单证格式一致的屏幕单证来完成，不需要再进行翻译，任何人都能看懂或直接使用。

第六节　构建新型农业经营体系

在农业和互联网的融合上，有两种不同的看法：一种认为这种融合拥有广阔的前景；另一种则认为目前面临的形势很严峻。对于后一种看法，互联网和农业的融合遭到质疑的方面包括管理体系不完善、品牌建设困难、农村地区产业化程度低下和农民市场观念缺乏等。

在这方面，百度总裁李彦宏曾经表示，先利用互联网确保食品安全、建设农业的品牌，有了品牌之后，就能够整合包括种植或养殖、产品的加工、物流运输和销售等相关环节，接下来就可以向更深层次的领域进军，比如有机农业、高科技农业、旅游农业、休闲农业等方面，这样必定能够挖掘出农业领域的巨大潜力。

尽管一些商家已经尝试涉足农产品与互联网的融合，例如，京东、顺丰等，也有一小部分企业初步建立了自己的品牌，例如，360大米。但是就目前的情况来说，农业与互联网的融合仍需要很长的时间去发展。不过，我们还是可以看看目前已有的这方面的实例，从中寻找发展的机会。

一、选择和决策

信息的收集和相关数据的处理在新品种的开发和筛选过程中显得尤为重要。这些信息不仅仅局限于市场流通方面，例如，某种产品在市场上的供需状况和相关信息，还应该了解对该产品有影响的方方面面，比如产品种植地的天气状况、种植/养殖的频发灾害、政府的政策变动等。

除此之外，还需要保证信息的及时准确和足够的信息量。同时，信息的收集需要和有关部门进行合作，而这些都需要互联网的参与。

人们对食品安全和健康的重视，也让我们将视线放回到源头，关注对于种植/养殖过程的监控和品质的管理。

人们生活水平的日益提高使人们在满足物质需求的基础上越来越重视生活质量，这要求我们从生产过程的最初环节出发，加强对产品种植/养殖的监管力度。

二、渠道的拓展

我们应该改变传统的想法。换个角度看问题，在农业与互联网的融合中。我们可以通过网络去改善农产品的流通环节而不是一味地去改变农产品。互联网在流通环节为农业的发展提供了更多元的渠道和更方便、快捷的流通方式，也调动了农民从事电商的积极性和主动性，这也使农村的生产方式根据市场需要更加注重相互之间的合作或者进行集中生产，使农民更加注重品牌建设和产品的渠道开发（也可以称为"商品意识"）。

这些改变促成了一些专门经营农产品的电商群落，比如，三只松鼠、菜管家、易果网等。自此，许多商家看到了农产品与互联网结合的发展前景（也有部分商家将农产品经营与社会化媒体如电视等结合）。

360大米的营销方式反映出商家在销售中对产品种植环节的重视。互联网企业在农业领域的涉足，使商家在农产品种植环节就通过互联网与买方进行沟通，使自己的产品更加能够迎合市场需求。

在这方面做得比较好的电商还有中农网电子交易平台，这个网络平台的交易涉及大宗类产品 （棉花、食用糖等）和农产品。这种方式被称为"B2B 业务"。所谓农产品"C2C"，指的是农户采用快递等物流方式将自己种植的农产品送到消费者面前。"聚划算"的"开心做地主"项目也是这个模式运作。

三、资金和保障

肯尼亚为了方便小农户之间进行交流互动，建立了"DrumNet"网络平台。平台不仅为农户提供了全面而丰富的信息咨询，还能够按照用户的意愿使操作界面符合其特定要求。

"DrumNet"平台还与商业银行合作，向小农户和零售商提供小额贷款服务，只是以非现金的方式进行。小农户或零售商通过"DrumNet"的贷款服务从商业银行得来的货款会直接到达农资公司，小农户能够在这里获得养殖或种植所需的生产资料。银行可以运用网络和现代通信技术对借款人的生产、销售、资金的运用等活动进行追踪查询，借款者的销售所得会自动回笼到收取他们贷款的账户。除此之外。肯尼亚还创建了一套农业保险系统，这套系统以搜索功能为基础，向小农户提供天气预报和市场行情，与保险人的互动非常紧密，可以运用这个系统对保险还款进行监控追踪，并且能使诉讼过程得到完善。

同样的例子还有大北农集团打造的事业财富共同体综合服务项目，该项目为经销商提供财务和信息服务渠道，把经销商的经营信息和信用数据集中起来。国内一些地区也在尝试促进农业生产和合作，这些尝试以经济投资为杠杆，成为农村金融改革的重要组成部分。

关于开展农村电子商务，资金和保障体系的改革正在农村地区发生着，并且针对的对象是农民，他们在资金方面的需求没有集中性，而且抵抗风险的能力低并且没有抵押的物品。目前，一些地区为了解决农民对小额信贷的需求开始了网络信用体系的建设。网络在信息收集和分析方面强大的功能也有效解决了农业保险的赔付难题。

The Climale Corporation 是美国的一家公司，该公司向农民提供天气方面的农业保险。这家公司的信息平台中保存有 250 万个信息采集点的气候信息。根据平台提供的信息和现实中对土壤的分析、植物根部构造的研究以及大量的模拟实验得出天气结果来服务农业生产。

另外，中央出台的农业政策可能改变土地资产的流通情况和流动方向。阿里的"土地宝"虽然冒着相当大的政策风险，但也是对新模式的探索。

四、商业化

考虑到我国的多数农产品行业没有进行品牌建设，对农村信用和市场方面的认识也不足，许多企业和商家，比如 360 生鲜、中粮我买网都通过企业自己的农产品产地或者定向直接采购的方式保持正常运营。

经营专业合作和股份合作的农民合作社在2013 年年末的注册数量达到98.24万家，有7412万农户人社，也就是说 28.5%的农户参加了农民合作社。农民合作社成为农村地区实现农业的商业化转变、与互联网融合的主体。

例如，近年来，浙江省遂昌县逐渐发展成淘宝县，不仅在经营当地的特色产品（比如茶叶、竹炭等）上获得了成功，而且通过特色生鲜品在电子商务领域的团购营销模式为农业产品在网络平台的营销开拓了新的渠道。该县为了成功实现农民合作社和农业企业、农民的商业化。以电子商务带动农产品的发展，寻求特色农产品经营企业与网店协会的合作，使产品更符合消费者需求，为经营者带来利润。

农民虽然是分散的个体，但借助于网络平台提供的信息，也能够作为一个个独立的经营机构在网上经营自己的农产品。

农民生产的农产品通常都品种单一，那么他们在与销售者和零售商沟通中就会发现，他们的产品不完全符合市场的需求，如果能够突破自身的范围限制与面对同样问题的其他人进行合作，或者和农产品经营机构合作，就能打开市场。除此之外，农民也能在合作中借助合作方的品牌为自己的产品名誉增值，或者改变品种的单一性来迎合市场需求。

行业专家认为，借助互联网平台将个体拓展为独立经营机构的方式加强了农产品的经营与相关企业的联系，在这种联系下形成的合作组织可以超越地域和时间的限制，也能突破行业局限。如果合作范围能够进一步扩大的话，农民可以与分散的农产品销售者合作，在网络平台上作为一个虚拟公司共同经营，并且在产品经营过程中相互学习产品生产和销售方面的经验知识。

五、增值能力

《失控》的作者凯文·凯利曾经指出，信息对称性问题的解决是互联网发挥的最大作用。确实，信息不对称的问题是当前农产品市场中存在的最大问题。也就是说，现在我国生态农业产业链的最大困难是市场信息的不对称，解决了这个问题，就能加快农产品的品牌建设。

第二个问题是如何把分散的客户在网络平台上组织起来，打造农产品的企业品牌，提高农产品的附加值。物质生活使消费者更注重商品的安全和质量，这就要求产品经营者在进行网络营销时抓住市场需求，发掘产品的渊源，努力让消费者从产品最初的生产环节到最终的消费环节都能感受到产品的可靠性。

将农业与电子商务融合可以让农产品生产者与消费者之间直接沟通。简化了产品的流通过程，减少了流通环节，减少了产品在流通过程中的损耗，降低了流通成本，从而使产品的市场价格更加合理，与产品价值也更加相符。

借互联网的电子商务从事农产品的经营是对生产和销售关系的本质变革，利用网络平台提供的信息数据获知市场动向和需求，从市场需求出发进行农产品的生产，并利用多种手段实现更高收益。

把互联网和农业结合的新思想和新实践是对传统农业经营的彻底变革，在产品生产、销售、企业品牌的建设和农村地区商业意识的提高等方面助益良多，能够切实解决农产品销售难的问题。

第二章　互联网时代的电子商务模式

第一节　互联网时代的电子商务模式概述

一、互联网时代电子商务模式的含义

商业模式是指一个企业从事某一领域经营的市场定位和盈利目标，以及为了满足目标客户主体需要采取的一系列的整体战略组合。具体来说，它是为了实现客户价值最大化，将能使企业运行的内外各要素整合起来，形成一个完整、高效的具有核心竞争力的运行系统，并通过最优的实现形式满足客户需求、实现客户价值，同时使系统达成持续盈利目标的整体解决方案。简单而言，它主要研究企业通过什么方式或途径来获得利润。虽然商业模式的概念在20世纪50年代就已经被提出，但直到90年代才被广泛使用和推广。

由此可见，商业模式是以目标价值为核心，以实现目标价值的各种流为主要脉络，以实现各种流的管理为基础的层次体系。

互联网时代电子商务模式实际上是电子商务的商业模式。可以这样来描述它：电子商务模式是企业运用信息技术特别是网络技术从事生产经营和服务活动、创造利润以维持自身生存与发展所采取的方法与策略的组合。它是在网络环境下，通过对企业经营方式和价值增值过程的仔细分析，确定企业如何将信息技术尤其是网络技术与企业生产经营活动过程紧密结合。实现企业利润目标最大化、赢得企业核心竞争力的战略组合。

处于价值链中的企业以其核心竞争力提供效益最大化的增值服务是互联网时代电子商务成功运作的关键。例如，在国际贸易中，让每个中小企业都单独开展电子商务，既不经济也不现实，主要原因在于：一方面，企业太小，品牌知名度不高，在全球环

境下一般鲜为人知，很难被客商发现。此外，产品的可信度和服务质量未被人们接受和认同。影响产品交易和服务工作的展开；另一方面，中小企业要想依靠自身的力量建设规范的电子商务交易系统，并与银行、运输、保、商检以及其他相关部门的网络链接，是十分困难且极不经济的。因此，需要找到一种适合这类企业应用电子商务的商业模式并建设电子商务的应用系统平台，使中小企业能够发挥其核心竞争力。

在网络经济时代，究竟采取哪种网上商业模式进行运作，是企业需要仔细研究并认真对待的问题。网络环境下的企业生产经营模式与在传统市场环境下的市场运作模式是不相同的，究竟差别在哪里，需要企业根据自己的业务去发现，并将价值增值过程发掘出来。

【拓展阅读】

eBay 易趣

目前在我国，每天大约有几十万。甚至上百万人在互联网上进行着交易。这些不见面的卖家和买家，在网上看货、砍价、成交。他们所创造的销售金额并不亚于国内诸多有名的大商场。随着宽带进入更多家庭，计算机等外设设备性能提高、价格降低，个人上网的条件越来越好。我国已成为全球使用互联网人数最多的国家。庞大的上网人群将产生一个规模可观的上网购物用户群，这也是众多国际和国内互联网从业者进入这一市场的原因。美国网上销售巨头 eBay 以 1.8 亿美元收购易趣美国公司的全部股权，并推出联名拍卖网站 eBay 易趣，进入中国市场，就是一个强烈的信号。

eBay 易趣的商务活动是发生在消费者之间的，以拍卖、竞价的方式切入商务活动。卖方借助 eBay 易趣尽可能展示目标商品的详细信息，买方则通过 eBay 易趣了解商品状况并在线报价，卖方再根据所有参与竞价的买方提交的报价和有关资料决定是否与其达成交易。这种模式是伴随着互联网的普及而发展起来的，很适合个人物品、二手物品、收藏品的交易。

二、互联网时代电子商务模式的内涵

根据电子商务模式的定义，可以得出其内涵包括以下3 层含义。

（一）商务活动内容

要先了解企业的生产经营，弄清楚维持企业生存与发展的业务内容是什么。对于不同的企业，其生产经营的内容是不同的。由提高企业核心竞争力所需的工作分析得出。企业的商务活动内容应该围绕提高企业核心竞争力而展开，如生产型企业主要推出能够满足消费者需求的产品并提供优质服务，服务型企业主要从事产品贸易及提供相关服务。

（二）价值增值方式

由于企业商务活动的内容不同，其获取利润的方式也不同。例如。生产型的企业主要依靠产品的附加值获取利润：服务型企业分为两类——流通型和增值型，其中流通型服务企业主要通过产品的批零差价获取利润。而增值型服务企业则通过各种增值服务赚取利润。例如，外贸企业的进出口业务主要通过提供进出口贸易代理服务，为其他生产型企业提供市场信息、产品设计指导、营销、采购、咨询等一系列相关的增值服务获取利润。此外，对于自营进出口业务的企业来说，以产品销售差价或代理佣金的形式从代理客户或接受服务的企业取得相应的劳动所得收入，是它们主要的价值增值方式。应用电子商务之后，这类外贸企业主要通过电子商务综合服务平台为其他企业代理业务、提供服务、自营业务等，从而获取利润。

（三）应用系统建设

如何安排好商务活动在互联网上正常运行并使之在网络环境下的价值增值过程中创造出比以前更大的价值，一直是应用系统建设需要考虑的重点问题。

应用系统的建设包括硬件与软件环境的建设，如计算机系统的选型、网络设备的安装与调试、系统软件与应用软件的开发与应用等。互联网时代电子商务模式的应用主要是基于电子商务业务模式下的价值增值方式的具体过程，以及实现这个过程的电子商务应用系统框架建设。

三、互联网时代电子商务模式的特点

互联网时代电子商务模式是企业商业模式在网络经济环境下的具体应用，其特点体现在以下3个层次。

（一）目标价值层次

在传统经济中，企业商业模式的构建以企业利润最大化为目标，对于顾客利益和价值链中其他企业的利益通常考虑较少，因此，存在着供需矛盾和企业之间的矛盾。供需矛盾的产生，主要是因为供应链企业间的供需关系不透明，它还会因"牛鞭效应"

而放大：企业之间的矛盾的产生，主要是因为价值网络中处于相同或相近角色的企业之间存在竞争，导致无法实现本来可以通过协作达到的高效率。然而，在电子商务模式下，这种状况得以改变。企业利用电子商务平台进行信息共享、快速沟通，使顾客的价值需求得到满足，并使供应链间的企业实现信息的快速交换。只有当供应链间企业的信息和资源都实现了共享，各企业通过彼此协商、谈判和沟通达成价值目标最大化的共识，并在此基础上进行协同作业，才能实现利益共享，使价值增值并达到最大化。

（二）"流"层次

基于目标价值的电子商务模式的核心在于具有建立一个规范的互联网时代电子商务环境以及不断提升电子商务技术的应用能力。在电子商务模式中，"流"层次中各种"流"的作用和地位与传统商业模式不同，已经发生了变化。价值流、信息流和知识流成为关注的对象，基于"流"的处理能力表现在不断采用新的理论和方法。先进的技术能使信息流以更快、更稳定的方式流动：知识能够在更广泛的范围内实现共享并得到应用。另外，通过对价值流的分析和重新设计，在整个价值网络中可以从以下两个方面来增加新的价值：一是消除无效或效率低下的运转环节，以大幅度降低交易成本：二是增加已存在的商业活动价值，以提升整个产品或服务的新增价值。

（三）使能性实体层次

在互联网时代电子商务环境下，企业向外延伸扩展，必然会拓展企业伙伴关系网络，也会增加企业协同作业机制在使能性实体层次中的重要地位。使能性实体是上层结构实现的基础。

四、互联网时代电子商务模式的分类

对于互联网时代电子商务模式的分类，主要存在以下两种方法。

（一）麦肯锡咨询公司的互联网时代电子商务模式分类

世界著名的全球管理咨询公司——麦肯锡管理咨询公司认为，主要有 3 种新兴互联网时代电子商务模式，即销售方控制的商业模式、购买方控制的商业模式和中立的第三方控制的商业模式。

其中，销售方控制的商业模式是只提供信息的卖主网站，可通过网络订货的卖主网站；购买方控制的商业模式是通过网络发布采购信息，是采购代理人和采购信息收集者的偏好的模式；中立的第三方控制的商业模式提供特定产业或产品的搜索工具，包括众多卖主的店面在内的企业广场和拍卖场。

（二）以企业和消费者作为划分标准的分类

获得互联网时代电子商务界一致认同的分类方法是以企业和消费者作为划分标准，分别划分出企业对消费者、企业对企业和消费者对消费者等电子商务模式。

第二节　B2C 电子商务模式

B2C 电子商务模式是企业通过互联网直接向个人消费者销售产品和提供服务的经营方式，是消费者广泛接触的一类电子商务，也是互联网上最早创立的电子商务模式。

一、我国互联网时代 B2C 电子商务模式的发展历程

结合我国互联网时代电子商务的发展历程，可以说，我国互联网时代 B2C 电子商务模式的发展经历了以下几个典型阶段。

（一）1997—1999年：萌芽阶段

我国的互联网时代电子商务始于 1997 年。1999 年，"8848 网上超市"的创建是我国 B2C 电子商务模式开始发展的一个标志。1999.年，我国网上消费总额为 5500 万元，仅占当年全社会消费品零售总额的很小一部分。但对于尚处于萌芽阶段的 B2C 互联网时代电子商务模式而言，预示着美好的发展前景。这一阶段，综合的 B2C 网站受到广泛关注，国内涌现了一大批 B2C 电子商务网站，如当当网、E 国等

（二）2000—2002年：停滞阶段

受到互联网泡沫的影响，2000 年下半年，我国网上零售市场进入停滞阶段。在此阶段，垂直 B2C 逐步兴起，并成为主导。随着互联网泡沫的破裂，这一时期也暴露了中国 B2C 电子商务模式存在的诸多问题，如停留在简单模仿国外电子商务经营模式，并未考虑自身特点：重技术、轻商务等。这一时期出现的网站有 18900 手机网、蔚蓝网、搜易得等。

（三）2003—2005年：迅速反弹阶段

从2002年年底开始，尤其是2003年，重症急性呼吸综合征（非典型性肺炎）的爆发给人们的日常生活带来了严重影响，却使得电子商务市场出现反弹。与此同时，国内的 B2C 企业也受到了投资者的青睐，这对中国的 B2C 电子商务的发展起到了积极的作用。2003年起，我国 B2C 市场产业链逐渐成熟，市场规模稳步提升。随着我国电子商务宏观环境的进一步改善，网民人数的快速增加，网上安全支付系统的逐步普及以及物流配送系统规模的扩大，2004 年以来，我国 B2C 站点进入了高速发展期。例如、京东商城、红孩子网、饭统网、PPG 等均是在这一时期出现的网站。

（四）2006年至今；快速发展阶段

虽然经历了2008年的金融危机，但整体而言，从2006年开始，我国的 B2C 电子商务模式进入了一个快速发展阶段。这一阶段涌现了更多的 B2C 网站，如麦包包、逛街网、凡客诚品、好乐买、Justyle 等。易观国际的研究数据表明，2007 年之前，中国线上 B2C 用户在线购买的商品种类以图书、音像等出版物以及虚拟产品为主，当当网、卓越亚马逊、云网一直占据市场份额的前三位，而随着红孩子网、PPG、北斗星手机网等垂直领域线上 B2C 厂商的进入，母婴用品、男士衬衫、手机等产品的在线销售开始获得线上 B2C 用户的认可。2009 年上半年，中国网络购物市场交易规模已经突破 1000亿元，而这其中 B2C 商城业务的增长最为迅猛。艾瑞咨询的数据显示，截至2009 年 5月B2C 网上商城覆盖人数接近1.3亿，B2C 商城用户增长率已经连续3个月领先 C2C 平台。目前，中国的线下零售商逐步开展 B2C 业务，产业链上下游深度合作。同时，B2C 电子商务市场规模的扩大，支付、物流和信用环境的进一步完善。也为 B2C 电子商务模式提供了更好的发展环境。虽然我国的网购市场主要源于 C2C 的兴盛，但 B2C 的迅猛发展势头却被更多人看好。2010 年，我国 B2C 市场的"领头羊"淘宝网也宣布将正式进入 B2C 电子商务市场，受到了业界的广泛关注，这显示了中国互联网电子商务平台的盈利模式正在发生结构性变化。2014 年，天猫网购全年交易额突破 800 亿元；京东商城全年交易额也达到309 亿元。全国的 B2C 总交易额达到2400亿元，同比增长130%

二、互联网时代 B2C 电子商务模式的分类

互联网时代 B2C 电子商务模式主要有两种分类方式。

（一）按照企业和消费者的买卖关系分类

从企业和消费者买卖关系的角度来看。B2C 电子商务可分为卖方企业——买方个人的电子商务、买方企业——卖方个人的电子商务以及综合模式的电子商务 3 种模式。

1.卖方企业——买方个人的电子商务模式

卖方企业——买方个人是一种卖方（企业）向买方（个人）销售商品或服务的模式。在这种模式中，卖方首先应在网站上开设网上商店，建立交易平台，公布商品或服务的名称、价格、品种、规格、性能等，供消费者选购；然后消费者在线选购、下订单并支付货款；最后由商家或第三方物流企业将商品送到消费者手中。

在这种模式中，企业不需要开设实体店铺即可与消费者进行"零距离"的沟通和交易，不仅节省了店铺租金和人员工资，还能及时得到消费者的反馈，及时调整库存和配送计划，进一步节约运营成本。对于消费者而言，他们足不出户即可"货比三家"，能够获取更多、更透明的商品信息，极大地降低了购物的繁琐性，又节约了购物时间、获得了更多的便利。这种模式中比较典型的代表是卓越亚马逊。

2.买方企业——卖方个人的电子商务模式

买方企业——卖方个人是一种买方（企业 向卖方（个人）求购商品或产品的模式。这种模式在企业网上招聘人才活动中应用最多。在这种模式中，企业首先在网上发布需求信息，然后应聘者上网与企业洽谈。这种方式在当今社会中极为流行，因为它建立起了企业与个人之间的联系平台，使得人力资源得以充分利用。

3.综合模式的电子商务

综合模式的电子商务结合了上述两种模式。企业和个人都在网上发布信息，然后企业进行网上面试或者个人上网寻找企业进行洽谈。现在许多的人才招聘网站都在采用这种模式。

（二）按照交易的客体分类

按照交易中客体的性质，可将 B2C 电子商务模式分为销售无形产品或服务的电子商务模式和销售有形产品的电子商务模式。前者是一种完全的电子商务模式，后者则是一种不完全的电子商务模式。

1.销售无形产品或服务的电子商务模式

无形产品又称为虚拟产品，如电子信息、音乐、电影、充值卡、计算机软件、游戏等，它们可以直接通过网络传输而获得。销售无形产品或服务的电子商务模式主要有网上订阅、付费浏览、广告支持和网上赠予等4种。

（1）网上订阅。网上订阅是指消费者在网上订阅企业提供的无形产品或服务，并通过网络进行浏览或消费的模式。网上订阅主要被商业在线机构用来销售报纸杂志、有线电视节目等，其形式又分为在线服务、在线出版、在线娱乐等。

（2）付费浏览。付费浏览是指企业通过网页安排向消费者提供计次收费性网上信息浏览和信息下载的电子商务模式。在这种模式中，消费者可以根据自己的需要，有偿购买企业所提供产品和服务的其中一部分，从而可以作为一种产品或服务的试用体验。

（3）广告支持。广告支持是指在线服务商免费向消费者或用户提供信息在线服务，而营业活动全部用广告收入来获得的模式。此模式是目前最成功的电子商务模式之一。

（4）网上赠予。网上赠予是一种非传统的商业运作模式，是企业借助于国际互联网用户遍及全球的优势，向互联网用户赠送软件产品，以扩大企业的知名度和市场份额。通过让消费者使用该产品，促使消费者下载一款新版本的软件或购买另外一个相关的软件。

2.销售有形产品的电子商务模式

有形产品是指传统意义上的实物产品，其电子商务活动中的查询、订购、支付等环节虽然可以通过网络实现，但最后的交付环节仍然要通过传统的方式来实现。

（三）按照销售的模式分类

1.商品直销模式

商品直销模式是网络销售中最常见的一种模式。它是消费者与生产者之间或者需求方与供给方之间直接通过网络开展买卖活动的模式。其最大特点是减少了中间环节，供需双方直接交易，费用低、速度快。

2.网上专卖店模式

网上专卖店模式一般面向价值相对较高、专业化程度较高或个人需求差异较明显的商品，如汽车、高档首饰、高档服装等。这主要是由于网上专卖店能为消费者提供一对一的定制服务，而提供这种服务的成本往往较高，普通商品的利润不足以支撑这种服务。

3.网上销售联盟模式

在互联网时代 B2C 电子商务活动中，有些交易并不是以单个企业对消费者的形式出现的，而是同类型、同行业的多家企业同时为消费者进行服务。将这些企业联合起来的中介称为销售联盟中介，所形成的模式称为网上销售联盟模式。

采用网上销售联盟模式的企业往往比较分散，纪律性不强，自发集中交易的成本比较高。在销售联盟中介出现后，便能以较低的成本将各个分散的企业迅速集中起来，随时发现并响应消费者提出的组合服务需求。例如，消费者通常借助旅行社来预订整个旅途上的食、住、行等活动，旅行社根据消费者的具体需求将相关活动拆分给整条线路上的各个饭店、旅店、航空公司等，此时就由旅行社来担任销售联盟中介的角色。

4.网上代理模式

网上代理也是近些年迅速发展的 B2C 电子商务模式之一，其形式包括买卖履行、市场交换、购买者集体议价、中介代理、拍卖代理、反向代理、搜索代理等。有些大型企业为了将精力更好地集中于核心业务，而将一些非核心的服务业务转交给一些代理公司，让其为消费者提供售前、售后咨询等业务，这样不仅可以降低企业的运营成本，还可以为消费者提供更加专业的服务。

三、互联网时代 B2C 电子商务模式的交易流程

互联网时代 B2C 电子商务交易中的参与方主要有消费者、商户（企业）、银行、认证中心等。

下面以当当网首页为例，简要介绍 B2C 模式的交易流程。

（1）注册。消费者要在某个商户的网站上进行购物，一般需要注册为该网站的会员，填写相关信息，以便商户维护客户和后期送货。

（2）浏览搜索商品。消费者在登录商户网站后，即可浏览并搜索自己想要的商品。利用当当网提供的搜索栏，消费者可以进行较为精确的搜索。

（3）选定商品并提交订单。当消费者选定自己想要的商品后，点击"购买"，即可将商品放入"购物车"。在"购物车"中，消费者可以查看商品的名称、价格、数

量以及金额总计等信息,并可以调整商品的数量,取消某些商品,甚至清空"购物车",重新选择商品。

（4）确认订单信息。消费者进一步确认购物车里的商品信息后,点击"结算",进入确认订单信息环节。在这一环节,消费者主要确认收货人信息、送货方式、付款方式、商品清单,以及确认是否需要发票或使用礼品卡、礼券。

为了保证商品配送的顺利进行,消费者需要认真核对收货人信息栏中的收货人姓名、地址、联系电话等信息。

当当网的送货方式主要有 3种 ：普通快递送货上门、加急快递送货上门和邮政特快专递 EMS。其中,前两种方式支持货到付款。为了方便消费者,当当网在普通快递送货上门中还提供了选择送货上门时间的服务,如只限周一到周五上班时间送货或者周六、周日休息时间送货。

网上支付和货到付款是消费者最常用的两种支付方式。如果消费者选择了"网上支付",则需要先开通网上银行。当当网提供了招商银行、中国工商银行、中国农业银行等十种网上支付渠道。

（5）提交订单,完成支付。当所有订单信息确认无误后,点击"提交订单",网站将自动生成订单号。如果消费者选择的是网上支付方式,则需要继续进行网上支付操作。至此。网上操作部分基本结束。

（6）商户送货。商户在收到消费者订单后便需要尽快组织送货。并根据消费者提交的送货信息合理安排配送时间和配送方式。消费者也可通过提交订单后生成的订单号在网站上实时查询订单状态,了解送货进度。

另外,如果消费者对此次购买不满意,还可以修改订单,甚至取消订单。

四、互联网时代 B2C 电子商务的收益模式

不同的互联网时代 B2C 电子商务网站的收益模式不尽相同,但总体而言有以下几种。

（一）收取服务费

收取服务费是指开设 B2C 网上商店的商家向参与网上购物的对象收取服务费。在这种模式下,消费者除了要按商品价格付费外,还要向网上商店支付一定的服务费。

例如，Peapod 网上商店（peapod.com） 除了要求每位网上购物的消费者交纳实际购买商品的费用外，还要求其支付5美元订货费和占订货总金额 5%的服务费。尽管消费者要交纳服务费，但他们仍愿意在该网站上购买商品。其主要原因有：消费者感觉在这里购物比较方便，能够节约购物时间；消费者可以使用 Peapod 提供的优惠券来减免一部分货款，从而节约购物支出；消费者可以经过充分比较后再购买商品，从而减少计划外购物，获得自己真正需要的商品。

另外，B2C 网上商店通过引人联营商的概念，不仅加速了 B2C 电子商务模式的发展，也为网上商店增加了新的利润点。与传统零售渠道收取各项服务费相似，品牌商入驻各大 B2C 网上商店也需要支付一定的费用。目前，我国各大 B2C 网上商店收费标准不一，以当当网为例，其手机数码、服装等商品的扣点率为 4%，此外还有平台使用费。

（二）实行会员制

网络交易服务公司一般采用会员制，按不同的服务范围收取会员费。一般有两种方式；一是按时间《如按年、月、季) 收取固定的会员费，二是根据实际销售规模按比例收取会员费。目前，大多数 B2C 电子商务网站都实行会员制。

（三）低价策略

扩大销售量是 B2C 网上商店盈利的最直接方式。为了扩大销售量、提升企业知名度，B2C 网上商店往往会采用低价策略。例如，京东商城在其首页上部最醒目处设置特价专区，每天限时推出特价商品，以吸引消费者。在降低价格的同时，京东商城也扩大了销售量，进而获得了丰厚的利润。

第三节   互联网时代 B2B 电子商务模式

一、我国互联网时代 B2B 电子商务模式的发展历程

互联网时代 B2B 电子商务是指企业间的电子商务交易模式，即企业之间通过互联网进行产品、服务及信息的交换。虽然 B2C 和 C2C 模式发展迅猛。但目前世界上80%的电子商务交易额是发生在企业之间。而不是在企业与消费者或消费者与消费者之间。B2B 电子商务模式仍然是电子商务业务的主题。约占电子商务总交易量的 90%。

我国 B2B 电子商务模式的发展历程可大致分为以下几个阶段。

（一）萌芽阶段

这个阶段为 1998—2000年。在1997 年以前，我国 B2B 电子商务的主要任务是发展政府项目，比较有代表性的是"三金工程（金关工程、金卡工程、金桥工程）"。从1999 年开始，受国外 B2B 电子商务模式成功发展的影响，我国成立了第一批 B2B 电子商务平台，如阿里巴巴等。

（二）起步阶段

这个阶段为 2001—2003 年。受互联网经济泡沫的影响，这一阶段的 B2B 电子商务平台发展得比较艰难，大部分较早涌现的 B2B 电子商务平台因无法继续经营而消失。

（三）发展阶段

这个阶段为 2004—2008 年。经历了艰难的起步阶段，从2004 年开始，以阿里巴巴为代表的互联网时代 B2B 电子商务平台开始稳定盈利，许多行业垂直互联网时代 B2B 电子商务平台也在各自的领域崭露头角，这个行业再次受到关注，电子商务阵营开始分化。此时的互联网时代 B2B 电子商务交易主要有国际贸易、国内行业贸易和商品流通贸易。

（四）多样化发展阶段

这个阶段为2008 年至今。虽然这一阶段之初就遭遇了金融危机，但经过了前面几个阶段的发展和积累，中小企业利用电子商务的意识逐步提高，我国的 B2B 电子商务开始呈现多样化发展趋势。具体表现为：在发展方式上，综合类 B2B 平台进一步细化发展方向，且涌现了一大批垂直类电子商务平台；同时，电子商务平台的模式也在发展，网站除了提供信息服务外，还提供在线支付和物流配送服务，使用户直接实现在线交易。

二、互联网时代 B2B 电子商务模式的分类

（一）按互联网时代电子商务面向行业的范围不同分类

根据互联网时代电子商务面向行业的范围不同，目前 B2B 电子商务模式主要分

为两类：垂直 B2B 电子商务和水平 B2B 电子商务。

1.垂直 B2B 电子商务

垂直 B2B 电子商务主要面向实体企业，包括制造业、商业等行业的企业。这种模式的特点为：所交易的物品是一种产品链的形式，可提供行业中所有相关产品、互补产品或服务，追求的是"专"。由于垂直网站面对的是一个特定的行业或专业领域，所以运作这类网站需要较深的专业技能。专业化程度越高的网站，越需要投入昂贵的人力资本来处理较狭窄、专门性的业务，这样才能发挥该虚拟市场的商业潜能。我国比较有名的垂直 B2B 电子商务网站有我的钢铁网、中国化工网、鲁文建筑服务网等。

垂直 B2B 电子商务可以分为上游和下游两个方向。生产商或零售商可以与上游的供应商之间形成供货关系，如戴尔公司与上游的芯片和主板制造商就是通过这种方式进行合作的。生产商与下游的经销商可以形成销货关系，如思科系统公司与其分销商之间进行的交易就是采取这种方式。

2.水平 B2B 电子商务

水平 B2B 电子商务主要面向所有行业，是一种综合式的 B2B 电子商务模式。它将各个行业中相近的交易过程集中到一个场所，为买方和卖方创建一个信息沟通和交易的平台。让他们能够分享信息、发布广告、竞拍投标，为他们提供一个交易机会。

水平 B2B 电子商务网站并不一定是拥有产品的企业，也不一定是经营商品的商家，它只为买卖双方提供一个交易的平台。将它们汇集在一起。这类网站追求的是"全"。我国这类网站比较多，现在发展得也较好，如阿里巴巴、慧聪网、全球制造网等。

（二）按交易的媒介不同分类

1.企业间模式

（1）企业内联网模式。企业内联网模式是指企业有限地对商业伙伴开放，允许已有的或潜在的商业伙伴有条件地进入自己的内部计算机网络，进行商业交易相关操作。这种模式有利于信息的定向收集与保密，也可以与合作伙伴进行更为专业和深入地沟通、交流。但企业在采用这种模式时一定要注意网络的安全性问题。

（2）企业与外部企业间模式。这种模式下，企业与其已有的或潜在的商业伙伴主要通过互联网进行沟通和交流。企业利用自己的网站或网络服务商的信息发布平台，发布买卖、合作、招投标等商业信息。

2.中介模式

中介模式是指以网络商品中介为媒介进行 B2B 电子商务交易的模式。它是通过网络商品交易中心，即虚拟市场进行的商品交易，是现在 B2B 电子商务交易中一种重要且常见的模式。在这种交易过程中，网络商品交易中心以互联网为基础，利用先进的计算机软件技术和网络通信技术，将卖方、买方、银行、认证中心等紧密地联系起来，为客户提供市场信息、商品交易、货款结算、配送储存的全方位服务。

3.专业服务模式

专业服务模式是指网上机构通过标准化的网上服务，为企业内部的管理提供专业化解决方案的 B2B 电子商务模式。这种模式不仅能带给企业非常专业的服务，而且能帮助企业减少开支、降低成本，还能提高客户对企业的信任度和忠诚度。

三、互联网时代 B2B 电子商务模式的交易流程

互联网时代 B2B 电子商务的交易流程可简单归纳为以下几步。

（一）交易前

在进行交易前准备时，买方首先应明确自己想要购买的商品，准备好足够的货款，并制订相应的购买计划；然后搜寻信息，寻找合适的卖家。找到卖家后，买卖双方可就交易事宜进行沟通，如买方向卖方询价，卖方再向买方报价，并说明商品的具体信息，落实商品的种类、数量、价格、交易方式等。

买卖双方在进行交易之前都需要尽可能详细地了解对方的情况，如对方的信用状况、财务状况、送货情况等。如果进行的是国际贸易，还要注意了解对方国家的贸易政策、交易习惯等。买卖双方应尽可能向对方提供更多的信息，以促成交易的成功。

（二）交易中

买卖双方利用电子商务系统就所有的交易细节进行商谈，然后将协商结果制作成文件，签订合同，明确双方各自的权利、义务，标的商品的种类、数量、价格，以及交货时间、交货地点、交货方式、违约条款等。最后，双方还需要到银行、保险公司、运输公司、税务部门等办理预付款、投保、托运、纳税等相关手续。

（三）交易后

这个环节的核心任务是商品的配送与接收。卖方须根据合同约定，在完成备货、组货后将向买方发货；买方在收到卖方发来的货物后，也必须按照约定检验并接收货物。如果交接活动正常进行，买卖双方将在完成发货和接货后，进行款项的结算，至此整个交易过程告终；如果中途出现违约情况，双方将根据合同约定进行索赔和赔付。

四、互联网时代 B2B 电子商务的收益模式

一般而言，互联网时代 B2B 电子商务网站的收益模式主要有以下几种。

（一）收取会员费

企业通过互联网时代 B2B 电子商务平台参与电子商务交易的前提是注册成为该网站的会员。而会员需要每年缴纳一定的会员费，才能享受网站提供的各种服务。目前，会员费已成为我国 B2B 电子商务网站最主要的收入来源。

（二）收取广告费

网络广告是门户网站的主要盈利点，也是 B2B 电子商务网站的主要收入来源。一般 B2B 网站会有弹出广告、漂浮广告、Banner 广告、文字广告等多种表现形式供用户选择。

（三）收取竞价排名费

竞价排名是近几年广泛应用的推广模式。企业为了促进产品的销售，都希望在 B2B 电子商务网站的信息搜索中排名靠前。为了满足企业的这种需求，一些 B2B 电子商务网站推出了竞价排名的服务方式，在确保信息准确的基础上，根据会员交费的不同对其排名顺序进行相应调整。例如，阿里巴巴的竞价排名是诚信通会员专享的服务。当买家在阿里巴巴搜索供应信息时，竞价企业的信息将会排在搜索结果的前几位。

除了上面提到的3 种常规收益模式外，信息化技术服务费、代理产品销售费、交易佣金费、展览或活动费等也逐步成为 B2B 电子商务网站的收益渠道。这些服务多为增值性的，能为网站拓展更多的收益来源，进而促进网站和会员达到双赢。

第四节　互联网时代 C2C 电子商务模式

一、我国互联网时代 C2C 电子商务模式的发展历程

世界上最早的 C2C 网站是由皮埃尔·奥米迪亚（Pierre Omidyar）于1995年创办的 eBay 网站。1999年，易趣网正式开通，成了中国最早的 C2C 网络交易平台。成立之初，易趣网很快占据了我国 C2C 市场的半壁江山。2002 年，eBay 与易趣结盟，成立了 eBay 易趣，强强联手，希望一举打入中国市场。但就在 2003 年。阿里巴巴推出了淘宝网，打破了 eBay 易趣一家独大的局面。在强大的母公司——阿里巴巴的支持下，淘宝网从创建伊始就推出了免费政策。即在淘宝网上注册开店不需要支付任何费用。在淘宝网的强大压力下，eBay 易趣于2006 年与 TOM 在线进行合资，形成了如今的易趣网。

2005 年，腾讯公司推出拍拍网，并于 2006年3 月正式运营。2008 年，百度推出的电子商务网站——百度有啊正式上线。2002 年，我国网络购物总额只占全国消费品销售总额0.04%的比重，而到 2006 年，这一比重已经达到 0.41%，增长了 10 倍多。现在我国的互联网时代 C2C 电子商务平台已经形成了淘宝网、拍拍网、易趣网三足鼎立的局面。

二、互联网时代 C2C 电子商务模式的分类

互联网时代 C2C 电子商务模式主要分为拍卖模式和店铺模式两种。其中，拍卖模式主要是指互联网时代电子商务企业为买卖双方提供一个网络拍卖平台，按比例收取交易费用的模式。

网络拍卖是利用网络进行在线交易的一种新模式，它可以让商品所有者或某些权益所有人在其平台上独立开展以竞价、议价方式为主的在线交易模式。目前网络拍卖主体的形式有拍卖公司、网络公司以及拍卖公司和网络公司或其他公司联合形成的主体。其中较为常见的是网络公司，我同主要以易趣网、淘宝网为代表。

店铺模式主要是指电子商务企业为个人提供开设网上商店的平台，以收取会员费、广告费或其他服务收费来获取利润的模式。

开设网上商店是现在较为常见的创业方式。用户只需要了解目标网上商城的入驻条件、竞争力、基本功能和服务等情况，就可以开设网店了。虽然入门门槛不高，但要建设和经营好一家网上商店则需要用户积累丰富的经验并投入大量的精力。

三、互联网时代 C2C 电子商务的收益模式

目前，互联网时代 C2C 电子商务网站的收益模式主要有以下几种。

（一）收取产品展示费

卖家想在 C2C 交易平台上展示其商品，需要向该交易平台支付一定的费用。如果卖家想对商品进行修饰，如添加商品照片、运用特殊字体等，还要另外缴费。

（二）收取交易服务费

如果卖家在（22C 交易平台上交易成功。则必须按销售价格的一定比例付费给交易平台，通常这个比例根据产品的价格上下浮动。例如，在 eBay 上，25 美元以下的交易要缴纳5%的交易服务费，25～1000 美元要缴纳 2.5%的交易服务费，1000 美元以上要缴纳1.25%的交易服务费。

（三）收取广告费

C2C 交易平台拥有大量用户，卖家要想在众多竞争者中脱颖而出并不容易。C2C 交易平台可以在其页面的显著位置为卖家刊登广告，帮助卖家销售商品。但在这一过程中，卖家需要缴纳一定的广告费用。而且根据刊登广告的位置不同，所缴费用也不同。Alexa 网站统计资料显示，除了目的性较强的上网者外，有 70%的上网者只是观看个网站的首页，因此，网站首页的广告铺位和展位都具有很高的商业价值。

（四）收取增值服务费

C2C 电子商务网站不只是为交易双方提供一个平台，更多的是为双方提供交易服务，尽量满足用户的各种需求。例如，C2C 电子商务网站的商品众多，买家想要找到合适的商品并不容易，网站可以推出搜索服务来提高效率。同时，卖家可以通过购买关键字来提高自己的商品在搜索结果中的排名，进而达成更多的交易。此外，卖家还可以通过付费享受店铺设计、店铺推广等多项服务。

第五节　其他互联网时代电子商务模式

一、互联网时代 G2B 电子商务模式简介。

G2B 模式即政府与企业之间通过网络进行交易活动的运作模式，如电子报税、电子通关、电子采购等。

G2B 模式比较典型的例子是政府网上采购。政府往往通过这种模式在网上进行产品或服务的采购和招标。G2B 模式操作相对透明，不仅能有效降低采购成本，还有利于找到更加合适的供货商。

G2B 模式的推广让需求商对供应商的选择扩展到全世界的范围，双方能够得到更多的产品和需求信息，供应商也能通过网络获得更多的投标机会。

二、互联网时代 G2C 电子商务模式简介

G2C 模式是指个人消费者与政府部门之间的电子商务。其中的"C"可以理解为consumer，也可理解为 citizen。政府可通过 G2C 网站向公民提供各种服务。

目前，我国 G2C 模式的网站主要由政府主导，但一般并不限于 G2C 一种功能。例如，南京市政务大厅不仅有对企业的业务处理，也有对个人的业务处理。

三、互联网时代 G2C 电子商务模式简介

G2G 模式，即政府对政府的电子商务模式。这种模式既包括上下级政府、不同地方政府之间的电子商务活动，也包括不同政府部门之间的电子商务活动。

G2G 模式是电子政务的基本模式之一，具体实现方式有政府内部网络办公系统、电子法规、政策系统、电子公文系统、电子司法档案系统、电子财政管理系统、电子培训系统、垂直网络化管理系统、横向网络协调管理系统、网络业绩评价系统、城市网络管理系统等11个方面。简言之，传统的政府与政府间的大部分政务活动都可以通过网络技术的应用高速度、高效率、低成本地实现。

四、互联网时代 ASP 电子商务模式简介

ASP 模式，即信息化应用服务提供商运作模式，是指由电信网络作为中介。牵头组织多家拥有优质产品和丰富行业经验的上下游企业参与运作。通过整合电信基础业务产品与电信增值业务产品，为中小企业的信息化提供优质的企业信息化解决方案和服务。

ASP 模式的优势在于可以充分利用各方的比较优势，为供应商提供更多机会，为客户提供价格低廉、稳定可靠、多样化的电子商务产品，从而实现双赢甚至多赢局面。

五、互联网时代 P2P 电子商务模式简介

P2P 是 peer to peer 的缩写，可以理解为"伙伴对伙伴"的意思，即对等联网。P2P 模式的优势是可以直接将人们联系起来，让人们通过互联网直接交互。这种模式消除了中间商的环节，使买卖双方的沟通变得更加容易和直接。

六、互联网时代 X2X 电子商务模式简介

X2X 是 exchange to exchange 的缩写，可理解为"交易到交易"模式，它是在网上电子交易市场的不断增加，导致不同的交易市场之间也需要实时动态传递和共享信息的情况下产生的，是 B2B 电子商务模式的一次深入发展。

第六节　构建"农企+农产品电商"的商业模式

一、我国农业现阶段的特征

我国的农业发展历史悠久，具有良好的基础，但是仍然存在许多不足的地方，如果农业企业想要迅速与网络结合，就会受到非常严峻的考验。我国农业现在所处的发展阶段有以下特征。

（一）从分散型到订单型

政府出台过有关粮食作物的扶持政策，但是，以前我国农作物的生产和销售是相互脱离的，也就是说农民与消费者之间缺乏沟通平台，中间商则借机层层提高商品价格。这样的模式使得农作物陷入流通过程拖沓烦冗、农产品成本增加的恶性循环。

农产品通常需要4～6个环节才能完成整个流通过程（从农民到消费者），农民收获的农产品会出售给收购商，再由收购商将产品转送到产地批发市场，经过运输，产品到达销地批发市场，最后消费者在超市、菜市场、农贸市场购买所需的产品。在这个流通过程中的消耗使得最终农产品的价格变成之前的两倍，因为除去管理费用和上缴的税金以外，每增加一个流通环节就会将农产品的成本提高 5～10个百分点。

订单型农业能够有效提高农产品的流通效率，在农民和农产品消费者之间建立交流渠道和桥梁，极大地节约了产品的成本。

（二）农产品质量参差不齐，品牌混乱，缺乏企业品牌

中国的地理环境决定了中国农业物种丰富，不同的地理区域中有独具特色的农产品，但是许多具有地方特色的农产品都属于地域品牌而不是企业品牌，比如东北大米、新疆葡萄干、长城板栗、西双版纳蜜柚，甚至包括著名的西湖龙井。这样的情况造成农产品的质量达不到统一的标准，缺乏企业品牌，也难以进一步推广。最终受损的还是商家。他们投入大量资金却得不到相应的经济效益。

地域品牌只能在小范围内取得一定的经济效益，想要在整个国内市场甚至国际市场上立足，就要依靠像"都乐"这样的企业品牌，都乐的菠萝和香蕉享誉全球，因而也能卖出好价格。

当前我国的农业企业忽略了品牌的塑造。缺乏农产品企业品牌，但也说明这方面蕴含着巨大的潜力，应该抓住时机，在农业连接互联网的同时打造农产品企业品牌。

二、困境：农业电商面临的三大问题

（一）企业自身发展不完善

★中国企业长期以来依赖人工管理，企业的现代化程度低，不能充分利用具有丰富信息资源的互联网，信息管理系统并没有大范围应用到企业内部，更不用说是农业企业，而那些配备信息管理系统的小部分企业也只是注重表面功夫，不能有效利用信息价值进行企业的发展。

★企业不能充分认识品牌的影响力，忽略企业品牌建设，也没有打造自身品牌或者农产品品牌的宏观计划，不能依靠品牌效应提高产品价格，也无法从中获得更多的利润。小部分企业的地域品牌效益低下，还有一些具备企业品牌的企业，不能发挥品牌在市场竞争中的作用，也不会进一步完善企业品牌。

★企业接受新事物的能力差，农业企业固守传统观念。缺乏对电商的清晰认识和发展趋势分析，局限的视野让许多企业在电子商务面前缩手缩脚，不敢尝试，他们没有认识到当前互联网在商业发展中的作用，不知道应该怎样将互联网运用到企业经营中，也跟不上电子商务迅速发展的潮流。

（二）无法与客户建立直达订单的关系

农业企业对电子商务的接触不够，不能有效利用现代信息手段从策划、市场、营

销等各环节降低成本和实现价值增值。与客户之间无法高效沟通，而必须经由中间商，这都是农业企业没有网络运营经验的证明。

（三）客户需求呈现多样化

★供需矛盾更加激烈，供过于求的现象频发。在农业领域，农产品没有统一标准，由于顾客所处的区域变化，他们也会产生不同的选择，所以客户的最终需求很难把握。这样，农业企业的生产和客户需求之间产生脱节。造成过多的产品积压。这是传统农业企业面临的难题之一。

★在流通过程中，大幅度的成本增加降低了企业的回报率，而农产品又通常无法长期保鲜，如蔬果、肉制品等通常需要很高的保鲜手段，这就要求这类农产品在尽可能短的时间内完成整个流通过程到达消费者手中，否则，时间越长，成本越高，产品的损耗越多。一些商家对产品进行的临时保鲜处理一定程度上能够减少产品损耗，但也无法做到产品质量始终如一。这也不利于企业自身品牌的建设和维护。

★经过众多流通环节、农产品的市场价格通常与其质量不匹配，多数消费者既想购买到质量好的商品，又不愿意出太多的钱。前期没有注重品牌建设和推广使得企业生产的产品在消费市场上没有牢固的群众基础和良好的口碑保证，企业也就无法从品牌效应和包装效果中获得增值，即使企业进行了大量的前期投入来保证产品的质量也无法在市场上以高价格进行出售。

三、破局：农业电商的突围之道

（一）与专业从事农业经营的机构进行合作

农业企业想要获得消费者的青睐，让自己的产品在消费者心中树立起地位，首先要做的是让消费者记住自己的品牌，之后，企业应该发展长期客户，让消费者增加对该类产品的消费频率和消费额度，也可以向消费者推荐本企业的其他产品，这样，当消费者产生需求时就会自然而然地购买该企业的产品。

要达到这样的效果，需要企业的坚持不懈，需要企业寻找在农业和电子商务方面有见解和经验的专业经营机构并求得合作。

专业从事农业经营的机构会与企业形成良好的互动关系，根据调查和企业提供的信息数据制定策略，在企业的生产和销售等方面提供指导，使企业的产品符合市场需求。

农业企业不仅需要建立电子商务体系，更需要通过有效的客户引导性营销，真正实现"以销定产"，在损耗可控的条件下，稳定企业销售利润。同时，还能通过及时、全面的信息情报，申请政策资金的支持和投资商的支持，有效解决企业发展过程中的资金瓶颈及相关政策问题。

（二）直接与消费者连接

★建设实体连锁店。在城市各个区域开设店铺，多种方式（直营或加盟）经营企业的特色农产品，依靠自身力量进行产品运输，在店面进行产品推广和品牌营销。宜家宜厨是河北的生鲜连锁企业，该企业在城市的各个社区开店面，主营生鲜蔬菜，同时经营粮食、食用油、干货等农产品，以商品价格合理、品质优良取得消费者的青睐，也为企业品牌做了很好的推广。

★发挥品牌效益。实行适合企业自身的 CIS 品牌规划，重视品牌推广方面的投资，发挥品牌的拉动效益，积极促进消费。可利用多种方式来推广品牌和吸引消费，比如向消费者展示公司实力，在消费者集中的地区和时间段进行品牌的展示等。洪山菜薹是武汉的特色产品之一，将洪山菜薹的历史和其种植地的稀缺纳入产品的营销中，运用道家哲理进行品牌推广，让产品具有了文化附加值，既吸引了消费者对高价值产品的关注和选购，也为企业带来了品牌拉动作用下的利润。

★利用网络平台连接企业与消费者。电子商务运营在互联网平台上将企业与消费者连接起来。消费者直接与企业取得沟通，企业根据消费者所下的订单进行安排，也可以在电子商务平台宣传自己的产品和品牌。

★将电子商务向复合型方向发展。综合分析企业内外的情况，充分利用企业自身的品牌、渠道等优势条件，并与互联网电子商务结合，将企业的电子商务向复合型方向发展，既可以把企业品牌与电子商务结合起来，也可以把企业在各地开设的实体店连接到电子商务的平台上，充分发挥企业优势，利用复合型商务体系拓宽覆盖面，使线上线下形成整体，并与消费者直接联系，开发潜在消费市场。

第七节 农牧企业电商 O2O

过去的几年，阿里巴巴、百度、腾讯、小米等互联网巨头在各个领域展开了疯狂的布局。阿里巴巴等电商巨头带领整个电商领域走进了 O2O 发展阶段将网上与网下的优势完美结合。同时，也将电商业务延伸到了家居、房地产以及农牧等领域。

就连我们正在经历的生活。也在以同样的速度进行着更新换代，就在不知不觉中，一切都发生了变化。原本盛极一时的微博，成了微信的手下败将。在打车领域，背后由互联网巨头撑腰展开的滴滴、快的之间展开的争夺战，让民众从中收获了补贴红利。同时，在 O2O 领域还诞生了阿姨帮、乐 e 家居、饿了么、e 袋洗等餐饮和社区服务 O2O 项目，给传统的餐饮和社区服务领域带来了强烈的冲击，使其原本的行业地位受到了动摇。在交通服务 O2O 领域也产生了一系列的产品，包括神州租车、高铁管家、e 代驾、易到用车等产品。为消费者带来了实实在在的便捷体验。

点名时间、众筹网、追梦网、京东众筹等一系列众筹平台的建立，为更多创业者梦想的实现创造了机会。众筹平台不仅可以让企业募集到资金，同时也是一个重要的产品展示平台，可以推动产品的营销和推广。

2014 年，对农牧行业影响最深的事件就是康达尔、禾丰等传统饲料企业开始向互联网领域发展和渗透，并在淘宝电商平台上进行了一番布局，为传统农牧行业的变革打响了第一枪。有资料显示，为了在互联网领域有所斩获，许多农牧企业开始陆续在淘宝和天猫平台上开店，淘宝、天猫平台上的商家数量在一段时间内出现了爆发式地增长。目前已经有近千家的农牧企业成为电商平台上的一员。

但是，农牧企业真的已经准备好迎接这股 O2O 电商热潮了吗?在进入电商领域之前，淘宝和天猫对农牧企业的意义仅限于是一种非主流的营销渠道。而今要将其作为一种主流的营销渠道，人们不禁开始疑惑，企业的劳务管理服务体系、供应链以及与电商配套的产品休系能够适应 O2O 电商的发展要求吗?

一、农牧电商 O2O 之道

在进行农牧电商布局之前，传统农牧企业首先应该思考和解决好这样一个问题：如果只是通过简单粗放的形式对经销商进行整合、自营或 OEM 产品，能获得养殖场的青睐，为自己的产品打开销路吗?

河南有一家饲料企业，为了发展 O2O，将原本传统的销售渠道全部摧毁，并决心为企业带来一个全新的面貌。这种排毁原本已经成熟运作的经销商体系、业务销售体系的做法、对传统的农牧企业来说很伤元气。

传统农牧企业电商发展之道应该是：线上+线下=O2O 全渠道。传统农牧企业在农牧电商 O2O 领域进行布局的时候，应该将用户放在第一位，其次是要为用户提供周到、贴心的服务，即以养殖户为核心，为他们提供品质高、性价比高的农牧生产资料。这才是农牧电商 O2O 发展的关键之道。

二、农牧电商 O2O 之本：产品+服务+渠道

（一）产品

未来，农牧企业在电商思维下会朝着更加细分的领域发展，届时，每家公司会专注于生产一种产品。专门的养殖技术服务公司会为用户提供更加细分的服务产品包。让用户体验更加细致的服务；专门开展养殖产业链整合的公司也会利用电商平台对无边界供应链进行整合，为养殖户提供细分的产品，比如疫苗、饲料、种畜禽等。

对农牧电商平台来说。最基本的属性就是整合渠道以及服务。如果农牧电商能把整合做好，那么用户以及盈利模式就会相继而来。

（二）服务

对农牧企业来说，电商平台具有高效、透明、开放、去中心化等特点，这也是商业的本质，即将用户当作核心，以为用户提供极致的体验和服务为出发点和落脚点。农牧企业在经过产品的快速更新和运营体系的变革之后，会更加趋向于灵活化。原本追求"大而全"的发展模式也会逐渐走向"小而美"，将服务和体验做到极致。

要实现极致的服务，农牧企业必须冲破原有管理体系的桎梏。要认识到为用户提供的服务体验不仅仅是一种服务，更是企业的一种文化，从而激发员工形成自发的服务意识，保证服务好每一位用户。随着物联网和工业 4.0 的发展，未来用户思维会被运用得淋漓尽致。

（三）渠道

农牧企业要实现渠道下沉战略，应该首先解决两个问题，一是产品和服务的问题；是找到能够贴近用户的渠道方法

原本行业中适用的业务员经销方式已经跟不上时代发展的要求了。如果企业的产品和服务不能贴近用户，那么不管怎样进行渠道拓展也不可能改变传统的渠道格局。

2015 年对传统农牧企业来说是关键性的一年，企业可以在这一年进行战略升级和转型。要想紧跟时代发展的潮流，传统农牧企业应该以积极的态度和行动去拥抱互联网，在农牧电商 O2O 领域进行布局。但是农牧企业一定要认识到进行 O2O 布局并不是唯一的目的，只有运用互联网思维将产品和服务做到极致才是唯一需要遵循的理念。

三、农牧电商在线下实体店的布局

传统的农牧企业在开始全面拥抱电商之后，不仅没有因为电商平台为自己创造更多的发展机会，反而因为缺乏线下实体店的布局而受到了限制。因此。未来农牧电商会将发展的重点集中在线下，并全力解决农牧企业在发展过程中的问题：建立体验中心，解决"最后一公里"问题以及怎样树立品牌形象。

（一）建立体验中心

农牧行业以及其消费群体的特殊性，决定了农牧电商的发展也必定会走一条不寻常的路。在农牧电商刚刚兴起的阶段，虽然网购可以为养殖户带来更多的便利，但是如果能在线下实体店接触到真实的产品以及获得真实的体验，那么会让养殖户对网购行为更有信心，进而推动农牧电商以更快的速度发展。

河南省荥阳市的一家农牧电商已经成功建立了第一家线下体验店，在体验店里，你不会看到满眼的饲料，也不会闻到呛人的饲料味，客户在到达实体店后会有专门的导购来为其服务，导购员会为客户讲解，怎样在网上选购饲料，怎样进行网上支付，以及怎样与网上商城的客服进行沟通等。此外，客户在实体店中还可以与养殖技术专家进行一对一的视频交流，从而获得更多、更专业的养殖经验。这个实体店以养殖户为中心，真正将体验服务做到了极致。

（二）"最后一公里"的问题

"最后一公里"的问题不仅是困扰农牧电商企业的一个问题，同样也是各个电商巨头一直在致力解决的问题。

在农牧行业，一般养殖场都会选择在比较偏远的地区建立，这对于物流配送来说是一个重大的难题。为了能够有效解决这个问题。进一步升级电商服务，线下加盟商在成立的时候，与运营商约定，要为用户提供免费送货上门的服务，这样一来，养殖户也可以做到足不出户在家安心地网购饲料了。这样做为用户节省了人力和物力，同时也减少了注意力的分散。可以将精力更多地放在养殖场上。

（三）树立品牌形象

虽然农牧行业电商提出了各种各样的 O2O 模式，但是在实践中真正发挥效用的却寥寥无几。有的农牧电商企业只是在模仿和借鉴其他企业的模式。没有找到真正符合自身发展需要的模式。

线下加盟商没有统一的门而设计和室内装饰，而是各行其是，独立发展，这样的发展方式对于农牧电商品牌形象的树立没有任何意义。看一下阿里巴巴和京东这两个电商巨头的线下服务店，就清楚之所以它们能成为电商巨头的原因了。很多农牧电商企业仅仅是将经销商改造成了线下的体验中心，这样的做法不仅不能使线下体验店发挥其功效。还有可能使其成为阻碍农牧电商发展的绊脚石。

畜牧 e 号是国内第一家农牧行业 O2O 电子商务平台，是中国农牧行业领域最受消费者欢迎以及最具行业影响力的综合性电子商务平台之一。

线下加盟商在进入平台的时候会经过严格的审核。同时平台还会帮助和支持体验店进行选址以及线下加盟商的后期运营等，主要包括为体验店的开业提供支持、为加盟商提供区域保护以及支持体验店的运营和宣传工作等。

农牧行业也已经逐渐从简单的交易阶段走向了一个培养关系阶段，养殖场在平台上购买饲料等生产资料，不仅是为了满足自身的需求，还力求与交易平台建立一种长久的联系。对农牧电商平台而言，仅仅依靠计算机和智能手机，很难让用户获得独特的品牌体验，同时也体验不到极致的服务。因此，农牧电商要布局线下实体店。将养殖户吸引到实体店中体验，为它们提供独特的品牌和服务体验，从而通过与它们的互动构建长久、忠诚的关系。

第八节 "互联网+农业"创新模式

一、互联网+休闲农业

目前，我国的游客，尤其是来自城市的广大游客，已不满足于传统的观光旅游，个性化、人性化、亲情化的休闲、体验和度假活动渐成新宠。农村地区集聚了我国约

70%的旅游资源，农村有着优美的田园风光、恬淡的生活环境，是延展旅游业、发展休闲产业的主要地区。

据农业部2014 年底统计数据显示,全国约有 8.5 万个村开展休闲农业与乡村旅游活动、休闲农业与乡村旅游经营单位达170万家,其中,农家乐150 万家,规模以上休闲农业园区超过3 万家,年接待游客 7.2 亿人次,年营业收入达到 2160 亿元,从业人员2600万。在"互联网+"已经上升为国家战略的当下,而对如此规模的市场,互联网与休闲农业的结合已经势在必行。

案例1　乡村游网

乡村游网依托成都市旅游促进中心、成都市旅游呼叫中心成立,致力于为消费者提供最全、最新、最准、最实惠的乡村旅游网上服务平台,热心、周到、客户至上是平台永远追求的宗旨。

乡村游网在线服务平台有着海量信息,不仅实现了为乡村旅游爱好者提供资讯和查询服务,还实现了在线预订、电话预订、手机短信和 WAP 平台等服务,满足了消费者"吃农家饭、品农家菜、住农家院、干农家活、娱农家乐、购农家品"等全方位需求,用户可以在获取广泛信息的基础上,通过强大的地图搜索、360 度全景、真实的最低折扣消费和用户真实点评等在线服务,做出最佳消费选择,用超低折扣就可实现都市时尚达人对新旅游、新体验、新潮流的生活追求。

乡村游网在线服务平台不仅为个人用户提供了资源丰富、信用度高、使用性强的精准信息平台,同时,还为商家建立了以网站、广播、电视、报纸、杂志展架、LED广告屏等多项服务的全方位的市场营销解决方案,它将成为人们到乡村旅游最为依赖的休闲生活平台。目前已有14 万会员,但网站排名及流量均偏低,初步判断主要是由于后期网站运营推广工作不足导致,但此案例的商业模式具备一定创新价值,值得关注和借鉴。

案例2　去农庄网

去农庄网号称全国首家专业的乡村旅游综合平台,是中国第一款"互联网+农业"的大型网站平台和手机 App,目标是把城市周边的农家乐、果园、苗圃、钓鱼场、民宿、游乐场、生态园、观光园等整合在一个平台上,满足城市居民对于休闲农业和吃住行、生态农副产品购物的需求和消费。

去农庄网目标覆盖到全中国所有的城市，让所有城市人不再为节假日去哪儿发愁，让孩子跟着父母亲回到大自然，让全天下所有的父母回到美丽的乡村，让相濡以沫的情侣沐浴在乡村的气息里，让所有人来一次说走就走的旅行，通过数以百万的乡村旅游商铺和种养殖商铺的大量入驻。通过客户的评价体系。从而提升乡村旅游的硬件、环境、卫生和服务水平。

去农庄网尚未正式上线时。其商业模式已经引起了业内的广泛关注。概括来讲，去农庄网称之为"F+F"模式，即 family to farm （家庭去农场）、farm to family （农场进家庭）。首先去农庄网搭建网络平台，解决了城市"家庭去农场"的选择问题，在家庭到农庄进行消费和体验后，可以带动"农场进家庭"，为广大城市居民解决对于健康食品、绿色无公害食品和有机食品的需求。进而通过去农庄网沉淀下来的大数据，将其发展成为未来的"F+F"社交平台，即 family to family （家庭和家庭）的社交，去农庄网将和支付宝合作构建O2O的支付结算体系。还将和嗒嗒巴士合作发展周末乡村旅游。未来商业模式还在不断创新和优化，希望涉足农产品网上超市、农业众筹平台建设、O2O广告传媒、O2O 农产品配送、候鸟养老计划等。

综合来看，农业休闲旅游行业市场空间巨大，但与互联网结合尚处于探索阶段，一方面由于互联网化刚刚起步，另一方面也受限于线下中国休闲旅游实体发展的相对滞后。目前来看，行业内还未出现具备一定影响力和规模的标杆案例，大多数平台属于信息发布、交易撮合型电子商务平台，在与互联网相结合的模式上创新性不足。但可以预判休闲农业势必在互联网的推动下飞速发展。这一市场非常值得期待和关注。

二、互联网+淘宝村

随着互联网的飞速发展，整个农业产业链条均在尝试互联网化的同时，不断有新兴的商业模式或新型的商业群体涌现，淘宝村便是基于旧农村基础，通过与互联网的紧密结合衍生出的新型农村业态。

淘宝村在量化的定义中是指活跃网店数量达到当地家庭户数 10%以上、电子商务年交易额达到1000万元以上的村庄。2013 年，阿里研究院发布了20个中国淘宝村，仅仅一年过去，到2014 年年底这一数据就被刷新到了211个，同时，首批19个淘宝镇（拥有3个及以上淘宝村的乡镇街道） 也随之涌现。曾经那些以"种田"为生的农户，如今以"种网"为生。互联网改变了农户的命运。也改变了整个村庄的命运，互联网让一个个"封闭村"变成了远近闻名的"淘宝村"。小小的村庄旧貌换新颜，散发出勃勃生机。

从2009 年开始，短短6年时间，淘宝村经历了萌芽、生长、大规模复制等几个阶段。2014年，淘宝村迎来了空前快速发展期，基于各地申报、媒体报道、实地调研、数据分析等信息，阿里研究院在全国共发现 211 个淘宝村，这些淘宝村分布在福建、广东、河北等10个省市。其中。浙江62 个、广东 54个、福建28 个、河北25：个、江苏25个，这5个省的淘宝村数量在全国占比超过 90%。同时，中西部首次出现了淘宝村的身影，来自四川郫县的 2个淘宝村、来自河南和湖北的各 1个淘宝村，进入了淘宝村大名单。

案例1 青岩刘村：中国淘宝第一村

青岩刘村位于浙江省金华市义乌市江东街道，大约28 万平方米，当地人口总共不到2000人。村道的两端一侧是环城路，另一侧是小商品集聚地。青岩刘村是一个面积不大的住宅小区，有200 多幢农民房、房屋 1800 间，几乎每一幢楼的一楼都是仓库。现在却容纳了8000多人，开有 1000 多家淘宝网店，拥有2家金冠店、数十家皇冠店。2010年成交额超过20 亿元，成为名副其实的淘宝村。

青岩刘村所处的义乌市是全球最大的小商品集散中心，被联合国、世界银行等国际权威机构确定为世界第一大市场，更有全球最大的小商品批发市场——义乌国际商贸城。

案例2 揭阳军埔电子商务村：缔造淘宝村财富神话

军埔电子商务村隶属于广东省揭阳市揭东区锡场镇，军埔电子商务村本是一个"食品专业村"，随着食品加工厂生存艰难。村中村民也多出外谋生。随着村中一些在外做服装生意的青年开始回乡创办淘宝店，军埔村于2013 年6月引起地方政府关注揭阳市提出要打造"电子商务第一村"，揭阳市政府协调金融机构拿出了 1000 万元的贷款，财政贴息 50%。不到半年的时间，这个村庄很快就发展成"淘宝村"—2690人的小村开办了超过 1000 家网店，在不到半年的时间里交易额翻了数番。2013 年"双11"网购节过后，这个村子创造了超过 1亿元的销售纪录。

案例3 北山村："北山模式" 从无到有

北山村位于浙江丽水缙云壶镇北山脚下，2010 年底村庄合并后，由上宅、下宅和塘下三个自然村组成，有700 多户人家。其中拥有 800 多人的下宅自然村就有 200 多家淘宝店铺，集中了全村绝大多数电商企业。在这 200 多家淘宝店铺中，皇冠级别的就有27 家。2013 年，全村实现电子商务销售额1亿元。

北山村是丽水市首个农村电子商务示范村。短短几年间，该村从"烧饼担子""草席摊子"发展为"淘宝村"，已逐步形成以北山狼公司为龙头，以个人、家庭以及小团队开设的分销店为支点，以户外用品为主打产品的电商发展模式——"龙头企业示范带动+政府推动引导+青年有效创业"，北山村发展农村电子商务的事迹被中国社科院有关专家概括为"北山模式"。

未来，淘宝村将很可能变成常态化，在未来 5～10 年中，淘宝村的数量在自然复制+政府推动的双重作用下势必仍将保持快速增长，也必将成为农村经济的必备生产力要素，在提高农村收入、提升乡镇经济实力、改变农民消费习惯、加入城镇化进程等方面都将起到积极推动作用，进而深刻改变中国农村经济生活面貌。

三、互联网+农村金融

2013 年以来，互联网金融出现"井喷式"发展并引发社会各界广泛关注，引用百度百科对于互联网金融一词的解释："互联网金融（ITFIN） 是指以依托于支付、云计算、社交网络以及搜索引擎、App 等互联网工具，实现资金融通、支付和信息中介等业务的一种新兴金融。互联网金融不是互联网和金融业的简单结合，而是在实现安全、移动等网络技术水平上，被用户熟悉接受后（尤其是对电子商务的接受），自然而然为适应新的需求而产生的新模式及新业务。是传统金融行业与互联网精神相结合的新兴领域"。互联网金融的出现在一定程度上解决了多年来传统银行始终没有解决的中小微企业融资难的问题，但同时也对传统金融形成较大冲击。

传统金融在过去的一个世纪中发展出了令人眼花缭乱的理论体系和创新产品，然而，从本质上看，金融的核心功能无非资源配置、支付清算、风险控制和财富管理、成本核算几大类，下面将基于上述几个维度对传统农村金融与互联网农村金融进行对比，探寻互联网农村金融较传统农村金融的优势所在。

（一）资源配置维度

无论是传统的农业生产还是如今的农业互联网经济，获得资金的主要渠道都是信贷。然而，传统金融在保证农村大企业信贷供给的同时，对小微企业和普通农户的供给明显不足。作为农村金融服务的核心部分，对农村住户贷款业务面临 3 个方面的现实挑战：一是农村住户储蓄转化为对农村信贷的比例不高；二是农村住户信贷中转化为固定资产投资的比例不高；三是农村住户贷款与农村住户偿还能力的匹配度不高。这3个"不高"集中反映了传统金融在农村资源配置方面的能力不足。

贷款转化比例不高说明农村住户的储蓄资金逃离农村的现象突出，统计数据显示，东部和中部地区普通农户的存贷比分别仅为 1.7%和2%。

购置固定资产的比例不高显示出贷款用途进一步复杂化，在银行类金融机构不掌握相关数据的情况下，这一变化将增加贷后管理的难度和潜在坏账风险。有数据显示农村信贷资金用于购置固定资产的比例仅为 0.8%，几乎可以忽略不计。

贷款与偿还能力的匹配度不高会直接导致违约风险上升。从实际情况来看，目前农村信贷的贷前管理主要强调抵押和担保，也就是强调农户的还款意愿。强调还款意愿是信贷中一项重要技术，然而，仅强调还款意愿而忽视还款能力，将很难保证农户按期还款。一旦短期借款远远超过农户的短期收入，就会造成违约的发生，在实践中即使存在合格的抵押品，金融机构的处置难度也很大。由于一旦坏账发生就会带来较大的损失，金融机构借贷的意愿很难提高。

而互联网金融在农村资源配置方面则要优于传统金融。首先，互联网金融基本不会产生传统金融"抽水机"的负而作用。相反，由于农村地区的项目能够提供更高的回报率。互联网金融会吸引来城市的资金，转而投资在农村地区，从而创造出比城市、大企业高得多的边际投资回报率。需要指出的是，虽然利率较高，但是由于期限和金额相对灵活，放款速度快，互联网金融发放的信贷资金实际成本未必很高。其次，从匹配的准确性角度看，互联网金融掌握海量的高频交易数据，可以更好地确定放贷的客户群体，通过线上监控资金流向，做好贷中、贷后管理，在很大程度上克服了农村金融中资金流向不明，贷后管理不力的问题。

（二）支付清算维度

我国农村地区长期以来存在着现金支付的传统，现金支付比例长期居高不下。从支付本身的角度看，现金支付的成本很高。从国际经验上看，现金支付比例高的地方，经济的正规化程度就低，经济中灰色区域就大，偷逃税的现象就多。更进一步说，现金支付比例越高，网络经济、信息经济的发展就越滞后，从而会影响农村地区的产业升级和城镇化进程。我国农村地区现金支付比例高首先是长期以来形成的传统，其次是传统金融没有发展出适合农村支付的"非现金化"模式。邮政储蓄的按址汇款、农行的惠农卡以及各商业银行都在努力推进的无卡交易改善了农村的支付环境，也降低了现金使用的比例。但是，这些"创新"还是要基于网点的建立和电子机具的布设，如果不能很好地适应农村地区对现代化支付的需求，也就无法切实解决农村的支付问题。

"互联网+金融"在支付方面已经做出了巨大突破。在互联网金融中，支付以移动支付和第三方支付为基础，很大程度上活跃在银行主导的传统支付清算体系之外，并且显著降低了交易成本。在互联网金融中，支付还与金融产品挂钩，带来了丰富的商业模式，这种支付+金融产品+商业模式的组合，与中国广大农村正在兴起的电商新经济高度契合，将缔造巨大的蓝海市场。

（三）风险控制维度

"三农"领域风险集中且频发。人类的科技发展至今没能改变农业、农村"看天吃饭"的问题。旱涝灾害、疫病风险以及市场流通过程中的运输问题都会导致农民的巨大损失。传统金融采用农业保险+期货的方式对冲此类风险。2007 年以来，国家对农业保险给予了大量政策性补贴，取得了一定的效果，但总体看作用不明显。互联网金融 "以小为美"的特征在这方面将大有作为，新的大数据方式将非结构数据纳入模型后，将为有效处理小样本数据，完善风险识别和管理提供新的可能。

（四）财富管理维度

传统金融经过多年努力，在农村地区建立起了"广覆盖"的服务网络，但是这种广覆盖不仅成本高，而且"水平低"，其"综合金融"覆盖也基本不包括理财服务。对传统金融机构而言，理财业务门槛高，流程复杂，占用人力资本较多，在农村地区的推广有限。互联网金融已经做出了很好的尝试。类似"余额宝"的创新产品开创了简单、便捷、小额、零散和几乎无门槛的全新理财模式。早在该产品推出的第一年（2013 年），余额宝用户就覆盖了我国境内所有的 2749 个县，实现了全覆盖和普遍服务。最西端的新疆乌恰县有 1487 名用户，最南端的三沙市有 3564 名用户，最东端的黑龙江抚远县有7920名用户，最北端的黑龙江漠河县有 2696名用户。在提升了农民财富水平的同时，也进行了一场很好的金融启蒙。

（五）成本核算维度

一般可以将成本分为人员成本和非人员成本。对于传统金融机构而言，非人员成本主要指金融机构网点的租金、装修、维护费用，电子机具的购置、维护费用。现金的押解费用等。人员成本主要指人员的薪金、培训费用等。从下列数据可以看出成本是造成农村金融困局的主要原因之一，如一家 6~7人的小型租用网点，一年的总成本超过 150万元。相比之下，互联网金融在农村可以不设网点，没有现金往来，完全通过网络完成相关的工作。即使需要一些业务人员在农村值守并进行业务拓展，其服务半径也会比固定的银行网点人员的服务半径大得多，单位成本更低。另外，互联网金融通过云计算的方式极大地降低了科技设备的投入和运维成本，将为中小金融机构开展农村金融业务提供有效支撑。

互联网金融本身是新生事物，在农村发展的时间相对更短，但由于互联网金融与农村场景天然的耦合性。目前在我国已经出现了若干种"互联网+农村金融"模式，并可主要分为传统金融机构"触网"、信息撮合平台、P2P 借贷平台、农产品和农场众筹平台以及正在探索中的互联网保险等 5 种主要形式。

1.传统金融机构"触网"

农村金融改革12 年来，传统金融机构做了很多有益的尝试。农行的助农取款服务就是一种接近"O2O"的业务模式。通过与农村小卖部、村委会合作，利用固定电话线和相对简易的机具布设，农户就可以进行小额取现。例如安徽农信社，其手机银行通过短信进行汇款，方便快捷，用户基础广泛，目前累计用户 238 万，日均转账8 亿元，累计转账 1349 亿元，已经形成了一定的规模。

2.信息撮合平台

信息撮合平台是利用网络技术将资金供给方和需求方的相关信息集中到同一个平台上，帮助双方达成信贷协议的一种方式，是一种比较初级的互联网金融业务模式。

3.P2P 借贷平台

相对于简单的信息共享平台，P2P 平台要复杂得多，资金需求方会在网站上详细展示资金需求额、用途、期限以及信用情况等资料，资金提供方则根据个人风险偏好和借款人的信用情况来进行选择。借款利率由市场供需情况决定。

4.农产品和农场众筹

众筹是一种互联网属性很高的融资模式。充分体现了互联网自由、崇尚创新的精神，早期主要服务于文化、科技、创意以及公益等领域。简单来看，众筹类似一个网上的预订系统，项目发起人可以在平台上预售产品和创意，产品获得了足够的"订单"，项目才能成立，发起者还需要根据支持的意见不断改进项目。众筹更加注重互动体验，同时回报方式也更灵活。"投资收益"不局限于金钱，而可能是项目的成果。就农业方面而言，可能是结出的苹果、樱桃甚至挤出的牛奶，也可能是受邀前往"自己"的农场采摘。如果项目失败，则先期募集的资金要全部退还投资者。

农产品和农场众筹是一个新的概念，由于参与、回报方式更加个性化，满足了"小众"需求，尊重投资者意愿，将是未来农村金融重要的发展方向。

5.农村互联网保险

目前来看，农业保险和农产品期货发展迅速但作用不大，究其原因主要有两方面：一方面是中国的农业保险产品对中央财政补贴具有依赖性，商业化运作匮乏，另一方面是小农经济长期存在，大农场、标准化农产品少，在大工业基础上发展起来的传统金融在对接零散农业需求时显得力不从心，实事求是地说，真正对接农村的互联网保险还在探索中。

可以预期，随着互联网技术的进步，大数据、云计算和保险精算的进一步融合，基于农村的互联网保险产品会大量涌现并更好地服务于国内农村新经济环境。

第三章　互联网时代的电子支付

本章主要介绍电子支付系统和网上支付，包括网上银行、手机银行及第三方支付平台，对电子支付的使用和管理中的安全问题也进行了一定的介绍。重点介绍了作为电子商务中最主要的支付手段——网上银行和第三方支付的相关内容。

第一节　互联网时代电子支付概述

一、互联网时代电子货币

电子货币自出现以来至今仅 30 余年，但作为电子货币外在形式之一的信用卡和电子资金传输系统则早已存在。世界上最早的银行信用卡是美国佛拉特布什国民银行在1946 年发行的用于旅游的信用卡。但由于这种信用卡只能用于货币支付，不能提供消费信贷，因而不是真正意义上的银行信用卡。真正意义上的银行信用卡是美国富兰克林国民银行于1952年发行的信用卡。继富兰克林国民银行之后，美洲银行从1958年开始发行"美洲银行信用卡"，并吸收中、小银行参加联营，发展成为今天的维萨集团。西部各州银行组成联合银行协会，于 1966 年发行"万事达信用卡"。维萨集团和万事达集团逐渐发展成为当今世界上最大的两个国际信用卡组织。

电子货币（Electronic Money），是指用一定金额的现金或存款从发行者处兑换并获得代表相同金额的数据，通过使用某些电子化方法将该数据直接转移给支付对象，从而能够清偿债务。

商务印书馆《英汉证券投资词典》解释：电子货币，英语为 e-money；digitalmoney；e-cash；e-currency；electronic cash；electronic money：electronic wallet。可以在互联网上或通过其他电子通信方式进行支付的手段。这种货币没有物理形态，为持有者的金融信用。随着互联网的高速发展，这种支付办法将越来越流行。

（一）电子货币的特点

（1）以电子计算机技术为依托，进行储存、支付和流通。

（2）可广泛应用于生产、交换、分配和消费领域。

（3）融储蓄、信贷和非现金结算等多种功能为一体。

（4）电子货币具有使用简便、安全、迅速、可靠的特征。

（5）现阶段电子货币的使用通常以银行卡（磁卡、智能卡）为媒体。

（6）电子货币通常在专用网络上传输，通过销售点终端（POS）、自动柜员机（ATM）进行处理。

（二）电子货币的主要特征

电子货币的主要特征表现在以下 5个方面。

（1）通用性。指电子货币在使用和结算中特有的简便性，电子货币的使用和结算不受金额限制，不受对象限制，不受区域限制，且使用极为简便。

（2）安全性。指电子货币在流通过程中对风险的排斥性。

（3）可控性。指通过必要的管理手段，将电子货币的流向和流量控制在一定的范围内，从而保证电子货币正常流通。

（4）依附性。指电子货币对科技进步和经济发展的依附关系。

（5）起点高。指基础高，即经济基础高，科技水平高以及理论起点高。

（三）电子货币的种类

电子货币包括储值卡、信用卡、电子支票、电子现金和电子钱包。

（1）储值卡是指某一行业或公司发行的可代替现金用的 IC 卡或磁卡，如电话充值卡神州行等。

（2）信用卡是银行或专门的发行公司发给消费者使用的一种信用凭证，是一种把支付与信贷两项银行基本功能融为一体的业务。其特点是同时具备信贷与支付两种功能。

（3）电子支票。属于存款利用型电子货币，是一种电子货币支付方法，其主要特点是，通过计算机通信网络安全移动存款以完成结算。无论个人或企业，负有债务的一方，签发支票或其他票据，交给有债权的一方，以结清债务，约定的日期到来时，持票人将该票据原件提交给付款人，即可领取到现金。

（4）电子现金和数字现金均属于现金模拟型的电子货币。这是一种表示现金的加密序列数。它可以用来表示现实中各种金额的币值。随着基于纸张的经济向数字经济的转变，电子现金将成为主流。

二、互联网时代电子支付系统

（一）电子支付系统的定义

电子支付系统（Electronic Payment Systems） 是指由提供支付服务的中介机构、管理货币转移的法规以及实现支付的电子信息技术手段共同组成的，用来清偿经济活动参加者在获取实物资产或金融资产时所承担的债务。即把新型支付手段 【包括电子现金（E-Cash）、信用卡 （Credit Card）、借记卡 （Debit Card），智能卡等】的支付信息通过网络安全传送到银行或相应的处理机构，来实现电子支付。因此，电子支付系统是电子交易顺利进行的重要的社会基础设施之一，它也是社会经济良好运行的基础和催化剂。

网上支付：网上支付是电子支付的一种形式。广义地讲，网上支付是以互联网为基础，利用银行所支持的某种数字金融工具，发生在购买者和销售者之间的金融交换，而实现从买者到金融机构、商家之间的在线货币支付、现金流转、资金清算、查询统计等过程，由此为电子商务服务和其他服务提供金融支持。

电话支付：电话支付是电子支付的一种线下实现形式，是指消费者使用电话（固定电话、手机、小灵通）或其他类似电话的终端设备，通过银行系统就能从个人银行账户里直接完成付款的方式。

移动支付：移动支付（Mobile Payment，简称 MPayment） 是使用移动设备通过无线方式完成支付行为的一种新型的支付方式。移动支付所使用的移动终端可以是手机、PDA、移动 PC 等。

（二）电子支付系统的分类

目前的电子支付系统可以分为 4 类：大额支付系统、联机小额支付系统、脱机小额支付系统和电子货币。

（1）大额支付系统。大额支付系统是一个国家支付体系的核心应用系统，它通常由中央银行运行，采用 RTGS 模式。该系统主要处理银行间大额资金转账，通常支付的发起方和接收方都是商业银行或在中央银行开设账户的金融机构。当然也有由私营部门运行的大额支付系统，这类系统对支付交易虽然可做实时处理，但要在日终进行净额资金清算。大额系统处理的支付业务量很少，但资金额却很大。

（2）联机小额支付系统。联机小额支付系统指 POSE 机系统和 ATM 系统。其支付工具为银行卡（信用卡、借记卡或 ATM 卡等）。它的主要特点是金额小、业务量大，交易资金采用净额结算。

（3）脱机小额支付系统。脱机小额支付系统也被称为批量电子支付系统，它主要指自动清算所（ACH），主要处理预先授权的定期借记（如公共设施缴费）或定期贷记（如发放工资）。支付数据以磁介质或数据通信方式提交清算所。

（4）电子货币。伴随着银行应用计算机网络技术的不断深入。银行已经能够利用计算机网络将"现金流动""票据流动"进一步转变成计算机中的"数据流动"。资金在银行计算机网络系统中以人类肉眼看不见的方式进行转账和划拨，是银行业推出的种现代化支付方式。这种以电子数据形式存储在计算机中 （或各种卡中）并能通过计算机网络而使用的资金被人们越来越广泛地应用于电子交易中，这就是电子货币。

（三）电子支付系统的构成

基于互联网的电子交易支付系统由客户、商家、认证中心、支付网关、客户银行、商家银行和金融专用网络七个部分组成。

（1） 客户。客户一般是指利用电子交易手段与企业或商家进行电子交易活动的单位或个人。它们通过电子交易平台与商家交流信息，签订交易合同。用自己拥有的网络支付工具进行支付。

（2） 商家。商家是指向客户提供商品或服务的单位或个人。在电子支付系统中，它必须能够根据客户发出的支付指令向金融机构请求结算。这一过程一般是由商家设置的一台专门的服务器来处理的。

（3）认证中心。认证中心是交易各方都信任的公正的第三方中介机构，它主要负责为参与电子交易活动的各方发放和维护数字证书，以确认各方的真实身份。保证电子交易整个过程的安全稳定进行。

（4）支付网关。支付网关是完成银行网络和因特网之间的通信、协议转换和进行数据加密、解密。保护银行内部网络安全的一组服务器。它是互联网公用网络平台和银行内部的金融专用网络平台之间的安全接口，电子支付的信息必须通过支付网关进行处理后才能进入银行内部的支付结算系统。

（5）客户银行。客户银行是指为客户提供资金账户和网络支付工具的银行，在利用银行卡作为支付工具的网络支付体系中，客户银行又被称为发卡行。客户银行根据不同的政策和规定，保证支付工具的真实性，并保证对每一笔认证交易的付款。

（6）商家银行。商家银行是为商家提供资金账户的银行，因为商家银行是依据商家提供的合法账单来工作的，所以又被称为收单行。客户向商家发送订单和支付指令，商家将收到的订单留下，将客户的支付指令提交给商家银行。然后商家银行向客户银行发出支付授权请求，并进行它们之间的清算工作。

（7）金融专用网络。金融专用网络是银行内部及各银行之间交流信息的封闭的专用网络。通常具有较高的稳定性和安全性。

（四）第三方电子支付模式

电子支付不是新概念，从 1998 年招商银行率先推出网上银行业务之后，人们便开始接触到网上缴费、网上交易和移动银行业务。这个阶段，银行的电子支付系统无疑是主导力量，但银行自身没有足够的动力也没有足够的精力去扩展不同行业的中小型商家参与电子支付。于是非银行类的企业开始进入支付领域，它们通常被称为第三方电子支付公司。目前，我国主要存在4种模式：支付网关型模式、自建支付平台模式、第三方垫付模式和多种支付手段结合模式。

（1）支付网关型模式。支付网关型模式是指一些具有较强银行接口技术的第三方支付公司以中介的形式分别连接商家和银行，从而完成商家的电子支付的模式。这样的第三方支付公司包括网银在线、上海环讯、北京首信等，它们只是商家到银行的通道而不是真正的支付平台，它们的收入主要是与银行的二次结算获得的分成，一旦商家和银行直接相连，这种模式就会因为附加值低而最容易被抛弃。

（2）自建支付平台模式。自建支付平台模式是指由拥有庞大用户群体的大型电子商务公司为主创建或它们自己创建支付平台的模式，这种模式的实质便是以所创建的支付平台作为信用中介，在买家确认收到商品前，代替买卖双方暂时保管货款。这种担保使得买卖双方的交易风险得到控制，主要解决了交易中的安全问题，容易保证消费者的忠诚度。采用自建支付平台模式的企业有淘宝网、eBay 易趣、慧聪网、贝宝等。这种支付平台主要服务于母公司的主营业务，其发展也取决于母公司平台的大小。

（3）第三方垫付模式。第三方垫付模式是指由第三方支付公司为买家垫付资金或设立虚拟账户的模式。它通过买卖双方在交易平台内部开立的账号，以虚拟资金为介质完成网上交易款项支付，这样的公司有 99bill、Yeepay 等。

（4）多种支付手段结合模式。多种支付手段结合模式是指第三方电子支付公司利用电话支付、移动支付和网上支付等多种方式提供支付平台的模式。在这种模式中，客户可以通过拨打电话、手机短信或者银行卡等形式进行电子支付。

（五）电子支付系统的功能

（1）使用数字签名和数字证书实现对各方的认证。

（2）使用加密技术对业务进行加密。

（3）使用消息摘要算法以确认业务的完整性。

（4）当交易双方出现异议、纠纷时，保证业务的不可否认性。

（5）能够处理贸易业务的多边支付问题。

三、互联网时代网上支付

（一）网上支付的概念

网上支付是基于电子支付的基础上发展起来的，它是电子支付的一个最新发展阶段。网络支付是基于 Internet （因特网）并且适合电子商务发展的电子支付。

网上支付，也称在线支付，英文一般描述为 Online Payment 或 Internet Payment，它是指以金融电子化网络为基础，以商用电子化工具和各类交易卡为媒介，采用现代计算机技术和通信技术作为手段，通过计算机网络特别是 Internet，以电子信息传递形式来实现流通和支付。它是基于 Internet 的电子商务的核心。

（二）网上支付的基本功能

（1）认证交易双方、防止支付欺诈。能够使用数字签名和数字证书等实现对网上商务各方的认证，以防止支付欺诈，对参与网上贸易的各方身份的有效性进行认证，通过认证机构或注册机构向参与各方发放数字证书，以证实其身份的合法性。

（2）加密信息流。可以采用单密钥体制或双密钥体制进行信息的加密和解密，可以采用数字信封、数字签名等技术加强数据传输的保密性与完整性，防止未被授权的第三者获取信息的真正含义。

（3）数字摘要算法确认支付电子信息的真伪。为了保护数据不被未授权者建立、嵌入、删除、篡改、重放等，完整无缺地到达接收者一方，可以采用数据杂凑技术。

（4）保证交易行为和业务的不可抵赖性。当网上交易双方出现纠纷，特别是有关支付结算的纠纷时，系统能够保证对相关行为或业务的不可否认性。网络支付系统必须在交易的过程中生成或提供足够充分的证据来迅速辨别纠纷中的是非，可以用数字签名等技术来实现。

（5）处理网络贸易业务的多边支付问题。支付结算牵涉客户、商家和银行等多方，传送的购货信息与支付指令信息还必须连接在一起，因为商家只有确认了某些支付信息后才会继续交易、银行也只有确认支付才会提供支付。为了保证安全，商家不能读取客户的支付指令，银行不能读取商家的购货信息，这种多边支付的关系能够借用系统提供的诸如双重数字签名等技术来实现。

（6）提高支付效率。网上支付的手续和过程并不复杂，支付效率很高。

（三）网上支付的特征

与传统的支付方式相比，网上支付具有以下特征：

（1）网上支付是采用先进的技术通过数字流转来完成信息传输的，其各种支付方式都是采用数字化的方式进行款项支付的；而传统的支付方式则是通过现金的流转、票据的转让及银行的汇兑等物理实体流转来完成款项支付的。

（2）网上支付的工作环境基于一个开放的系统平台（即因特网）之中；而传统支付则是在较为封闭的系统中运作。

（3）网上支付使用的是最先进的通信手段，如 Internet、Extranet，而传统支付使用的则是传统的通信媒介。网上支付对软、硬件设施的要求很高，一般要求有联网的微机、相关的软件及其他一些配套设施，而传统支付则没有这么高的要求。

（4）网上支付具有方便、快捷、高效、经济的优势。用户只要拥有一台上网的 PC 机，便可足不出户，在很短的时间内完成整个支付过程。支付费用仅相当于传统支付的几十分之一，甚至几百分之一。网上支付可以完全突破时间和空间的限制，可以满足24/7（每周7天，每天24 小时） 的工作模式，其效率之高是传统支付望尘莫及的。

（四）网上支付的基本流程

基于 Interet 平台的网络支付一般流程如下。

（1）客户接人因特网 （Internet），通过浏览器在网上浏览商品，选择货物，填写网络订单，选择应用的网络支付结算工具，并且得到银行的授权使用，如银行卡、电子钱包、电子现金、电子支票或网络银行账号等。

（2）客户机对相关订单信息，如支付信息进行加密，在网上提交订单。

（3）商家服务器对客户的订购信息进行检查、确认，并把相关的、经过加密的客户支付信息转发给支付网关，直到银行专用网络的银行后台业务服务器确认，以期从银行等电子货币发行机构验证得到支付资金的授权。

（4）银行验证确认后，通过建立起来的经由支付网关的加密通信通道，给商家服务器回送确认及支付结算信息，为进一步的安全，给客户回送支付授权请求（也可没有）。

（5） 银行得到客户传来的进一步授权结算信息后，把资金从客户账号上转拨至开展电子商务的商家银行账号上，借助金融专用网进行结算，并分别给商家、客户发送支付结算成功信息。

（6）商家服务器收到银行发来的结算成功信息后，给客户发送网络付款成功信息和发货通知。至此，一次典型的网络支付结算流程结束。商家和客户可以分别借助网络查询自己的资金余额信息，以便进一步核对。

以上的网上支付一般流程只是对目前各种网络支付结算方式应用流程的普遍归纳，不表示各种网络支付方式的应用流程完全相同，但大致遵守该流程。

第二节 互联网时代网上银行

一、互联网时代网上银行概述

网上银行又称网络银行、在线银行，是指银行利用 Internet 技术，通过 Internet 向客户提供开户、销户、查询、对账、行内转账、跨行转账、信贷、网上证券、投资理财等传统服务项目，使客户可以足不出户就能够安全便捷地管理活期和定期存款、支票、信用卡及个人投资等。可以说，网上银行是在 Internet 上的虚拟银行柜台。

（一）网上银行业务

网上银行业务是银行借助个人电脑或其他智能设备，通过互联网技术或其他公用信息网，为客户提供的多种金融服务。网上银行业务不仅涵盖了传统银行业务，而且突破了银行经营的行业界限，深入到证券、保险甚至是商业流通等领域。网上银行代表了未来银行业的发展方向，网上银行业务的迅速发展必将推动着银行业新的革命。

与传统银行业务相比，网上银行业务有许多优势。一是大大降低银行经营成本，有效提高银行盈利能力。开办网上银行业务，主要利用公共网络资源，不需设置物理的分支机构或营业网点，减少了人员费用，提高了银行后台系统的效率。二是无时空限制，有利于扩大客户群体。网上银行业务打破了传统银行业务的地域、时间限制，具有3A特点，即能在任何时候（Anytime）、任何地方（Anywhere）、以任何方式（Anyhow）为客户提供金融服务，这既有利于吸引和保留优质客户，又能主动扩大客户群，开辟新的利润来源。三是有利于服务创新，向客户提供多种类、个性化服务。通过银行营业网点销售保险、证券和基金等金融产品，往往受到很大限制，主要是由于一般的营业网点难以为客户提供详细的、低成本的信息咨询服务。利用互联网和银行支付系统，容易满足客户咨询、购买和交易多种金融产品的需求，客户除办理银行业务外，还可以很方便地进行网上买卖股票债券等，网上银行能够为客户提供更加合适的个性化金融服务。

（二）网上银行在电子商务中的地位

无论是传统的交易，还是新兴的电子商务，资金的支付都是完成交易的重要环节，所不同的是，电子商务强调支付过程和支付手段的电子化。能否有效地实现支付手段的电子化和网络化是网上交易成败的关键，直接关系到电子商务的发展前景。网上银行创造的电子货币以及独具优势的网上支付功能，为电子商务中电子支付的实现提供了强有力的支持。作为电子支付和结算的最终执行者，网上银行起着连接买卖双方的纽带作用，网上银行所提供的电子支付服务是电子商务中最关键要素和最高层次。

电子商务与网上银行的发展是互动互利，相互影响的，电子商务也给网上银行带来了巨大的业务发展空间，因此随着电子商务的发展，网上银行的发展亦是必然趋势。

（三）网上银行的特点

利用计算机和通信技术实现资金划拨开始的电子银行业务已经有几十年的历史了，传统的电子银行业务主要包括资金清算业务和用 POS 网络及 ATM 网络提供服务的银行卡业务。网上银行是随着 Internet 的普及和电子商务的发展在近几年逐步成熟起来的新代电子银行，它依托于传统银行业务，并为其带来了根本性的变革，同时也拓展了传统的电子银行业务功能。与传统银行和传统电子银行相比，网上银行在运行机制和服务功能方面都具有不同的特点。

（1）全球化、无分支机构。传统银行是通过开设分支机构来发展金融业务和开拓国际市场的，客户往往只限于固定的地域，而网上银行是利用 Internet 来开展银行业务，因此，可以将金融业务和市场延伸到全球每个角落。打破了传统业务地域范围局限的网上银行，不仅可吸纳本地区和本国的客户，也可直接吸纳国外客户，为其提供服务。正如 SFNB 总裁 James Mahan 所言"任何人，只要有一台电脑。都是我的潜在客户"。

（2）开放性与虚拟化。传统电子银行所提供的业务服务都是在银行的封闭系统中运作的，而网上银行的 We 服务器代替了传统银行的建筑物、网址取代了地址，其分行是终端机和 Inteet 这个虚拟化的电子空间。因此有人称网上银行为"虚拟银行"，但它又是实实在在的银行，利用网络技术把自己与客户连接起来，在有关安全设施的保护下，随时通过不同的计算机终端为客户办理所需的一切金融业务。

（3）智能化。传统银行主要借助于物质资本，通过众多员工辛勤劳动为客户提供服务。而网上银行主要借助智能资本，靠少数脑力劳动者的劳动 （如 SFNB 只有15名员工）提供比传统银行更多、更快、更好、更方便的业务，如提供多元交互的信息、客户除可转账、查询账户余额外，还可享受网上支付、贷款申请、国内外金融信息查询、投资理财咨询等服务，其功能和优势远远超出电话银行和传统的自助银行。

（4）创新化。网上银行是创新化的银行。在个性化消费需求日趋凸显及技术日新月异的信息时代，网上银行提供的金融产品和拥有技术的生命周期越来越短，淘汰率越来越高。在这种情况下，只有不断采用新技术、推出新产品、实现持续创新才不至于被淘汰。以 SFNB 为例，它对基本支票账户不收取手续费。没有最低余额限制，这在美国银行界是首开先河，而且客户每个月可免费使用 20 次电子付款服务。免费使用自动柜员机或借记卡。与此同时，SFNB 还不断开拓新业务，1998 年，它与 AOL（"美国在线"）达成协议，允许客户通过 AOL 访问 SFNB，此举使 SFNB 的客户数迅速增长。其存款额很快突破1亿美元。

（5）运营成本低。与其他银行服务手段相比，网上银行的运营成本较低。据介绍，在美国开办一个传统的分行需要150万～200万美元，每年的运营成本为35万～50万美元。相比之下建立一个网上银行所需的成本为 100万美元。1998 年美国 USWeb 网络服务与咨询公司的一次调查发现，普通的全业务支行平均每笔交易成本约 1.07 美元，而网上银行仅为0.01～0.04美元。

（6）亲和性增强。增加与客户的沟通和交流是企业获取必要信息、改进企业形象、贴近客户、寻找潜在客户的主要途径。在这方面，网上银行具有传统银行无法比拟的优势。网上银行可通过统计客户对不同网上金融产品的浏览次数和点击率，以及各种在线调查方式了解客户的喜好与不同需求，设计出有针对性的金融产品以满足其需求，这不仅方便了客户，银行也因此增强了与客户的亲和性，提高了竞争力。

二、互联网时代网上银行的功能

无论是国外已经发展成熟的还是国内刚刚起步的网上银行，其功能一般包括：银行业务项目、网上银行服务、信息发布和商务服务几个部分。

（一）银行业务项目

网上银行的业务项目主要包括：家庭银行（储蓄业务）、企业银行 （对公业务）、信用卡业务、国际业务、各种支付、信贷及特色服务等传统的银行业务功能。

（1）家庭银行（Home Banking）。为用户提供方便的个人理财渠道。包括网上开户、清户、账户余额、利息的查询、交易历史查询、个人账户挂失、电子转账、票据汇兑等。

美国的美洲银行（www.bankamerica.com） 网上业务主要集中在家庭银行方面。

通过其 Home.Banking 网页，用户可以在一天中的任何时间里进行银行业务：储蓄、外汇及货币交易、当前账户余额查询、资金划拨、下载所需的理财软件等。还可以使用"Pay Bill"来支付如每月 5.95 美元的小笔开支。Home Banking 的理财软件可帮助用户规划各种金融事务，甚至跟踪和分析花费情况。

（2）企业银行（Firm Banking）。为企业或团体提供综合账户业务，例如，查阅本企业或下属企业账户余额和历史业务情况；划转企业内部各单位之间的资金：核对调节账户，进行账户管理等服务；电子支付职工工资；了解支票利益情况，支票挂失；将账户信息输出到空白表格软件或打印诸如每日资产负债表报告、详细业务记录表、银行明细表之类的各种金融报告或报表：通过互联网实现支付和转账等。

（3）用卡业务。包括网上信用卡的申办、信用卡账户查询、收付清算等功能。与传统的信用卡系统相比，网上信用卡更便捷。例如，用户可通过 Internet 在线办理信用卡申请手续：持卡人可通过网络查询用卡明细；银行可定期通过电子邮件向用户发送账单，进行信用卡业务授权、清算、传送黑名单、紧急支付名单等。

（4）各种支付。提供数字现金、电子支票、智能卡、代付或代收费等网上支付方式，以及各种企业间转账或个人转账，如同一客户不同账号间，包括活期转定期、活期转信用卡、信用卡转定期、银行账户与证券资金账户之间的资金互转等。

（5）国际业务。包括国际收支的网上申报服务、资金汇人、汇出等。目前，国内的企业可向中国银行总行（www.bank 一 of 一 china.com）申请办理此项业务国际收支申报。

（6）信贷。包括信贷利率的查询、企业贷款或个人小额抵押贷款的申请等，银行可根据用户的信用记录决定是否借贷。

（7）特色服务。主要是指通过 Internet 向客户提供各种金融服务，如网上证券、期货、外汇交易、电子现金、电子钱包以及各种金融管理软件的下载等。目前，境外银行从存贷差中获取的利润已不足50%，其余的都来自于各种在线服务回报。从整个银行业的发展趋势来看，提供在线服务将成为未来银行利润的主要来源。在我国香港有4000多家企业用户的汇丰银行目前以每月最低2000元港币的租金向这些企业提供银行在线服务，仅此一项每月的收入就近千万元。

（二）商务服务

商务服务主要提供资本市场、投资理财和网上购物等子功能。对资本市场来说，除人员直接参与的现金交易之外的任何交易均可通过网上银行进行。投资理财服务可通过客户主动进入银行的网站进行金融、账户等的信息查询以及处理自己的财务账目；也可由网上银行系统对用户实施全程跟踪服务，即根据用户的储蓄、信贷情况进行理财分析、适时地向用户提供符合其经济状况的理财建议或计划。在网上购物方面，网上银行可以网上商店的形式向供求双方提供交易平台，商户在此可建立自己的订购系统，向网上客户展示商品并接受订单，商户在收到来自银行的客户已付费的通知后即可向客户发货；客户可进入银行的网上商店，选购自己所需的商品，并通过银行直接进行网上支付，这种供求双方均通过网上银行这一中介机构建立联系和实现收支，降低了交易的风险度。

（三）信息发布

目前、网上银行所发布的信息主要有国际市场外汇行情、对公利率、储蓄利率、汇率、证券行情等金融信息，以及行史、业务范围、服务项目、经营理念等银行信息，使客户能随时通过 Web 网站了解这些信息。

三、互联网时代手机支付

（一）手机支付的概念

手机支付就是允许移动用户使用其移动终端（通常是手机）对所消费的商品或服务进行账务支付的一种服务方式。2009 年中国手机支付市场规模将达到 19.74 亿元，此外手机支付用户规模也将在 2009 年内增长到8250万人，2014 年以来国内的3家运营商都加大了在手机支付上的投入力度。

手机支付作为新兴的费用结算方式，由于其方便性而日益受到移动运营商、网上商家和消费者的青睐。手机支付尽管只是最近几年才发展起来的支付方式，但因其有着与信用卡同样的方便性，同时又避免了在交易过程中使用多种信用卡以及商家是否支持这些信用卡结算的麻烦，消费者只需一部手机，就可以完成整个交易，深受消费者，尤其是年轻人的推崇，因此，全球采用手机支付的消费者不断增长。

（二）手机支付方式

目前，手机支付有 3 种不同的支付方式。

（1）手机话费支付方式。即费用通过手机账单收取，用户在支付其手机账单的同时支付了这一费用。在这种方式中，移动运营商为用户提供了信用，但这种代收费的方式使得电信运营商有超范围经营金融业务的可能，因此其范围仅限于下载手机铃声等有限业务。

（2）指定绑定银行支付。即费用从用户的开通电话银行账户（即借记账户）或信用卡账户中扣除。在该方式中，手机只是一个简单的信息通道，将用户的银行账号或信用卡号与其手机号联连起来。

（3）银联快捷支付。这种支付方式无需绑定手机，个人用户无需在银行开通手机支付功能，即可实现各种带有银联标识的借记卡进行支付，采用双信道通讯方式进行通讯，非同步传输。更加安全快捷。

（三）支付宝移动支付

支付宝为了适应移动支付的需求，推出了手机订单支付业务，该业务适用于淘宝和外部商家的交易。

支付宝推出最初的手机订单支付是指在电脑上创建了未付款交易，选择通过手机支付渠道完成交易付款。目前，已能在手机上网购下单和完成支付的全过程支付。

第三节　互联网时代第三方支付

一、互联网时代第三方支付概述

（一）第三方支付的概念

所谓第三方支付，就是一些和各大银行签约并具备一定实力和信誉保障的第三方独立机构提供的交易支持平台。在通过第三方支付平台的交易中，买方选购商品后，使用第三方平台提供的账户进行货款支付。由第三方通知卖家货款到达、进行发货；买方检验物品后，就可以通知付款给卖家，第三方再将款项转至卖家账户。

目前，中国国内的第三方支付产品主要有 PayPal （易趣公司产品）、支付宝 （阿巴巴旗下）、财付通（腾讯公司，腾讯拍拍）、易宝支付 （Yeepay）、快钱 （99bill）、百付宝（百度 C2C）、网易宝 （网易旗下）、环迅支付、汇付天下、汇聚支付（joinpay）。其中用户数量最大的是 PayPal 和支付宝，前者主要在欧美国家流行，后者是马云阿里巴巴旗下产品。截至2009 年7月，支付宝用户超过2亿。

第三方支付平台虽然承担了一部分银行的金融职能，但与银行却有着本质的区别：

（1）作为第三方支付平台，将保证网络上的交易买卖双方的资金和货物安全。

卖家通过支付宝的虚拟账户收到钱以后才发货，买家在收到货，而且确认无误的情况下通过支付宝把钱划给卖家。而银行作为金融业务处理。只负责现金的流向。

（2）第三方支付平台整合了电子商务中的资金流 （银行），信息流 （交易订单）和物流（物流公司），使三者有机联系在一起，更好地完善了电子商务的诚信环境，这些是传统银行无法做到的。

（二）第三方支付的实现原理

除了网上银行、电子信用卡等手段之外还有一种方式也可以相对降低网络支付的风险，那就是正在迅猛发展起来的利用第三方机构的支付模式及其支付流程，而这个第三方机构必须具有一定的诚信度。在实际的操作过程中这个第三方机构可以是发行信用卡的银行本身。在进行网络支付时，信用卡号以及密码的披露只在持卡人和银行之间转移，降低了应通过商家转移而导致的风险。

同样当第三方是除了银行以外的具有良好信誉和技术支持能力的某个机构时。支付也通过第三方在持卡人或者客户和银行之间进行。持卡人首先和第三方以替代银行账号的某种电子数据的形式 （例如邮件）传递账户信息，避免了持卡人将银行信息直接透露给商家，另外也可以不必登录不同的网上银行界面，取而代之的是每次登录时，都能看到相对熟悉和简单的第三方机构的界面。

第三方机构与各个主要银行之间又签订有关协议，使得第三方机构与银行可以进行某种形式的数据交换和相关信息确认。这样第三方机构就能实现在持卡人或消费者与各个银行，以及最终的收款人或者是商家之间建立一个支付的流程。

（三）行业分类

目前我国的第三方支付工具包括两类。一类是以支付宝、财付通为首的互联网型支付企业，它们以在线支付为主，捆绑大型电子商务网站，迅速做大做强。另一类是以银联电子支付、快钱、汇付天下为首的金融型支付企业。侧重行业需求和开拓行业应用。

二、互联网时代第三方支付平台的作用

第三方支付平台最初的作用就是承担交易支付中介，为买卖双方提供交易担保。如今的第三方支付平台已经不满足这样的基本应用，不断开发出新的功能和应用。以支付宝为例，除了最基本的在交易过程进行到支付环节时充当支付工具之外。开发了很多实用性很强的功能。

三、互联网时代第三方支付工具的盈利模式

作为一种经营性的产品，第三方支付平台同样有盈利的需求，这也是第三方支付平台能够生存和发展的基本条件。从目前各种第三方支付平台的实际运作来看，寻找一种既适应市场需求又能够实现长期盈利要求的盈利模式仍然是大多数支付平台努力的方向。目前，大多数第三方支付平台靠收取支付手续费，即第三方支付平台与银行确定一个基本的手续费率，缴给银行；然后，第三方支付平台在这个费率上加上自己的毛利润，向客户收取费用。但是，由于竞争的残酷，为抢占更多的客户，一些第三方支付公司不惜血本，将向客户的提成份额一降再降，优惠条件层出不穷，不少第三方支付企业在很长时间一直在亏损。

从占支付平台市场最大的支付宝来看，虽然做出了有益的探索，但是，远没有形成完整的盈利模式。从商业角度来看，支付宝的盈利模式存在很多形式。它所背靠的强大平台和强大的合作伙伴都可能是未来的盈利来源。虽然现在支付宝有一个亿的长驻资金，但是相对于10家合作银行来说，还不能形成谈判的资本。未来的谈判焦点必然会出现在银行的手续费和汇费上。目前。网上交易如果在异地的话。会发生大约占1%的汇费。若支付宝收费的话，还会产生费用。而支付宝发展的足够大的时候，就可以把这两笔费用打包成一笔。尽量降低交易所产生的费用，这可以作为支付平台的一个盈利点。

从网店的交易中获取收益是可能采取的第二种方式，事实上支付宝对非淘宝用户已经在这样做了。支付宝将作为网上交易的解决方案一体的卖给其他网店，而不是像现在国内的其他支付平台一样，根据交易的总额来抽取一定的费用。

第三种方式可能是方式是来自于物流，由于现在国内的很多物流体系还不完善，

所以由物流公司来支付费用的方式还不能实现。

服务收费是支付宝最为实际的收费方式。针对直接登录支付宝网站使用"我要收款""我要付款""交房租""送礼金"功能及在阿里旺旺中使用"AA收款"功能，主动生成交易订单，完成收款或付款的支付宝交易，支付宝将收取服务费。每个月有一定的免费流量，在这个免费额度内，是不产生服务费的，超过免费额度的金额才产生手续费，同时收费是针对交易发起方的，如表7-3-1所示

表7-3-1 支付宝免费额度及费率

项目	收费标准	优惠期（当前标准）
认证客户免费额度	5 000 元/月	10 000 元/月
非认证客户免费额度	500元/月	1000 元/月
当月超出金额的费率	1%	0.5%
收费说明（每笔）	1 元起收，50 元封顶	1 元起收，25 元封顶

支付宝的盈利还来自于它的常驻资金的利息，银行按协议支付利息给支付宝，1亿元的资金一年的利息是 150 万元左右。

四、互联网时代第三方支付的安全管理

（一）第三方支付服务组织面临多重风险隐患

1.系统运行面临多种安全风险

第三方支付服务是以开放的互联网为基础，系统运行须依赖网络与科技的支撑，始终面临网络硬件安全、网络运行安全、传递数据安全等方面的问题。

2.客户结算资金存在被挪用风险

从购货方将结算资金交付给第三方机构到第三方支付机构将资金支付给销售方之间的时间差形成了沉淀资金。有较大的可能被第三方支付服务组织用来进行投资，以获取额外的收益。资金在投资过程中具有较大的市场风险，将直接影响客户结算资金的安全。同时，由于目前第三方支付服务市场竞争激烈，一些中小机构被并购、破产等事件时有发生，在没有严格的市场规则和业务监管的情况下，客户结算资金安全难以保证。

3.支付服务平台有可能被用于洗钱

由于网络交易的匿名性、隐蔽性的特点，第三方支付服务组织很难辨别资金的真实来源和去向，使得资金的非法转移、洗钱、贿赂、变相侵占国有资产、收受回扣、诈骗等活动有了可乘之机。由于第三方支付服务平台的便利性和监管的缺失，使其有可能成为资金非法转移套现以及洗钱犯罪活动的工具。

（二）加强完善第三方支付平台的监督管理

1.建立健全第三方支付服务组织法律制度

（1）明确第三方支付服务组织的法律地位和准入条件。法律应当赋予第三方支付服务组织明确的法律身份和地位，将其定位为提供支付清算服务的非银行类机构，所提供的服务是银行支付结算业务的重要补充和延伸；要明确第三方支付服务组织市场准入的条件以及在提出申请时需向管理部门提交的材料和证明文件。

2010年6月21日，中国人民银行出台《非金融机构支付服务管理办法》，明确规定：支付机构依法接受央行的监督管理；未经央行批准，任何非金融机构和个人不得从事或变相从事支付业务。办法实施前已经从事支付业务的非金融机构，应当在办法实施之日起1年内申请取得《支付业务许可证》；逾期未取得的，不得继续从事支付业务。

办法规定申请人拟在全国范围内从事支付业务的，其注册资本最低限额为1亿元人民币；拟在省（自治区、直辖市）范围内从事支付业务的，其注册资本最低限额为3000万元人民币。此外，支付机构申请人的主要出资人应当符合以下条件：为依法设立的有限责任公司或股份有限公司；截至申请日，连续为金融机构提供信息处理支持服务2年以上、或连续为电子商务活动提供信息处理支持服务 2 年以上；截至申请日，连续盈利2 年以上；最近3 年内未因利用支付业务实施违法犯罪活动或为违法犯罪活动办理支付业务等受过处罚。

（2）明确第三方支付服务组织的交易行为。重点明确第三方支付服务组织各利益相关者、包括买卖双方、银行、电子商务提供方等的地位以及权利、义务；明确第三方支付服务组织在服务过程中应当遵循的基本交易规则以及因业务产生纠纷和风险的处理原则、方法以及违规责任；明确第三方支付服务组织的内部控制要求；明确第三方支付服务组织的风险管理体系和安全保障机制等。

（3）明确第三方支付服务组织的经营行为。要明确界定第三方支付服务组织经营范围、严格界定为收付款人提供货币资金转移服务，禁止从事与支付清算服务无关的经营活动、严禁从事信贷担保业务；规范第三方支付服务组织的收费行为，服务费标准可以采取政府指导与市场调节相结合的方式；要建立完善的信息强制披露制度，第三方支付服务组织要及时对公司重大事项、重大经营项目以及服务行为、服务标准等进行公开披露，维护客户的知情权等合法权益。

2.建立高效的第三方支付服务组织监管体系

（1）确立第三方支付服务组织的监管主体。根据现有的法律规定。目前对于第三方支付服务组织的监督管理部门主要有中国人民银行、工商行政管理部门、信息产业管理部门以及税务机关等。要根据职责分工分别明确中国人民银行、工商行政管理部门、信息产业管理部门以及税务机关等部门对于第三方支付服务组织的监督管理职能。应明确中国人民银行为第三方支付服务组织的主要监管者，并对其业务准入交易行为、经营行为等方面实施监督管理。

（2）建立非现场监管和现场监管相结合的监管模式。要依托先进的科技手段，建立动态的风险监测和预警系统，及时向第三方支付服务组织发布风险预警信息。要定期对第三方支付服务组织所报送的财务会计报表、重大事项报告、交易纠纷和诉讼案件报告等开展分析，根据分析结果进行窗口指导。现场监管应侧重第三方支付服务组织交易风险、业务经营风险、沉淀资金风险等方面。同时，通过现场监管对第三方支付服务组织内部控制体系开展评价，提示其完善内控制度，强化内部控制。

3.健全第三方支付服务组织内部控制机制

（1）建立良好的内部控制机制。第三方支付服务组织应在各项业务和管理活动中制定明确的内部控制政策，规定内部控制的原则和基本要求；建立分工合理、职责明确、报告关系清晰的组织机构，明确所有与风险和内部控制相关的部门、岗位、人员的职责和权限。

（2）建立有效的了解客户制度。第三方支付服务组织在与客户建立业务关系或与其进行交易时，应当根据法定的有效身份证件或其他可靠的身份识别资料，确定和记录客户的身份。第三方支付服务组织可以充分利用人民银行建设的联网核查公民身份信息系统对客户的身份真实性进行核查。验证客户身份信息的真伪，防止客户通过网络进行恶意交易，造成其他交易相关者的利益损失。

（3）强化与银行间资金清算管理。第三方支付服务组织应实行严格的岗位职责分离制度和审批授权制度，并建立和完善与银行的及时对账制度。采取必要的技术手段，确保支付指令的完整性、一致性，支付清算业务处理的及时性、正确性和支付清算服务的安全性。

（4）加强对员工和岗位的内部控制管理。要防范员工的道德风险和操作风险。要建立内部岗位控制机制，严格划分相关部门、相关岗位的职责，做到不同岗位之间的相互制约，不相容岗位严禁兼岗。要加强对员工风险意识和职业道德素质的教育与培训，提高员工的内部控制意识，防范道德风险的发生。

（5）建立内部控制的监督评价体系。第三方支付服务组织应定期或不定期对内部控制体系的充分性、合规性、有效性和适宜性进行评价，对违规、险情、事故及时报告和纠正，并制定相应的预防措施。同时。利用内部控制评价结果、绩效监测和数据分析，持续提高内部控制体系的有效性。

4.增强第三方支付服务组织交易系统的安全性

（1）尽快制定统一的第三方支付服务技术标准。第三方支付服务业务技术标准包括基础技术标准、安全标准、系统操作标准和电子信息交换标准等，以确保第三方支付服务系统的安全可靠，同时也为今后不同平台之间的连接创造条件。

（2）建立健全第三方支付服务组织安全管理体系。要明确计算机信息系统开发部门、管理部门和应用部门的职责，将系统风险防范措施标准化和制度化。要建立数据库审计制度，由独立的专门审计部门定期或不定期地对数据、信息和权限设置等技术安全保障机制进行监测和审查，评估系统的技术风险，提出修复和整改方案。

（3）加强和完善技术安全保障机制。要建立符合安全性要求的独立机房，确保信息的完整性、安全性和有效性。要建立功能强大的防火墙系统和病毒监测系统，定期做好系统漏洞监测工作。要制定有效稳妥的应急处置预案，建立异地灾备系统，保证系统的故障和灾难恢复处理能力。

5.建立安全可靠的客户结算资金管理机制

（1）建立自有资金与客户结算资金分离制度。客户结算资金应当在商业银行专户存储、专户核算，单独设账，方便对客户结算资金的统计，方便管理部门对其实施监督管理。其次、要建立客户结算资金的保证金制度。第三方支付服务组织要按照管理部门确定的比例提取保证金，保证金可以存放在中国人民银行。保证金提取可根据组织规模、管理和运行情况等实行差别比例制度，由中国人民银行对第三方支付服务组织实行定期评估、确定合理的提取比例。

（2）建立合理的沉淀资金利用制度。可允许第三方支付服务组织进行合理、合法的投资，取得相应的收益。但投资的领域应当仅限于低风险、高流动性的货币市场，严禁将沉淀资金投资于资本市场以及其他高风险、低流动性的领域，以降低投资风险。要规范客户结算资金利息收入的分配。第三方支付服务组织可通过客户账户进行利息分配。或通过客户和第三方支付服务组织事先签订相关协议的方式，对利息的归属作出安排。

第四章　构建现代农业信息服务平台

互联网农业成为"互联网+"的一个焦点，受到了包括资本市场在内的多方关注，阿里巴巴、京东等互联网巨头也开始借生鲜电商介入农业市场，一大批农业互联网平台应运而生。然而，如何将互联网与农业有机结合，运用互联网发展农业市场，目前还没有已被证明成功的模式。我国的互联网农业尚处于初级阶段，还有很多问题需要解决。

信息化水平是衡量农业现代化程度的重要标尺。尽管各方一直在推进农业互联网建设，并且取得了一定的成果，但是相比农业信息市场巨大的需求量来说还是远远不够的。

我国农业市场拥有将近4 万个网站平台、3000 多种专业的农业期刊，另外还有数百种与农业相关的报纸。以及一大批农业类广播电视节目，资源不可谓不丰富。然而，我国农村人口占全国多半，达9亿之多，而农村网民人口不到2 亿，还有7亿多的农民消息闭塞，对信息的需求得不到满足。

第一节　农业互联网呈现四大发展态势

由于我国农业信息市场存在着巨大的缺口，因而我国农业互联网逐渐呈现出多元发展的态势，在众多农业网站中，以农产品电商、农业导航、数据咨询、信息媒体类平台最多。

一、农业咨询类网站

农业咨询类网站的运营模式是将线下渠道的咨询信息发布到平台上，与其说是一个互联网公司，还不如说是一个披着互联网外衣的线下信息集中营。信息内容主要包括来自其他行业或企业的相关经验、先进的管理技术和工具以及成熟的工作方法。

跨行业的经验有助于帮助企业拓宽视野；借助管理领域的先进经验，企业可以变得更专业；将专业顾问高效的工作方法带到企业团队中，整个团队就可以迅速成长起来。

比如天下粮仓、卓创资讯、艾格农业等从事农业数据分析的资讯类网站，就是通过学习大宗产品期货市场数据分析等其他行业的成熟经验，进而开展自己的业务，取得了迅速的发展。

我国农业互联网起步较晚，数据资源并不丰富，甚至很多数据不可靠，严重影响了农业咨询网站的服务质量。数据的不可靠导致了部分咨询服务的不可靠。给农业咨询行业造成了很不好的影响。然而，随着行业的发展，以及农业企业对咨询服务的认知的提高，有实力的资讯类平台逐渐得到了发展，靠忽悠客户生存的滥竽充数的咨询网站逐渐被市场淘汰，农业咨询行业的发展逐渐步入正轨。

企业对农业咨询行业认知水平的提高，必将促使此类平台完善自身的服务，过去单纯售卖数据的模式已经不足以维持网站的运营，网站必须为企业提供完整的咨询服务，首先要严格按照企业的真实情况诊断其存在的问题，然后根据诊断结果设计解决方案、最后帮助企业实施整个方案。

二、农产品电商类网站

农民的收入主要来自农产品的销售。所以销售环节是发展农业经济的重要部分。长期以来，农产品销售饱受渠道限制，除了卖给粮站、粮店以外没有多少选择，导致了农产品价格与农民收入偏低。

进入互联网时代，农产品品类日渐丰富，消费者的需求日趋个性化、多样化，农产品生鲜电商趁势崛起，喵生鲜、沱沱工社、顺丰优选等各种形式的生鲜电商纷纷冒出。

到2014 年年底。我国大大小小的生鲜电商已超过4000 家，涉农综合类电商超过3万家。自 2014 年起，推进农产品电商平台发展被纳入政府计划。意味着农产品电商即将被纳入正规军，逐渐向规范化、品牌化、平台化转型。

人们选择在互联网电商平台购物，除了便利之外，更主要的原因是价格低廉。低于实体卖场的售价，是电商平台吸引消费者的主要原因。然而，目前我国的农产品电商很难实现低价售卖。甚至很多农产品售价略高于实体店铺，这种状况的出现主要有两个原因：

一个原因是大部分农产品电商走的是高端路线，主要售卖有机、生态、可追溯的高品质产品，高品质的农产品意味着更高的培育成本，更高的培育成本就意味着更高的售价。

更重要的原因在于高昂的时间成本和物流成本。生鲜类产品由于其本身的特性对物流的速度要求非常高，必须在尽量短的时间里送到消费者手中，如果在路上花费太久，产品新鲜度降低，产品的品质随之大打折扣。而除了物流公司本身的运力、仓储、人工效率外，物流的配送速度更依赖于畅通的交通网络，这一点很难满足。很多偏远地区的农产品产地道路不通畅，消费者所在的城市也有限号、堵车等交通阻碍因素。这些都是生鲜配送的致命伤。

三、农业信息服务类网站

在这4种类型的农业网站之中，信息服务类网站起步较早，大大小小的网站已经有3万多个，每天平均浏览量高达 120 多万次，这些网站为企业用户提供多种类型的信息和服务、内容涵盖农业领域的各个角落。

然而，这类网站虽然数量众多。但是成功的很少，有影响力的仅有几家，大部分网站资源分散，内容千篇一律，服务功能十分有限。造成这样的情况主要是由于此类网站资金匮乏而且缺少目光长远的行业领导者，没有大量的资金投入，很难健全网站的服务功能。

四、农业网址导航类网站

其他3类网站越来越多，农业网址导航类网站也随之发展起来。逐渐跻身最方便的网站信息搜索平台之列。在网站架构方面，这类网站几乎完全按照 hao123 之类的知名互联网导航网站的模式而建，在内容方面则涵盖了各大农业相关网站，包括产业链上下游的互联网平台，基本能够满足企业用户对各种农业资源的搜索需求。

农业网址导航类网站起步时间相对较晚，大部分都是新注册的网站，网页级别普遍较低。被搜索引擎收录的较少，而且基本都是文字导航，页面设置过于单调，各个网站大同小异，缺少引人注意的个性特点，影响力普遍较小，发展情况比较好的只有中国农业网站导航、中国农业网址大全等少数几个。

此类网站的未来，应该往差异化方向发展。网站应该做出自己的特色，朝多元化方向发展，比如按照网站 LOGO 排列的可视网址导航，以及支持用户自己定制网站、更换网站主题等，为用户提供更好的使用体验。

第二节　互联网带来的智慧农业

智慧农业就是集成现代的信息技术将农业生产过程标准化、机械化，通过大量的传感器感知农作物的状态，再将具体数据传输给计算机处理中心，由计算机处理中心做出相应的判断，然后将结果传送给终端执行。

相比于传统农业。智慧农业能够大大节约人力成本，同时加强了对农产品品质的管控，也更容易抵御干旱等自然风险，因而得到了积极的推广。

互联网带来的智慧农业，让畜牧养殖和农产品种植过程都十分现代化。国内已经有很多现代化农场实现了农产品种植、养殖的智能化。

位于北京密云县季庄的海华云都是一家经营智能养殖业务的生态农业公司，这家公司的养殖场里养着数千头奶牛，每头奶牛佩戴有一个电子身份识别卡，里面存储着这只奶牛的所有身份信息，包括年龄、血统、初次挤奶的时间等，这些信息会被智能挤奶大厅自动读取，奶牛产出的奶的品质会被智能挤奶杯自动检测，这样一个流程下来，只需要四五名工人就可以完成全部的挤奶以及质量检测工作。

类似的情形在这个养殖基地中随处可见，比如在奶牛的喂养环节，由计算机中心控制的饲喂站会自动称取奶牛的重量，再参考奶牛电子识别卡中的信息。在后台计算出每只奶牛需要的饲料量，然后自动投料饲喂，整个过程全由机器完成，人们只需要坐在计算机前轻点鼠标。就可以保证每只奶牛被饲养得健健康康。

总投资 100 亿元的秦龙现代生态智能创意农业园，是政府主导下的智能农业项目，该园区占地10000亩（15亩=1hm²，全书同），主要开展智能化、规模化的农产品种植，从播种、浇水、施肥再到施药、采摘，全部实现了机械化自动作业。比如，通过雷达定位和 GPS 导航，无人驾驶的飞机可以自动飞到园区上方对农作物进行喷药和施肥：通过传感器传回的数据，机器人可以自动判断果实是否成熟，自动进行采摘动作。

第三节　互联网带来的农业电商

互联网电子商务模式的介入大大拓宽了农产品的销售渠道，将农产品直接卖到了消费者手中，在将农产品卖得更快、更好的同时，也催生出了一大批成功的农产品电商品牌，"三只松鼠"就是其中之一

一、"三只松鼠"异军突起

2012 年成立的三只松鼠是一家经营坚果、干果、茶叶等农产品销售的新型电商。成立第一年就创造了3亿元的营业额，日销售额将近800万元，上线仅65天就夺得淘宝天猫零食坚果特产类目第一名的成绩，创造了农产品电商行业的奇迹。之所以能够取得这样的成绩，离不开三只松鼠独特的经营方式。

在经营产品范围的选择上，三只松鼠选择了年轻人爱吃的夏威夷果、松子、山核桃等干果；在店铺装修、包装设计上迎合"80 后""90 后"网购人群的喜好，跟紧时尚步伐；品牌形象方面选择了三只萌版松鼠，以动漫形象吸引用户，同时突出其森林系品牌定位；在细节方面，三只松鼠更是照顾到了方方面面。

在产品包装上设计三只松鼠的漫画，用附带的微杂志传播"慢食快活"文化，随产品附送封口夹、剥壳器、吐壳袋和擦手湿巾，这些设计别致又贴心的小工具甚至还有自己的专属名字，比如吐壳袋叫"鼠小袋"，擦手巾叫"鼠小巾"等。借助这些细节，三只松鼠打造了良好的用户体验和品牌形象，在消费者群体中赢得了良好的口碑。

从策划运营角度也能看出三只松鼠品牌的用心之处。三只松鼠通过大数据技术的运用，实现了对目标客户群体的精准营销，提高了营销效率；在服务方面，三只松鼠打造了精良的客服团队，保持与客户群体的密切互动，重视客户的反馈意见，并据此不断进行改进；在产品链的控制方面，三只松鼠选择了轻装上阵。从供应商处购进原材料，自己负责产品质量的控制和包装部分。

二、联想佳沃成为跨界电商

2013 年 11月，联想控股投资的佳沃集团与曾经的中国烟草大王褚时健联合推出"褚橙柳桃"产品，即联想柳传志的"佳沃金艳果猕猴桃"与褚时健出产的"励志橙"的组合。褚橙柳桃售价不菲，但是在各电商网站频频创造了销售佳绩，成为互联网营销的经典案例，随即引发了一轮互联网大佬代言农产品的热潮。包括潘石屹的苹果以

及任志强的家乡小米等。开创了一个互联网大佬务农营销的新时代。

联想控股对农业板块的布局。意味着互联网农业已经发展到了一个新的层次，互联网开始从全方位改造传统农业。从生产过程的品质管控，到生产环节的生产水平提高，再到营销环节的创新设计，互联网技术被运用到了农业生产链的各个环节，搭建出完整的互联网农业生态。从长远来看，依托联想的全球战略，农业也可以实现全球范围内的产业布局。联想对农业的跨界，最终可实现农产品全程可追溯、全产业链运营和全球化布局。

联想对农业的布局，经过了对农业的认真研究，并对此有着比较平和的预期。在经营产品的种类上，联想选择的蓝莓和猕猴桃产品都是较为高端的农产品，这些产品具有比较大的利润空间，更容易实现盈利。在具体运作上，联想通过对佳沃集团的收购，迅速完成了生产基地的布局，这在很大程度上缩短了投资年限。考虑到农业的周期特点。联想在农业板块稳扎稳打，不急于求成，这也是联想农业的可贵之处。

伴随着"互联网+"的热潮，互联网农业正成为新的投资热点，在"打头阵"的联想之后，还有更多的互联网企业已经或者准备跨界农业市场。然而，农业是一个回报周期较长的产业，互联网农业的未来能否成功，现在还无法判定，让我们拭目以待。

第五章 互联网时代电子商务物流配送

互联网时代电子商务的普及应用，给全球物流带来了新的发展，使物流及快递业务具备了一系列新特点。在电子商务环境下，由于全球经济的一体化趋势，当前的物流业正向全球化、信息化、网络化、自动一体化发展。近几年来，我国 B2B 电子商务物流市场需求和现代物流产业均已进入快速增长时期。一批超大型国有物流企业投身第三方物流市场、70%的物流服务提供商在过去的3年中，年均业务增幅都高达30%。但是总体来看，由于受我国经济发展的水平和许多影响物流产业健康发展因素的制约，目前，我国物流产业的总体规模还比较小，发展水平也比较低。

【拓展阅读】

沃尔玛成功的利器——物流配送

沃尔玛百货有限公司（简称沃尔玛） 由美国零售业的传奇人物山姆·沃尔顿先生于1962 年在阿肯色州成立。经过四十余年的发展。沃尔玛已经成为美国最大的私人雇主和世界上最大的连锁零售商。目前，沃尔玛在全球十几个国家开设了超过 7000家的商场，员工总数超过190 多万，每周光临沃尔玛的顾客近 1.76 亿人次。2006 财政年度沃尔玛全球销售额达到3449 亿美元。沃尔玛连续多年荣登《财富》杂志世界500强业和"最受尊敬企业"排行榜。沃尔玛从 1996 年就开始在我国开设连锁店，但2012年沃尔玛在我国营业额为100亿美元，仅占总营业额小部分。2013 年11月报道称，沃尔玛 CEO 兼董事长 Mike Duke 最近宣布，沃尔玛将在今后三年里开设 110 个大型购物中心和山姆会员店。同时，将在接下来一年半的时间里关闭 15～30 个其在我国的连锁分店。沃尔玛将采取"地理重定位战略"，将大多数新连锁店的位置集中在规模小然而今后发展速度更快的城市。同时，所有连锁店里放置更新换代并且更加新鲜的商品。沃尔玛将建立新的商品配送中心，以保证商品配送和供应链管理更加高效。

沃尔玛的业务之所以能够迅速增长，并且成为国际上非常著名的公司之一，沃尔玛前任总裁大卫·格拉斯这样总结：配送设施是沃尔玛成功的关键之一，如果说我们有什么比别人干得好的话，那就是配送中心。

沃尔玛公司 1962年建立第一个连锁商店，随着连锁店铺数量的增加和销售额的增长，物流配送逐渐成为企业发展的瓶颈。于是，1970 年沃尔玛在公司总部所在地建立起第一个配送中心，集中处理公司所销售商品的 40%。随着公司不断发展壮大，配送中心的数量也不断增加。至今该公司已建立 110个配送中心，为全球4900 多家商场提供配送服务。

沃尔玛配送中心的基本流程是供应商将商品送到配送中心后，经过核对采购计划、进行商品检验等程序后，分别送到货架的不同位置存放：商店要货计划提出后，计算机系统将所需商品的存放位置查出，并打印有商店代号的标签；包装好的商品直接由货架送往传送带，零散的商品由工作台人员取出后也送到传送带上。一般情况下，商店要货的当天就可以将商品送出。

如今，沃尔玛在美国拥有100%的物流系统，配送中心已是其中一小部分，沃尔玛完整的物流系统不仅包括配送中心，还有更为复杂的资料输入采购系统、自动补货系统等。

为了满足国内3000多个连锁店的配送需要，沃尔玛公司在国内共有近3万辆大型集装箱挂车，5500 辆大型货运卡车，24 小时昼夜不停地工作。每年的运输总量达到77.5亿箱，总行程6.5亿公里。合理调度如此规模的商品采购、库存、物流和销售管理，离不开高科技的手段。为此，沃尔玛公司建立了专门的计算相管理系统、CPS 卫星定位系统和电视高度系统，拥有世界一流的先进技术。

沃尔玛公司总部只是一座普通的平房，但与其相连的计算机控制中心却是一座外貌像体育馆的庞然大物，公司的计算机系统规模在美国仅次于五角大楼（美国国防部），甚至超过了联邦航天局。全球 4900 多个店铺的销售、订货、库存情况可以随时调出查询。公司同休斯公司合作，发射了专用卫星，用于全球店铺的信息传送与运输车辆的定位及联络。公司5 500 辆运输卡车，全部装备了卫星定位系统，每辆车在什么位置、装载什么货物、目的地是什么地方，总部一目了然。公司可以合理安排运力和路线，最大限度地发挥运输潜力，避免浪费，降低成本，提高效率。

案例启示：

沃尔玛正是通过对物流、信息流的有效控制，使公司从采购开始，到最后由销售网络把产品送到消费者手中的过程变得高效有序，实现了商业活动的标准化、专业化、统一化、单纯化，从而达到实现规模效益的目的，使其在零售业界所向披靡。从沃尔玛物流配送的案例中我们可以得到以下启示。

（1）物流配送对于企业发展的重要性。

（2）物流是一个复杂的系统，包括运输、储存、配送、信息处理等多个环节。

（3）尤其要重视信息及现代信息技术的应用。现代社会是一个信息社会，企业要想成为一流的企业，必须运用一流的信息技术作保证。沃尔玛拥有世界一流的先进信息技术。

（4）规模出效益。在物流领域，随着业务规模的扩大，可以让企业的物流设施、人力、物力、财力等资源充分利用，发挥效益；可以采用专用设备、设施，提高工作效率；采用先进技术，跟高科技接轨。这些都是规模扩大后带来的好处。沃尔玛实现了规模效益的目的。

第一节　互联网时代认识物流配送活动

一、互联网时代物流概述

物流是一种常见的经济活动。随着电子商务的发展与应用，物流越来越受到人们的关注和重视，各种类型的物流企业如物流公司、配送中心等也如雨后春笋般大量涌现。

那么何谓"物流"呢？首先要从商品流通谈起，商品流通是指商品或服务从生产领域向消费领域的转移过程，是介于生产和消费之间的、克服生产与消费之间距离的活动。相对于商业的概念而言，商品流通的概念有了很大延展。将其由过去的行业的概念上升为产业的概念，并成为第三产业的基础产业和主导构成部分，包括交通运输业、邮电通信业、国内商业、对外贸易业、饮食业、物资供销业、仓储业等。流通离不开经济活动，所谓经济活动是一个生产和消费的总的体系，基本上由生产和消费两种功能构成，而在生产与消费之间，存在着社会间隔、场所间隔和时间间隔。随着经济的发展，社会分工越来越细。这种间隔也逐渐增大。正是流通将生产和消费之间的这些社会的、场所的和时间的间隔联系起来。在商品流通过程中，需要不断地完成由商品到货币和货币到商品的变化，这种变化既涉及商品价值形态的转换、商品所有权的转移，又涉及商品实体的位置移动等。其中。商品通过买卖活动而发生的价值形态变化和所有权的转移，称作商品的价值转换，简称商流；在商品流通过程中，商品实体在空间位置上的移动和在流通领域内的停滞。称作商品的实体运动，简称物流；在商品流通中，信用证、汇票、现金等，在各个交易方之间的流动，简称资金流；在商品流通中，所有信息的流动过程，简称信息流，以上活动形成了商品流通活动的框架。这其中，商流是物流的先导，物流是商流的物质基础，两者相辅相成，缺一不可。商流对物流有决定性的作用，物流也反作用于商流。物流搞好了，就能促进商流的发展；反之，就会使商流处于中断或瘫痪状态。尽管物流与商流的关系非常密切，但它们各自具有不同的活动内容和规律，在现实经济生活中，进行商品交易活动的地点，往往不是商品实物流通的最佳路线的必经之处，商流一般要经过一定的经营环节来进行业务活动、而物流则不受经营环节的限制，它可以根据商品的种类、数量、交货要求、运输条件等，使商品尽可能由产地通过最少环节、以最短的运输路线、按时保质地送到用户手中，已达到降低物流费用、提高经济效益的目的。在合理组织流通活动中，实行商务分离的原则是提高社会经济效益的客观需要，也是企业现代化发展的需要。

1915 年，美国人阿奇·萧在《市场流通中的若干问题》一书中最早提出物流的概念。物流（Physical Distribution，PD）的中文意思是"实物分配"或"货物配送"。随着人们对物流认识的深化和提高，物流的内涵日益丰富。从20 世纪70 年代起，美国经济学界更多地把物流称为 Logistics，而不是 Physical Distribution，Logistics 的研究领域更宽广。到20世纪70年代，日本成为世界上物流最发达的国家之一。20纪80年代初，我国从日本引进物流的概念至今。

（一）物流的含义

物流是个传统行业，但随着经济的迅速发展，高新技术的不断涌现，已赋予它更新、更深的内涵和全新的概念，使物流业进入了一个蓬勃发展的全新阶段。物流的概念在20世纪80年代初被引人我国，在此之前。我国就有传统的储运业。许多大大小小的储运公司实际上进行着运输、保管、包装、装卸、流通加工等与物流有关的各种活动。

GB/T 18354一2014《物流术语》中把物流定义为物品从供应地向接收地的实体流动中，根据实际需要，将运输、储存、装卸、搬运、包装、流通加工、配送、信息处理等基本功能有机结合来实现用户要求的过程。

（二）物流的分类

1.按照物流系统的作用划分

包括供应物流、生产物流、销售物流、回收物流、废弃物流。

（1）供应物流是指生产企业、流通企业或消费者购入原材料、零部件或商品的物流过程。是物资生产者、持有者至使用者之间的物流。病

（2）生产物流是指在生产过程中，从原材料采购到在制品、半成品等各道生产程序的加工。直至制成品进入仓库全过程的物流活动。生产物流和企业生产流程同步，是从原材料购进开始直到产成品发送为止的全过程的物流活动。如果生产物流中断，企业生产过程也将随之停顿。

（3）销售物流是指生产企业或流通企业售出产品或商品的物流过程。是物资的生产者或持有者与用户或消费者之间的物流。

（4）回收物流是指在生产、供应和销售过程中产生的各种边角余料、废料、残损品的处理等发生的物流活动。对回收物料的处理如果进行不当会造成资源浪费或污染。

（5）废弃物流是指将经济活动中失去原有使用价值的物品，根据实际需要进行收集、分类、加工、包装、搬运、储存等，并分别送到专门处理场所时所形成的物品实体流动。

2.按照物流活动的空间范围划分

分为地区物流、国内物流、国际物流。

（1）地区物流是指某一行政区域或经济区域的内部物流。

（2）国内物流是为国家的整体利益服务在国家自己的领地范围内开展的物流活动，国内物流作为国民经济的一个重要方面，应该纳入国家总体规划的内容。

（3）对国家之间和世界各大洲之间进行的原材料与产品的流通称为国际物流。随着全球经济发展的国际化和网络化，国际物流就显得越来越重要。

3.按照物流系统性质划分

可分为社会物流、行业物流、企业物流。

（1）社会物流是指社会再生产总体的物流活动，物流的业务活动以社会为范围，面向社会。社会物流涉及在商品的流通领域所发生的所有物流活动。因此社会物流带有宏观性和广泛性，也称为大物流或宏观物流。

（2）行业物流是指在一个行业内部发生的物流活动。在一般情况下，同一个行业的各个企业往往在经营上是竞争对手，但为了共同的利益，在物流领域中却又常常互相协作。共同促进行业物流系统的合理化。

（3）企业物流。在企业经营范围内由生产或服务活动所形成的物流系统称为企业物流。企业作为一个经济实体，为社会提供产品或某些服务。

4.按照从事物流的主体进行划分

可分为第一方物流、第二方物流、第三方物流、第四方物流。

（1）第一方物流是指需求方（生产企业或流通企业）为满足自己企业在物流方面的需求。由自己完成或运作的物流业务。

（2）第二方物流是指供应方（生产厂家或原材料供应商）专业物流企业，提供运输、仓储等单一或某种物流服务的物流业务。

（3）第三方物流（TPL）是指由物流的供应方与需求方以外的物流企业提供的物流服务。即由第三方专业物流企业以签订合同的方式为其委托人提供所有的或一部分的物流服务。

（4）第四方物流是一个供应链的集成商，是供需双方及第三方的领导力量。它不是物流的利益方，而是通过拥有的信息技术、整合能力以及其他资源提供一套完整的供应链解决方案，以此获取一定的利润。它是帮助企业实现降低成本和有效整合资源，并且依靠优秀的第三方物流供应商、技术供应商、管理咨询以及其他增值服务商，为客户提供独特的和广泛的供应链解决方案。

（三）物流活动的要素

物流活动的要素即物流活动的基本功能，是指物流活动所具有的基本能力。通过对物流各要素的有机结合，形成物流的总体功能，进而实现物流的经济目标。其基本要素由运输、仓储、装卸搬运、包装、流通加工、配送与配送中心及物流信息构成。

1.运输

GB/T 18354—2014 对运输的定义：用设备和工具，将物品从一地点向另一地点运送的物流活动。其中包括集货、分配、搬运、中转、装入、卸下、分散等一系列操作。运输的任务是对物质进行较长距离的空间移动。因此，运输是物流的主要功能要素之一；运输是社会物质生产的必要条件之一；运输可以创造"场所效用"；运输是"第三个利润源"的主要源泉。

2.仓储

仓储就是在特定的场所对物品进行保存及对其数量、质量进行管理控制的活动。其目的是克服产品生产与消费在时间上的差异，使物资产生时间效果，以实现其使用价值。

3.装卸搬运

装卸搬运是指在同一地域范围内进行的，以改变物品的有效形态和空间位置为主要内容和目的的活动，具体包括装上、卸下、移动、拣选分类、堆垛、入库、出库等活动。

装卸搬运作业由堆放拆垛作业、配货作业、搬送、移送作业和其他作业构成。

搬运装卸作业合理化的原则主要有省力化原则、消除无效搬运、提高搬运活性、合理利用机械、保持物流的均衡顺畅、集装单元化原则、人性化原则、提高综合效果。

4.包装

包装是物流系统的环节之一，是指为了在流通过程中保护产品、方便储运、促进销售，按照一定技术方法而采用的容器、材料以及辅助物的总体名称。包装在物流中的地位与作用：一是生产的终点，流通的起点；二是保护产品，方便储运，促进销售；三是影响物流成本；四是方便消费。

包装按功能可分为工业包装和商业包装。工业包装是指以保护运输和保管过程中的物品为主要目的的包装、也称为运输包装，相当于外装（包含内装）；商业包装是以促进商品销售为主要目的的包装，其本身构成商品的一部分，也称作零售包装或消费包装。

包装主要通过包装的轻薄化、包装的单纯化、符合集装单元化和标准化的要求、包装的机械化与自动化、注意与其他环节的配合、有利于环保来实现包装合理化。

5、流通加工

GB/T18354—2006对流通加工的定义：物品在从生产地到使用的过程当中，根据需要施加包装、分制、计量、分拣、刷标志、栓标签组装等简单作业的总称。流通加工的特点如下。

（1）流通加工的对象是进入流通过程的商品，而生产加工对象是原材料、零配件及半成品。流通加工程度大多是简单加工，而不是复杂加工。从价值观点看。生产加工的目的在于创造价值及使用价值，而流通加工则在完善其使用价值并在不做大改变的情况下提高其价值。流通加工的组织者是由从事流通工作的人在流通企业完成，而生产加工则由生产企业完成。

（2）流通加工的目的是增加附加价值，方便运输、方便用户和方便综合利用。

（3）流通加工的形式有钢板剪切流通加工，水泥流通加工，玻璃流通加工，自行车、助力车流通加工，服装、书籍流通加工，水产品、肉类、蔬菜、水果等食品流通加工，酒类流通加工。

6.配送与配送中心

（1）配送。CB/T18354-2006对配送的定义是在经济合理的区域范围内，根据用户要求，对物品进行拣选、加工、包装、分割、组配等作业，并按时送达指定地点的物流活动。其是拣选、包装、加工、组配、配置、配备、送货等各种物流活动的有机组合，不是一般性的企业之间的供货和向用户的送货。与运输相比，更直接面向并靠近用户。配送完善了输送及整个物流系统，方便了用户，提高了供应保证程度和末端物流的经济效益，并可使企业实现零库存。

（2）配送中心。其是指从事配送业务的物流场所或组织。其实质是集货中心、分货中心和流通加工中心为一体的现代化的物流基地。配送中心的功能是集货、储存、分货和配货。

配送中心的工作流程主要如下：

进货→集货→储存→分拣→配送→分类→车辆配送→送货→用户。

7、物流信息

GB/T 18354～2006对物流信息的定义：反映物流各种活动内容的知识、资料、图像、数据、文件的总称；或者物流活动进行中必要的信息称为物流信息。

物流信息系统是物流企业针对环境带来的挑战而做出的基于信息技术的解决方案，

它是物流企业按照现代管理思想、理念，以信息技术为支撑，所开发的信息系统。其具有集成化、模块化、实时化、网络化、智能化的特点。

物流信息系统的基本功能是数据的收集和录入、信息的存储、信息的传播、信息的处理。

（四）物流在国民经济中的作用

现代物流作为一种先进的组织方式和管理技术，被广泛认为是企业在降低物资消耗，提高劳动生产率以外的重要的利润源泉，在国民经济和社会发展中有着重要的地位并发挥着重要作用。

（1）物流是保证商流顺畅进行，实现商品价值和使用价值的物质基础。

（2）物流是开拓市场的物质基础，决定着市场的发展广度、规模、方向。

（3）物流直接制约社会生产力要素能否合理流动，直接制约社会资源的利用程度和利用水平，影响着社会资源的配置。

（4）物流状况如何，还对宏观经济效益和微观经济效益具有直接制约作用。

总之，物流被人们称为"第三利润源"，其在国民经济中占有重要位置，更好地发挥物流的职能，对加速现代化建设有着重要的作用。

（五）物流管理

人们常说。物流水平代表一个国家的经济发展程度，而物流管理则是物流水平的集中体现。物流管理即应用管理的基本原理与方法，对物流活动进行计划、组织、协调与控制，以最低的物流成本，实现客户最满意的物流服务。提高综合物流效益。换言之，物流管理（Logistics Management）是指在社会在生产过程中，根据物质资料实体流动的规律，应用管理的基本原理和科学方法，对物流活动进行计划、组织、指挥、协调、控制和监督，使各项物流活动实现最佳的协调与配合，以降低物流成本，提高物流效率和经济效益。现代物流管理是建立在系统论、信息论和控制论的基础上的。

物流管理的对象包括对物流活动诸要素，如运输、储存、装卸搬运、包装、流通加工、配送等的管理；对物流系统诸要素，如人、财、物、设备、方法和信息等的管理；对物流活动中具体职能，如计划、质量、技术、经济的管理。

二、互联网时代物流信息

（一）物流信息分类

信息具有价值性、实效性、经济性，可以减少或消除事物不确定性的信息、情报、资料和知识。物流信息指的是在物流活动中产生和使用的必要信息，是由物流活动引起并能反映物流活动实际状况、特征及发展变化，并被人们处理了的对物流有用的数据、情报、指令、消息的统称。

1.按广义和狭义分类

从狭义范围来看，物流信息是指与物流活动（如运输、保管、包装、装卸、流通加工等）有关的信息。

从广义范围来看，物流信息不仅指与物流活动有关的信息，而且包含其他与流通活动有关的信息，如商品交易信息和市场信息等。它与商品交易信息和市场消息相互交融密切关系

物流信息概括说是由包括伴随物流活动而发生的系统内部信息（包括物流流转信息、物流作业信息、物流控制层信息和物流管理层信息）和在物流互动以外发生的提供给物流活动使用的信息（包括供货人信息、客户信息、订货合同信息、交通运输信息、市场信息、政策信息，以及来自有关企业内部生产、财务等部门与物流有关的信息）组成。

2.按信息的作用不同分类

（1）计划信息。指尚未实现的，但已作为目标确认的一类信息，如物流量计划、仓库吞吐量计划、与物流活动有关的国民经济计划、工农业产品产量。

（2）控制及作业信息。指物流活动过程中发生的信息，如库存种类、库存量、在运量、运输工具状况、物价、运费等。这类信息的特点是具有较强的动态性。更新速度快，并且富有时效性，即只有得到信息才有用，否则将变得毫无价值。

（3）统计信息。指在物流活动结束后，对整个物流活动进行总结、归纳的信息。已产生的统计信息都是一个历史性的结论，是恒定不变的。但新的统计结果不断出现，从而从总体看来具有动态性。统计信息的作用是用以正确掌握过去的物流活动及规律，以指导物流战略发展和制订计划。物流统计信息也是国民经济中非常重要的一类信息。

（4）支持信息。指对物流计划、业务、操作有影响或有关的文化、科技、产品、

法律、教育、民俗等方面的信息。如物流技术的革新、物流人才需求等。这类信息不仅对物流战略发展有价值,而且也能对控制、操作起到指导、启发的作用,是可以从整体上提高物流水平的一类信息。

3.按信息的加工程度不同分类

信息按加工程度的不同可以分成如下两类。

(1)原始信息。原始信息是指未加工的信息,它是信息工作的基础,也是最有权威性的凭证性信息,一旦有需要,可从原始信息中找到真正的依据。原始信息是加工信息可靠性的保证。

(2) 加工信息。加工信息是对原始信息进行各种形式和各个层次处理后的信息。这种信息是原始信息的提炼、简化和综合,它可以大大缩小信息存量,并将信息整理成有使用价值的数据和资料。

4.按活动领域分类

物流各个分系统、各不同功能要素领域,由于物流活动性质有区分,信息也有所不同。按这些领域分类,有运输信息、仓储信息、装卸信息等,甚至更细化分成集装箱信息、托盘交换信息、库存量信息、汽车运输信息等。

(二)物流信息技术

物流信息技术(Logistics Information Technology) 是指物流各环节中应用的信息技术,包括计算机、网络、信息分类编码、自动识别、电子数据交换、全球定位系统、地理信息系统等技术。

物流信息技术是物流现代化极为重要的领域之一,计算机网络技术的应用使物流信息技术达到新的水平。物流信息技术是物流现代化的重要标志。物流信息技术涉及面很广,其中自动识别技术、无线通信技术、物流软件技术等发展很快。自动识别技术以条码技术为主流,RFID、传感器等识别技术发展很快。大景深的条形码扫描器件,能够在0.3~15 米扫描条形码。既可以扫描手持的单据,又可以扫描高位货架上的条码标签的手持设备,值得推广。今后,自动识别技术和无线通信技术结合是物流信息化的发展趋势。目前,车载和手持的条形码数据终端大多都内置了无线通信模块,实现了货运车辆和人员操作的信息实时性问题,能够提供功能强大的移动数据实时采集、数据实时处理、无线货物接收、无线库存盘点、无线货物出库、无线商品核价、无线作业调度等应用。运用无线数据终端，可以将货物接收、储存、提取、补货等信息及时传递给控制系统，实现对库存的准确掌控，缩短系统反应时间。数据传输系统与客户计算机系统连接，实现共同运作，则可为客户提供实时信息管理，提高了信息化水平，实现无纸化作业，改善了物流系统整体运作效率。

（三）物流信息管理

物流信息管理是指运用计划、组织、指挥、协调、控制等基本职能对物流信息进行搜集、检索、研究、报道、交流和提供服务的过程，并有效地运用人力、物力和财力等基本要素以期达到物流管理的总体目标的活动。

物流信息管理作为一个动态的发展概念，其内涵和外延不断地随着物流实践的深化和物流管理的发展而发展。

三、互联网时代电子商务物流

（一）电子商务物流

电子商务物流是基于传统物流概念基础上，结合电子商务中信息流、商流、资金流的特点而提出的，是电子商务环境下，物流新的表现方式。因此，其概念可理解为是基于信息流、商流、资金流网络化的物资或服务的配送活动，包括实体商品（服务）和虚拟商品（服务）的物理传送。

（二）电子商务物流特征

1.信息化

物流信息化表现为物流信息的商品化、物流信息收集的数据库化和代码化、物流信息处理的电子化、物流信息传递的标准化和实时化、物流信息存储的数字化等。因此，条形码技术、数据库技术、电子订货系统、电子数据交换、快速反应系统及有效的客户反应系统、企业资源计划等技术与观念在我国的物流中将会得到普遍的应用。没有物流的信息化，许多先进的技术设备都不可能应用于物流领域，信息技术及计算机技术在物流中的应用将会彻底改变传统物流的面貌。

2.自动化

自动化的基础是信息化，自动化的核心是机电一体化，自动化可以扩大物流作业能力、提高劳动生产率、减少物流作业的差错等。物流自动化的设施非常多，如条形码/语音/射频自动识别系统、自动分拣系统、自动存取系统、自动导向车、货物自动跟踪系统等。这些设施在发达国家已普遍用于物流作业流程中，而我国由于物流业起步晚、发展水平低，自动化技术的应用与发达国家相比还有一定的差距。

3.网络化

物流领域网络化的基础也是信息化。这里指的网络化有两层含义：

一是物流配送系统的计算机通信网络。物流配送中心与供应商或制造商的联系、与下游顾客之间的联系都要通过计算机网络通信。

二是组织的网络化。按照客户订单组织生产。生产采取分散形式，即将全世界的资源都利用起来，采取外包的形式进行生产和供销的重新组合，实现网络化经营。

4.智能化

智能化是物流自动化、信息化的一种高层次应用。物流作业过程大量的运筹和决策，如库存水平的确定、运输路径的选择、物流经营管理的决策支持等问题都需要借助于大量的知识才能解决。各种专家系统、机器人等相关技术在国际上已经有比较成熟的研究成果。为了提高物流现代化的水平，物流的智能化已成为电子商务下物流发展的一个新趋势。

5.社会化

社会化程度的高低是区别现代物流配送和传统物流配送的一个重要区别。传统的物流配送中心往往是某一企业为给本企业或本系统提供物流配送服务而建立起来的。有些配送中心虽然也为社会服务。但同电子商务下的新型物流配送所具备的真正社会性相比有很大的局限性。

（三）国外电子商务物流解决方案

1.美国的物流中央化

物流中央化的美国物流模式强调"整体化的物流管理系统"，是一种以整体利益为重，冲破按部门分管的体制。从整体进行统一规划管理的管理方式。在市场营销方面，物流管理包括分配计划、运输、仓储、市场研究、为用户服务五个过程：在流通和服务方面，物流管理过程包括需求预测、订货过程、原材料购买、加工过程，即从原材料购买直至送达顾客的全部物资流通过程。

2.日本的高效配送中心

物流过程是生产—流通—消费—还原（废物的再利用及生产资料的补足和再生产）。在日本，物流是非独立领域，由多种因素制约。物流 （少库存多批发） 与销售（多库存少批发） 相互对立，必须利用统筹来获得整体成本最小的效果。物流的前提是企业的销售政策、商业管理、交易条件。销售订货时，交货条件、订货条件、库存量条件对物流的结果影响巨大。流通中的物流问题已转向研究供应、生产、销售中的物流问题。

3.适应电子商务的全新物流模式——物流代理

物流代理（Third Party Logistics，TPL，即第三方提供物流服务）的定义为："物流渠道中的专业化物流中间人，以签订合同的方式。在一定期间内，为其他公司提供的所有或某些方面的物流业务服务。"

从广义的角度以及物流运行的角度来看，物流代理包括一切物流活动，以及发货人可以从专业物流代理商处得到的其他一些价值增值服务。提供这一服务是以发货人和物流代理商之间的正式合同为条件的。这一合同明确规定了服务费用、期限及相互责任等事项。

狭义的物流代理专指本身没有固定资产但仍承接物流业务。借助外界力量，负责代替发货人完成整个物流过程的一种物流管理方式。

物流代理公司承接了仓储、运输代理后，为减少费用的支出，同时又要使生产企业觉得有利可图，就必须在整体上尽可能地加以统筹规划，使物流合理化。

第二节 互联网时代电子商务与物流配送

一、互联网时代电子商务下物流配送

（一）互联网时代电子商务下物流配送的定义

电子商务下物流配送就是信息化、现代化、社会化的物流配送，它是指物流配送企业采用网络化的计算机技术和现代化的硬件设备、软件系统及先进的管理手段，针对社会需求，严格地、守信用地按用户的订货要求，进行一系列分类、编配、整理、分工、配货等理货工作。定时、定点、定量地交给没有范围限度的各类用户，满足其对商品的需求。

（二）互联网时代电子商务下物流配送特点

电子商务与传统商务的本质区别就是它以互联网为基础进行商品、货币和服务等交易，目的在于减少信息社会的商业中间环节，缩短周期，降低成本，提高经营效率，提高服务质量，使企业有效地参与竞争。

物流配送定位在为电子商务的客户提供服务，根据电子商务的特点，对整个物流配送体系实行统一的信息管理和调度，按照用户订货要求，在物流基地进行理货工作，将配好的货物送交收货人的一种物流方式。这一先进的、优化的流通方式对流通企业提高服务质量、降低物流成本、优化社会库存配置，从而提高企业的经济效益及社会效益具有重要意义。

回顾配送制的发展历程，可以说经历了三次革命。初期阶段就是送物上门。为了改善经营效率，国内许多商家较广泛地采用了把货送到买主手中，这是商务的第一次革命。第二次物流革命是伴随着电子商务的出现而产生的，这是一次脱胎换骨的变化，不仅影响到物流配送本身，也影响到上下游供应链体系，包括供应商、消费者。第三次物流革命就是物流配送的信息化及网络技术的广泛应用所带来的种种影响。这些影响是有益的，使物流配送更有效率。

电子商务下物流配送除具备传统物流配送的特征外，还具备以下基本特征。

（1）信息化。通过网络使物流配送由信息武装起来。实行信息化管理是新型物流配送的基本特征。这也是实现现代化和社会化的前提保证。

（2）现代化。传统的物流配送虽然也具备相当的现代化程度，但要求并不是十分严格。较电子商务下的新型物流配送相比，无论在水平、范围、层次等各环节上都有很大的不足和欠缺。现代化程度的高低是区别新型物流配送和传统物流配送的一个重要特征。

（3）社会化。同现代化一样，社会化程度的高低也是区别新型物流配送和传统物流配送的一个重要特征。很多传统的物流配送中心往往是某一企业为给本企业或本系统提供物流配送服务而建立起来的，有些配送中心虽然也有为社会服务的，但同电子商务下的新型物流配送所具备的真正社会性相比，具有很大的局限性。

（三）互联网时代电子商务对传统物流配送的冲击和影响

（1）给传统的物流配送观念带来深刻的革命。传统的物流配送企业需要置备大面积的仓库，而电子商务系统网络化的虚拟企业将散置在各地的分属不同所有者的仓库通过网络系统连接起来，使之成为"虚拟仓库"，进行统一管理和调配使用，服务半径和货物集散空间都放大了。这样的企业在组织资源的速度、规模、效率和资源的合理配置方面都是传统的物流配送所不可比拟的，相应的物流观念也必须是全新的。

（2）网络对物流配送的实施控制代替了传统的物流配送管理程序。一个先进系统的使用，会给一个企业带来全新的管理方法。传统的物流配送过程是由多个业务流程组成的，受人为因素影响和时间影响很大。网络的应用可以实现整个过程的实时监控和实时决策。新型的物流配送业务流程都由网络系统连接。当系统的任何一个神经末端收到一个需求信息的时候，该系统都可以在极短的时间内做出反应，并可以拟订详细的配送计划，通知各环节开始工作。这一切工作都是由计算机根据人们事先设计好的程序自动完成的。

（3）物流配送的持续时间在网络环境下会大大缩短，对物流配送速度提出了更高的要求。在传统的物流配送管理中，由于信息交流的限制，完成一个配送过程的时间比较长，但这个时间随着网络系统的介入会变得越来越短，任何一个有关配送的信息和资源都会通过网络管理在几秒钟内传到相关环节。

（4）网络系统的介入，简化了物流配送过程。传统物流配送整个环节极为繁琐，在网络化的新型物流配送中心里可以大大简化这一过程。遇

在网络支持下的成组技术可以更加淋漓尽致地被使用，物流配送周期会缩短，其组织方式也会发生变化；计算机系统管理可以使整个物流配送管理过程变得简单和容易；网络上的营业推广可以使用户购物和交易过程变得更有效率、费用更低；可以提高物流配送企业的竞争力；随着物流配送业的普及和发展，行业竞争的范围和残酷性大大增加，信息的掌握、信息的有效传播和其易得性，使得用传统的方法获得超额利润的时间和数量越来越少；网络的介入，使人们的潜能得到充分的发挥，自我实现的需求成为多数员工的工作动力。

在传统的物流配送企业中，大量的人从事简单的重复劳动，人是机器、数字和报表的奴隶，劳动的辛苦是普遍存在的。在网络化管理的新型物流配送企业，这些机械的工作都会交给计算机和网络，而留给人们的是能够给人以激励、挑战的工作。人类

的自我实现的需求得到了充分的满足。

综上所述，推行信息化配送制，发展信息化、自动化、现代化的新型物流配送业是我国发展和完善电子商务服务的一项重要内容，势在必行。

二、新型物流配送中心特征及运作类型

（一）新型物流配送中心特征

根据国内外物流配送业发展情况，在电子商务时代，信息化、现代化、社会化的新型物流配送中心可归纳为以下几个特征。

（1）物流配送反应速度快。电子商务下，新型物流配送服务提供者对上游、下游的物流配送需求的反应速度越来越快，前置时间越来越短，配送时间越来越短，物流配送速度越来越快，商品周转次数越来越多。

（2）物流配送功能集成化。新型物流配送着重于将物流与供应链的其他环节进行集成。包括物流渠道与商流渠道的集成、物流渠道之间的集成、物流功能的集成、物流环节与制造环节的集成等。

（3）物流配送服务系列化。电子商务下，新型物流配送除强调物流配送服务功能的恰当定位与完善化、系列化，除了传统的储存、运输、包装、流通加工等服务外，还在外延上扩展至市场调查与预测、采购及订单处理、向下延伸至物流配送咨询、物流配送方案的选择与规划、库存控制策略建议、货款回收与结算、教育培训等增值服务；在内涵上提高了以上服务对决策的支持作用。

（4）物流配送作业规范化。电子商务下的新型物流配送强调功能作业流程，作业、运作的标准化和程序化，使复杂的作业变成简单的易于推广与考核的运作。

（5）物流配送目标系统化。新型物流配送从系统角度统筹规划一个公司整体的各种物流配送活动，处理好物流配送活动与商流活动及公司目标之间、物流配送活动与物流配送活动之间的关系，不求单个活动的最优化，但求整体活动的最优化。

（6）物流配送手段现代化。电子商务下的新型物流配送使用先进的技术、设备与管理为销售提供服务，生产、流通，销售规模越大、范围越广，物流配送技术、设备及管理越现代化。

（7）物流配送组织网络化。为了保证对产品促销提供快速、全方位的物流支持，

新型物流配送要有完善、健全的物流配送网络体系。网络上点与点之间的物流配送活动保持系统性、一致性，这样可以保证整个物流配送网络有最优的库存总水平及库存分布，运输与配送快捷、机动，既能铺开又能收拢。分散的物流配送单体只有形成网络才能满足现代生产与流通的需要。

（8）物流配送经营市场化。新型物流配送的具体经营采用市场机制，无论是企业自己组织物流配送，还是委托社会化物流配送企业承担物流配送任务，都以"服务一成本"的最佳配合为目标。

（9）物流配送流程自动化。物流配送流程自动化是指运送规格标准，仓储货、货箱排列装卸、搬运等按照自动化标准作业，商品按照最佳配送路线等。

（10）物流配送管理法制化。宏观上，要有健全的法规、制度和规则：微观上，新型物流配送企业要依法办事，按章行事。

（二）物流配送中心运作类型

物流配送是流通部门连接生产和消费，使时间和场所产生效益的设施，提高物流配送的运作效率是降低流通成本的关键所在。物流配送又是一项复杂的科学系统工程，涉及生产、批发、电子商务、配送和消费者的整体结构，运作类型也形形色色。

1.物流配送中心按运营主体的不同

大致有如下4种类型。

（1）以制造商为主体的配送中心。这种配送中心里的商品 100%是由自己生产制造，用以降低流通费用、提高售后服务质量和及时地将预先配齐的成组元器件运送到规定的加工和装配工位。从商品制造到生产出来后条形码和包装的配合等多方面都较易控制，因此按照现代化、自动化的配送中心设计比较容易，但不具备社会化的要求。

（2）以批发商为主体的配送中心。商品从制造者到消费者手中之间的传统流通有一个环节叫批发。一般是按部门或商品类别的不同，把每个制造厂的商品集中起来，然后以单一品种或搭配向消费地的零售商进行配送。这种配送中心的商品来自各个制造商，它所进行的一项重要的活动是对商品进行汇总和再销售，而它的全部进货和出货都是社会配送的，社会化程度高。

例如，美国加州食品配送中心是全美第二大批发配送中心，建于1982 年，建筑面积10万米，有工作人员2000人左右，共有全封闭型温控运输车600多辆，1995 年销售额达 20 亿美元。经营的商品均为食品，有 43000 多个品种，其中有 98%的商品由该公司组织进货，另有 2%的商品是该中心开发加工的商品，主要是牛奶、面包、冰激凌等新鲜食品。该中心实行会员制，各会员超市因店铺的规模大小不同、所需商品配送量的不同而向中心交纳不同的会员费。会员店在日常交易中与其他店一样，不享受任何特殊的待遇，但可以参加配送中心的定期的利润处理。该配送中心本身不是盈利单位、可以不交营业税。因此，当配送中心获得利润时，采取分红的形式，将部分利润分给会员店。会员店分得红利的多少，将视在配送中心的送货量和交易额的多少而定，多者多分红。

该配送中心主要靠计算机管理。业务部通过计算机获取会员店的订货信息，及时向生产厂家和储运部发出要货指示单；厂家和储运部再根据要货指示单的先后缓急安排配送的先后顺序，将分配好的货物放在待配送口等待发运。配送中心 24 小时运转，配送半径一般为50公里。

该配送中心与制造商、超市协商制订商品的价格，主要依据是：1.商品数量与质量；2.付款时间，如在 10天内付款可以享受 2%的价格优惠；3.配送中心对各大超市配送商品的加价率，根据商品的品种、档次不同以及进货量的多少而定，一般为2.9%—8.5%。

（3）以零售业为主体的配进中心。零售商发展到一定规模后，就可以考虑建立自己的配送中心。为专业商品零售店、超级市场、百货商店、建材商场、粮油食品商店、宾馆饭店等服务。社会化程度介于前两者之间。

例如：美国沃尔玛商品公司的配送中心是典型的零售型配送中心。该配送中心是沃尔玛公司独资建立的，专为本公司的连锁店按时提供商品，确保各店稳定经营。该中心的建筑面积为12 万米，总投资 7 000万美元，有职工1200 多人：配送设备包括200辆车头、400节车厢13条配送传送带，配送场内设有 170个接货口。中心24小时运转。每天为分布在纽约州、宾夕法尼亚州等6个州的沃尔玛公司的100 家连锁店配送商品。

该中心设在100 家连锁店的中央位置。商圈为 320公里，服务对象店的平均规模为1.2万米。中心经营商品达4万种，主要是食品和日用品，通常库存为4000万美元，旺季为7000万美元，年周转库存 24次。在库存商品中，畅销商品和滞销商品各占50%，库存商品期限超过180天为滞销商品。各连锁店的库存量为销售量的10%左右。1995 年，该中心的销售额为 20 亿美元。

在沃尔玛各连锁店销售的商品，根据各地区收入和消费水平的不同，其价格也有所不同。总公司对价格差价规定了上下限，原则上不能高于所在地区同行业同类商品的价格。

（4）以仓储运输业者为主体的配送中心。这种配送中心最强的是运输配送能力、地理位置优越，如港湾、铁路和公路枢纽，可迅速将到达的货物配送给用户。它提供仓储储位给制造商或供应商，而配送中心的货物仍属于制造商或供应商所有，配送中心只是提供仓储管理和运输配送服务。这种配送中心的现代化程度往往较高。

例如。美国福来明公司的食品配送中心是典型的仓储式配送中心。它的主要任务是接受美国独立杂货商联盟加州总部的委托业务，为该联盟在该地区的 350 家加盟店负责商品配送。该配送中心建筑面积为7万米%，经营 8.9万个品种，其中有 1200个品种是美国独立杂货商联盟开发的，必须集中配送。在服务对象店经营的商品中，有70%左右的商品由该中心集中配送，一般鲜活商品和怕碰撞的商品，如牛奶、而包、炸土豆片、瓶装饮料和啤酒等，从当地厂家直接进货到店，蔬菜等商品从当地的批发市场直接进货。

2.从物流配送用的模式上分

有3种主要类型。

（1）集货型配送模式。该种模式主要针对上家的采购物流过程进行创新而形成。其上家生产具有相互关联性，下家互相独立，上家对配送中心的储存度明显大于下家，上家相对集中，而下家分散具有一定的需求。同时，这类配送中心也强调其加工功能。此类配送模式适于成品或半成品物资的推销，如汽车配送中心。

（2）散货型配送模式。这种模式主要是对下家的供货物流进行优化而形成的。上家对配送中心的依存度小于下家，而且配送中心的下家相对集中或有利益共享（如连锁业）。采用此类配送模式的流通企业，其上家竞争激烈，下家需求以多品种、小批量为主特征，适于原材料或半成品物资配送，如机电产品配送。

（3）混合型配送模式。这种模式综合了上述两种配送模式的优点，并对商品的流通全过程进行有效控制，有效克服了传统物流的弊端。采用这种配送模式的流通企业，规模较大，具有相当的设备投资，如区域性物流配送中心。在实际流通中，多采取多样化经营，降低了经营风险。这种运作模式比较符合新型物流配送的要求 （特别是电子商务下的物流配送）。

3，美国配送中心的运作流程

美国配送中心的库内布局及管理井井有条，使繁忙的业务互不影响，其主要经验如下。

（1）库内货架间设有 27 条通道，19 个进货口。

（2）以托盘为主，4 组集装箱为一货架。

（3）商品的堆放分为储存的商品和配送的商品，一般根据商品的生产日期、进货日期和保质期，采取先进库的商品先出库的原则，在存货架的上层是后进的储存商品，在货架下层的储存商品是待出库的配送商品。

（4）品种配货是数量多的整箱货，所以用叉车配货；店配货是细分货，小到几双包的袜子，所以利用传送带配货。

（5）质量轻、体积大的商品（如卫生纸等），用叉车配货；质量重、体积小的商品用传送带配货。

（6）特殊商品存放区，如少量高价值的药品、滋补品等，为防止丢失，用铁丝网圈起，标明无关人员不得人内。

（三）电子商务下新型物流配送中心应具备的条件

1.新型物流配送中心对企业管理水平的要求

新型物流配送中心作为一种全新的流通模式和运作结构，其管理水平要求其达到科学和现代化。只有通过合理的科学管理制度、现代化的管理方法和手段，才能确保物流配送中心基本功能和作用的发挥，从而保障相关企业和用户整体效益的实现。管理科学的发展为流通管理的现代化、科学化提供了条件。促进流通产业的有序发展和企业内部管理的机遇。开拓市场。同时，还要加强对市场的监管和调控力度，使之有序化和规范化。总之，以市场为导向、以管理为保障、以服务为中心、加快科技进步是新型物流配送中心的根本出路。

2.新型物流配送中心对人员的要求

新型物流配送中心能否充分发挥其各项功能和作用，完成其应承担的任务，人才配置是关键。为此，新型物流配送中心的人才配置要求必须配备数量合理、具有一定专业知识和较强组织能力、结构合理的决策人员、管理人员、技术人员和操作人员，以确保新型物流配送中心的高效运转，知识对经济增长的作用只有当知识为劳动者所掌握之后才能显现出来，人才开发和利用是促进知识经济发展的根本。知识经济一方面要求人才的专业化程度不断加深，另一方面又要求人才能够全面发展，以适应多变的外部环境。这就给人才的培养和开发带来了机遇和挑战。新型物流配送中心的发展需要大量的各种专业人才，从事经营、管理、科研、仓储、配送、流通加工、通信设备和计算机系统维护、贸易等业务。因此必须加大人才培养的投入培养和引进大批掌握先进科技知识的人才，并给其施展才华的机会；还应对现有职工进行有计划的定期培训。形成系统的学习科技知识的制度；在企业里引人竞争机制，形成能上能下的局面。要提高员工的科技创新意识，培养企业对知识的吸纳能力，促进物流产业的人力资源得到开发和利用，造就大批符合知识经济时代要求的物流配送人才，利用各种先进的科学技术和科学方法，促进物流配送产业向知识密集型方向发展。

3.新型物流配送中心对装备配置的要求

新型物流配送中心面对成千上万的供应厂商和消费者以及瞬息万变的市场，承担着为众多用户的商品配送和及时满足他们不同需要的任务，这就要求必须配备现代化装备和应用管理系统。具备必要的物质条件。尤其是要重视计算机网络的运用。通过计算机网络可以广泛收集信息，及时进行分析比较，通过科学的决策模型，迅速做出正确的决策，这是解决系统化、复杂化和紧迫性问题最有效的工具和手段。同时采用现代化的配送设施和配送网络，将会逐渐形成社会化大流通的格局。专业化的生产和严密组织起来的大流通，对物流手段的现代化提出了更高要求，如对自动分拣输送系统、立体仓库、水平垂直分层分段旋转货架、ACV 自动导向系统、商品条形码分类系统、悬挂式输送机这些新型高放大规模的物流配送机械系统有着广泛而迫切的需求。自动分拣输送系统能将不同方向、不同地点、不同渠道运输的不同物资，按照类型品种、尺寸、重量及特殊要求分拣输送后集中在指定的主库或旋转货架上，其输送速度高（最高达 150米/秒）、分能力强 （最高达 30 000件/小时）、规模大（机长高达几十甚至数百米），取货及分拣的通道多 （最高达 200个以上），适用的货物范围广，是面向21世纪配送网络的大型物流机器系统。自动分拣输送系统与立库、旋转货架设备能适应市场需求，可以提供更完美的服务，在为多用户、多品种、少批量、高频度、准确、迅速、灵活等服务方面具有独特的优势

三、互联网时代电子商务物流模式

电子商务物流是基于互联网技术，旨在创造性的推动物流行业发展的新商业模式，其主要应用模式如下。

（一）企业自营物流模式

电子商务企业自身经营的物流。称为自营物流。如京东商城、苏宁易购等，建立闭环型物流体系，自主控制仓储、运输和快递队伍等全部资源，也有企业是与普通商务共用系统。

企业自营物流模式意味着电子商务企业自行组建物流配送系统，经营管理企业的整个物流运作过程。在这种方式下，企业也会向仓储企业购买仓储服务，向运输企业购买运输服务。但是这些服务都只限于一次或一系列分散的物流功能，而且是临时性的纯市场交易的服务，物流公司并不按照企业独特的业务流程提供独特的服务，即物流服务与企业价值链松散联系。如果企业有很高的顾客服务需求标准，物流成本占总成本的比重较大，而企业自身的物流管理能力较强时。企业一般不应采用外购物流，而应采用自营方式。由于中国物流公司大多是由传统的储运公司转变而来的，还不能满足电子商务的物流需求，因此，很多企业借助于他们开展电子商务的经验也开展物流业务，即电子商务企业自身经营物流。目前，我国采取自营模式的电子商务企业主要有两类：一类是资金实力雄厚且业务规模较大的电子商务公司，电子商务在我国兴起的时候，国内第三方物流的服务水平远不能满足电子商务公司的要求。另一类是传统的大型制造企业或批发企业经营的电子商务网站，由于其自身在长期的传统商务中已经建立起初具规模的营销网络和物流配送体系，在开展电子商务时只需将其加以改进、完善，即可满足电子商务条件下对物流配送的要求。选用自营物流，可以使企业对物流环节有较强的控制能力、易于与其他环节密切配合，全力专门的服务于该企业的运营管理、使企业的供应链更加协调、简洁与稳定。此外，自营物流能够保证供货准确、及时，保证顾客服务的质量，维护企业和顾客间的长期关系。但自营物流所需的投入非常大，建成后对规模的要求很高，大规模才能降低成本，否则将会长期处于不盈利的境地；而且投资成本较大、时间较长，对于企业柔性有不利影响。另外，自建庞大的物流体系，需要占用大量的流动资金。更重要的是。自营物流需要较强的物流管理能力，建成之后需要工作人员具有专业化的物流管理能力。

（二）物流企业联盟模式

物流企业联盟模式是指在物流方面通过签署合同形成优势互补、要素双向或多向流动、相互信任、共担风险、共享收益的物流伙伴关系。物流联盟是制造企业、销售企业、物流企业基于正式的相互协议而建立的一种物流合作关系，参加联盟的企业汇集、交换或统一物流资源以谋取共同利益；同时，合作企业仍保持各自的独立性。领如，阿里巴巴建立开放型合作物流体系，只控制物流地产枢纽和信息平台，吸引专业物流服务商登台唱戏，实现供需共赢，也是供应链集成服务平台。

物流联盟为了达到比单独从事物流活动取得更好的效果，在企业间形成了相互信任、共担风险、共享收益的物流伙伴关系。企业间不完全采取导致自身利益最大化的行为，也不完全采取导致共同利益最大化的行为，只是在物流方面通过契约形成优势互补、要素双向或多向流动的中间组织。联盟是动态的，只要合同结束，双方又变成追求自身利益最大化的单独个体。选择物流联盟伙伴时，要注意物流服务提供商的种类及其经营策略。一般可以根据物流企业服务的范围大小和物流功能的整合程度两个标准，确定物流企业的类型。物流服务的范围主要是指业务服务区域的广度、运送方式的多样性、保管和流通加工等附加服务的广度。物流功能的整合程度是指企业自身所拥有的提供物流服务所必要的物流功能的多少，必要的物流功能是指包括基本的运输功能在内的经营管理、集配、配送、流通加工、信息、企划、战术、战略等各种功能。一般来说，组成物流联盟的企业之间具有很强的依赖性，物流联盟的各个组成企业明确自身在整个物流联盟中的优势及担当的角色，内部的对抗和冲突减少，分工明晰，使供应商把注意力集中在提供客户指定的服务上，最终提高了企业的竞争能力和竞争效率，满足企业跨地区、全方位物流服务的要求。

（三）第三方物流模式

第三方物流（ThirdPartyLogistics，3PL 或 TPL）是由物流业务的供方和需方之外的第三方去承担的物流。第三方是指独立于买卖之外的专业化物流公司，长期以合同或契约的形式承接供应链上相邻组织委托的部分或全部物流功能，因地制宜地为特定企业提供个性化的全方位物流解决方案，实现特定企业的产品或劳务快捷地向市场移动、在信息共享的基础上，实现优势互补，从而降低物流成本，提高经济效益。它是由相对"第一方"发货人和"第二方"收货人而言的第三方专业企业来承担企业物流活动的一种物流形态。第三方物流公司通过与第一方或第二方的合作来提供其专业化的物流服务，它不拥有商品，不参与商品买卖，而是为顾客提供以合同约束、以结盟为基础的系列化、个性化、信息化的物流代理服务。服务内容包括设计物流系统、EDI能力、报表管理、货物集运、选择承运人、货代人、海关代理、信息管理、仓储、咨询、运费支付和谈判等。第三方物流企业一般都是具有一定规模的物流设施设备（库房、站台、车辆等）及专业经验、技能的批发、储运或其他物流业务经营企业。第三方物流是物流专业化的重要形式，它的发展程序体现了一个国家物流产业发展的整体水平。第三方物流是一个新兴的领域，企业采用第三方物流模式对于提高企业经营效率具有重要作用。首先，企业将自己的非核心业务外包给从事该业务的专业公司去做；其次，第三方物流企业作为专门从事物流工作的企业，有丰富的专门从事物流运作的专家，有利于确保企业的专业化生产，降低费用，提高企业的物流水平。目前，第三方物流的发展十分迅速，有以下几方面是值得关注的。

第一。物流业务的范围不断扩大。商业机构和各大公司面对日趋激烈的竞争，不得不将主要精力放在核心业务，将运输、仓储等相关业务环节交给更专业的物流企业进行操作，以求节约和高效：另外，物流企业为提高服务质量，也在不断拓宽业务范围，提供配套服务。

第二，很多成功的物流企业根据第一方、第二方的谈判条款。分析比较自理的操作成本和代理费用。灵活运用自理和代理两种方式，提供客户定制的物流服务。

第三，物流产业的发展潜力巨大，具有广阔的发展前景。

（四）第四方物流模式

第四方物流主要是指由咨询公司提供的物流咨询服务，但咨询公司并不就等于第四方物流公司。目前，第四方物流在我国还仅停留在"概念化"的第四方物流公司，南方的一些物流公司、咨询公司甚至软件公司纷纷宣称自己的公司就是从事"第四方物流"服务的公司。这些公司将没有车队、没有仓库当成一种时髦：号称拥有信息技术，其实却缺乏供应链设计能力；只是将第四方物流作为一种商业炒作模式。第四方物流公司应物流公司的要求为其提供物流系统的分析和诊断，或提供物流系统优化和设计方案等。第四方物流公司以其知识、智力、信息和经验为资本，为物流客户提供一整套的物流系统咨询服务：从事物流咨询服务就必须具备良好的物流行业背景和相关经验，但并不需要从事具体的物流活动，更不用建设物流基础设施，只是对于整个供应链提供整合方案。第四方物流的关键在于为顾客提供最佳的增值服务,即迅速、高效、低成本和个性化服务等。

第四方物流的众多优势如下。

第一,它对整个供应链及物流系统进行整合规划。第三方物流的优势在于运输、储存、包装、装卸、配送、流通加工等实际的物流业务操作能力,在综合技能、集成技术、战略规划、区域及全球拓展能力等方面存在明显的局限性,特别是缺乏对整个供应链及物流系统进行整合规划的能力。而第四方物流的核心竞争力就在于对整个供应链及物流系统进行整合规划的能力,也是降低客户企业物流成本的根本所在。

第二,它具有对供应链服务商进行资源整合的优势。第四方物流作为有领导力量的物流服务提供商,可以通过其影响整个供应链的能力,整合最优秀的第三方物流服务商、管理咨询服务商、信息技术服务商和电子商务服务商等,为客户企业提供个性化、多样化的供应链解决方案,为其创造超额价值。

第三,它具有信息及服务网络优势。第四方物流公司的运作主要依靠信息与网络,其强大的信息技术支持能力和广泛的服务网络覆盖支持能力是客户企业开拓国内外市场、降低物流成本所极为看重的,也是取得客户的信赖,获得大额长期订单的优势所在。

第四,它具有人才优势。第四方物流公司拥有大量高素质国际化的物流和供应链管理专业人才和团队,可以为客户企业提供全面的卓越的供应链管理与运作,提供个性化、多样化的供应链解决方案,在解决物流实际业务的同时实施与公司战略相适应的物流发展战略。

发展第四方物流可以减少物流资本投入、降低资金占用。通过第四方物流,企业可以大大减少在物流设施(如仓库、配送中心、车队、物流服务网点等等)方面的资本投入,降低资金占用,提高资金周转速度,减少投资风险。降低库存管理及仓储成本。第四方物流公司通过其卓越的供应链管理和运作能力可以实现供应链"零库存"的目标,为供应链上的所有企业降低仓储成本。同时,第四方物流大大提高了客户企业的库存管理水平,从而降低库存管理成本。发展第四方物流还可以改善物流服务质量,提升企业形象

（五）物流一体化模式

物流一体化是指以物流系统为核心，由生产企业、物流企业、销售企业直至消费者的供应链整体化和系统化。它是在第三方物流的基础上发展起来的新的物流模式。20世纪90年代，西方发达国家如美国、法国、德国等提出物流一体化现代理论，并应用和指导其物流发展，取得了明显效果。在这种模式下物流企业通过与生产企业建立广泛的代理或买断关系，使产品在有效的供应链内迅速移动，使参与各方的企业都能获益，使整个社会获得明显的经济效益。这种模式还表现为用户之间的广泛交流供应信息，从而起到调剂余缺、合理利用、共享资源的作用。在电子商务时代，这是一种比较完整意义上的物流配送模式，它是物流业发展的高级和成熟的阶段。物流一体化的发展可进一步分为3个层次：物流自身一体化、微观物流一体化和宏观物流一体化。物流自身一体化是指物流系统的观念逐渐确立，运输、仓储和其他物流要素趋向完备，子系统协调运作、系统化发展。微观物流一体化是指市场主体企业将物流提高到企业战略的地位，并且出现了以物流战略作为纽带的企业联盟。宏观物流一体化是指物流业发展到如下水平：物流业占到国家国民总收入的一定比例，处于社会经济生活的主导地位，它使跨国公司从内部职能专业化和国际分工程度的提高中获得规模经济效益。物流一体化是物流产业化的发展形势，它必须以第三方物流充分发育和完善为基础。物流一体化的实质是一个物流管理的问题，即专业化物流管理人员和技术人员，充分利用专业化物流设备、设施，发挥专业化物流运作的管理经验，以求取得整体最佳的效果。同时，物流一体化的趋势为第三方物流的发展提供了良好的发展环境和巨大的市场需求。

四、互联网时代电子商务与供应链管理

（一）供应链的概念

供应链（Supply Chain，SC）的思想是在20世纪80年代提出来的。随着全球经济一体化的推进，传统的管理模式受到冲击，国际上一些大企业如 Dell 公司、惠普公司等在供应链实践中取得了重大成绩，使得人们坚信供应链管理是企业适应全球竞争环境的一种有效途径，供应链思想已经引起了国内外学者和企业界的广泛关注。供应链是社会化大生产的产物，是重要的市场营销方式和流通组织形式，对生产和流通有着直接的导向作用。

供应链是指由在产品生产和流通过程中所涉及的原材料供应商、生产商、分销商、

零售商以及最终消费者（用户）组成的供需网络。

对供应链的理解，不同的学者有不同的认识。我国 2001 年颁布实施的 GB/T18354—2014《物流术语》中对供应链的定义是：生产及流通过程中，涉及将产品或服务提供给最终用户活动的上游与下游企业所形成的网链结构。如电器制造企业，上游是金属和元器件生产厂家，下游是批发商和零售商，最终到达消费者手中。在这个供应链系统中。所有涉及的企业无疑具有相互依存的紧密联系，如果各企业间的关系不协调，就会导致整个系统的效益低下。

从供应链发展趋势来看，整个供应链运作逐渐从推式变成拉式。推式即推动式，推动式供应链运作以制造商为核心，产品生产出来后从分销商逐级推向用户，分销商和零售商处于被动接受的地位，各个企业之间的集成度较低，通常采取提高安全库存量的办法应付需求变动，因此整个供应链上的库存量较高，对需求变动的响应能力较差。拉式即牵引式，牵引式供应链的驱动力产生于最终用户，整个供应链的集成度较高，信息交换迅速，可以根据用户的需求实现定制化服务，采取这种运作方式的供应链系统库存较低。牵引式供应链虽然整体绩效表现出色，但对供应链上企业的要求较高，对供应链运作的技术基础要求也较高。

供应链作为一个网链结构。其中的一个企业就是一个节点，节点企业之间是供应与需求的关系。供应链具有如下几个特征。

第一，复杂性。供应链是一个复杂的网络，往往由多个、多类型，包括生产型、服务型、加工型，甚至多国企业组成，因此供应链结构模式及运作比一般单个企业的结构模式更为复杂。

第二，动态性。供应链是因企业战略和适应市场需求的变化而建立的，随着市场需求的变化和企业战略的调整，供应链结构及节点企业都需要动态更新，这就使得供应链具有明显的动态性。

第三，市场性。现代供应链是以市场用户为中心的牵引式运作方式，供应链的形成、存在、重构都是基于一定的市场需求而发生的，并且在供应链的运作过程中，用户的需求拉动是供应链中物流、信息流、资金流等运作的驱动源。

第四，交叉性。一个节点企业既可以是这个供应链的成员，同时又可以是另一个供应链的成员，众多的供应链体系相互交错，无疑增加了协调管理的难度。

（二）供应链管理

供应链管理（Supply Chain Management，SCM）究其根本是一种新的管理理念和管理思想，是在现代科技条件下、在产品极其丰富条件下发展起来的。它涉及企业及企业管理的各个方面，是一种跨行业的管理，节点企业作为贸易伙伴为追求共同的经济利益而努力。

供应链管理是指利用计算机网络技术对供应链中发生的商流、物流、资金流、信息流以及贸易伙伴关系等进行全面规划、组织、协调和控制（包括许多活动，如采购、原料处理、生产计划和控制、物流、存货控制以及分销）等，以达到最佳组合，发挥最大效率，迅速以最小的成本为客户提供最大的附加值的目的。其中对物流的管理是整个供应链管理的基础。

供应链管理是运用系统的思想和方法对整个供应链进行管理，协调供应链上各个节点企业的活动，最终达到整个供应链的优化，使供应链上的每个企业都从中受益。

（三）电子商务与供应链管理

供应链管理强调供应链中所有成员的合作与协调，要求所有节点企业都必须顾全大局，从整体出发，努力降低整个供应链的成本，获取最大化整体效益，以提高整个供应链的价值和竞争力。

在电子商务环境下，由于全球经济一体化的趋势，当前的供应链系统正在向全球化、信息化、一体化的方向发展。电子商务为供应链管理开辟了一个崭新的天地，使得供应链能全面采用计算机和网络技术支持企业及其客户之间的交易活动，包括产品销售、服务、支付等；电子商务促进企业合作，能保持对市场变化和顾客需求的积极响应，供应商、制造商、零售商和顾客之间的交互正日益向复杂化和全球化的方向发展。

当竞争从企业对企业转变为供应链对供应链时，利用先进的供应链管理会为供应链上的企业带来巨大的竞争优势。

（四）电子商务环境下的供应链管理策略

（1）快速响应是在准时制思想的影响下产生的，是为了在以时间为基础的竞争中占据优势，建立起来的一整套对环境反应敏捷和迅速的系统。

（2）有效客户响应是指在商品分销系统中。为消除不必要的成本和费用，给客户带来更大效益而进行密切合作的一种供应链管理策略。

其核心内容有以下4点。

1以较少的成本为供应链上的客户提供更好的产品、更好的库存服务和更多的便利服务。

2采用标准的工作措施和回报系统，该系统标识出潜在的回报，促进公平分享回报，达到整个系统的有效性。

3利用准确、及时的信息支持有效的市场生产及后勤政策，这些信息以 EDI 的方式在贸易伙伴间自由流动。

4确保客户能随时获得所需商品。

（3）企业资源计划是美国 GartnerCroup 公司于 1990 年提出的，其确切定义是 MR-PII（企业制造资源计划） 下一代的制造业系统和资源计划软件。

企业资源计划是一种主要面向制造行业进行物质资源、资金资源和信息资源集成一体化管理的企业信息管理系统。企业资源计划是一个以管理会计为核心，可以提供跨地区、跨部门、甚至跨公司整合实时信息的企业管理软件。针对物资资源管理（物流）、人力资源管理（人流）、财务资源管理（财流）、信息资源管理（信息流）集成体化的企业管理软件。

（4）电子订货系统是指将批发、零售商场需要的订货数据输人计算机，通过商业增值网络中心将资料传递至总公司、批发商、商品供货商或生产制造商，后者根据收到的信息及时安排出货。

第三节　农产品电商的冷链物流、产品标准化、信任体系

农产品从生产到最终的消费完成之间经历的环节很多，时间也比较长，电子商务的涉足虽然为农业的发展起到很大的促进作用，但仍然存在无法改善的问题。这些问题主要包括物流成本居高不下、缺乏完善的冷链物流、农产品缺少标准化、经营过程中信任不足等几方面。

唐代大诗人杜牧的《过华清宫》中有一千古名句，一骑红尘妃子笑，无人知是荔枝来。这句唐诗可以看出唐玄宗对杨贵妃的宠爱，也从侧面反映出荔枝很难保鲜。唐

朝没有发达的交通和专业的物流，昂贵的运送成本只能是皇宫贵族才能出的起。但是在现代社会，顺丰优选让远离荔枝产地的普通百姓也能品尝到鲜嫩的荔枝。

通过顺丰团队的专业操作，客户直接给荔枝生产者下单。生产者则根据需求量到产地采摘荔枝，运用顺丰的冷链物流把荔枝送到消费者手中，这个过程所需的全部过程不超过两天，可以保证荔枝的新鲜度。这种与电子商务结合的运营方式因满足了消费者对农产品质量的要求而大受欢迎，而把这种方式的概念范围扩大来看，指的就是农业电子商务。

美国作为技术和服务都位列全球之首的国家在农产品的物流服务上也刚刚起步，亚马逊（Amazon）作为其代表，正在发展名为 Amazon Fresh 的生鲜类农产品的物流运输。也就是说，不光是我国，以上问题在世界范围内都是农产品电子商务发展的巨大阻碍。

一、农产品电商的范畴

（一）主营食品类的电商

食品是供给消费者食用的物品（成品和原料都包括在内），在工业领域属于食品一类的是工业化食品，农业领域则是农副产品。工业化食品都经过了加工，这样食品就更容易存储和流通，农业副产品是没有经过加工的食品，包括在农林牧渔行业生产出的动植物食品。

（二）主营生鲜类的电商

生鲜类食品大部分属于农副产品，比如，经常出现在人们餐桌上的海鲜类产品和肉、奶、蛋、谷物。主营生鲜类食品的电商都知道，做好食品的保鲜工作是他们获得成功的核心。

（三）主营特产类的电商

这一类电商经营的是具有地方性特色的食品。

二、农产品电商的市场分析

中国是一个人口大国，食品为人们的生活必需品，食品行业在中国的市场非常巨大。我们可以通过中国食品工业协会的统计信息来分析中国的食品行业和农业电子商务的发展情况。

2015 年，我国食品工业的生产总值近 20 万亿元。占到国内 GDP 量的 1/5。而这一年总共有2.45万亿元的农副产品进入流通领域，但是，这些食品中只有1%左右是由电商经营的。

相对于服装和3C 产品而言，农产品电子商务在整个农产品销售行业中所占的比重实在太少。据统计，17%的服装销售是通过电子商务来完成的，而3C 产品中也有约15%的业务由电子商务完成。电商在农业市场中有巨大的发展空间，开发前景广阔。

三、农业电子商务的三大问题

电子商务运营的方式实际上就是在网络上与潜在客户进行沟通交流，最终成功地将产品营销给客户而收取利润。它们借助网络平台和微博微信等方式来运营，但是这种运营方式也并不是十全十美的，因为它只解决可以呈现在互联网上的问题，对于互联网之外的问题是没有办法解决的，对于经营环节多的农业来说，这个问题显得更加突出。就目前来说，农业电子商务的三大问题是：

·物流成本高，缺乏冷链物流。

·农产品电商的标准化程度低，进程缓慢。

·经营过程中信任不足。

（一）物流成本居高不下

让我们先看下农业电子商务中各电商的物流成本，我们会发现，假设单价是 100元，25%～40%的成本是物流成本，相比服装电商（5 元左右）的物流成本，物流成本的高昂让农产品电商相比传统的超市分销模式变得缺少竞争力（表7-5-I）。

表7-5-1 不同农产品电商平台的物流对比

平台	模式	物流方式	物流成本	备注
顺丰优选	购销电子商务	自建冷链	>40元/单	全新冷链体系,质量有保证,但是成本高
淘宝生态农业	电子商务平台	商家自己解决		
中粮我买网		自建普货体系	>25元/单	质量不容易保证

多利农庄	农场基地	外包冷链	25 元/单	
京东	电子商务平台	商家自己解决		
其他		自送	>30 元/单	部分外包给普货物流

服装电商在物流中增加的成本大概是 5 元，但是农产品电商的物流成本能达到25—40元。所以，与传统农产品经营模式相比，农产品电商经营大幅度提高了产品的成本，这打击了部分农产品电商的积极性。

从冷藏条件来分析一下中国目前的物流情况。美国的冷藏车总数为 60 万辆，标准是每500人配备一辆，而日本的标准是每 400 人配备一辆冷藏车，如果用这两个国家的标准来估算中国的冷藏车总数，那么中国的冷藏车数量应该在 300 万辆以上，可是实际情况只有 4万辆。

中国的农产品得不到物流的支持，冷链物流的匮乏严重影响了农产品的流通，即使那些能够成功运送到市场上的农产品也因为质量的下降、成本的增加而导致商家的利润提升困难。有数据指出。中国每年的果蔬损耗率在 25%～30%，一年 800亿元的损失总额甚至能养活 2亿人。

（二）农产品标准化程度低

顺丰优选、正大天地、天天果园等都为农产品电商提供了良好的网络运营渠道。但耐人寻味的是，在每个平台上进行的食品交易中，从国外引进的食品种类都多于40%。这反映了中国的许多农业产品是达不到市场要求的标准的。究其原因还是中国的农产品物流成本太高，这就提高了产品最终的市场价格，这样就把产品消费对象范围缩小为能够付得起价钱的那些高收入者（即高端人群）。但是，对于这些追求生活质量的高收入者来说，价格水平相当的产品，从国外引进的比国内产品的质量更好一些。为了解决这个问题，我们就需要提高国内农产品的标准化程度。

中国地大物博，地形丰富多样，各个地区都有符合该地的特色农产品，仅从农产品的分类就可以看出中国农产品的多种多样。我们通常把农产品分为水果、蔬菜、肉、奶、蛋、海鲜等品类，海鲜产品还可以进一步细分（值、虾、蟹等）。不同的产地、养殖方式、保鲜手段、加工程度等都可以作为农产品的划分依据。

我们可以从以下3 个方面衡量农产品的标准化程度。

★品质上的标准化。从农产品的生产地与原产地的距离、是否具备产品的认证、产品的经营过程是否统一达标等多个方面的信息来衡量产品质量的标准化程度。

★工艺上的标准化。例如，鱼以怎样的形态在市场上出售，是卖鱼块还是鱼肉的肉末等。

★规格上的标准化。在商品的重量上可以进行标准的层次划分（100g、300g、500g），产品在包装的精致程度上也有区别，这些都需要商家根据自己的情况和市场情况来定。

目前，我国在农产品品质的衡量上没有统一的标准，这是一个制度性的问题，这个问题的解决恐怕还需要很长一段时间。

（三）信任不足

淘宝已经在解决电商产品的信任问题上有了一定的突破，通过加强其控制力取得消费者的信任，例如，淘宝电商产品的假货赔款制度。但是，农产品淘宝并不能完美地解决信任问题。

淘宝对于农产品的评价体系以及农产品销售的信任体系建设仍存在不足。目前，淘宝多通过导购的方式来销售各地域的特色农产品，例如，其"特色中国"频道按照销售商品的地域特色，重新排列组合了那些销售该产品的淘宝店铺。但是这种导购制度存在很大的缺陷。例如，其销售商品中的余姚杨梅，作为地域特产，需求量较大，存在无数的店铺在销售，而消费者却难以分辨商品的真伪，更无法鉴别商品品质的优劣。

综上所述，农产品的电子商务建设还存在诸多问题及困难，要解决这些问题及困难，需要从以下两个方面入手。

（1）要完备农产品销售在冷链等方面的基础设施建设，加大投资力度。

（2）农产品的生产者要提高自身素质，加强互联网销售能力的学习。

第四节　农产品电商要做好物流和供应链体系

在认识到农业的潜力之后，电商们纷纷加入到农村地区的市场开拓行列中。互联网的发展为其提供了强大的平台支持，但是在农产品与电子商务的结合中，目前最需要做好的工作就是完善产品运输环节，以及消费者与生产者之间的联系环节。

一、农产品电商的两大关键制胜环节

（一）提供冷链运输，完善产品物流

多数农产品，像水果、蔬菜等都容易变质，为此，要在整个运输过程中实现冷链运输，用先进的保鲜技术和保鲜手段延缓农产品的腐坏。但是目前国内在物流环节的配备并不完善、产品运输过程中损耗严重，大幅提高了产品的上市价格。

上海是我国农产品与电子商务结合的试验之地，也是农产品电商的汇聚之地，相对于其他地区、上海拥有更先进的技术。在上海地区，农产品从"生鲜大仓"运输到区域仓库的过程中已经有了良好的冷链运输技术支持，但是，冷链运输即使在上海也没有在整个运输过程中实现，并且伙料等产品需要不同的存储温度，这些条件在运输中都无法得到保障，这个问题也是农产品电商发展道路上的一大阻碍。

（二）产品供应的缺乏，营销无法弥补

产品要素是农产品与电子商务结合中的关键要素，产品本身决定消费者是否会在首次购买之后继续选择该产品，这也是农产品与电子商务能否进一步发展的关键。

经营季节性鲜明的农产品电商要取得稳步的增长，就需要做好产品的持续供应，这需要在产品生产出来后的各个环节下功夫，包括农产品的运输、储存、货物的配送等方面。否则，产品供应无法持续，营销环节做得再好，消费者在第一次消费后也会对产品大失所望，还是不会再选购这类产品，所以说，产品供应的缺失是营销无法弥补的。

二、"高价值生鲜冷链"打造的四重方法

（一）项目众筹、合作经营

从目前的情况来看，农产品的标准化程度低、运输损耗大、成本高的问题已经凸显出来，农产品电商都希望改善农产品运输环节，但是目前我国的冷链物流发展速度缓慢，保鲜技术也有待发展，个体农产品电商凭借一己之力解决这个问题的难度太大，因此，实现同行的合作或者投资方的支持是降低成本的一种策略。

（1）把实现冷链物流作为独立的开发项目，项目众筹，借助互联网平台集结多家资源，实现信息共享。

（2）寻找投资方进行冷链物流开发项目的投资，为项目的顺利进行和发展提供有

力的资金保障。

（二）众包式运作

在农产品与电子商务融合的过程中，运输环节的技术限制和成本增加问题迟迟得不到解决。从行业性质来看，农产品电商属于生活服务类电商，可以联合与消费者距离相近的便利店和生活超市，通过在生活超市和便利店配备冷藏设备为农产品保鲜，保证到达消费者手中的农产品的品质。

（1）利用距高消费者较近的便利店或者超市，在农产品的物流环节进行分工合作，便利店或超市为农产品保鲜提供技术支持（冷柜），并从中获得合理的利润分配。

（2）寻找能够提供保解设备的人进行合作，农产品由社区的合作人保证最后环节的质量。同上面一样，为其分配合理的利润。

（三）兼顾实施内部创业

农产品电商要想把冷链环节掌握好，可以从自己的员工入手。电商可以用员工分股的方法，将有关项目的股权下放，通过这种内部创业的方式，使员工为自己工作，既极大地调动了员工的积极性，又能形成以企业为中心的"电商生态圈"。

（1）将冷链物流相关项目的股权下放，通过向员工发放股权，实现员工入股企业。

（2）根据实际情况，综合不同员工的实际能力，可以允许员工以技术、资金等不同形式入股。对于有实力的员工，企业也可以通过与其合作的方式实现企业的扩展。

（四）布点布线合理

北京、上海、广州等大城市的消费者在我国农产品电商消费群体中占多数。大城市的区域广阔，农产品需要进行冷链物流运输的区域范围也相对更广阔，要在整个运输过程中降低农产品损耗的难度就加大了不少，要更好地解决这些问题就需要农产品电商从点到线合理布局，合理规划农产品运输的线路，在消费者集中的运输终端建设具备农产品冷藏设备的配送站点，在这个方面可以寻求与连锁超市的合作，或者通过合理的利润来吸引合作人的投资。

（1）根据农产品配送量的大小和流转方向将配送线路分为干线和支线，在产品配送干线设置能够提供冷藏技术支持的大型存储仓库，在支线的连锁超市或便利店设置产品配送点，与干线的存储仓库形成系统化的冷链运输。

（2）从缩短农产品配送时间、提高配送效率上降低农产品损耗，提高商品质量。

三、"高品质生鲜供应链"的四重控制

生鲜产品在质量上要求比较高，所以，必须解决生鲜产品的供应问题，完善产品供应链。

（一）完善制度，制定统一标准

中国农业源远流长，自给自足的小农经济让人们习惯于按照传统的思维去经营生产活动，但是按照这种方式生产出来的农产品并不能符合市场要求，农产品的标准化程度低就是其中一个很大的问题，这是农产品电子商务经营的一大陈碍。为了解决农产品与市场要求不符的问题，必须着手设置统一的标准制度，从农产品的生产、分类、运输等各个环节实现制度化，提高农产品的商品化水平。

（1）在农产品的生产环节建立统一标准，可以借助农业院校、相关农业机构的科研力量就农产品在生产过程中的具体实施步骤制定标准，例如，在单位面积内播种的种子数量，使用的肥料种类、数量等。

（2）在农产品的分类上划定统一标准，根据农产品的重量、体积等划分农产品的等级，并根据这个标准来收购农产品。

（3）将制定的统一标准以文字等方式呈现出来，使标准执行者能够一目了然，在实际的操作过程中加强监管力度，确保标准的落实。

（二）掌握农产品生产基地

从事农产品经营的电商都希望自己能与农产品生产基地达成长期合作关系来保证产品的持续供应。生产基地对农产品电商而言至关重要。电商可以在农产品的标准化生产过程中发挥作用，此外，还可以在生产基地投资入股，提高自己的影响力。

（1）把目光放长远，对于有巨大潜力和发展前景的农产品生产基地，电商可以收购到自己手中，全权控制，这样可以根据自己的要求去生产商品化的农产品。

（2）通过投资入股的方式合作经营生产基地，让农产品按照自己的要求进行统一的生产和管理。

（三）降低农产品损耗

农产品从生产到消费的过程中有大量的损耗，实际到达消费者手中的商品无法与其原始状态相比较。其损耗具体到各个环节的表现如下。

（1）农产品生产环节的损耗。收获农产品、生产者搬运和储藏农产品过程中的损耗。

（2）农产品运输环节的损耗。没有完善的技术支持而无法做好农产品保鲜所导致的损耗。

（3）农产品消费环节的损耗。顾客在选购商品时挑挑拣拣的过程中造成的损耗，以及在将其端上餐桌前所做的处理过程中会去除一部分，这些都是农产品的损耗。

各个环节降低农产品损耗的方法：

（1）生产环节。采用现代化机械代替人工收获农产品，把产品储存地建设在距离生产地近的地方。

（2）运输环节。提高运输效率，完善技术支持。

（3）消费环节。改善产品包装，为消费环节中顾客挑选农产品的便捷性考虑，避免频繁地翻拣。这个工作可以提前到生产环节中进行。

（四）加强团队教育

团队合作是农产品电商发展的重要方面，如果在整个团队中提高成员对农产品供应链的重视程度，并将这个观念在团队中扩散开来，就能让农产品经营过程中的损耗因为工作人员的时时注意而降低。

（1）加强对企业员工的培训教育，提高电商企业的供应服务意识。电商根据自身情况设计供应链重要性培训课程对企业员工进行培训，提高员工的服务质量以及服务意识。

（2）把农产品供应方面的好坏作为衡量员工工作是否到位的一部分，并建立相应的奖惩制度，如果产品供应及时、产品质量较好，则可得到奖励；若在经营中出现产品供应问题，就给予惩罚，这样才能将工作落实到个人，确保农产品供应链的畅通无忧。

第六章 农村电商的推广

第一节 电商巨头抢占农村市场

电子商务近年来备受瞩目，在城市占据相当一部分的商业市场。而在城市市场日渐饱和的前提下，越来越多的电商把目光投向了广阔的农村市场。

一、农村市场的潜力

虽然与发展较早的城市相比，农村的网络接受度较低，但是从另一个角度来说。一线甚至二线城市发展的速度都不可避免地开始放缓，所以，农村便成为一个还未完全被开发的"第二市场"。

农村人口基数大，巨大的人口数量实质上也代表了巨大的潜力，如果被挖掘出来，能量将不可估量。

根据《第35次中国互联网络发展状况统计报告》显示：截至2014年12月，我国网民的数量已经达到了6.49 亿，互联网普及率达到了47.9%，其中，农村网民是1.78亿，其所占比例为27.4%；而据另一份调查数据显示：中国目前行政村数量已经达到了68万个，农村人口为9.4亿人，长期居住在农村的数量为7.5亿人。

网络使用人数的多少代表着信息化的普及程度。我国信息化自城市发源和发展，以放射状向农村辐射，农村信息化虽然暂时还有所不足，但正是因为不足，其以后的发展空间才更显巨大。随着计算机、网络、智能手机等不断普及，信息化的脚步将明显加快，农村未来必然会以其明显的人口优势成为我国电商的主打市场。

而且，在三线以下的城镇和农村，实体商业如零售业的店面分布将不能满足农村人购买的需要，加之网络的普及，人们更会把目光投向网络购物，因此，电商在满足消费者需求这一方面占有较为明显的优势，将会成为释放消费需求压力的一个重要出口。

二、电商在农村的推广途径

农村大多有其独特的地缘特点，相对于城市来说较为偏远，而大多数商业形式在此类地区的延伸往往有一定的滞后性。那么，如何让电商迅速地延伸到农村千家万户的门口，便成了电商企业密切关注的问题。

以京东为例，大力培植乡村推广员便是一个重要的手段。这类人员是从农村当地选拔出来的、往往具有相对较高的购买力，对网络消费有着紧跟时代的意识，并且在当地有很好的人缘。这些人受京东邀请加入他们的团队，为京东的商业做推广，把商品或者销售信息带到村民家中。

"我们所要关心的就是如何把准确而实惠的信息送到村民家中，毕竟村民对于电商的了解还比较有限，而在这有限的了解中他们对京东的信任程度还是比较高的。"一名京东乡村推广员很诚恳地说道。

目前，京东乡村推广员的数量还在不断增长。以此为中心所建立的服务点数量也在迅速增多，所形成的服务覆盖面积逐步扩大。按照原本的计划，在 2015 年3月初便形成推广人员突破3000人、服务中心达到 30 个、覆盖县城超过50个这样的规模。由此可见。京东对于农村的消费市场抱有极大的信心，而这一举措也势必会提高农村人通过京东而达成的网络成单量，从而拉动农村的消费水平，并能给农村人提供形式更加丰富也更加便捷的电商服务。

当然，在这一领域京东并非一枝独秀，其他电商如苏宁、阿里巴巴等都已经将脉络延伸到了乡村。阿里巴巴在 2014 年 12月就推出了"千县万村"的计划，计划在3-5年之内进行投资。投资的数额高达 100亿元，准备在县级地区建立 1000个运营中心，同时在村级地区建立 10 万个服务站。

由此可见，各大电商企业都在努力抓住这次难得的商机，把县、村等地作为自己企业长远发展的一大"根据地"。

三、电商在农村发展的障碍

农村的市场固然是巨大的，但这一市场也存在其固有的问题。农村经济收入主要来源于农产品的外销，通过网络途径进行外销也是电商在乡村运行的一个重要方面。

此外。网络购人的产品要想进村也是一大难题。这样"一出一进",便构成了电商在农村发展的一大阻碍。如何解决这一阻碍,关键是要解决以下问题:

(一)农民对网络购物的认识问题

尽管我国网络发展延伸到农村已经有一些时日,但是,农村人对于网购的认识尚在发展之中。传统的购买模式在农村人的观念中已形成良久,实体交易依然是其主要的交易方式。换言之,农村人对于借助于网络平台完成的交易还存在一定的不信任。

不少乡村推广员表示,他们需要反复地进行演示和讲解,村民才能在一定程度上消除对于网购会买到假货甚至付了钱拿不到货的疑虑。由此可见,解决农村人观念上对于电商的不了解或者是误解是电商能够在乡村打开局面的一个极为重要的前提。

(二)物流配送的覆盖率以及成本问题

现如今。电商的配送途径主要依靠中国邮政、"四通"(申通、中通、圆通、汇通)、韵达等物流公司,而这些物流公司所设立的配送点还不是十分全面。

据国家统计局 2014 年6月的数据显示:有将近六成的农村居民认为收发快递十分不方便,有些乡村没有收发点,村民只能到距离较远的县城里。尤其是价格较为便宜的民营快递,所建立的网点偏少。而覆盖率较高的快递,例如国营的中国邮政,其费用又相对过高,无论是向内"购入"还是向外"产出",不少村民都表示无法承担高昂的物流费用。如此一来,物流问题无疑就成为阻碍电商在乡村发展的一个"瓶颈"。

(三)电商团队人才的缺乏问题

绝大多数电商都不可能完全做到给各个乡村配送专门的电商人才,吸纳当地人加入团队无疑是最经济也是最便捷的方法。但是,由于电商经济的特点,对于这类人才又有特殊的要求,比如要熟悉网购交易,了解农村市场的详情,甚至要懂得一定的农业知识。由于计算机和网络在农村发展的相对滞后,这样的人才实在偏少。

对于电商来说,在巨大的竞争压力下,既要开拓农村市场,保证商业运营,又要培养电商人才,所牵扯和耗费的精力实在过大。

第二节　打造农村电商

随着互联网的发展。互联网与很多行业开始融合，但是，在最传统的农业领域却屡屡受挫，除了几个产地直采的生鲜电商之外，互联网在农业领域几无建树。

农业与其他行业的不同，本质上是农村与城市的不同，农村资源与城市社区资源的不同。社区资源主要由消费者构成，商家很少，而作为农村资源的主体，农民同时充当着商家、生产者与消费者的角色，他们既可以把产品卖给消费者，也可以提供给其他商家，还可以从其他商家手中购买自己所需，这使供应链系统变得更加复杂。

因为涉及农村，所以农村电商并不仅仅是互联网跨界一个行业那么简单，做农村电商需要从解决"三农"问题的角度出发，应该把农村电商作为一个"三农"问题的解决方案来考虑，这就要求农村电商不仅仅是互联网销售平台，至少还需要有 O2O 本地服务功能。

一、城镇化现状：农民走向城市，资源趋向整合

农民增收、农业发展、农村稳定3 个问题，其实是从农民的身份、行业、居住环境3个方面出发的一体化问题，解决方案也必须包含这 3 个方面。

传统的农村作业以家庭为单位从事农业生产，这种模式生产力低下，生产效率有限，而通过资源整合，将分散的农田整合成规模化的种植基地，将每家每户的畜牧业资源整合成大型的养殖基地，就能够大大提高资源的产出效率和价值。

四五年前开始推行的农村社区化行动就是一种农村资源整合方案，通过将村落合并成社区的方式，将农村的人力资源、土地资源都集中在一起，整合后的土地资源用于规模化种植或者建立工厂，人力资源则重新分配进入工厂或者种植基地工作，通过这种资源整合的方式来解决"三农"问题，这就是农村未来的发展方向。

农村社区化也是推行农村城镇化路线的一次尝试。随着越来越多的农村人口涌入城市。长居于农村的劳动力资源越来越少，已经不能够支持传统的生产方式，所以逐渐有农民卖掉自己的农田和牲畜，或者将农田承包给其他人，自己进城务工或者搬去城市与子女同住。这样一来，农村土地资源逐渐集中起来，形成一些中小型的农场和养殖场，土地产值得到大幅度提高。

二、农村电商应该怎么做

农村资源整合以后，生产力得到大幅度提高。生产出来的更多产品需要销售出去，这就为农村电商提供了发展契机。

从2013年年底开始，阿里巴巴、京东等电商巨头纷纷涌入农村地区进行声势浩大的刷墙宣传。然而这些电商无法将供应链及需求链完全下沉到农村市场，也无法将农民群体培养成可以团队运营的成熟电商，所以很多电商在农村市场未能成功。

传统的电商模式在农村市场水土不服，然而农村电商就没有其他解决方案了吗？换一个角度来看，农产品销售只有城市市场这一条出路吗？当然不是。农村之所以能够长期封闭，是因为农村本来就可以支撑一个完整的生态，农民既是生产者也是消费者，农村既生产产品，也同时拥有庞大的市场需求。换句话说，农民并不一定非要把产品卖到外面的市场，本地平台也可以解决农资产品再分配的问题。

于是，土生土长的本地化农村电商平台"村村乐"就这样诞生了。村村乐既不同于淘宝那种一个卖家对应无限买家的营销模式，也不同于58同城、赶集网那种围绕个人生活的服务模式，而是一个以村为单位、只做本地产品、服务本地企业和用户的综合性服务平台。

电商的发展离不开四通八达的物流系统的支持，而农村并不具备这样的条件，所以物流成为农村电商发展的最大阻碍，电商巨头们也只能望农村兴叹。等到京东的自建物流覆盖农村，或者四通一达下沉到乡镇，电商巨头们才能真正开进农村市场，然而短时间内是绝对不可能实现的。

针对物流问题，村村乐想出了完全不同的思路，将交易范围缩小到邻里乡亲，所有交易尽量就近完成。不同村落之间的交易，则以村为单位进行，比如将本村的所有供应信息集中于一处，让外部的购买者一目了然；整合当地的农家店资源，让村里的小卖部身兼数职，不仅可以卖自己店内产品，还可以作为村村乐的O2O线下平台，销售网站上的产品和服务。

这种商业模式绕过了物流环节，交易双方可以直接现场交易，或者协商其他方法，而村村乐在这个过程中充当了信息中介的角色，只负责将乡里乡亲的供应需求和购买需求嫁接在一起。

三、农村城镇化及产业升级：需要更多的"村村乐"

农业包括农林牧副渔多种产业，电子商务尽管积极布局农业电商，但是至今的成果只有生鲜电商、农产品电商和农资电商，还有广阔的领域尚未开发。而且不同的商业模式都需要建立自己的产业链。生成自己的产业族群，所以农业电商市场潜力巨大。牵涉环节众多，范围极广

2014 年，全国农村电商市场交易总额达到2000亿元，其中大部分来自淘宝、京东等传统电商巨头。"村村乐"之类的本地化农村电商贡献的份额微乎其微，主要是因为它们的规模和名声都太小。到2014 年年底，"村村乐"已经拥有了 1000 万个会员，30万村庄论坛的版主，但放在全国6亿人的农民群体中，这样的规模实在太小，所以需要有更多的力量加入才能满足农村的需求。

农村电商生态极为复杂，因为农民既是生产者也是消费者。不仅有购物需求也有销售需求。在需求产业链上，农村居于产业链的下游，在供应产业链上，农村又居于产业链的上游，也就是说，农村电商模式应该是一种双向的商业供需模式。

农村商业拥有足够大的市场发展潜力，吸引着各大电商追逐而来，在布局农村电商时又遇到供应链太长的问题，难以下沉到农村市场，如果与本地化平台进行对接，就可以大幅度加快农村电商的布局。将来，无论是电商巨头加速渠道下沉，还是本地化电商平台继续扩张，都会为农村居民带来更好的商业环境和服务，让农民生活更加便利，这样的平台多多益善。

第七章 网络营销组合策略

第一节 网络营销产品策略

产品是市场营销组合中最重要的因素。任何企业的营销活动总是首先从确定向目标市场提供的产品开始的，然后才会涉及价格、促销、渠道等方面的决策。网络营销也不例外，选择适合网络营销的产品，是企业制定其营销策略的基本要素之一，所以网络营销产品策略是网络营销组合策略的基础。

一、网络营销产品的概念

传统营销产品是能满足人们某种需求或欲望的任何有形物品和无形服务，包括核心产品（实质产品）、形式产品（实体产品）、附加产品（产品的附加价值）。网络营销产品是指提供给市场以引起人们注意、获取、使用或消费，从而满足某种欲望或需要的一切东西。与传统营销产品相比，网络营销在虚拟的 Internet 市场开展营销活动，互动性强，能更好地满足顾客的个性化需求。因此，网络营销产品比传统营销产品内涵更丰富，产品层次也进一步拓展了。在网络营销中，产品的整体概念可分为五个层次。

（一）核心产品层次

与传统营销产品的核心产品层次一样，核心产品是指产品或服务能够提供给消费者的最基本的效用或益处，是消费者真正想要购买的基本效用或益处。

（二）实体产品层次

实体产品也称为实体产品或有形产品层次，是产品在市场上出现时的具体物质形态，主要表现在品质、特征、式样、包装等方面，是核心利益或服务的物质载体。

（三）期望产品层次

期望产品层次是在网络营销中，顾客处于主导地位，消费呈现出个性化的特征。不同的消费者可能对产品的要求不一样，因此产品的设计和开发必须满足顾客这种个性化的消费需求。期望产品是指顾客在购买产品/服务前对所购产品/服务的质量、使用方便程度、特点等方面的期望值，这对企业开发与设计新产品有重要的指导作用。因此、为满足这种需求，对于物资类产品、生产和供应等环节必须实行柔性化的生产和管理。

（四）附加产品层次

附加产品也称为延伸产品层次，其含义与传统产品概念中的附加产品的意义一样，附加产品层次是指由产品的生产者或经营者提供的满足购买者延伸需求的产品层次，主要是帮助用户更好地使用核心利益的服务。在网络营销中，延伸产品层次要注意提供满意的售后服务、送货、质量保证等，此层次主要协助顾客更充分、更好地享受核心产品带来的基本效用。网络营销产品市场是跨越时空限制的、全球性的，如果解决不好附加产品的这些问题，势必影响网络营销的市场广度。

（五）潜在产品层次

潜在产品层次在附加产品层次之外，它是指企业向顾客提供的能满足顾客潜在需求的各种远期的收益。它是网络营销产品概念的最后一个层次。与延伸产品不同，潜在产品是对顾客潜在需求的进一步发掘，是一种增值服务，意在培养顾客的忠诚度。

二、网络营销产品的特点

由于网上消费者有着区别于传统市场的消费需求特征，因此并不是所有的产品都适合在网上销售和开展网上营销活动。一般而言，目前适合在互联网上销售和营销的产品通常具有以下特性。

（1）产品性质。由于网上用户在初期对技术有一定要求，用户上网大多数与网络等技术相关，因此网上销售的产品最好是与高技术或与计算机、网络有关，这些产品容易引起网上用户的认同和关注。根据网上消费者的特征，网上销售和营销的产品一定要考虑产品的新颖性，追求商品的时尚和新颖是许多消费者特别是青年消费者重要的购买动机。其次，考虑产品的购买参与程度，要求消费者参与程度越高的产品，越不适合在网上销售和营销。

（2）产品质量。网络的虚拟性使顾客可以突破时间和空间的限制，实现远程购物和在网上直接订购，这使得网络购买者在购买前无法尝试或只能通过网络来尝试产品。由于网络购买者无法具有传统环境下亲临现场的购物体验，因此顾客对产品的质量尤为重视。

（3）产品式样。网上市场的全球性，使得产品在网上销售面对的是全球性市场，因此，通过互联网对全世界国家和地区进行营销的产品要符合该国家或地区的风俗习惯、宗教信仰和教育水平。网上销售产品在注意全球性的同时也要注意产品的本地化。同时，由于网上消费者的个性化需求，网络营销产品的式样还必须满足购买者的个性化需求。

（4）产品品牌。在网络营销中，生产商与经营商的品牌同样重要，要在网络浩如烟海的信息中获得浏览者的注意。就必须拥有明确、醒目的品牌。

（5）产品包装。作为通过互联网经营的针对全球市场的产品，其包装必须适合网络营销的要求。

（6）目标市场。网上市场是以网络用户为主要目标的市场，在网上销售的产品要能覆盖广大的地埋范围。

（7）产品价格。从消费者的角度来看，产品价格虽然不是决定消费者购买的唯一因素，但却是消费者购买商品时的重要因素。互联网作为信息传递工具，在发展初期是采用共享和免费策略发展而来的，网上用户比较认同网上产品低廉的特性；另一方面，由于通过互联网进行销售的成本低于其他渠道销售的产品，消费者对于互联网有个免费的价格心理预期。因此在网上销售产品一般采用低价定位。

三、网络营销产品的分类

按照产品性质的不同，在网络上销售的产品可以分为两大类：即实体产品和虚体产品。

（一）实体产品

将网上销售的产品分为实体和虚体两大类，主要是根据产品的形态来区分。实体产品是指具有物理形状的物质产品。在网络上销售实体产品的过程与传统的购物方式不同，它不是传统的面对面的买卖方式，网络上的交互式交流成为买卖双方交流的主要形式。消费者或客户通过卖方的丰页考察其产品，通过填写表格表达自己对品种、质量、价格、数健的选择；而卖方则将面对面的交货改为邮寄产品或送货上门，这一点与邮购产品颇为相似。因此，网络销售也是直销方式的一种。

（二）虚体产品

虚体产品与实体产品的本质区别是虚体产品一般是无形的，即使表现出一定形态也是通过其载体体现亚来，但产品本身的性质和性能必须通过其他方式才能表现出来。在网络上销售的虚体产品可以分为两大类：软件类产品和服务类产品。软件类产品包括计算机系统软件和应用软件。网上软件销售商常常可以提供一段时间的试用期，允许用户尝试使用并提出意见。好的软件很快能够吸引顾客，使他们爱不释手并为此慷慨解囊。

服务类分为普通服务和信息咨询服务两大类。普通服务包括远程医疗、法律救助、航空订票、入场券预定、饭店旅游服务预约、医院预约挂号、网络交友、电脑游戏等。而信息咨询服务包括法律咨询、医药咨询、股市行情分析、金融咨询、资料库检索、电子新闻、电子报刊等。

对于普通服务来说，顾客不仅注重所能够得到的收益，还关心自身付出的成本。通过网络这种媒体，顾客能够尽快地得到所需要的服务，免除恼人的排队等候的时间成本。同时，消费者利用浏览软件，能够得到更多、更快的信息，提高信息传递过程中的效率，增强促销的效果。

对于信息咨询服务来说，网络营销产品是一种最好的媒体选择。用户上网的最大诉求就是寻求对自己有用的信息，信息服务正好提供了满足这种需求的机会。通过计算机互联网络，消费者可以得到包括法律咨询、医药咨询、金融咨询、股市行情分析在内的咨询服务和包括资料库检索、电子新闻、电子报刊在内的信息服务。

四、网络营销产品具体策略

网络营销产品的形式有多种，网络营销者要根据网络产品的不同形式、不同特点，制定相应的营销策略，以满足消费者多样性需求。

（一）定制化策略

网络产品的定制化策略是定制化营销的必然要求，定制化营销是网络时代企业营销的典型模式。一方面，在互联网的环境里，消费者的个性化需求有了选择的空间和实现的条件，要求企业能够生产出定制化的产品，以满足他们自主选择的需要：另一方面，以顾客为导向的营销理念。也要求企业满足不同顾客的个性化需求，运用"一对一"的定制策略提供有特色的产品和服务。

（二）信息流与物流的合成策略

就实体商品的网络营销来说，没有物体的空间移动，消费者是很难及时得到其所需商品的。实体商品的网络营销，如果没有物流体系的保障，满足消费者个性化需要的目的是难以实现的。因此，企业开展实体产品的网络营销，必须要结合运用物流配送的策略。

（三）网络新产品的开发策略

在网络营销中，新产品的界定应从顾客需求的角度出发，只要产品整体概念中的任何一个层次发生了变化、改进、革新，就都称为新产品。因此，根据新产品与原有产品差别的程度，可将网络新产品的开发策略分为以下6种。

（1）重新定位策略。重新定位策略是指企业对自己目前已经拥有的产品进行重新定位、或者改变它的目标市场。网络作为一种新型的营销因素，使得企业在营销空间与时间上得到了扩展，给企业扩展新市场、新领地提供了条件，因此，企业可考虑将原有的产品进行重新定位，扩张自己的势力范同。

（2）仿制开发策略。此策略是对市场上现有的产品进行局部的改进和创新，从根本上来说还是保存了原有产品的主要结构、特征与功能，属于原有产品的仿制品。这种新产品的开发，花费的时间与金钱比较少，适合进行不同地域之间的移植。

（3）改进开发策略。此策略是指在已有产品的基础之上进行派生研发而得出新产品的方式。在原有产品的基础之上，对原有产品的包装、结构、原材料或功能等方面中的一个或几个方面进行变化与调整，生产出新产品，这种新产品往往更符合顾客的需求，并与原有产品形成差异。开发改进的产品，可以帮助企业在网络营销中，以较少的资源实现差异化营销，更好地满足顾客的多样化与个性化需求。

（4）换代开发策略。这种新产品开发是指产品的基本原理与构造不变，只是应用科学技术发展的新成果，采用新的原材料、新的技术等，使得新产品在性能上比原有产品有较大幅度的提高。

（5）降低成本开发策略。降低成本开发策略是提供同样功能但成本较低的新产品策略。网络时代的消费者注重个性化消费，个性化消费意味着消费者根据自己的个人情况来确定自己的需要，因此消费者的消费意识更趋向于理性化，消费者更强调产品给自己带来的价值，同时包括所花费的代价。

（6）全新开发策略。此策略是指开发那些前所未有的产品。全新的产品不是在老产品的基础上发展变化而来，而是完全的创新，需要花费大量资源。

企业具体采取哪一种开发新产品，可根据网络消费者的需求和企业实际情况决定。结合互联网与网络营销市场的特点，不断地开发新产品是现代企业竞争的核心。

第二节　网络营销价格策略

价格是营销组合中最活跃的因素，网络营销价格更是如此，互联网上空前丰富的商品信息，网络消费者只要轻点鼠标，就可获得所有的某一类产品的价格信息，从而大大提高了网络用户或网络消费者对价格选择的主动权。因此，网络营销必须根据这一特点，采取与传统定价方法不同的价格策略。

一、网络营销价格概述

（一）网络营销价格的概念

对网络营销价格的认识可以从狭义和广义两个层面分析：

狭义的网络营销价格是人们为得到某种商品或服务支出的货币数量；广义上的网络营销价格是消费者为获得某种商品或某项服务与销售者所作的交换，这其中包括货币、时间、精力和心理担忧等。

网络营销价格包括两个部分的含义，一个是可以量化的成本，这是价格的狭义理解，也是通常人们头脑中的价格概念，可称之为产品（服务）的标价，另一个是不可量化的无形成本因素，也就是顾客在交易过程中所付出的除货币成本外的其他所有成本。网络营销价格的广义定义给企业定价开辟了一个新的途径，即除了产品的标价外，还可以在其他不可量化成本上努力，因为除了一小部分对产品标价特别敏感的顾客之外，还有大量的更注重其他获取成本的顾客。也就是说，除了降低货币成本（产品价格），企业还可以选择降低时间成本、精力和心理担忧等不可量化成本。

（二）网络营销价格的构成

从广义网络营销价格角度而言，价格是对可量化成本（即产品的标价）和不可量化成本（即涉及各种社会因素的获取成本）两部分的补偿，产品（服务）的真实价格应是以上两部分之和。其中，可量化的成本包括产品的成本和合理的利润；不可量化成本包括使用时间成本、购买精力和体力成本、生活方式变更成本、心理成本。

（三）网络营销价格的特点

开放快捷的因特网使企业、消费者和中间商对产品的价格信息都有比较充分的了解，因此网络营销定价与传统营销有很大的不同。网络营销定价的特点如下。

（1）低价位化。第一。因特网成为企业和消费者交换信息的渠道，一方面可以减少印刷费用与邮递成本，免交店面租金，节约水电费与人工成本，另一方面可以减少由于多次迂回交换造成的损耗。第二，网络营销能使企业绕过许多中间环节和消费者直接接触，进而使企业产品开发和营销成本大大降低。第三，消费者可以通过开放互动的因特网掌握产品的各种价格信息，并对其进行充分的比较和选择，迫使开展网络营销的企业以尽可能低的价格出售产品，增大了消费者的让渡价值。

（2）全球定价化。网络营销市场面对的是开放的和全球化的市场，世界各地的消费者可以直接通过网站进行交易，而不用考虑网站所属的国家或地区。企业的目标市场从过去受地理位置限制的局部市场，一下拓展到范围广泛的全球性市场，这使得网络营销产品定价时必须考虑目标市场范围的变化带来的影响因素。企业不能以统一市场策略来面对差异性极大的全球性市场，而是必须采用全球化和本地化相结合的原则进行。

（3）价格水平趋于一致化。因特网市场是一个开放的、透明的市场，在这个市场中，消费者可以及时获得同类产品或相关产品的价格信息，对价格及产品进行充分的比较，迫使企业努力减少因国家、地区等因素的不同而产生的价格差异，进而使价格趋于一致。

（4）弹性化。方便快捷的因特网能够使消费者及时获取各种产品的多个甚至全部厂家的价格信息,真正做到货比多家,这就决定了网上销售的价格弹性很大。因此,企业在制定网上销售价格时,应当科学量化每个环节的价格构成,制定出较为合理的价格策略。另外,随着消费者不断趋于理性化,企业在网络营销定价时要综合考虑各种因素、如消费者的价值观、消费者的偏好等。

(5)顾客主导化。传统市场中,产品的价格是以生产成本为基准,加上一定的利润率,就成为市场价格。在因特网市场中,消费者能及时获取产品及其价格的各种信息,通过综合这些信息决定是否接受企业报价并达成交易。所以,在定价时,企业必须考虑消费者的心理特点和价格预期,以消费者为中心,根据生产成本和消费者心理意识到的产品价值综合定价,以赢得消费者的接受和认可,产生购买欲望,实现双赢。

二、网络营销产品定价的影响因素

在网络营销中,企业与顾客之间的互动性增强,顾客在企业营销管理中的作用越来越大,议价能力也越来越强,因此网络营销者必须从顾客的角度考虑制定产品(服务)的价格,价格不是单纯地用于交换某种产品(服务)的金额,而是顾客为了获取某种产品(服务)所必须付出的代价。影响网络营销产品定价的因素很多,有企业内部因素,也有企业外部因素;有主观的因素,也有客观的因素。概括起来主要有产品成本、市场需求、竞争因素和其他因素四个方面。

(一)成本因素

成本是网络营销定价的最低界限,对企业网络营销价格有很大的影响。产品成本是由产品在生产过程和流通过程中耗费的物质资料和支付的劳动报酬所形成的,其一般由同定成本和变动成本两部分组成。

(二)供求关系

供求关系是影响企业网络营销定价的基本因素之一。一般而言,当商品供小于求时,企业产品的营销价格可能会高一些;反之,则可能低一些;在供求基本一致时,企业的销售价格将采用买卖双方都能接受的"均衡价格"。此外,在供求关系中,企业产品营销价格还受到供求弹性的影响。一般来说,需求价格弹性较大的商品,可采取薄利多销策略;而需求价格弹性较小的商品,可采取适当高价策略。

在传统营销中,需求方特别是消费者,因为信息不对称,并受时空限制,在定价方面处于被动地位。在网络营销中，因为开放的互联网。使消费者有了更大的购买选择空间和自主权，从而提升了在交易关系中的主动地位。在这种条件下，就要求企业在制定产品价格时，必须以顾客需求为导向，使顾客价值最大化，站在顾客角度考虑制定价格、帮助顾客节约购买成本，实现顾客价值最大化。

（三）竞争因素

竞争因素对价格的影响，主要考虑商品的供求关系及变化趋势，竞争对手的商品定价目标和定价策略以及变化趋势。竞争是影响企业产品定价的重要因素之一，在实际营销过程中，以竞争对手为主的定价方法主要有3 种：低于竞争对手的价格、与竞争对手同价和高于竞争对手的价格。

（四）其他因素

除上述3 个主要因素以外，网络营销的其他组合因素，如企业定价目标、市场定位、营销渠道、促销手段、消费者心理、企业本身规模、财务状况和国家政策等，也会对企业的网络营销价格产生不同程度的影响。

三、网络营销定价策略

网络营销价格的形成过程极为复杂。要受诸多因素的影响和制约。网络营销定价时，不但要考虑运用传统市场营销价格理论，更要考虑网络营销的软营销和互动特性以及消费者易于比较价格的特点。企业在进行网络营销定价时必须综合考虑各种因素，采用适合的定价策略。常见的网络营销定价策略可以分为以下几种。

（一）低价定价策略

（1）直接低价定价策略。直接低价定价策略就是由于定价时大多采用成本加一定利润，有的甚至是零利润，因此这种定价在公开价格时就比同类产品要低。它一般是制造业企业在网上进行直销时采用的定价方式。

（2）折扣定价策略。折扣定价策略是以在原价基础上进行折扣来定价的。这种定价方式可以让顾客直接了解产品的降价幅度以便促进顾客的购买。这类价格策略主要应用在一些网上商店，它通过对购买来的产品按照市面上流行价格进行折扣定价。

（3）促销定价策略。促销定价策略是指为了达到促销目的，对产品暂定低价，或暂以不同的方式向顾客让利的策略。促销定价除了前面提到的折扣定价策略外，比较常用的还有有奖销售和附带赠品销售。

（二）定制定价策略

定制定价策略包括定制生产和定制定价，由于消费者的个性化需求差异性大。加上消费者的需求量少，因此企业实行定制生产必须在管理、供应、生产和配送各个环节上，适应这种小批量、多样式、多规格和多品种的生产和销售变化。定制定价策略是在企业能实行定制生产的基础上，利用网络技术和辅助设计软件，帮助消费者选择配置或者自行设计能满足自己需求的个性化产品，同时承担自己愿意付出的价格成本。定制化生产是从消费者的个性化需求出发实行小批量、多式样、多规格和多品种生产的方式，企业的定价也按照这种方式实行多品种、差异化的定价。

（三）竞争导向定价策略

竞争导向定价主要是企业根据竞争者的价格，来确定本企业商品的价格。这种策略的特点是：竞争者价格不变，即使成本或需求有所变动，价格也不变，反之亦然。竞争导向定价包括随行就市定价、投标定价和拍卖定价3 种方法。

（四）免费定价策略

免费价格策略是市场营销中常见的营销策略，它主要用于促销和推广产品，在传统营销方式中免费价格策略是一种短期的、临时的策略，在网络营销中则是一种长期并行之有效的产品和服务定价策略。采用免费策略的产品一般都是利用产品成长推动占领市场，帮助企业通过其他渠道获取收益，为未来市场发展打下基础，发掘后续商业价值。但是，并不是所有的产品都适合于免费定价策略。通常适于免费定价策略的产品具有无形性、易于数字化、零制造成本、只需简单复制、成长性和间接收益的特点。

免费营销策略就是将企业的产品或者服务以零价格形式提供给顾客使用，满足顾客的需求，主要有4种形式。

（1）产品和服务完全免费，即产品（服务）从购买、使用到售后服务所有环节都采用免费服务。完全免费的产品或服务一般是无差异化的产品，企业提供完全免费的产品主要是为了吸引用户注意力，招揽到足够的人浏览网站，增加网站的人气以建立网站品牌形象，免费产品是扩大网站的知名度的手段。

（2）对产品和服务实行部分免费，企业对其产品和服务实行有一部分免费，而另外一些部分则需要用户付款才能使用，而这些部分恰好是最重要、最核心的部分。用户因为使用产品的免费部分已经对产品产生了兴趣，很有可能会购买剩下的产品和服务，从而使企业得到收益。产品或服务所提供的付费功能可以归为两类：一类是必要的。也就是说顾客要得到产品的全部功能才能让产品发挥实质性的功效；另一类是个性化的，产品的免费功能能够很好地满足顾客对某一方面的需求，但如有对其他方面的需求则要购买产品的付费功能，企业正是通过增加产品附加服务来使产品差别化，这类付费的服务都是更具诱惑力的体验性增值服务能使核心产品更具个性化，满足顾客的不同需求。

（3）对产品和服务实行限制免费，即产品（服务）可以被有限次使用。超过一定期限或者次数后，取消免费服务。产品限制免费策略主要有两种表现形式：一是使用时间限制，即产品或服务只能让顾客在下载之后免费使用一段时间并且时间比较短，超过了这个时间如果顾客有继续使用的需要则要支付费用。二是使用次数限制，它规定了顾客只能免费使用产品数次，超过了这个次数如要继续使用则要支付费用。

（4）对产品或者服务实行捆绑式免费，即购买某种产品或者服务时赠送其他产品和服务。捆绑式免费指用户在购买企业的某些产品或服务时，企业捆绑赠送其他产品和服务。企业通过捆绑主打产品赠送免费的产品和服务，在提升主打产品市场竞争力的同时，也为新推出的捆绑产品打开了销路，拓展了市场。一般而言有两种方式：一是"软硬捆绑"，即把软件安装在指定的机器设备上捆绑出售；二是"软软绑"，即不同的软件产品打成一个包裹捆绑出售。捆绑策略不仅是定价策略，而且是竞争策略，捆绑免费的目的不是像传统物质产品那样只是为了获得更多的销售收入，而更主要的是为了抢夺更多市场。

（五）顾客参与竞价策略

互联网的优势使顾客在交易过程中处于主动的地位，企业可以让顾客在网上议价、划价、竞价，制定适合自己的价格，实现销售的目的。竞价定价的方式具体有拍卖竞价、拍买竞价、集体竞价等。集体竞价的特点是价格高开走低，即顾客参与的人越多，最终成交的价格就越低

第三节　网络营销促销策略

网络营销是通过互联网，利用电子信息手段进行的营销活动。它包括网络营销产品策略、价格策略、促销策略和渠道策略等，其中网络营销促销策略是重要的组成部分。

一、网络营销促销策略的概念与特点

（一）网络营销促销策略的概念

网络营销促销策略简称网络促销，是指利用现代化的网络技术向虚拟市场传递有关产品和服务的信息。以启发需求，引起消费者的购买欲望和购买行为的各种活动。它包括网络广告、网上销售促进与公共关系等。

（二）网络营销促销策略的特点

（1）网络促销是在 lnternet 这个虚拟市场环境下进行的。它的开放性决定了它跨越了空间的限制，聚集了全球的消费者，融合了多种生活和消费理念，显现出全新的无地域、时间限制的电子时空观。在这个环境中，消费者的概念和消费行为都发生了很大的变化。他们普遍实行大范围的选择和理性的消费，许多消费者还直接参与生产和流通的循环，因此，网络营销者必须突破传统实体市场和物理时空观的局限性，采用虚拟市场全新的思维方法，调整促销策略和实施方案。

（2）Internet 虚拟市场的出现，将所有的企业，无论其规模的大小，都推向了一个统一的全球大市场，传统的区域性市场正在被逐步打破，企业不得不直接面对激烈的国际竞争。如果一个企业不想被淘汰，就必须学会在全球的市场中竞争。

（3）网络促销是通过网络传递商品和服务的存在、性能、功效及特征等信息。它是建立在现代计算机与通讯技术基础之上的，并且随着计算机和网络技术的不断改进而改进一多媒体技术提供了近似于现实交易过程中的商品表现形式，双向的、快捷的信息传播模式，将互不见面的交易双方的意愿表达得淋漓尽致，也留给对方充分思考的时间，因此。网络营销者不仅要熟悉传统的营销技巧，而且需要掌握相应的计算机和网络技术知识。以一系列新的促销方法和手段，促进交易双方撮合。

二、网络营销促销与传统营销促销的区别

虽然传统的促销和网络促销都是让消费者认识产品，引导消费者的注意和兴趣，激发他们的购买欲望，并最终实现购买行为，但由于互联网强大的通讯能力和覆盖面积，网络促销在时间和空间观念上，在信息传播模式上以及在顾客参与程度上都与传统的促销活动发生了较大的变化。网络促销与传统促销的区别见表7-7-1。

表7-7-1 网络促销与传统促销的区别

	网络促销	传统促销过
时空观	电子时空观	物理时空观
信息沟通方式	网络传输、形式多样、双向沟通	传统工具、单向传递
消费群体	网民	普通大众
消费行为	大范围选择、理性购买	冲动型消费

（1）时空观念的变化。网络技术的发展打破了传统的地理位置和区域的限制，使全球逐步成为一体，在产品流通中，传统产品的销售和消费者群体有地理位置和区域的限制，而网络促销就突破了这个限制，使之成为全球范围的竞争。传统的订货都有时间的限制，而网络订货可以在任何时间、任何地点、全天候 24 小时都可以进行。这种空间和时间的变化都要求网络营销者随时调整自己的促销策略。

（2）信息沟通方式的变化。促销是通过买卖双方信息的沟通来实现的，在网络上，信息的沟通都要通过线路的传递来完成。多媒体信息处理技术的发展，为买卖双方及时沟通信息提供了很好的前提条件。买卖双方这种互不见面、双向、快捷的信息传播模式把各自的意愿表达得非常明确，同时也为对方留下了充分思考的时间。在这种环境下，传统的促销方法是无能为力的。所以，网络营销者需要掌握一系列新的促销方法和手段适应环境变化的需求，促进产品的销售。

（3）消费群体和消费行为的变化。在网络环境下，消费者的概念和客户的消费行为都发生了很大的变化。在这一时期内个性消费称为主流。不同的网络消费者因所处的社会经济环境不同而发生不同的需求；不同的消费者即使在同一需求层次上，他们的需求也会有所不同。上网购物者是一个特殊的消费群体，由于网络技术的发展，这些消费者可以获得大量的商品信息，直接参与生产和商业流通的循环，可以普遍大范

围地反复选择和更理性地购买。这些变化对传统的促销理论和模式产生了重要的影响。

（4）对网络促销的新理解。虽然网络促销与传统促销在促销观念和手段上有较大差别，但他们推销产品的目的是相同的。所以，对于网络促销的理解，一方面，应当站在全新的角度去认识这一新型的促销方式，充分利用好网络这一新技术促进产品的销售；另一方面，则应当通过与传统促销的比较去体会两者之间的差别，充分吸取、利用传统促销方式的整体设计思想和行之有效的促销技巧。打开网络促销的新局面。

三、网络营销促销策略的形式

网络营销是在网上市场开展的促销活动，其促销形式分别是网络广告、销售促进、站点推广和关系营销。其中，网络广告和站点促销是主要的网络营销促销形式。网络广告已经形成了一个很有影响力的产业市场，因此网络广告是企业的首选促销形式。

（一）网络广告

网络广告根据形式不同可以分为旗帜广告、电子邮件广告、电子杂志广告、新闻组广告、公告栏广告等。网络广告主要是借助网上知名站点（如 ISP 或者 ICP）、免费电子邮件和一些免费公开的交互站点（如新闻组、公告栏） 发布企业的产品信息，对企业和产品进行宣传推广。网络广告作为有效和可控制的促销手段，被许多企业用于在网上促销，但花费的费用较多。

（二）站点推广

站点推广就是利用网络营销策略扩大站点的知名度，吸引上网者访问网站，起到宣传和推广企业以及企业产品的效果。站点推广的目的就是最大限度提高企业网站的品牌形象、提高访问次数，从而传递企业及其产品信息，让消费者产生消费欲望和购买行为。要达到这一目的，必须遵循效益/成本原则、锁定站点推广的目标受众原则、稳定慎重原则和综合安排实施原则。站点推广主要有两大类方法：一类是通过改进网站内容和服务，吸引用户访问，起到推广效果；另一类是通过网络广告宣传推广站点。前一类方法费用较低，而且容易稳定顾客访问流量，但推广速度比较慢；后一类方法，可以在短时间内扩大站点知名度，但费用不菲。

（三）网上销售促进

网络销售促进就是在网上市场利用销售促进工具刺激顾客对产品的购买和消费使

用。企业利用可以直接销售的网络营销站点，坚持针对性原则、可行性原则和创意多变原则，采用一些销售促进方法如价格折扣、有奖销售、拍卖销售、网上抽奖、网上积分促销、联合促销、优惠券、链接等方式，宣传和推广产品，

（四）关系营销

关系营销也叫网络公共关系，是通过借助互联网的交互功能传递企业信息，唤起人们的兴趣，从而提高企业在公众中的形象，吸引用户与企业保持密切关系，培养顾客忠诚度，提高企业收益率。关系营销主要的实现工具有电子报纸杂志、电子邮件、网络视频、企业网站、网络论坛、网上会议等。

四、网络营销促销策略的作用

网络营销者要想提高企业网站知名度，提高经济效益，必定需要进行网络促销，网络促销具有以下几个作用。

（一）告知作用

网络促销能够把企业的产品、服务、价格等信息通过网络传递给目标受众（消费者或企业网站访问者），以引起他们的注意。

（二）说服作用

网络促销的目的在于通过各种有效的方式，消除潜在消费者对产品或服务的疑虑，说服目标公众购买企业的产品或服务。例如，在许多同类商品中，顾客往往难以察觉各种产品间的微小差别。企业通过网络促销活动，宣传自己产品的特点，使消费者认识到该产品可能给他们带来的利益或特殊效用。进而选择本企业的产品。

（三）反馈作用

结合网络促销活动，企业可以通过在线填写表格或电子邮件等方式及时地收集和分析消费者的意见和需求，迅速反馈给企业的决策管理层。由此所获得的信息准确性和可靠性高，对企业经营决策具有较大的参考价值。

（四）创造需求

运作良好的网络促销活动，不仅可以诱导需求，而且可以创造需求，发掘潜在的顾客、拓展新市场，扩大销售量。

（五）稳定销售

一个企业的产品销售量，可能时高时低，市场地位不稳。企业通过适当的网络促销活动，树立良好的产品形象和企业形象，往往有可能改变消费者对企业及产品的认识，使更多的用户形成对本企业产品的偏爱，提高产品的知名度和用户对本企业产品的忠诚度，达到锁定用户、实现稳定销售的目的。

五、网络营销促销策略的实施过程

对于任何企业来说，如何实施网络促销都是一个新问题，每一个营销人员都必须摆正自己的位置，深入了解产品信息在网络上传播的特点，分析网络信息的接收对象，设定合理的网络促销目标，通过科学的实施程序，打开网络促销的新局面，根据国内外网络促销的大量实践，网络促销的实施程序可以由6个方面组成。

（一）确定网络促销对象

网络促销对象是针对可能在网络虚拟市场上产生购买行为的消费者群体提出来的。随着网络的迅速普及，这一群体也在不断膨胀。这一群体主要包括3 部分人员：产品的使用者、产品购买的决策者、产品购买的影响者。

（二）设计网络促销内容

网络促销的最终目标是希望引起购买，这个最终目标是要通过设计具体的信息内容来实现的。消费者的购买过程是一个复杂的、多阶段的过程，促销内容应当根据购买者目前所处的购买决策过程的不同阶段和产品所处的寿命周期的不同阶段来决定。

（三）决定网络促销组合方式

网络促销活动主要通过网络广告促销和网络站点促销两种促销方法展开。但由于企业的产品种类不同，销售对象不同，促销方法与产品种类和销售对象之间将会产生多种网络促销的组合方式。企业应当根据网络广告促销和网络站点促销两种方法各自的特点和优势，根据自己产品的市场情况和顾客情况，扬长避短，合理组合，以达到最佳的促销效果。

网络广告促销主要实施"推战略"，其主要功能是将企业的产品推向市场，获得广大消费者的认可。网络站点促销主要实施"拉战略"，其主要功能是将顾客牢牢地吸引过来，保持稳定的市场份额。

（四）制订网络促销预算方案

在网络促销实施过程中，使企业感到最困难的是预算方案的制订。在互联网上促销，对于任何人来说都是一个新问题。所有的价格、条件都需要在实践中不断学习、比较和体会，不断地总结经验。只有这样，才可能用有限的精力和有限的资金收到尽可能好的效果，做到事半功倍。

（五）衡量网络促销效果

网络促销的实施过程到了这一阶段，必须对已经执行的促销内容进行评价，衡量下促销的实际效果是否达到了预期的促销目标。

第四节 网络营销渠道策略

营销渠道策略是企业市场营销组合的重要组成部分，是为了协调生产与消费之间在数量、品种、时间、地点等方面的矛盾，达到扩大市场。满足市场需求，实现企业目标的重要策略。网络营销渠道的出现，越来越显示出它的强大优势。无论传统企业还是现代企业都越来越重视建立和借助互联网这个渠道或媒体开展市场的竞争。

一、网络营销渠道的概念与功能

（一）网络营销渠道的概念

营销渠道是指与为提供产品或服务以供使用或消费这一过程有关的一整套相互依存的机构。它涉及信息沟通、资金转移和实物转移等。与传统营销渠道一样，网络营销也要选择一定的营销渠道，网络营销渠道是指借助互联网将产品从生产者转移到消费者的中间环节。一方面要为消费者提供产品信息，与消费者开展互动的双向信息沟通；另一方面，在消费者选定产品后能迅速地完成各项交易手续，从而实现企业的营销目标。

（二）网络营销渠道的功能

网络营销渠道的目的是为了更方便、更快捷地把商品和服务送到消费者的手中。具体而言，网络营销渠道有三大功能，订货功能、结算功能和配送功能。

（1）订货功能。它是为消费者提供产品信息，供消费者有效选择，同时方便厂家获取消费者的需求信息，以达到供求平衡。一个完善的订货系统，可以最大限度地降低库存，减少销售费用。

（2）结算功能。消费者在购买产品后，可以有多种方式方便地进行付款，因此厂家（商家）应有多种结算方式。目前，比较流行的结算方式是网上支付。

（3）配送功能。在前面的介绍中我们已经认识到网络营销产品主要分为有形产品和无形产品两大类。对于无形产品，可以直接通过网上进行配送。对于有形产品的配送，涉及运输和仓储问题。目前，国内外已形成专业配送公司，中国的第三方物流配送整体水平不高，所以有部分企业选择自己做物流。

二、网络营销渠道的优势

互联网给企业提供了一种全新的营销渠道，它突破了传统营销渠道的地域限制，把企业和消费者连接在一起，这种新的渠道不仅简化了传统营销渠道的层级构成，而且将售前、售中、售后服务为一体，因此，具有传统营销渠道所无法比拟的优势。

（一）成本优势

在网络环境下的营销，无论是直接分销渠道还是间接分销渠道，都较传统的营销渠道在结构上大大减少了中间的流通环节，因而有效地降低了交易费用，缩短了销售周期，提高了营销活动的效率，具有很强的成本优势。而传统营销渠道具体有以下两个方面：一方面，通过传统的直接分销渠道即直销方式销售产品时，企业通常采用有店铺直销和无店铺直销两种具体方法。另一方面，通过传统的间接分销渠道销售产品，中介机构是必不可少的，而且中介机构往往还不止一个。而中介机构越多，流通货用就越高，从而他产品在价格上不具有竞争优势，产品的竞争能力也就在其流转过程中渐渐丧失了。

（二）结构优势

网络营销渠道分为网络营销直销和网络营销间接分销渠道，直接分销渠道是零级分销渠道，这和传统的直接分销渠道一样，但是，网络的直接分销渠道能通过互联网提供更多的增值信息和服务。网络营销的间接分销渠道只有一级分销渠道，不存在多个中间商的情况，因而也就不存在多级分销渠道，能大大减少渠道之间的内耗和渠道成员的管理难度。

（三）功能优势

网络营销渠道使全球商务更加便捷，方便客户随时随地进行信息搜寻及交易的实现；提供了双向的信息传播模式，使生产者和消费者的沟通更加方便畅通；是企业销售产品、提供服务的快捷途径，使传统渠道实现商品所有权转移的作用进一步加强；是企业间洽谈业务、开展商务活动的场所，电是进行客户技术培训和售后服务的理想园地，基于 Internet 的在线服务是企业向客户提供咨询、技术培训和进行消费者教育的平台，对树立企业的网络形象起到很大的作用。

三、网络营销渠道的类型

在传统营销渠道中、营销中间商是营销渠道中的重要组成部分，他们凭借其业务往来关系、经验、专业化和规模经营，提供给公司的利润通常高于自营商店所能获取的利润。但互联网的发展和商业应用，使得传统营销中间商凭借地缘原因获取的优势被互联网的虚拟性所取代，同时互联网的高效率的信息交换，改变着过去传统营销渠道的诸多环节，将错综复杂关系简化为单一关系。但作为分销渠道，网络营销渠道也分为两种形式：网络直销渠道和网络间接分销渠道。

（一）网络直销

（1）网络直销渠道的概念。网络直销渠道是指企业通过互联网事先的从生产者到消费者的网络直接营销渠道。常用的网络营销直销渠道是建立自己的网站或委托信息服务商发布信息来直接销售产品和服务的渠道。

（2）网络直销的优点。网络直销与传统直接分销渠道一样，都是没有营销中间商。但相比传统直接分销渠道，网络直销具有以下优点：能够促使产需直接见面；对买卖双方都会产生直接的经济效益；营销人员可以利用多媒体技术和网络工具充分展示商品的特点，使消费者能快速得到有关商品的充足信息，享受个性化服务；能使企业及时了解用户对产品和服务的意见，从而针对性地处理这些意见。提高产品质量，改善经营服务，实现定制营销。

（3）网络直销的缺点。互联网确实使企业有可能直接面对所有顾客，但这又仅仅只是一种可能，面对教以亿计的网站，只有那些真正有特色的网站才会有访问者，直接销售可以多一些，但绝不是全部。互联网给企业带来的更为现实的问题是"赢者通吃"。要解决这个问题，一是尽快建立高水准的专门服务于商务活动的网络信息服务中心。但这对于一般的企业来说难度较大，在国外绝大多数的企业还都是委托专门的网络信息服务机构。二是借助网络的间接销售渠道。

（二）网络间接分销渠道

1. 网络间接分销渠道的概念

销售市场中介是为生产企业之间、生产企业与最终消费者之间提供各种服务的企业和组织。网络间接分销渠道是指生产者通过融入了互联网技术后的中间商机构把产品销售给最终用户，这些网络市场中介又被称为电子中间商，是借助互联网技术利用电子商务平台实现产销、供需沟通的中间商机构。如目录服务商、搜索引擎服务商、虚拟商场、网络内容服务商、网络零售商、虚拟集市等。

2.网络中间商的选择

企业选择网络间接分销渠道策略，必须善于选择网络中间商或电子中间商。电子中间商的选择一般需考虑5个方面的因素。又称为5C因素。

（1）成本（cost）。成本是指使用电子中间商信息服务时的支出。主要分为两类：一类是网站建设费用，在中间商网络服务站建立主页时的成本：另一类是维持正常运行时的成本。其中，维持成本是主要的，各电子中间商之间的维持成本差别较大，因此要把它作为选择的因素之一。

（2）信用（credit）。信用即指网络信息服务商所具有的信用度的大小。目前，面对众多的信息服务商我国还没有一个权威性的认证机构。因此，选择中间商时应从各方面去考察它们的信用度。

（3）覆盖（coverage）。覆盖是指网络宣传所能涉及的地区和人数，即网络站点所能影响的市场区域。对某一企业来讲，网络站点的覆盖并非越广越好，主要是看市场覆盖面是否合理、有效，是否能够最终给企业带来经济效益。覆盖的宽窄与付费有明显的相关性，企业应结合产品的特点，选择合理的覆盖。

（4）特色（character）。每一个网络站点都是服务于特定的访问群的，都表现出各自不同的特色。因此，企业应当研究这些顾客群的特点、购买渠道和购买频率，为选择不同的电子中间商打下良好的基础。

（5）连续性（continuity）。密切与中间商的关系，与产品的市场寿命周期一样，网站也有其寿命周期。如果企业想使网络营销稳定而持续地发展，就必须选择能不断升级或具有连续性的网络站点，从而在用户或消费者中建立品牌信誉。

3.网络间接分销渠道的优点

网络间接分销渠道克服了网络直销的缺点，使网络商品交易中介机构成为网络时代连接买卖双方的枢纽。作为网络间接分销渠道中的电子中间商相对于传统市场中介具有一些优势：简化了市场交易的过程，一个中间商可以使多个生产者与多个消费者进行交易；提高了市场能够交易的效率，有利于实现平均订货量的规模化：便于买卖双方信息的收集，真正做到定制营销。

作为生产者和消费者在网络市场中进行交易的中介组织，互联网上的中间商具有提供信息服务和集中网上交易的功能，从而提高了交易效率，降低了交易费用，是传统企业和现代企业主要的营销渠道。

因此，企业可以选择双道法，同时使用网络直接销售渠道和网络间接分销渠道，以达到销售最大化的目的。

第八章　农产品电子商务典型案例

案例1　芜湖繁昌区：农村电商赋能"共富"

"从'路边卖笋'到'网上卖笋'，我家竹笋的销售量一直稳步上升，每年保底能有10万的收入。"不久前，家住芜湖市繁昌区峨山镇童坝村的李女士说，以前可不是这样，那时只靠蹲在路边卖给过路的行人。

"不管多努力，一天也卖不了多少。每到旺季，尽管自家一天三顿都吃竹笋，也赶不上竹林里笋子冒尖的速度。很多笋子就这样烂在林中，想想真让人心痛。"李女士还说，现在好了，竹笋不仅好卖，价格还高了很多，这多亏农村电商建设工程。

繁昌前几年在电子商务发展方面却不尽人意。2020年12月，繁昌跻身由财政部和商务部评选的国家电子商务进农村综合示范区，这为拉长当地电商发展的"短腿"带来了机遇。

据悉，国家级电子商务进农村综合示范项目建设包括农村产品上行体系、电子商务农村公共服务体系、农村电子商务物流配送体系和农村电子商务培训体系等。

"通过开展电子商务进农村综合示范工作，促进全区电子商务网购网销得到快速发展，农村商品物流配送和特色农产品上线能力大幅提高。"繁昌区商务部门有关负责人说，到2023年末，实现全区农产品网络销售额同比增长20%，建成功能比较完善的区、镇、村三级农村电子商务服务体系和物流服务体系，物流快递站点行政村配送服务覆盖率不低于60%；镇电商服务站、村电商服务点服务覆盖率60%以上；电商培训累计培训3000人次以上，转化率不低于10%；全力推行农产品上行，孵化不少于100家电商经营主体网上销售农产品，培育年网销额千万企业不少于5家，培育年网销额百万企业不少于20家。形成"电商企业+基地+合作社+农户"的利益联结机制不少于6个。

据调查，目前农产品上行和工业品下乡，主要的问题就是流通体系的不通畅。也就是说，不仅农产品无法顺畅的进入到上层市场，上一层级市场的产品和服务也无法触及到农村市场。以快递行业为例，目前在繁昌区快递还无法对点配送到农村区域。

去年，繁昌电子商务进农村综合示范工作进入重点实施阶段。3月份，合肥恩讯信息科技有限公司成功中标获得了对项目的实施运营，并在繁昌区成立了芜湖九个挑夫电子商务有限公司，正式承接运营繁昌区国家级电子商务进农村综合示范项目。九个挑夫入驻繁昌区以来，在繁昌区商务局的积极引导下，迅速行动，深入调研，大胆创新，充分挖掘并整合当地优质资源，为构建繁昌区便捷高效、运转畅通、集约节约、绿色环保的三级物流体系注入了新动能。

经过调研，九个挑夫与运泰集团繁昌分工公司进行合作，在原有的客运中心建立了5000平方米的区级物流配送中心，按照城区20个、乡镇10个、村43个划分多个三段码对应隔口区分区镇村快递件，自动化分拨设备实现10000件／小时分拣（含大货）。自去年9月28日开仓运营至今年年初，该中心已经完成约141万件快递共配。与此同时，繁昌创新地采用了快递乘坐公交车进村，实施"交快"结合，进一步降低物流成本。目前，荻港镇、新港镇、峨山镇、平铺镇的快递到村已经在运行中，克山村、新荷社区等7家村级服务站快递运营业务也开启。仅去年12月中旬到今年1月上旬，1个月内公交车配送快递共计12479件。去年11月12日，九个挑夫又与U选生活签订合作协议，这一协议的签订，对于打造社区一站式服务平台和15分钟便民服务商圈，整合商贸流通企业供应链，下沉到乡村以及后期规范农村商业网点建设打下了基础。

盘点两年来的示范工作，繁昌的成绩可圈可点。该区在巩固原有销售渠道的基础上，积极拓展社交电商、新媒体电商等销售渠道，打造农产品网销矩阵。鼓励合作社、家庭农场、种养基地、小微企业等通过抖音、互见等平台开展时令农产品网络直播销售，并建立长期利益联结机制。目前，"繁花食锦"区域公共品牌及"SCTOWN"孙村服装区域公共品牌已正式发布，10家企业20款产品由电商公共服务中心专业团队提供运营服务。去年前8个月，全区农产品上行实现10.5亿元。全年电商直播基地开展直播1600余场次，带动线上销售6亿元。今年6月份，拼多多、淘宝店铺进店人数超40000人，销售2024单，金额39903.09元，成功报名多平台的大型电商618活动。

电子商务进农村，没有人才不行。繁昌下大力气提升电商从业人员的综合技能，加大农村电商人才培养力度。在5个镇举办多维度、多主题的培训班数十场，培训人数近千人。全区各镇农村青年、镇村干部、村站负责人、小微企业、农业合作社等人员都积极参加培训。培训过程中，该区根据学员个人情况，对学员进行分类培养，并有针对性地举办提升班和精准班，助力农村电商民生工程建设。（人民网）

案例2　库伦旗：　推动电商"农村化""大众化""品牌化"

近年来，库伦旗将电子商务作为乡村振兴的新型产业，通过搭平台、强队伍、优服务，着力推动电商"农村化""大众化""品牌化"发展，不断巩固提升"国家级电子商务进农村综合示范旗"荣誉称号。

平台建设"农村化"。"自从村里有了电商服务站，寄取东西真是太方便了，再也不用担心农产品滞留在自己手里了！"刚寄走一批荞麦面的扣河子镇西下沟村耕耘农机专业合作社理事长韩凤轩感慨道。

库伦旗制定印发《库伦旗电子商务进农村牧区综合示范工作实施方案》《关于印发库伦旗加快电子商务发展实施意见的通知》及项目管理、资金管理等配套政策文件，持续优化电子商务发展生态，积极鼓励涉农电商企业发展，为电商助力乡村振兴提供有力保障。精心打造库伦旗电商服务中心、农村电商仓储物流配送中心各1个，乡村电商服务站点112个，为农产品上行、产销对接、人才交流搭建全方位服务平台，助力电商打通农村市场、打开农民销路、打响农产品品牌。

下扣河子村电商服务站负责人德喜介绍，农村电商服务站不仅打通了农牧民收取快递"最后一公里"，还能充分发挥联络、协调、服务职能，积极帮助农牧民联系客商，有效预防农畜产品滞销。

主播培育"大众化"。在直播带货成为新时尚的当下，越来越多的村干部、农牧民等走进直播间、走到屏幕前，化身"带货主播"，推销地方特色农畜产品。库伦镇马家洼子村党支部书记谢艳杰就是农牧民主播的代表之一，节假日别人都放假了，她却忙着拍段子、做宣传，帮助村民卖地瓜、土豆、干菜等农产品。谢艳杰从2020年开始直播带货，主要推介本村乃至本旗的绿色、有机、无公害农畜产品，如今已拥有22.5万粉丝。

着眼孵化高素质网红主播、规范农村电商服务、普及"三品一标"认证工作，库伦旗持续加大培训力度，鼓励支持妇女、返乡大学生、种养殖大户开办网店，促进就业、发展产业。2022年已通过邀请百万粉丝主播现场培训、线上线下举办集中培训班等方式，培训电商人才3200余人次，培育农村电子商务创业从业人员512人，开设网店、微店100余个，实现快递从旗到村配送时间最长不超过48小时，日均上下行快递量1000余件。

公益直播"品牌化"。该旗深入挖掘资源优势、产业优势、品牌优势，积极培育"e路有你 益网情深"网络公益志愿服务品牌项目，成立网络主播、网上政策宣讲、网上科技服务、网上募捐等12支志愿服务队，服务覆盖全旗8个苏木乡镇187个嘎查村，先后深入基层开展"喜迎二十大·助力乡村振兴中国荞麦文化之乡·品牌农产品公益直播"等主题网络公益志愿服务活动110场次，帮助农牧民销售荞麦面、小米、杂粮杂豆、手工荞壳枕、柳编、牛肉干、奶制品等本地特色农畜产品6300余万元，着力带动全旗荞麦、肉牛等特色主导产业健康发展。以"直播+短片+互动"形式，充分呈现库伦旗经济社会发展新图景，浏览量达到200万余人次。（内蒙古日报）

案例3托克托县：推动农村电商高质量发展

眼下正是托克托县西瓜、香瓜、葡萄、甜玉米等农副产品大批上市的时节。近日，托克托县电商服务中心的工作人员带着"直播"设备，来到高标准农田中西瓜地里免费帮助瓜农带货促销，在镜头前，瓜农满脸笑意的从瓜蔓上采摘下一个个圆滚滚大西瓜，现场展示采瓜、吃瓜，然后现身"说"瓜，直播工作人员和农户用一个个有趣网络段子，现场为网民讲解种瓜的历程，在收获观看网民集体点赞的同时，刚刚采摘西瓜也被网民们订购一空。

受疫情影响，家乡的农副产品滞销，待业在家中的孙霞在网上看到有一家卖玉米的大姐，因为玉米滞销，损失挺大。她便萌生了利用手机直播的方式，帮助农户免费卖货的想法，她了解到，托克托县电商服务中心可以免费学习培训直播技术，在专业老师的帮助下，她顺利的开始直播创业之路，她也通过自己不断努力，成功把玉米销售做到抖音平台带货榜第一名，她在帮助农户的同时也为自己增加了知名度，从而为后来的创业奠定了坚实的基础。"托克托县电商服务中心不止为我提供培训机会，还提供了免费直播场地和货源，我真的很高兴能把我们家乡的农副产品销售到全国各地，让更多的人知道我们这里的纯绿色食品。"孙霞说道。

在托克托县电商服务中心内，负责人苏艳正在给周边的农村青年讲解农村电商的操作流程。托克托县为助力农村电商高质量发展，2016年开始积极争取中央财政补助资金1500万元，地方配套9116万元，为电商创业人员建设完成并运营"136"特色综合服务体系的创新创业产业园，据了解，产业园涵盖了1个公共服务平台，3个公共服务中心，6大服务体系，高质高效地完成了预定的电子商务进农村示范工作绩效目标，托克托县也成功获评国家级电子商务进农村综合示范县这项殊荣。

创新创业产业园自成立以来，先后升级改造的61个镇、村级服务站，实现镇村服务站点物流配送服务行政村覆盖率超过85%，为了更好的预防返贫，通过一对一对农户进行培训，精准帮扶带动农户350户，为农户开设第三方线上店铺21个，个人创业网商开设线上店铺24个，针对政府、企业、农民的公开、免费培训148次，培训电商人才9052人次，累计新增电商就业创业人员3123人，不断加强电商促进、线上销售、带动就业和创业、传统商贸企业转型升级等工作，在培训和孵化电商人才的同时能够带动当地农民创业就业。

如今，经过电商公共服务中心示范项目的不断带动下，托克托县涉及电商业务的加工、商贸流通企业规模以壮大至27家，打造线上销售平台14家，深度融合发展的企业12家，重点孵化成功电商企业6家，设计产品数量达300余款，打造线上品牌"侬优鲜品"，开发2款深加工扶贫农产品"托县辣椒"系列扶贫产品，通过县、镇、村三级物流配送机制，工业、日用品下行及农产品上行以电商物流快递分拨中心为主要节点，进行统一管理和统一服务。同时整合了辖区不具备农村配送能力的快递企业的快递包裹，利用16条物流线路，覆盖54个服务站120个行政村，截至目前累计上行发货数量286.8万单，下行配送量598万单，实现线上交易额4.3亿元，仅2022年上半年网络交易额达2439.1万元，传统企业与电商、"互联网+"的有效融合，使当地农民找到新的发展方向和思路，极大的激活了农村经济发展活力。

近年来，托克托县电子商务无疑是乡村振兴添了一把火，加了一把柴。电商在农村不断地发展，给广大农村带来了工作岗位和财富的同时也带来了全新的理念，随着农村电商的兴起，工作岗位的增加，留住了本地优秀的电商人才的同时也吸引了一批敢闯、敢干的年轻人到家乡创业，实现了乡村人才的回流，有利于破解农村人才的瓶颈难题。

今后，托克托县继续把发展农村电子商务作为培育经济发展新动能、助力乡村振兴的重要抓手，大力推动电商建设，通过不断的拼搏和发展创新，加快电商促产业、进村镇，通过推动农村电子商务产业的快速发展，激励越来越多的农民进入电商市场，实现人才振兴推动产业振兴总目标。（人民网）

案例3 农村电商覆盖面不断扩大 推动农村市场迸发更大活力

全面推进乡村振兴，有着约5亿常住人口的农村市场潜力巨大，是未来扩内需、稳增长的重要抓手。找准农村消费的新特点，抓住消费扩容升级的重点领域，突破扩大消费的瓶颈，对于改善民生、扩大内需、构建新发展格局意义重大。

近年来，我国农村电子商务蓬勃发展，农村流通新模式、消费新场景不断涌现，为农村经济注入新活力，也有力促进了农村居民就业创业和增收。一根小小的网线，让曾经"卖难"的农产品卖上更好的价格，也让昔日农村地区大件消费品"买难"现象逐步得到解决，带动农村消费市场呈现新气象。

完善流通渠道，扩大市场规模

"今年又是个丰收年，收入也增加了。"湖北省枣阳市丰满园果业有限公司总经理刘健开心地说。今年，公司种植的"黄金蜜三号"黄桃，特别适合当地气候，挂树期长，亩产量达到3000斤左右。收成好更要卖得好，该公司基地生产的黄桃果品，通过京东实现从田间地头到市民餐桌的一站式销售，卖向全国。800亩黄桃销售收入突破700万元，带动周边300多户农户实现增产增收。

去年底，商务部等22个部门印发的《"十四五"国内贸易发展规划》对深化农村电商发展作出部署。今年，商务部同财政部、国家乡村振兴局共同组织实施县域商业建设行动，支持各地加快补齐农村商业设施短板，扩大农村电子商务覆盖面。上半年，全国建设改造县级物流配送中心69个、村级便民商店6.5万个。各地积极探索创新，形成了一批好经验好做法，推动农村电商规模不断壮大。

国家统计局数据显示，今年前三季度，全国农村网络零售额达14978.5亿元，同比增长3.6%。美团发布的数据显示，国家乡村振兴重点帮扶县已有超过98%的县接入美团，线上活跃商户达48万家。今年前三季度，约有12万名来自国家乡村振兴重点帮扶县的骑手实现省内就业。

专家表示，要进一步完善农村流通渠道，扩大消费规模。支持农村消费大数据开发应用。补齐基站、宽带等乡村数字基础设施短板，提高农村居民数字化技能水平，培养线上消费习惯。支持相关地区以县区为单位集中建设区域电商平台，推动农村电商高质量发展。

壮大人才队伍，带动就业创业

"大娘您好，这是您昨天订购的蔬菜，放桌上了。"毕业于西南林业大学的寸文彪，如今回到家乡云南省兰坪白族普米族自治县，开起了乡村网上超市。在他看来，家乡互联网快速普及，基础设施日益完善，乡村零售市场的潜力巨大。

农村电商快速发展，加速了人才返乡就业创业。党的十八大以来，商务部等有关部门以电子商务进农村综合示范为载体，扩大农村电子商务覆盖面，带动各类人才积极返乡就业创业。农业农村部数据显示，截至2022年4月，全国各类返乡入乡创业人员超过1100万。《"十四五"农业农村人才队伍建设发展规划》明确提出，到2025年，培育100万名农村创业带头人，返乡入乡创业人员1500万人。

在线上直播间，村干部变成"带货王"。他们或以体验互动的方式，推介当地的优质特色农产品，或与网友连线沟通，在直播间里支起锅灶，展示当地特产，助农增收。直播带货为当地农产品打开了销路、提高了知名度，还让村民们免于在外奔波，在家门口就能赚到钱。

专家表示，要充分发挥"头雁"效应，构建立体化人才支持体系，吸引培育更多的农村电商人才，储备充足的人力资本，让农村电商在新征程上展现更大作为。

加快渠道下沉，完善商业体系

"真没想到，咱销售农产品也能拥抱云技术。"在四川省攀枝花市盐边县，当地企业在京东云的技术支持下，实现了订单收订与商品分发智慧化管理。京东科技为商家提供从入驻到财务结算的全闭环服务，帮助建立平台运营、商品推广等服务体系，助力企业扩展产品销售通路、降低经营与管理成本，促进企业与地区经济协同发展。

去年，商务部等17部门发布《关于加强县域商业体系建设促进农村消费的意见》，提出"强化县级电子商务公共服务中心统筹能力，为电商企业、家庭农场、农民合作社、专业运营公司等主体提供市场开拓、资源对接、业务指导等服务，提升农村电商应用水平"。一年多来，大型企业发挥自身优势，通过搭建技术和服务平台的方式，为中小农村电商企业提供支持，开展供应链赋能，合力做大农村电商市场的同时，增强了农村电商发展的后劲。

商务部相关负责人表示，下一步，将会同有关部门加大工作力度，指导地方以渠道下沉为主线，以县乡为重点，以数字化、连锁化、标准化为手段，加快补齐基础设施和公共服务短板，继续扩大农村电子商务覆盖面，推动完善县域商业体系，增加城乡消费市场优质供给，为促进消费持续恢复、助力乡村振兴贡献更大力量。（人民日报）

案例4　全国人大代表梁倩娟：让农村电商成为助力乡村振兴的强力引擎

陇南的纯天然农产品种类很丰富，但是没有被利用起来，我就想帮大家把这些东西变成收入，于是我通过网店专门销售家乡的土蜂蜜、老树核桃、木耳等土特产。"通过积极宣传、挨家挨户收农产品，土特产不仅卖了出去，还越来越畅销，带动了农户增收致富。"全国人大代表、甘肃陇南市徽县水阳镇石滩村妇联主席、陇上庄园生态农业有限公司总经理梁倩娟说，"过去五年，我提出的建议多数都与农村电商发展有关，今年我的提案依然和农村发展电商和乡村振兴相关。"

2013年，在广东打工的梁倩娟得知陇南市要大力发展电子商务就辞职回到家乡，投身电商创业，致力于推广销售陇南的土特产，次年创办了自己的网店"陇上庄园"。

"近年来，陇南主动拥抱互联网变化，大力发展电子商务，让手机变为'新农具'，直播变为'新农活'，数据变为'新农资'。不仅销售了农特产品，也让老百姓在电商全产业链上谋生计。去年带动就业创业30万人，帮助农村居民人均增收1129元。同时通过原产地直播带货，也宣传了我们的优质生态、如画美景，积极为文旅产业发展蓄势赋能。"梁倩娟说，"但在网销过程中，还存在适销网货的标准化、规模化水平不高等问题，制约了电商产业化发展速度。"

梁倩娟建议，鼓励支持合作社、中小微企业中质量优良的农产品申请获得食品生产许可认证，让农产品更有市场，助力群众增收。同时希望得到在跨境电商方面的支持，希望家乡的农产品能够走出国门、走向世界。

案例5　农村电商激发乡村振兴潜能

近年来，农村电商的蓬勃发展，为农产品架设了流通新平台。今年的《政府工作报告》提出"发展农村电商和快递物流配送"，中央一号文件也要求"发挥脱贫地区农副产品网络销售平台作用"。用好网络销售平台，有助于进一步拓宽农民增收路径，推动乡村振兴。

脱贫地区农副产品网络销售平台，是在财政部、农业农村部、国家乡村振兴局、中华全国供销合作总社4部门指导下搭建的，可以购买832个脱贫县农副产品的平台，被称为"832平台"。借助这一电商平台和快递物流网络，陕西汉阴县太行村的小米辣、四川省越西县的"暴走鸡"、陕西柞水县木耳等优质农产品，翻山越岭走进千家万户，改变了以往产销信息不对等、销售渠道不畅通等问题。自2020年1月上线以来，"832平台"累计销售额突破200亿元，助推832个脱贫县的230万农户巩固脱贫成果，平台累计注册供应商1.5万家，上线农副产品20万个，注册采购单位近50万家。

"832平台"等农村电商平台连起农田和市场，推动农产品从初加工向精深加工发展。实践表明，要在众多农产品中突出重围，就要在"特色"和"精细"上做足文章，不断提高专业化水平。比如，陕西延长县的苹果一部分作为水果销售，另一部分被加工成浓缩果汁出口，果渣可以提取出果胶，每年修剪的树枝粉碎后可以作为生产香菇的原料；新疆英吉沙县的色买提杏，少部分直接以鲜杏销售，绝大多数加工成杏干，还有的加工成杏仁和杏仁油，杏核的壳也可以作为加工活性炭的好原料。农产品从粗放式种植到精细化加工，让"土特产"成为"网红"，有效拉长了产业链，提高了农产品的附加值，为广大农户创造了更宽广的增收之路。

推动更多特色农产品走向更大市场，需要进一步完善流通配套体系。如今在一些农村地区，还存在物流运输价格高、配送不及时、折损率高等现象。让农产品更快送到各大批发市场、商超、消费者手中，高效便捷集成式物流是重中之重。一些地方积极支持相关物流基础设施与网络销售平台对接，降低了物流成本、提高了物流效率。比如，江西探索集成式的快递物流模式，通过网络平台整合快递流通企业和贸易流通企业，实现货运供需信息的在线对接和实时共享，将分散的货运市场整合，加快货物离港速度提高仓库利用率，并开通直发专线，打响了赣南脐橙等本地特色品牌。

农村电商蓬勃发展，有助于激发乡村振兴潜能。"832平台"等农村电商平台让广大农户不仅"种得好"而且"卖得好"，更加自信地展示特色农产品。未来，网络销售平台要努力做到服务更优、覆盖面广、成本更低，坚持政府引导与市场机制结合，发挥网络平台采购需求牵引作用，助力打通脱贫地区农副产品生产、流通的难点和堵点，壮大一批有地域特色的主导产业，打造一批影响力大的特色品牌，从而不断激发乡村振兴的内生动力。（人民日报）

案例6　打通农村电商物流"最后一公里"

作为连续四年位列"中国电商百佳县"榜首，有着"全球电商之都"美誉的浙中名城义乌，这里有最完备的电商供应链，最高效快捷的物流渠道，每天3000多万单的快递流量支撑起义乌惊人的"买全球卖全球"贸易运转。

电子商务带动快递物流行业高速发展，义乌市快递业务量从2019年开始跃居全国第二。但由于部分偏远乡村远离产业链，居住人口老龄化，快递业务量分散，单一快递公司进村成本高、效率低、盈利难。截至2021年年初，义乌仍有94个较偏远村为快递"空白村"，当地村民收寄快递往往需自行前往镇区，仍然存在着"物流最后一公里瓶颈"问题。

这"最后一公里"难题何解？2020年7月，义乌市获批"国家级电子商务进农村综合示范项目"，义乌市委市政府高度重视，成立义乌市电子商务进农村综合示范工作领导小组，葛巧棣副市长为组长。领导小组办公室设在市场发展委，明确各部门、镇街工作任务，协同推进综合示范工作。定期召集小组成员单位召开工作协调会议，解决工作推进中的困难和问题。

义乌市决定以电商进农村综合示范县为契机，落实缩小城乡区域发展差距和居民生活水平差距、基本实现共同富裕目标，尤其是要尽快解决义乌市内存在的物流快递发展不均衡的问题，全面推进快递进村工作，打造"邮-交-快共配"乡村电商物流新模式，补齐赤岸、大陈、上溪等较偏远村镇物流短板，实现辐射义乌全境快递24小时送达的快速物流网络。

为此，通过以奖代补方式，立足义乌实情，确定由义乌市邮政公司建设赤岸、上溪、大陈3个乡镇级共配中心，利用邮政公司现有遍布义乌全境的村邮驿站体系，坚持资源整合、共享共建原则，突出村站体系"多站合一""一站多能"的服务理念，优化提升80个示范性农村电商服务站，服务辐射义乌所有行政村。目前，赤岸电商快递物流服务中心已经建设完成，服务辐射周边3公里乡村居民，通过运营发挥了较好的作用。

三定三统织就"村村通"

为进一步夯实我县快递物流基础网络，构建与我县经济社会发展水平相适应的农村电商快递物流服务体系。通过三定：即定时、定点、定线，在赤岸镇规划了5条配送线路，并根据配送线路的走向，合理布局周边村站，电商物流服务中心与村电商服务站点互联互通，方便周边大部分居民收发快递；每天早晨11点、下午4点定时从赤岸镇物流服务中心发车，送到各村站的时间相对固定，定时往返。

另外，通过三统，即统一运价、统一服务费、统一配送，从赤岸送到周边各村站每单的运价在0.4-0.5，尽可能压低物流成本，让居民收益最大限度增加，普惠周边居民。通过"三定三统"，赤岸镇率先在义乌搭建起电商快递"村村通"配送体系，降低快递物流成本，提升配送效率，切实提升农村地区的快递物流到村率及服务质量。

"邮—交—快共配"实现快递到村

由邮政管理部门牵头建立镇级农村电商快递物流服务中心，统筹邮政公司和各快递公司，推行"邮—交—快共配"模式。在该模式下，各快递公司只需将偏远农村的包裹送至镇级农村电商快递物流服务中心，由邮政统一寄递到村，通过资源集成来分摊运营成本，推进公交运邮业务，在赤岸镇538路公交车试点搭载快递业务，运营里程40公里/日。形成农户便利收寄、产业出路拓宽、快递企业降本提效共赢局面。

聚焦快递从村到户"最后一百米"，按照"一个服务场所、一块统一标识、一名代办人员、一支先锋团队、一套考评制度""五个一"标准，在 94 个较偏远农村打造村级"红色驿站"，实行"快递到镇、邮政到村、党员到户"接力配送服务。

依托"红色驿站"与邮政公司建立村企结对关系，为行动不便的困难群众提供免费代买米、油等暖心服务，放大快递进村民生保障功能。此外，加强"红色驿站"服务功能拓展，联动商超、金融机构等资源，集成政务服务、特产展销对接、金融帮扶等特色服务，将"红色驿站"打造成为便利群众的综合性服务站点。

"山货出村"带动共同富裕

大力实施"政府引导、企业参与、平台支持、物流保障""四位一体"的乡村电商发展战略。发挥镇、村两级"红色驿站"信息通、邮路通、成本低等优势，在镇级农村电商快递物流服务中心开辟展销区块，集聚本土优质农产品，打造"大陈小集""蒲墟南货"等镇一级特色农产品品牌，聚星成火扩大影响。

用好品牌效应和规模效应，开展"我为义乌好货代言"系列直播助农活动，主动链接邮乐购等电商平台线上销售农产品，与本土农产品电商配送平台达成合作意向，提供货源支持，有力推动了一大批农产品从"出村难"到"走进城"，催生出如"山地小菜"等一批"万单级"爆红产品，使快递进村工作向更深层次的产业富民道路跃迁升级。

目前，串联全市 94 个快递"空白村"的共配邮路已全面打通，显著激发了当地村民用邮需求，仅赤岸镇一个站点日均共配快递量达 4000 余件，较年初时翻了三番，快递收寄时长从原先2—3天缩短至当天送达，效率提升一半以上。物流快递成本大幅下降，跟发达的城区融合在一起，周边居民收发快递的渠道畅通，大家收益明显增加，生活质量得到显著提升。

大陈、上溪两个电商物流服务中心，以及80个示范性农村电商服务站即将全部建成投入运营，义乌市农村电商物流将迎来更强的快递投送能力，将能彻底解决我市全境电商物流"最后一公里瓶颈"问题，从而实现义乌市快递业全面高质量发展的目标。（光明网）

案例7 广西横州：电商进农村赋能乡村振兴

茉莉花茶、茉莉花化妆品、木瓜酱菜、甜玉米、横州大粽……近日，在广西横州市电子商务产业园孵化中心一楼展厅，琳琅满目的各式电商产品吸引了参观者的目光。

近年来，横州市积极布局农村电子商务，助推特色产品外销。截至2022年7月，全市网商数量5434家，比2021年12月增加282家，带动就业创业超过1.6万人。据统计，2022年1-7月，该市实现电子商务交易额34.25亿元，网络零售额13.92亿元，其中农产品网络零售额7.1亿元。数据的背后，是横州市大力推进电子商务进农村的生动实践。

据介绍，横州市电子商务产业园孵化中心自投入运营以来，为全市各个合作社提供电商服务，帮助其农产品对接到电商企业，通过网络渠道外销，目前电商服务基本覆盖到横州市90%以上的行政村。同时，该中心为电商人才、电商企业提供孵化服务，为电商创业人员提供免租金、免水电、免网络"三免"政策服务，每年为创业者降低创业成本近200万元，并提供创业指导、管理咨询、创业培训、创业融资、产品检验检测、质量追溯等增值服务。目前，该中心入驻企业达42家，有150名创业人员。

"农村电商激活了乡村产业，下一步我们将加强电子商务公共服务建设，支持广大电商企业，培育电商人才，完善产业链供应链体系，不断提升竞争力，打造农村电商发展特色，为我们横州市电商经济增添新活力。"横州市电子商务发展工作领导小组办公室副主任黄振武说。（人民网）

案例8 延吉大力发展农村电商 让农特产品走出乡村

近年来，延吉市抢抓新电商发展机遇，坚持把农村电商作为撬动经济转型的重要支点，改变传统农业产业的供应链、价值链、信息链，加快构筑"双循环"发展体系，让农产品通过互联网走出乡村。2022年1至9月，延吉市农村电子商务网络零售额达59.08亿元，位居全省区县排名第一。

直播、装箱、打包、发货……2022年10月12日，来到延边特产中心仓看到，眼下正是延边特产——苹果梨的销售旺季，仓内一片忙碌景象，这边工作人员通过直播平台直播带货，那边一箱箱苹果梨被打包装车，准备发往全国各地。"从9月末开始，我们积极与农户对接收购，同时也为农户提供一件代发服务，现在每天苹果梨发货量1万单左右。"延边吉姆商贸有限公司总经理陈颂说，公司还通过政府的授权，在购物平台开设了中国特产•延边馆•延吉馆，经过几年的发展，对接服务企业近百家，线上销售延边农特产品近千款，拓宽了延边农特产销售渠道，提升了品牌知名度。

这只是延吉市大力发展农村电商的一个缩影。近年来，延吉市大力推进国家电子商务进农村综合示范项目建设，电子商务成为助农扶贫新抓手，农村物流配送体系不断完善，"一村一品""延边驻村第一书记代言"、省州龙头企业、宁波消费扶贫等平台有效助力特色农产品品牌推介和产销帮扶常态化，带动了本地农特产品快速发展，实现了农民增收。特色农产品品牌通过电商热销全国，延边大米、泡菜、人参等大宗农产品也备受青睐。目前，全市65个村级（社区）服务站实现农村网点全覆盖。2021年全市农村网络零售额达61.7亿元，同比增长10.95%。

今年，延吉市获得2022年度县域商业建设行动项目资金444万元。这是全国首批县域商业建设行动县市，也是延边州唯一县域商业建设行动县市，为延吉注入新动力。延吉市将从网点、电商、物流、服务等多要素层面，对商贸流通业进行资源整合、升级，实现要素集聚，优化合理配置，进一步加快城乡融合发展，给农特产品插上互联网的翅膀，飞入全国千家万户的餐桌，为延吉经济高质量发展注入新动能。（人民网）

案例9　西藏芒康农村电商的"淘金"之路

"我们是在海拔3900米的西藏芒康县天然松茸产地为您直播，我们带给亲的是市场上性价比最高的西藏芒康县精品鲜松茸……"四朗卓嘎对着镜头熟练地向直播间的顾客介绍本地农特产品。

这次直播3个小时引导成交金额7500元，这是四朗卓嘎直播团队一个多月来成绩最亮眼的一次，不仅四朗卓嘎很满意，直播团队的每个人都喜笑颜开。

成功需要付出许多努力，直播带货是芒康县农村电商紧跟时代潮流作出的一项有效决定，2021年5月，芒康原产地商品天猫旗舰店开始上架产品运营，经过两个月的摸索学习，7月底开启了直播带货模式。

联合京东西藏馆、爱西藏旅游购物等多个平台同步开展直播带货，在松茸丰产时节，举办"芒康松茸盛典"促销活动，一个月的时间，实现线上天猫销售20余万元，线下销售300余万元的经济效益。当季松茸大卖的同时，也带动了索多西辣椒酱、盐井葡萄酒等多款其他农特产品的销量，对芒康县特色产品线上销售、树立品牌，起到了显著成效。

直播带货是芒康县农村电商为了带动农村产业融合和经济社会发展、促进乡村振兴而实施的一项重要举措。2017年，在芒康县委、县政府的大力支持下，芒康县农村电商正式启动，多年来，一直致力于走出一条符合市场经济规律、助力藏东农特产品营销、品牌建设、服务当地百姓生活的藏东农村电商兴起之路。

日常生活千头万绪，如果需要经常下乡不能及时取包裹，或者快递送不到家门口怎么办？为了有效解决县城和乡镇居民取快递不便的问题，芒康县农村电商在县城人口集中的六个区域设置了快递自提柜；在县辖16个乡镇、60个行政村中，为15个乡镇辐射40多个行政村开通电商快递下乡服务，打通了县城到乡村的"最后一公里路"。与此同时，将农产品带进城区，开通"农产品进城、工业品下乡"的双流通渠道，让电商智慧物流工程为农特产品上行奠定了强有力的基础。

纳西乡加达村村民洛松玉珍将自家晒好的红盐卖给电商收购人员，数了数刚到手的钞票，洛松玉珍笑开了花："以前家里卖盐要拉到镇上去甚至更远的地方，钱少不说还很辛苦。现在，在自家门口就能卖盐，价格还比以前足足高了两倍。"

为了使西藏农特产品在市场上更具竞争力，芒康县农村电商在成都市建成"西藏芒康县电商物流成都分拨中心"，将芒康多种类特色产品批量运送到此处，作为中转地仓储、发货，很大程度上降低了农特产品上行物流成本，确保了产品的新鲜、缩短了运输时长。

据悉，下一步，芒康县农村电商将从两个方面入手，即加大电商自媒体建设和加大打造农特产品特色品牌力度，使电商在本地产业化，从而更好地助力乡村振兴。

第八篇
乡村振兴与农业农村现代化实践经验交流

第一章　专家观点

观点：　加快建设农业强国　推进农业农村现代化

2023年3月16日出版的第6期《求是》杂志发表中共中央总书记、国家主席、中央军委主席习近平的重要文章《加快建设农业强国 推进农业农村现代化》。

文章指出，要锚定建设农业强国目标，切实抓好农业农村工作。全面推进乡村振兴，到2035年基本实现农业现代化，到21世纪中叶建成农业强国，是党中央着眼全面建成社会主义现代化强国作出的战略部署。强国必先强农，农强方能国强。没有农业强国就没有整个现代化强国；没有农业农村现代化，社会主义现代化就是不全面的。必须把加快建设农业强国摆上建设社会主义现代化强国的重要位置。建设农业强国，基本要求是实现农业现代化。我们要建设的农业强国、实现的农业现代化，既有国外一般现代化农业强国的共同特征，更有基于自己国情的中国特色。一是依靠自己力量端牢饭碗；二是依托双层经营体制发展农业；三是发展生态低碳农业；四是赓续农耕文明；五是扎实推进共同富裕。

文章指出，保障粮食和重要农产品稳定安全供给始终是建设农业强国的头等大事。只有把牢粮食安全主动权，才能把稳强国复兴主动权。农业强，首要是粮食和重要农产品供给保障能力必须强。提升粮食产能仍然是首要任务，关键还是抓耕地和种子两个要害。要坚决守住18亿亩耕地红线，逐步把永久基本农田全部建成高标准农田，把种业振兴行动切实抓出成效，把当家品种牢牢攥在自己手里。要健全种粮农民收益保障机制，健全主产区利益补偿机制。要在增产和减损两端同时发力，持续深化食物节约各项行动。要树立大食物观，构建多元化食物供给体系。各级党委和政府务必把粮食安全这一"国之大者"扛在肩头。

文章指出，全面推进乡村振兴是新时代建设农业强国的重要任务。"三农"工作重心已经实现历史性转移,人力投入、物力配置、财力保障都要转移到乡村振兴上来。总的要求仍然是全面推进产业、人才、文化、生态、组织"五个振兴"。产业振兴是乡村振兴的重中之重,也是实际工作的切入点。要把"土特产"这3个字琢磨透,依托农业农村特色资源,推动乡村产业全链条升级,增强市场竞争力和可持续发展能力。促进产业振兴,必须落实产业帮扶政策。巩固拓展脱贫攻坚成果是全面推进乡村振兴的底线任务,要继续压紧压实责任,坚决防止出现整村整乡返贫现象。要坚持把增加农民收入作为"三农"工作的中心任务,千方百计拓宽农民增收致富渠道。

文章指出,要依靠科技和改革双轮驱动加快建设农业强国。建设农业强国,利器在科技,关键靠改革。必须协同推进科技创新和制度创新,开辟新领域新赛道,塑造新动能新优势,加快实现量的突破和质的跃升。要紧盯世界农业科技前沿,加快实现高水平农业科技自立自强。农业科技创新要着力提升创新体系整体效能,农业科技工作要突出应用导向,把论文写在大地上。深化农村改革,必须继续把住处理好农民和土地关系这条主线,让广大农民在改革中分享更多成果。要扎实做好承包期再延长30年的各项工作,稳慎推进农村宅基地制度改革试点,深化农村集体经营性建设用地入市试点,完善土地增值收益分配机制。要健全农村集体资产监管体系,严格控制集体经营风险。要破除妨碍城乡要素平等交换、双向流动的制度壁垒,率先在县域内破除城乡二元结构。推进农村改革,必须保持历史耐心,看准了再推,条件不成熟的不要急于去动。

文章指出,要大力推进农村现代化建设。农村现代化是建设农业强国的内在要求和必要条件,建设宜居宜业和美乡村是农业强国的应有之义。要一体推进农业现代化和农村现代化,实现乡村由表及里、形神兼备的全面提升。要瞄准"农村基本具备现代生活条件"的目标,组织实施好乡村建设行动,让农民就地过上现代文明生活。要完善党组织领导的自治、法治、德治相结合的乡村治理体系,让农村既充满活力又稳定有序。推进农村现代化,不仅物质生活要富裕,精神生活也要富足,要加强农村精神文明建设。

文章指出,要加强党对加快建设农业强国的全面领导。全面推进乡村振兴、加快建设农业强国,关键在党。必须坚持党领导"三农"工作原则不动摇,健全领导体制和工作机制,为加快建设农业强国提供坚强保证。五级书记抓乡村振兴是党中央的明确要求,也是加快建设农业强国的有效机制。要打造一支政治过硬、适应新时代要求、具有领导农业强国建设能力的"三农"干部队伍,打造一支沉得下、留得住、能管用的乡村人才队伍。农村基层党组织是党在农村全部工作和战斗力的基础。要健全村党组织领导的村级组织体系,把农村基层党组织建设成为有效实现党的领导的坚强战斗堡垒。

文章强调,农业强国,是拼出来、干出来、奋斗出来的。要铆足干劲,全面推进乡村振兴,加快农业农村现代化步伐,为加快建设农业强国而努力奋斗。

《 人民日报 》(2023年03月16日 01 版)

第二章　实践经验交流

"1+N"模式 建好用好"渝事好商量"工作站

重庆城口县龙田乡党委书记　高　超

近日，龙田乡通过坚持"党委领导、政府支持、政协搭台、各方参与、服务群众"原则，采取"1+N"模式，建好用好"渝事好商量"委员工作站，从面对面到心连心，实现有事好商量，众人事情由众人商量，打通联系服务群众的"最后一公里"。

一、建立协商阵地，引领群众积极参与

据悉，该乡采取"固定+活动"的方式，建好"1+N"协商阵地，在仓房村便民服务中心设立协商室，搭建1个"渝事好商量"固定协商平台，根据实际议事需求，在全乡各村建立了 N 个流动协商点，让"渝事好商量"进入田间地头、村社院落，营造"协商议事，村民自治"的基层治理氛围，引领群众积极参与村级事务。

"有了这个流动协商平台，让协商阵地走向基层，以群众身边的小事为抓手，我们老百姓的呼声很快得到了回应的同时也解决一些急难愁盼的事！"仓房村支部书记吴尤亮说到。

二、完善协商机制，聚焦群众急难愁盼

龙田乡立足"小切口、大民生"，以解决问题为导向完善工作机制，通过前期走访调研，在了解到群众对改善居住环境的迫切心愿后，该乡将人居环境整治作为协商议题，按照"精选题、细方案、深调研、专协商、重成效、促落实、有评价"的协商步骤，结合实际，探索"调研、选题、沟通、协商、落实、反馈"六步工作法，确保

协商议事接地气、有结果、能落实。

联丰村人居环境整治后，村民生活更便利了，生活环境也更美了，村民们现在住得舒心、安心更放心，对基层民主协商的优势也有了更切实的体会。

紧盯协商事项，注重工作最终实效

龙田乡中安村由于前期安装意愿、综合燃气管道实际情况等原因，造成了天然气入户工作迟迟未能开展，在了解到村民的意愿后，通过召开社员大会，宣传使用清洁能源和安装要求，协调安装工程实施用地，协商各方采取面对面提出问题、面对面回应解答、现场协商的方式，就能否安装天然气、由天然气使用价格等问题达成共识。目前，达到安装条件的村民家里都已经安装完工350余户，经过社员自愿，已有100余户已经开通天然气，用上了清洁能源，改善了村民的生活质量。

"住了这么多年的房子的终于通了天然气，以后再也不用扛着几十公斤的煤气罐上下楼了，心里特别高兴！"家住龙田乡中安村的敖长月激动地说。

龙田乡相关负责人表示，商以求同，协以成事，在协商的过程中，龙田乡通过整合社会力量、群众参与，真正把情况摸清吃透，进一步推动了政协协商与基层协商有效衔接，平台建设以来，该乡就污水管网、砂场取缔、垃圾减排等情况，与群众共同开展协商10余场，共7个问题得了到县级部门支持。下一步，龙田乡将把握工作重点，全面推动"渝事好商量"协商平台建设，不断增强做好"渝事好商量"协商平台工作的使命担当，强化平台传播力和影响力，画好民主协商议事"同心圆"，促进乡村有效治理。

全域党建集聚乡村振兴新动能

重庆城口县龙田乡党委书记　高　超

龙田乡党委牢固树立新时代党的建设理念，以推进全域党建工作为抓手，采取"党建+"的方式，先后创建"龙田先锋""党建+群建+家建'三建合一'"等党建品牌，推动党建与各项工作深度融合，为乡村振兴开局起步打造强大的"红色引擎"。

一、"党建+队伍建设"，筑牢坚强战斗堡垒

条块结合完善组织体系

圆满完成村"两委"换届工作，选优配齐村干部42名，新一届"两委"班子成员大专及以上学历占比提高18%，平均年龄下降5岁，实现"一肩挑"既定目标；整合帮扶单位、辖区单位、"两新"组织等资源，统筹驻村工作队、村"两委"和无职党员，组建各类联合型、功能型党组织17个，形成全域党建"矩阵"。

双线同步加强党员管理

常态化开展全域党建"四个一"活动，用好"三会一课"、"学习强国 APP"、党员微信群等平台开展日常教育，年底集中开展"党员冬训""加餐补课"；坚持"政治生日"、民主评议党员等政治生活制度，通过重温入党誓词、赠送定制贺卡、参加志愿服务等形式强化党员身份意识和责任意识，加强党性锻炼。

打造品牌激发党员活力

实施"龙田先锋·农村党员助力乡村振兴行动"，动员256名党员参与"双亮三联四认领"（即：亮身份、亮承诺，联系周边邻里、亲朋好友、重点群体，认领农村政策宣讲员、矛盾纠纷调解员、环境卫生管理员、重大事项监督员），形成党员"承诺、践诺、评诺"闭环，引导广大党员充分发挥带头、示范、辐射作用。

二、"党建+产业就业"，助力群众增收致富

持续发展生态产业

立足资源禀赋和产业发展基础，大力推动"大巴山药谷"建设，成立中药材产业党小组等功能型党支部，发展连翘等中药材1300余亩，栽植黄柏等中药材1800余亩，努力实现中药材产业化、现代化。

保驾护航就业创业

打造"四湾工匠"技能培训品牌，培育致富带头人12人、劳务经纪人21人，带动就业354人；采取宣传就业创业政策、开展就业服务活动、搭建创业服务平台等多项举措，点对点输出就业244人，全乡4251人实现稳岗就业。

大力发展集体经济

构建"党支部+集体经济+合作社"和"集体经济+市场主体"联农带农机制，通过流转土地、发展产业、就近务工、入股分红等方式助农增收。2021年共实现集体收益125.18万元，股均分红120元。

三、"党建+志愿服务"，践行为民服务宗旨

聚焦重点群体

对接团委、妇联、残联及各类社会组织开展关爱老弱病残活动20余次，整合重庆大学附属肿瘤医院、县妇幼保健院等帮扶力量，开展"重肿助力乡村振兴义诊活动"、村民健康档案建设等新时代文明实践志愿服务活动10余场，受惠群众1000余人次。

聚焦民生实事

组建"防汛党员突击队"，汛期转移群众17户61人，清理垮方 42 处、维修人行便道1.5km。常态开展"五干净六整齐"志愿服务行动，助力清洁家园美丽乡村建设。

聚焦群众需求

对接兴农担保公司等帮扶单位发放仔猪200余头，引导产业需求户积极发展产业，实现收益40余万元。设立"农民工之家"，将外出务工人员按照常年工作地划片分区，每个片区安排村"两委"成员和在家无职党员各1名作为联络员，为外出务工人员提供事务代办、政策宣讲等"点对点"服务。

四、"党建+基层治理"，促进社会和谐稳定

创新载体深化基层治理

探索"党建+群建+家建'三建合一'"基层治理模式，采用"党员+志愿者"协作机制，由党支部领创办村民议事会、新时代老年学堂、文艺队、志愿服务队等群众组织26个，每户确定一名"家长"，结合新时代文明实践站（所）、"红黑榜"，引导村民参与基层自治。

织密网络打通服务终端

建设青少年之家3个、村级图书室8个、新时代志愿服务站（所）9个。整合党建、乡村振兴、综治"一张网"，将全乡8个村划分为3个片区30个网格，落实网格员76名，实现网格纵横全覆盖。开通村级便民微信公众号8个，组建村民微信群65个，让"群众少跑腿，数据多跑路"，打通基层治理末梢神经。

乡风文明注入文化力量

组织村民集体创作村歌《山水联丰》词曲及 MV，汇编《联丰心语》《仓房故事——我们的脱贫奋斗史》等书籍。坚持一月一主题，先后开展"围着'妈妈'团团转""晒秋""我爱家乡征文"等系列活动，覆盖常住居民超过85%。

党建引领 走出基层治理新路径

重庆城口县龙田乡党委书记　高　超

龙田乡地处城口县西北部，乡政府驻地距离县城仅3.5公里，辖8个行政村、57个村民小组，全乡辖区面积231公里，是全县区域面积第二大乡镇，地形复杂，山大、沟深、坡陡，人口共计2468户1.03万人，分布较为分散。因处于城郊接合部，且受"山上自保区，山下水源地"等社会、自然因素影响，一直以来，龙田乡各种建设领域、征地拆迁、地质灾害隐患等系列矛盾纠纷较为突出，各类历史遗留问题较为复杂。

在过去几年里，龙田乡坚持以习近平新时代中国特色社会主义思想为指导，全面贯彻党的十九大和十九届二中、三中、四中、五中、六中全会精神，把加强基层党的建设与化解矛盾纠纷作为贯穿基层治理的一种有效方式，走出了符合自身实际的基层治理新模式。

深化三建合一构建基层治理新模式

近年来，龙田乡打造了"龙田先锋"农村党员"双亮、三联、四认领"的特色品牌，调动200余名农村党员带领周边邻里、带领亲朋好友、带领重点对象，做到常上门、常碰面、常交心；每位农村党员主动认领农村政策宣讲员、矛盾纠纷调解员、环境卫生管理员、重大事项监督员，每4-5名党员形成一个小组，积极参与乡村治理，做到政策要去讲、困难要去帮、民意要去听、吵架要去劝、卫生要去管。2020年，龙田乡在"龙田先锋"党建品牌基础上，率先在全县打造"全域党建"示范点工作，结合本乡实际，成立了食用菌产业党小组、外出务工党小组、"四湾工匠"党小组等系列功能型党组织，切实将党组织的作用发挥在基层治理的方方面面，使得"全域党建"格局在龙田初步形成，进一步夯实了乡村振兴组织基础。

基层治理要做好，不仅要发挥党建的作用，也要发挥群建，家建作用，龙田乡力争使每个家庭，每名村民都参与到本村的治理当中。

龙田乡特别突出家风家教家训的培养，在每户实行"家长制"，每家确定一个"家长"，带头约束家人行为，注重言传身教，树立良好家规，注重环境卫生，建立诚信家风，促进文明习惯的养成。同时结合全乡实际，在各村建立妇女团、青年团、孝老团、乡贤团、创业团、志愿团等一系列团队组织，把每一位村民都纳入相应团体当中，同时开展丰富多彩的活动，通过系列活动使村民参与到村内工作的各个方面，是每位村民都成为村庄的主人筑起了"我为人人、人人为我"的良好社会治理网。

深化矛盾排查有效维护社会和谐稳定

群众工作做好了，干部工作也要做好。一是加大信访化解，确保矛盾不上交。一直以来，龙田乡坚持"一访一表一笔录"，做到"听清、问明、记全、答准"。针对辖区重点群体及重点个人，分别制定稳控方案，成立工作领导小组对群体和个人落实了包保责任，实行日见面制度。按照谁主管谁负责原则，由各班子成员进行牵头处置，组织各有权处理信访事项的责任单位和责任人，群体性受办理信访事项，有效提高了初信初访化解率。

二是开展集中治理，解决社会突出问题。开展矛盾纠纷集中排查治理活动及扫黑除恶、扫黄打非、法治宣传等系列专项行动。对排查出的矛盾纠纷，根据其性质、规模和危害程度进行认真梳理，按照"分级负责、归口管理、谁主管谁负责"的原则，明确责任单位、责任人，积极调处、妥善解决。三是创新方式方法，做好矛盾排查调处。在走访活动中，深入推进"枫桥经验"实践，将全乡划分为30个网格，落实72名网格管理员，实行常态化的矛盾纠纷分析报告制度，村网格每周一排查、乡平安建设办每半月一梳理，摸清底数、分类建档、化解攻坚。深化公安、信访、司法等部门组成的"大调解"联调协作工作格局，实现了辖区矛盾纠纷协作联调的层级化、网格化和全覆盖。

龙田乡通过"三建合一"有效治理和矛盾纠纷有力化解，不断促进了全乡"法治、德治、自治"的发展，在推动"治重化积、清仓见底"专项工作中取得了一定成效，从源头上有效提升了群众的满意度，实现了干群关系明显提升。当前，全乡信访比例明显下降，信访秩序持续好转。同时通过不断化解各类矛盾纠纷，有效地管控了各类社会风险，干部能力素质也得到了全面提升。龙田乡也总结提炼出了适合本乡基层治理工作的机制，构建出乡村治理的新格局，实现了经济社会发展稳定有序。

因村制宜学好用好"两山论"走深走实"两化路"

重庆城口县龙田乡党委书记　高　超

龙田乡始终坚持生态优先绿色发展理念，学好用好绿水青山就是金山银山"两山论"，走深走实生态产业化、产业生态化"两化路"，今年来，龙田乡根据辖区内各村特色，因村制宜，做出科学有效的规划筹备，着力构建"一心三片两带"发展格局。

坚持以两山两化为指引，因村制宜发展产业

龙田乡依托亿联商贸城发展劳务输出经济，培育劳务经纪人23人带动350人就业，依靠紧邻县城优势发展城郊经济，打造"龙田工匠"品牌，开设劳务技能培训班，培训钢筋工、架子工、木工45人，帮助村民掌握更多就业技能，实现劳务增收。同时为破解羊耳坝片区"山上自保区、山下水源地"难题，发展林下经济，推进羊耳坝片区产业转型，在联丰村、五里村种植娑罗600亩、厚朴2000亩、独活500亩；在卫星村、团堡村建设食用菌大棚70亩，种植连翘5000亩。

坚持以三产融合为导向，着力建设乡创基地

据了解，该乡充分利用区位优势，提出"乡创基地，乐享龙田"品牌，推进农文旅融合发展，致力于将"龙田樱缘"打造为以采集、教育、休闲和文旅等多功能的山地立体生态循环农业主题公园，以仓房"愚人村"攻坚克难、脱贫摘帽的事迹为背景，以城口县脱贫攻坚奋斗史为轴线，在仓房村打造脱贫奋斗文化，讲述仓房村的脱贫故事；在羊耳坝片区建立生态研学基地、种子图书馆，探索人与自然和谐共生的发展路

径，实现环保、发展双向推进。同时以城乡融合理念，通过"城乡链接、产销合作、生态共享"的可持续方式，建设以"温度、态度、深度"为基点的"三度村庄"，向城市社区及社群企业输送生态产品和生活方式，推出龙田乡自然食盒、山民手酿等特色农业产品，搭建城乡沟通平台，带动农业发展、农民增收。

该乡负责人表示，因村制宜，亦要因势利导，下一步，龙田乡将进一步深刻把握"双高""双碳"时代机遇，立足区位优势、生态优势，抢抓全县"三县一城一枢纽"建设的战略机遇，加快建设巩固拓展脱贫攻坚成果同乡村振兴有效衔接示范乡、两山两化先行区、城乡融合新样板、全域党建示范点。

高质量发展蹄疾步稳：
产业发展新局面，文旅经济展新颜
青海省兴海县温泉乡

近年来，温泉乡牢牢把握稳中求进工作总基调，精心部署学习宣传贯彻党的二十大精神各项工作，统筹推进疫情防控和经济社会发展，旅游经济展新颜，产业发展新局面，全乡高质量发展取得了实实在在的成效。

"10斤，你家今天奶送的挺多！""这两天没见，过的咋样？"一进温泉乡奶站大门，记者看到好几户牧民围着秤，称着今天刚挤的新鲜牦牛奶。奶站不仅拓宽了牦牛奶向外销售的渠道也为大家相互交流提供了一个联系点。

温泉乡奶站建设于2018年，建设面积约45平方米，奶站建设至今共有72户供奶，包括71户散户和曲江专业合作社。曲江专业合作社采用股份制合作形式，入股的近50户牧民以分红的形式获取收入，散户则以送牦牛奶的斤数获取收入。目前，奶站共有奶牛2061头，其中曲江生态合作社297头，散户1764头。今年2月至10月份，收入共计46万元，散户中最多的配送牦牛奶5100斤，年收入29587元。奶站的发展实实在在的带动了温泉乡奶产业发展，为今后温泉乡支柱产业奠定了坚实的基础。

"在1300多年前，文成公主翻越崇山峻岭，克服高反严寒，征服3000公里，长途跋涉3年，穿越陕甘青藏四个省，来到高寒干燥的西藏吐蕃国和亲，我现在所走的这条路，就是曾经文成公主所走过的唐蕃古道了。"记者随着温泉乡工作人员的介绍，远远看到蒸腾的露天温泉。

温泉乡党委政府，为了保护和开发温泉旅游资源，以生态为底色，以文化为灵魂，对露天温泉进行了投资建设，树立"一核心·三融合"的集镇建设理念，打造"进藏第一文旅集镇"，即以温泉休闲度假产业集群为核心，并以"温泉+历史文化保护与活化"，"温泉+民俗文化"，"温泉+藏医养生"三大产业为辅，构建"温泉+"产业体系，打造以"绿色生态、温泉风貌、温泉生活、历史文化"为核心元素，集温泉"吃、住、行、游、购、娱、养、闲"为一体的温泉康养文旅特色小镇，大力发展文旅经济。

温泉乡立足当地特有资源禀赋，积极培育新兴产业，深入践行"绿水青山就是金山银山"和生态保护优先理念，正确处理生态保护与经济发展的关系，以绿色产业建设推动高质量发展，为青藏高原生态文明高地建设作出温泉贡献。

"天路藏乡"奏响春日"交响曲"

稻城县俄牙同乡的乡村振兴之路

四川省稻城县俄牙同乡人民政府乡长　格次仁

3月暖阳，唤醒高原的春天，给"美丽净土"稻城带来勃勃生机。在县城以南200公里处的俄牙同乡，已是一派忙碌的景象，山间梯田绿意盎然，连排黑色大棚中羊肚菌破土而出，农人们播撒下希望的种子……在这个驱车要经过20道拐才能到达，昔日全县最偏远的"天路藏乡"，一片片山林果园郁郁葱葱，一户户农家小院洋溢幸福，一个个特色品牌引领示范，现代化农业正释放出崭新活力，化为跃动音符，奏出了乡村振兴动听的旋律。

产业兴——托起乡村小康梦乡村振兴的核心是产业振兴。

在俄牙同乡牙垭村，许多农户的田地都被黑色大棚覆盖。走进棚内，透过薄膜依稀可见一朵朵羊肚菌幼菇已破土而出，升柄展伞。

看着长势喜人的羊肚菌，蹲在地里的村支部书记四郎泽仁憧憬着即将到来的"春收"："再过十几天，就可以采摘了，希望可以卖一个好价钱，全年一亩地的收成可有一万六千多元哩。"

羊肚菌，是党支部领着村民从外面带回来的"致富伞"。

"2018年，我们就到云南楚雄州学习羊肚菌种植，2019年又到附近的凉山州木里县学习种植技术，经过两年试种，大家都明白种这蘑菇能挣钱。"俄牙同乡党委书记罗绒格勒介绍说，经过几年发展，羊肚菌种植已经成为牙垭村的支柱产业，"今年这个村已经有94亩地种上了羊肚菌，预计可实现产值100余万元。"

羊肚菌是外来"落户"地里的"宝贝"，"亚丁飞鸡"则是本地土生土长的"致富鸡"。

2017年12月，俄牙同乡同顶村有了第一家农民专业合作社，开展的主要业务便是"养鸡"。

"'亚丁飞鸡'是我们稻城本土的一种藏香鸡，具有肉质细嫩、营养丰富、高蛋白、低脂肪等特点，已经申报了地理商标。"谈到养殖产业，俄牙同乡党委副书记、乡长格次仁非常自豪，"几年下来，同顶村这个合作社的藏香鸡年出栏量超过了2700只，周边几个旅游景区附近的许多餐馆都上门收购，可以说是供不应求！"

"亚丁飞鸡"成功"飞"到各地游人的餐桌，而合作社的负责人顶真汪堆则盘算着如何同县里产业布局相融合，实现"内部挖潜"。

"计划创新养殖模式，由合作社提供雏鸡，农户来饲养，雏鸡长大后合作社再回购销售，形成养殖、回收、销售为一体的养殖生产供应链。"

与此同时，在县级联系领导的指导下，该乡境内向英村、下同村、牙垭村、俄眉村、同顶村五村联动打造的千亩花椒基地品牌正叫响全州。大片的"瘠山"逐渐变为"金山"，产业正在为乡村振兴注入源头活水，激活了俄牙同广袤的土地，鼓起了农牧民群众的"钱袋子"。

环境好—打造新时代美丽乡村

一条条通村联户路宽阔整洁，一个个农家小院幽雅别致；道路旁，树木花草错落，球场上，孩子们挥汗如雨……

"村里现在是一年一个样，路宽了、环境好了，人的心气儿也跟着越来越好。"在道路旁，忙着整理枯草的牙垭村村民汪堆摇身变成"环卫工人"，谈起村里的变化，他倍感幸福。

自去年稻城县全力开展全域无垃圾试点工作至今，俄牙同乡出现了多个这样的"美丽乡村"。

"黄桃、金潘桃、白如玉桃、李子、中国樱桃、苹果，听说全乡要种植的水果品种多得数都数不过来。"阳光下，同顶村村支部书记正在自家院中悉心照料着前段时间种下都果树苗，"我们全村的农家小院内和大家房前屋后的空地上，都种上了时令水果，果树全长高了村里就更漂亮了，卖水果还能增加大家的收入呐。"

"利用农家小院和空地分散种植时令水果，既美了乡村，也富了农民。"罗绒格勒介绍说，从今年开始，俄牙同乡便在县主要领导的指引下，开始组织各村试种时令水果，发展庭院经济，"截至目前，全乡已完成金潘桃、黄桃、白如玉桃三个品种294株、李子6株、中国樱桃20株、苹果124株的种植。"

种植时令水果、加强基础设施建设、全面整治脏乱差，全乡正由"净起来"向"绿起来""美起来"转变。

乡村振兴，既要塑形，也要铸魂。

俄牙同乡突出党建引领，不断健全完善村民自治、德治、法治相结合的制度体系，加强农村文化建设，培育了文明乡风。

如今，在俄牙同，社会主义核心价值观润物细无声地浸润着百姓心田，日渐浓郁的文明乡风、良好家风、淳朴民风，铸起了乡村振兴之魂，为全面建成小康社会凝聚强大精神合力。

中峰镇青草坪片区：共同缔造美好家园

湖北省竹溪县中峰镇党委书记　鲁仲顺

"现在大家都自觉打扫门前屋后的卫生，我们村越来越干净了。"居住在青草坪的村民如是说。自开展"共同缔造美好环境与幸福生活"实践活动以来，中峰镇青草坪片区（青草坪、邓家坝、庙耳沟）坚持以"五共"理念为纲领，"六个家园"为框架，积极推动共同缔造美好环境与幸福生活实践活动走深走实。

一、能人大户共谋产业家园

中峰镇通过实施亲情招商、能人回乡，积极组织号召外创业成功人士、能人大户和致富能手聚焦产业兴旺、共谋产业发展大计。

通过多次召开群众会、户院会和民意恳谈会，结合本镇自然人文和土地资源，采取议事协商的形式决定在青草坪、邓家坝和庙耳沟村集中连片流转土地建设有机贡米产业园。同时，积极鼓励和引进双竹等三家公司参与园区建设，坚持共同缔造多方参与，采取"公司＋党支部＋专业合作社＋农户"的模式推动产业发展。近年来，通过全民参与持续打造，贡米产业园已打造成为"一二三产融合发展"示范区。

下一步，在产业初成规模的基础上将进一步拓展电商销售平台，建立"农超对接""农企对接"销售网络。并引进商贸、物流企业，以农副产品生产和深加工为主线，多产业融合发展，形成强镇富民产业布局，推动乡村振兴战略的有效实施。

二、镇村合力共建生态家园

近年来，在上级党委政府的关心支持下，通过大力宣传发动，立足品质提升和破解短板，进行高起点规划，高标准建设，集中实施公路、村级公园广场、小微景点、水域治理等多个工程项目，积极发动广大群众深入开展美丽庭院、村貌美化、绿化、亮化建设等工程，把庭院建成精致小品，把村庄建成特色景点，把公路沿线建成风景长廊。

同时，政府采取以奖代补的方式管理农户按照白墙灰瓦的统一模式对房屋外型进行提档升级。农户对房前屋后开展常态化保洁。同步安排两名公益性岗位人员对公共区域和公厕进行日常保洁。确保将村庄建设成为"宜居、宜业、宜游"的美丽乡村。

三、村户携手共管宜居家园

自实施美丽乡村建设以来，紧紧围绕"宜居村庄"为工作目标，坚持以人民为根本，围绕贡米产业做文章，实现了"一村一幅画、一户一处景"

在村两委的组织下，广大党员群众积极探索完善村民自治、村规民约，形成"有事一起干、好坏大家评、事事有人管"的乡村治理新格局。同时，经议事协商会、党员会、群众代表会讨论，由村民代表集中推选成立了乡贤理事会，协助村两委共同管理村内事务。

通过开展文明家园评选活动，对农户"宜居家园"建设纳入积分制管理，广大群众参与人居环境提升实践活动的好坏进行量化积分。并根据积分给予一定的精神和物质奖励，让广大群众成为美丽家园建设活动的主体，激活人居环境提升工作的动力。

四、党建引领共建人文家园

在镇党委政府的正确领导下，探索"党建引领、行业领跑、产业链接、互促共进"的发展路径，以党建"组织力"赋能企业发展"生产力"，以高质量党建引领产业链高质量发展。

围绕贡米产业链成立功能型党组织，建立"横向联动，纵向延伸"的"1+3+X"组织架构设置，"1"即成立中峰镇贡米产业链党委，"3"即设立三个党总支，"X"包含贡米产业链上的单位、村、企业党支部，以及拟培育建立党组织的相关产业企业、合作社、协会等组织，奋力打造产业发展的集聚高地，实现组织建在产业链、党员聚在产业链、群众富在产业链，让党旗在产业链上高高飘扬。

五、全员上阵建设和谐家园

近年来，以创建民主法治示范村为目标，不断加强基层民主法治建设，坚持法治、德治和村民自治相结合，坚持把群众法治意识、思想道德的"里子"和村容村貌、群众福祉的"面子"同步推进，实现物质、精神"双丰收"。

一是加强法治氛围营造。村内将学法守法、遵守社会公德、爱护环境卫生等内容纳入村规民约中，并将其设置在进入村委会的醒目位置，让大家相互学习、互相监督。二是丰富农村群众文化生活，该村修建了村级文化大舞台，积极组织乡贤文化队，组织开展跳广场舞等文化活动。三是该村成立村调解室，由7名成员组成，采取首接责任制和两级四次的调解办法，实现"矛盾不出组、大事不出村"的目标。

六、一事一议建设幸福家园

近年来，按照"产业兴旺、生态宜居、乡风文明、治理有效、生活富裕"的乡村振兴总体要求，大力推进美丽乡村建设，实现共同缔造幸福家园。

一是加强基础设施建设。全村已形成道路互通的公路网络格局，并实施公路安防工程，村容村貌焕然一新。二是发挥基层党支部的战斗堡垒作用。采取"党支部＋公司＋专业合作社＋农户"的模式，让农民变产业工人，农产品变旅游产品。三是坚持"一事一议"民主议事协商会制度。村内大小事务统一召开"议事协商会"讨论商定。真正实现了问题从群众中来，解决落实到群众中去，齐心协力共同缔造幸福家园的效果。

同庆沟村："六个家园"奏响幸福和谐曲

湖北省竹溪县中峰镇党委副书记、镇长　杨　猛

近年来，中峰镇同庆沟村对照共同缔造"产业家园、生态家园、宜居家园、人文家园、和谐家园、幸福家园"建设标准，加强统筹谋划，深入推进落实，大力推进共同缔造美好家园示范村建设，以"六个家园"奏响了乡村幸福和谐曲。

一、能人大户　决策共谋　建设产业家园

按照中峰镇党委政府提出的"茶山稻海、文明中峰"的发展理念，同庆沟村两委不等不靠，召集村内外创业成功人士和能人大户，通过"众人事众人来商量"的方式，以村集体经济发展为突破口，在村党支部书记徐业林同志的带动下组团发展，集中流转村内所有土地，建成有机农产品种植和深加工产业园。

通过稻油连作、稻菇连作、茶生间作、茶豆间作等模式，极大提高了土地利用率和农业产业附加值。按照"合作社+基地+农户"利益共同体发展模式，从农产品的种植加工销售，严格按照全链条有机技术标准，不断整合资源，提升质量，产业得到快速发展。通过"资源变资产＋产业＋就业"的方式实现增收。截至目前，产业园总投资5700万元，下辖6个专业合作社，通过轮茬和间作方式已建成贡米、茶叶、香椿、雪里蕻、油菜等各类农产品种植基地。建成各类农产品加工车间共计6000余平方米。项目带动周边6个村1100余户，实现村有产业，户有就业，集体有收入，户户有增收。

二、众人合力 发展共建 建设生态家园

认真落实"十个到村到户"政策，村内各项公共设施得到逐步完善，由于部分群众对生态环境保护认识不到位，秸秆焚烧、垃圾乱扔、污水乱排等问题时有发生。为提高广大群众生态保护意识，共建生态绿色家园，让绿水青山真正变成金山银山。村两委发扬"有事好商量、有事能商量、有事会商量"传统，通过广泛宣传发动，在全村范围内开展"生态家园美丽庭院"创建活动，村民自发清理房前屋后杂物垃圾，实施农村生活垃圾分类处理和有机肥替代工程。在推进"厕所革命"过程中，逐步加强农村生活污水治理和村庄绿化美化。通过严格落实"林长制"、"河湖长制"，从源头上全面保护和修复生态环境，实现人与自然和谐共生，人居环境持续改善，逐步形成了田园风光、农耕风情、贡米文化等多种元素的美丽乡村，同庆沟村也被评为"湖北最美乡村"和"全国文明村"。

三、村户携手 建设共管 建设宜居家园

同庆沟村紧紧围绕"宜居、宜业、宜游"的工作目标，坚持以人为本、以绿为韵、以文为脉，扎实开展美丽乡村建设，通过实施"拯救老屋"行动，统筹保护和利用好老宅、古树，传承老手艺、老味道，留够生态家底、留足发展空间。经村民议事协商会、党员会、群众代表会讨论、由村民推选成立了乡贤理事会，协助村两委共同管理村内事务。对农户宜居家园建设开展积分制管理，通过群众月月评、不定期开展座谈、问卷调查等方式开展文明家园评选活动。在评议中发现问题、协商共治解决问题，通过活动开展实现了美丽家园众人参与、众人评议，村内形成了齐抓共管的长效管理机制，人人都是主人翁。

四、家规家训 效果共评 建设人文家园

通过开展"家规家训进万家"活动，在村内逐步形成了"村立约、族立训、家立规、人立言"的群众自治的新风尚。组织开展以"访"旺族大户"、"晒"家规家训、"讲"家规故事、"树"家风典型为主要内容的"家规家训进万家"活动。成立了乡贤理事会，与村内的名门望族一起共同挖掘传统文化资源和家风典型故事，收集整理出《刘氏家训》《徐氏家训》等经典家规家训。通过广大群众自评、互评等方式评出村内年度"十大好人""十星文明户"等。按照"五有"标准成立理论政策宣讲、文化文艺服务、助学支教、医疗健身、科学普及、法律服务、卫生环保、扶贫帮困等志愿服务队伍，利用新时代文明实践站，全年开展志愿服务活动。积极建好新时代文明实践站、家风馆等公共文化设施，全面加强农村文化阵地建设。定期组织先进典型和德高望重的老人通过讲述家风故事和先贤遗风，大力弘扬崇文尚武、礼义传家的优良传统，广大群众的参与感、获得感和幸福感得到了质的升华。村内形成了法规法律共学共守，村规民约众制共管，家规家训户建户评的良好氛围。

五、男女老少 成果共享 建设和谐家园

针对村级自治能力薄弱，部分群众信访不信法，社会治理困难重重等问题。同庆沟村深入开展"政治引领、法治为本、德治为先、自治为基、智治支撑"的五治并举融合治理模式，大力推进移风易俗，培育了文明乡风、良好家风、淳朴民风。推动"互联网+治理"向乡村延伸，构建网格化管理、精细化服务、信息化支撑的基层管理服务平台。以创建"全国信访工作示范县"为载体，树立"小事不出村、大事不出镇、人人不上访"信念，通过"有事好商量，遇事能商量，有事多商量"的方式，把苗头发

现在户，把问题化解在村。开展信访矛盾纠纷"大排查、大走访、大包保、大化解、大稳控、大宣讲"攻坚行动，完善"一事一巡回订单式"多元预防调处化解综合机制，维护社会和谐稳定。持续探索创新基层社区治理和民生服务新模式，全力推进"党建+民生"和"党建+治理"工作，不断深化"纵向到底、横向到边、协商共治"的共同缔造社会治理格局，努力打造生态、智慧、幸福的共同缔造和谐家园样板。

六、一事一议 共同缔造 建设幸福家园

按照"生产发展、生活富裕、乡风文明、环境整洁、设施完善、管理规范、文明和谐"的总体要求，同庆沟村突出抓好群众性精神文明创建，坚定不移走生产发展、生活富裕、生态良好的文明发展之路，大力推进美丽乡村建设，实现共同缔造幸福家园。加快路网建设，构建"外联内通、乡村循环、通组达院、班车到村、安全便捷"农村公路网。同时，加快城乡"教共体""医共体""医共体"等公共服务共同体建设，推动民生福祉从"有没有"转向"好不好"，确保幼有善育、学有优教、劳有厚得、病有良医、老有颐养、住有宜居、弱有众扶，实现人的全生命周期公共服务优质共享。发挥基层党支部的战斗堡垒作用。在党支部一班人的带领下，敢想敢干，打出"村社一体，合股联营"组合拳，通过引进一批优质的投资人，领衔兴办特色产业，让群众在产业发展中获益。坚持"一事一议"民主议事协商会制度。村内大小事务通过召开议事协商会民主决策的方式进行。真正实现了从群众中来到群众中去，一切为了群众，齐心协力共同缔造幸福家园的效果。

凝聚党群合力 共建美好家园

——尹吉甫镇沈家湾村"共同缔造"活动探索与实践

湖北省房县尹吉甫镇人民政府镇长 张 超

尹吉甫镇沈家湾村地处尹吉甫镇东部、东与保康县接壤，全村面积9.8平方公里，人口279户841人，是房县首任县长雷天明烈士牺牲地和十堰"最美村支书""吊瓶书记"代大明工作地，也是房县第一批乡村振兴示范村。近年来，沈家湾村坚持"共同缔造"理念，强化党建引领，创新工作举措，实现了群众精神面貌和村庄环境面貌"双提升"。如今的沈家湾村，红色文化成了群众业兴人和的"精神食粮"，潺潺绿水成了群众创造财富的"源头活水"，巍巍青山成了群众美好生活的"幸福靠山"。

一、集群众之智，找准共谋路径

坚持党建引领，强基铸魂，用红色画笔绘就共谋、共治、共振治理路径。

决策共谋，夯实"党建+头雁"治理根基。依托"村两委"换届，选优配强村干部，选出了"领头雁"书记张从友，选出了务实担当、干事创业的好班子。通过"党建+合作社+基地+农户"模式发展经济主体，领办年产近20吨诗雅纯高粱白酒专业合作社，以"租金+薪金+股金（小额信贷）"方式带动40余户农户实现增收5000元以上，村集体经济收入达20余万元。

协商共治，创新"党建+乡贤"治理模式。以党建引领资源统筹整合，深入挖掘乡贤资源，打破城乡、地域、行业、身份界限，吸引民营企业家、农村致富带头人、退休老干部、老党员组建乡贤理事会，下设矛盾调解服务队、产业发展突击队和乡风文明宣传队3支队伍。目前，沈家湾村乡贤理事会共有成员20余名，在产业发展、矛盾化解、环境整治、民生保障、移风易俗等方面建言献策50多条，参与化解矛盾纠纷20余件，乡贤理事会成为全村发展的助推器。

（三）同频共振，活用"党建+新风"治理阵地。以新时代文明实践为主线，构建"一名党员、一名乡贤、一组群众"的网格化特色志愿服务体系，活用文化大礼堂、党群教育中心、雷天明纪念广场红色阵地，开展形式多样的志愿服务30余次，评选出孝老爱亲、文明礼貌、移风易俗等先进典型9人，评选出家庭美德、重诺守信、诚实劳动等典型人物4人，百姓宣讲员2名，以户院会、村组会等形式开展百姓宣讲20余场，有效制止红白喜事、升学宴、谢师宴等10余起。

二、谋群众之福，锻造共建本领

按照党员带头、能人带动、全民参与的思路，以产业发展为支撑，缔造幸福家园。

党员干部包户建。立足"茶旅融合"发展实际，重点发展茶叶、艾叶、乡村游、红色游，以"走出去看、请进来学"的方式，组织驻点领导、村干部、茶农、艾农、企业老板学习产业发展本领。推行党员包户机制，每名党员联系5-10户群众，引导包户群众产业共发展、矛盾共调处、环境共整治、新风共创建。在党员干部示范带动和包联帮扶下，引导本村群众在镇内工业园务工32人，流转土地1200余亩，发展以艾草为主的中药材300余亩。

能人回乡带头建。优化营商招商、以情招商、以商招商，探索能人回乡典型引路、示范带动新模式，成立市场主体5家，撬动社会资本投资3800万元，带动全村群众就业171人，实现群众家门口就业增收。退伍军人张万虎投资1600万元创建诗雅茶旅、外嫁姑娘党仕梅投资900万元养殖千头牲猪、创业能人张世兵投资800万元打造吉庄田园、种养大户葛邦林投资300万元养殖秦巴黄牛、头雁书记张从友投资200万元兴办高粱酒厂，沈家湾"能人"乡贤相继反哺归乡，助力乡村振兴。

群众参与主动建。通过流转土地、投工投劳、资金入股等方式参与产业发展。发展小艾园、小果园、小花园、小菜园、小养殖园、小作坊的"庭院经济"增加收入。全村就业率达90%以上，新增市场主体24个，基本实现地里无闲田、家里无闲人、邻里无闲事、农户无返贫，人人有事干、户户有稳定收入。

三、用群众之力，提升共管效能

坚持用村情共享换取群众共管，美好环境与幸福生活共同缔造，实现人人出力、人人尽力。

村规民约推进村民自治。经村民会议表决通过《沈家湾村村规民约》，建立红黑榜，树立先进榜样，曝光反面典型，营造和谐氛围。结合乡村振兴建设，将方针政策、法律法规、社会主义核心价值观、村风民俗等内容融入其中，搭建50余处村规民约、文明新风宣传栏，打造18面彩绘文化墙、3个文化小广场，引导广大群众共同遵守村规民约，共同参与文明创建。

村务公开实现阳光运行。切实落实"四议两公开"和村级重大事务民主决策制度，通过召开党员群众代表会、群众大会、户院会等，让党员群众对乡村振兴规划、"三资"管理、农民建房、集体经济发展、村务公开等村级"五件事"了然于胸。

多措并举打造"清廉村居"。着力发挥村级监察监督"前哨探头"作用，配齐纪检监察联络员和村务监督委员会；综合运用村务公开栏、"村村响"广播等，保障群众的参与权、知悉权、监督权。结合自身实际，将清廉村居建设与清廉文化建设、清廉家庭建设等工作有机结合，推动形成文明乡风、良好家风、淳朴民风。

四、听群众之声，制定共评标准

坚持把群众拥不拥护、赞不赞成、高不高兴、答不答应作为衡量工作的标尺，充分发挥群众"阅卷人"主体作用。

一是事从民需。以"户户走到""三认活动""下察解暖"等活动为抓手，用好户院会、群众会、党员代表大会等载体，广泛听取群众对村级项目建设、集体经济收支、村级重大事项的意见建议，对群众反映的事情做到有回应、有结果、有反映，对整改的群众问题抓巩固、抓推进、抓责任，开诚布公亮出整改效果，群众满意度、认可度直线上升。

二是权由民用。通过"村村通"、宣传栏、微信群、宣传单页等方式，将群众关心的低保五保、公益岗位等惠民政策进行全方位宣传，召集村民代表和群众对低保制度、医疗救助、临时救助等进行面对面答疑解惑，再由群众共同对特殊群众进行真实的、公开的、公正的民主评议，对评议结果当场公示，真正做到了将民生交给群众，让群众享用民生，还权于民，还情于民。

三是绩请民评。以红白理事会、乡贤理事会、百姓宣讲团为阵地，大力弘扬文明新风，定期组织群众分片区评选处"好媳妇""好婆婆""最美庭院"以及星级文明户、文明家庭创建等先进典型。用好红黑榜、宣传栏等平台，评比激励先进、鞭策落后，形成"户户参评，人人争创"的良好氛围。

五、解群众之忧，打造共享成果

坚持尽力而为、量力而行，瞄准群众所需所急所盼，办好群众牵肠挂肚的民生大事和天天有感的关键小事，实现美好环境与幸福生活人人享有。

一是平安创建促共享。通过开展"三官巡村"、义警巡逻、反诈宣传等方式，积极打造平安村居。盘活人民调解资源，吸纳党员代表、群众代表、退休干部等组建人民调解委员会，化解矛盾纠纷13件，用活"一村一法律顾问""平安义警"资源，为群众提供及时、专业、优质的法律咨询、普及服务20余次。激活群团组织参与矛盾纠纷化解的活力，村妇联累计调解婚姻家庭纠纷11件，全村实现了无安全事故、无电信诈骗案件、无刑事案件、无赴县以上访"四无目标"，群众安全感和幸福感全面提升。

二是提升基础设施促共享。以乡村振兴示范村建设、"下察解暖""共同缔造"实践活动为契机，不断加大民生领域资金投入，聚焦群众的急难愁盼，大力推进民心工程。打造诗雅茶旅农特产品销售平台1个，修缮蓄水池4处，购买抽水泵2台，完善标志系统33处，新建停车场2个，安装景观灯67盏，黑色化村庄主干道2.8公里，铺设污水管网2公里，硬化农户晒场32户，让高质量发展成果普惠于民，让身边小事温暖民心。

三是环境整治促共享。以"五大专项行动""清洁房县""小手拉大手""巧妇洁家园"等活动为抓手，激发群众"主人翁"意识，破解"垃圾、水、路、绿、厕"等环境整治难题。拆除危旧土坏房9间270余平方米，改造村道旁高碑大墓4座，改造厕所110户，持续实施每周一"大扫除日"20余次，通过开展"人居环境评比"，选树示范院落6户，广泛发动党员干部和群众参与环境卫生整治，户户扫干净、码整齐、比整洁，形成了"不当旁人、不当闲人、争当主人"的良好氛围，僻壤变乐园、家园变公园，文明新风蔚然成风，村容村貌焕然一新。

党建引领促振兴 幸福乡村如愿来

——上河溪乡加强党对"三农"工作全面领导案例

湖南省桑植县上河溪乡党委书记 向师帅

乡村振兴工作一头连着发展，一头连着民生。近年来，桑植县上河溪乡以党建为引领，持续加强党对"三农"工作的全面领导，以建全领导体制机制、完善防返贫监测机制、落实驻村管理机制"三制"为抓手，严格落实县委、县政府安排部署，深入推进乡村振兴工作，不断增强人民群众的幸福感、获得感，取得了较好成效。

（一）加强"领头雁"作用 健全领导体制机制

上河溪乡高度重视"关键少数"的重要功能，在推进乡村振兴工作中充分发挥"领头雁"作用。2021年以来，迅速成立了以乡党委书记为组长，乡长、分管副乡长为副组长的乡村振兴领导小组，领导小组办公室下设乡村振兴办，负责日常工作。

针对产业振兴，由乡村振兴办牵头制定了村集体经济工作总方案，并根据辖区内9个行政村实际情况，因地制宜制定了9个子方案。同时，全乡积极对接行业政策，争取项目资金，依托中国建设银行"金融贷"项目，大力助推村级集体经济发展，并顺利实现了全乡有科学发展规划、有稳定收入来源、有较强经济实力，有健全监管机制的"四有"目标。

如今，青钱柳、优质稻、水果基地等村集体经济在上河溪乡遍地开花，蒸蒸日上的产业发展为村民带来了实实在在的收益，让群众感受到了触手可及的幸福感和获得感。仅2021年，全乡村集体经济总收入就达55.9万元。其中，农产品销售收入33.4万元，种养殖收入12.6万元，其他收入9.9万元。

（二）用好"网格化"功效 完善防返贫监测机制

组织振兴和人才振兴是乡村振兴工作的重要内容，近年来，上河溪乡注重发挥党员的先锋带头作用，建立党的"战斗堡垒"，充分用好"网格化"管理功效，不断优化完善防返贫监测机制。

2021年以来，全乡以18个党员网格长为根基，完善了以36名网格联络员，84个微网格长为枝叶的"网格化"管理体系，对全乡4928户13552人进行系统管理，切实做好防返贫监测工作。截至2022年6月，全乡共纳入监测户22户37人，消除风险2户3人。

（三）压实"责任人"担当 落实驻村管理机制

为助力乡村文化振兴及生态振兴，上河溪乡压实"第一书记"责任担当，严格落实驻村管理机制。

2021年以来，共派遣了9支驻村工作队，其中2支市派驻村工作队、4支县派驻村工作队、3支乡派驻村工作队。各工作队第一书记严格按照《防返贫监测与帮扶桑植十二条》要求，对辖区内脱贫户与监测户实行一季度全覆盖走访一次。在推动经济发展的同时，结合"美丽屋场"建设、精神文明建设等工作不断提升村民的生活质量和水平，实现人民群众对美好生活的期盼。

2021年，上河溪村驻村工作队发挥张家界市国网公司行业优势，对上河溪村全村农村电网完成了提质改造。2022年7月，上河溪乡张家坡"美丽屋场"正式动工，正如火如荼建设中。

党的引领是乡村振兴的主心骨。下一步，上河溪乡还将继续以党建为引领，促使党建资源转化为发展资源，确保做好巩固拓展脱贫攻坚成果同乡村振兴的有效衔接，切实让乡容村貌越来越美，群众生活越过越好。

生态活力乡·大美上河溪

定位： 桑植县西大门、边界小镇

简介：

上河溪乡地处湖南省张家界市桑植县西南部，南临永顺县，西连龙山县，是三县七乡交汇之地，更是桑植县通往龙山、鄂西、渝东的必由之路，素有桑植"西大门"之称，是典型的边界小镇，是苗族、土家族、白族、汉族等多民族集居乡镇。上河溪乡是川客必经之地，从清末至民国一直是重要盐粮、货物及税收关卡。时至今日，国道 G353 线横贯上河溪乡，交通迅捷便利，往来客商货运川流不息。

近年来，上河溪乡党委、政府依托三县七乡交汇之地的区位优势，提出将特色旅游、农业产业化、生态宜居化发展相结合，致力打造独具魅力的边界民俗乡镇，谱写乡村振兴新篇章。

上河溪乡集镇鸟瞰图

上河溪乡熊家坪村优质稻种植

点"叶"成金 筑梦"共富先行区"

赋能"共同富裕先行区"开创"金井模式"

湖南省长沙县金井镇人民政府

一片茶叶，能带来什么？给一个乡镇带来15亿元的年产值，给一个茶企带来8亿元的年产值，给一个产茶大镇农民带来人均41000元的年收入。

一种创新，能带来什么？吸引一年近百万的游客慕名前来"打卡"，让曾经以工业著称的中西部第一县形成工农比翼双飞，农文旅并驾齐驱的高质量发展局面，为一个省打造千亿茶产业注入了强劲的动力。

一种改革，能带来什么？让"十里湖面、百年古井、千年古寺、万亩茶园"的绿茶小镇获评全国千强镇、全国重点镇、全国文明镇、国家卫生乡镇、国家示范农业产业强镇、全国乡村特色产业十亿元镇等7项国家级荣誉，获评湖南省农业特色小镇、湖南省脱贫攻坚先进集体等30余项省市级荣誉。

更为难能可贵的是，彰显时代担当，一个小镇，赋能"共同富裕先行区"，并开创"金井模式"，为乡村振兴和共同富裕树立标杆！

冒着7月的骄阳，记者行走在湖南长沙县金井镇大地，见识到金井人正在用他们的聪明才智，建造一个个"能量场"，使之产生巨大的效力，筑梦"共同富裕先行区"挥就浓墨重彩！

强劲动能：特色兴镇产业强镇

金井镇因井而得名。被称为长沙县北大门，地处长沙、平江县、浏阳市三县（市）交界处，镇域面积210平方公里，总人口6.6万人，下辖12个行政村、2个社区。素有"小长沙"美称和"世外长沙 绿茶天堂"美誉的金井，又是一片红色的沃土，作为长沙县唯一的革命老区，先烈们用鲜血染红了这方土地，坐落该镇金龙村的杨立三故居，远处青山含黛，若隐若现，近处白墙青瓦，屋舍俨然，路边连成片的茶园紧相依，苍翠欲滴一眼望不到边。

去年来，金井锚定"建设全国茶乡名镇，打造农旅融合重镇，争当乡村振兴标杆"的目标定位，推动一二三产融合，将茶园变成了景园，将小镇变成了强镇，砥砺奋进、勇于超越，实现了"十四五"良好开局。

镇党委书记章李话语铿锵、底气十足介绍，为响应县委县政府号召，赋能"共同富裕先行区"开创"金井模式"，主动融入"强省会战略"及"四个年"行动，以"建设全国茶乡名镇，打造农旅融合重镇，争当乡村振兴标杆"为目标，努力在带动长沙县北部发展上彰显新担当，在"率先打造'三个高地'、建设现代化示范区"中做出新贡献。

2021年完成规模以上工业产值10.3亿元，同比增长30%；社会零售商品销售额3208万元，同比增长28%；固定资产投资29.7亿元，同比增长18.9%；一般预算收入2316万元；新增"规上"企业6家、高新技术企业3家，实现了"十四五"良好开局。金井一直精心培育的"八金品牌"（金茶、金菜、金米、金薯、金猪、金铸、金虎、金艾）、"四大产业"（铸造、机械制造、茶产业及有机农副产品）逐步发展壮大，已涌现出金茶、湘丰、金龙3个中国驰名商标。

镇域内有湘丰茶业集团、湖南金井茶业集团2家农业产业化国家重点龙头企业，实现本镇劳动力转移就业8800人。今天的金井，正全力建设产业联系紧密、空间布局合理、资源体系整合、区域特色明显的一体化样板镇，打造更具实力、更有活力、更富魅力的绿茶小镇、文化名镇。

星光不问赶路人，历史属于奋斗者！

金井镇党委副书记、镇长提名人选刘威对金井的未来充满信心。他说，为凸显资源优势，明确长沙县"一县一特"的茶产业为金井镇特色产业，金井以打造"品牌、品质、品味"的"三品"工作思路，紧扣湖南省农业特色小镇（长沙县金井绿茶小镇）定位，坚持一二三产业融合发展，构建茶产业、茶经济、茶生态、茶旅游和茶文化互融共进、协调发展的现代茶产业体系，以金井产业之强助力省会之强。

自信满满，带来金井的希望满满！

镇内"湘丰集团"与"金井茶厂"两大国家重点龙头茶企并驾齐驱，成了驱动金井经济发展两个巨大引擎。

"湘丰集团作为中国自有无性系优质茶叶种植面积最大的茶叶企业，拥有茶叶基地27.5万亩（县内5.5万亩），主导产品为绿茶、红茶、黑茶、花茶等，旗下湘丰智能装备股份有限公司是中国茶叶机械行业生产技术和研发力量最强企业,公司研发的炒青绿茶生产线填补国内空白、达国际先进水平"。金井镇党委副书记陈意引以自豪娓娓道来：金井茶厂拥有茶叶基地8.5万亩（县内3万亩），主导产品绿茶、红茶、名优茶等，基地连续22年通过国家绿色食品认证，连续21年通过国际有机茶认证。2016年，金井绿茶制作技艺入选省级非物质文化遗产。

新主体带动了新农民，目前仅镇域内茶园3万亩，茶叶年产量达2.58万吨，茶叶种植、生产、销售带动从业农民达6万人次，镇域内从事茶叶产业的公司、合作社30余家。

"金井茶不仅是金井的，更是长沙的，她是长沙农业走向世界的金名片。因此，从茶的全产业链可持续高质量发展谋，我们大力推行茶产业全程清洁化，从土壤环境到种植加工，再到包装储运都按照清洁化标准，实现茶产业无害化管理，病虫害防控方面推行绿色防治，提高茶园生产环境质量。"金井镇主管农业产业发展工作的人大主席孙应德说。为了将健康茶做到极致，长沙县全力支持金井镇打造健康茶。从拿到金井茶叶的自营出口权，金井有机茶销量增长明显，仅湘丰公司高峰期年增长幅度达到30%至40%，出口至欧盟、日本、东南亚等国家和地区，出口份额逼近内销。

背靠大树好乘凉。在湘丰集团、金井茶厂这两棵"大树"的荫庇下，金井镇涌现出了一大批从事茶业的新型农业经营主体，吸引了大批资金、技术、人才要素回乡兴茶，千亩以上的茶叶产业合作社达10余家。

精准效能：改革创新内生动力

没有改革，发展无从谈起！

没有创新，变化无从谈起！

锻造"无改革、不金井"金字招牌，以精准效能在多个方面同时推动改革创新，金井镇党委、政府凸显了湖湘人敢拼敢闯、敢为人先的精神！

深化动能转换改革，全力以赴"解企难"。"全镇以深入开展"招商引资提效年、项目建设提速年、营商环境提升年、城乡品质提档年"行动为抓手，聚焦产业发展"难点""痛点""堵点"持续发力，为金井高质量发展提供强劲支撑。"金井镇党委书记章李深情介绍。在转型升级优存量，发展院士农业上，持续对接中科院亚热带农业生态研究所、国防科大等科研院所，成立中国工程院印遇龙院士创新团队天府工作室，建成湖南长沙茶叶科技小院和力推金龙智造、金威电器等企业转型升级；助推农旅融合发展，为三珍虎园成功创建3A级景区工作中，金井干部职工倾注了大量心血。

在招商引资拓增量上，金井镇做到全面摸清镇域内闲置土地、厂房等资源资产底数，编制《促进招商引资八条措施》，定期召开企业家座谈会，持续对接50余名知名人士、19家意向投资企业，引进3家企业落地投产；在优化服务提质量上，全镇始终持续开展干部联企业"送政策、解难题、优服务"行动和"三带三抓两促进"暖企行动，建立问题收集、交办整改、跟踪问效全闭环处理机制，强化政企银沟通对接，集中解决立项、环评、供地、融资等瓶颈问题，营造"金牌"营商环境。

深化营商环境改革，企业办事"零跑腿"。为让群众少跑腿，让信息多跑路，通过湖南企业登记全程电子化业务系统，群众可以足不出户，在网上就可以进行企业名称核准、设立、变更、注销登记，做到"一次登录、一表申请、一次提交、一网通办、邮寄送达"，实现企业登记全程电子化。截至今年6月份，通过网上申报进行企业登记的市场主体已达到525家，通过减环节、减材料、优流程，极大地节省了企业的办证时间，降低了企业的准入门槛，营商环境得到持续优化。

深化资源要素改革，项目建设"零等地"。严格按照省市县相关要求，在落实永久基本农田保护红线、生态保护红线的前提下，结合全镇发展实际划定城镇开发边界加快集体建设用地与工业用地办理，按照镇党委政府每个村10亩建设用地指导意见，积极推进集体建设用地规划报批，壮大村集体经济。

深化市场取向改革，特色小镇"颜值高"。围绕项目建设创精品。按照县委"1345"发展思路，制定印发《金井镇"项目建设提速年"行动方案》，牢固树立"项目为王、项目为先、项目为大，一切围绕项目转、一切围绕项目干、一切围绕项目看"理念。通过在全镇开展"项目建设提速年"实现项目建设提速增效和攻坚突破，发挥项目对投资增长的引领作用，为全镇经济社会高质量跨越式发展提供强力支撑。上半年全镇新建项目开工率达100%！在此同时，深耕细化服务提档次，完善工程管理保品质，整顿卫片图斑保绿水青山。

改革创新谋发展，金井人迈出了雄健的"金井步伐"！

澎湃热能：融合发展共同富裕

2021年，长沙县做出重大决定，率先建设共同富裕先行区！实力雄厚的金井，自然要担当起"共富先行区"大任！

坚决落实县委、县政府战略部署，镇党委书记章李语气坚定地说："金井要重中之重抓茶叶，又要跳出茶叶来抓茶产业。"金井绿茶小镇要做到功能既独特又聚合，依托以茶叶产业为主导的生态农业，进行一二三产业的深度融合，使加工产业、农业体验、观光和旅游服务融为一体，农文旅一体化发展，才能让镇村居民、外地游客在金井实现生产生活生态的"三生有幸"。

记者在采访中，深深感受到"茶叶+"在金井释放的巨大潜力。从一产的茶叶，到二产茶机制造、茶叶精深加工，再到三产的农文旅融合，再到今后的茶健康产业，金井用一片茶叶串起了一条全产业"增收致富链"。

"为了更好地利用茶产业带动农户发展，金井镇实行"村企共建"的利益联结模式，探索"五元回馈"模式。"'五元回馈'就是按年一次性收取保底流转金、集体股份收益保底分红、优先就业工资收入、农民救助金、集体股份收益超额浮动分红。"金井镇农业综合服务中心主任曾立祥如数家珍。

"我们跟金井茶业合作开发千亩茶园，现在已经开发500多亩了，并且已经种植茶叶300多亩了。"金井镇蒲塘村党总支书记杨莽告诉记者。据介绍，国家支持贫困户的产业扶持资金40万元投入到金井茶业，作为种茶户的股金。预计蒲塘村千亩茶园项目全面建成后，入股种茶户的年收益率按照保底分红及利润分红的形式，大概在5%~15%之间，村民各类工资有300多万元，村集体经济每年收益30万元以上，其中60%将投入到发展产业和基础设施建设等方面。

一产衍生二三产，二产反哺一三产。高效率茶机的使用，大大提高茶叶生产效率，反向推动茶园面积增加，带动更多农户种茶。近年来，金井镇新扩了蒲塘村千亩有机示范茶园、沙田村500亩高标准有机茶园。而连片的茶园，既是产区，也成了景区，提质打造的"茶马古道"、三棵树示范园变成游客修身养性、体验观光的好地方。AAA级旅游景区湘丰茶博园获评"中国最美田园景观"，成为长沙首批中小学研学旅游基地，每年接待游客30万人次。

不仅农旅融合，金井镇还巧妙将文化融入其中。在金龙村花园片区，建设了长沙市首个茶文化展示中心、自然茶馆、以茶为主题的无人酒店，在一个区域内，游客可以在此徜徉美丽茶园，品味特色茶宴，采摘鲜嫩茶叶，尽享茶文旅融合的种种乐趣。

2022年上半年，金井镇共计接待游客60余万人次，茶园周边的村民，仅游客接待收入增长了40%左右。"村组+村民+企业"的村企共建模式，写下了乡村振兴的生动注脚，有效的实现了品牌增值、企业增效、村组增收、村民增富、环境增美。2021年，村民人均可支配收入已超过4.1万元，企业茶叶销售收入突破8亿元。

种出了好茶，也"种"出了好生态。镇辖金龙村就获评为国家级生态村、全国文明村。"老百姓生活在茶园、生产在茶园，享受茶园生态，吃上了'农文旅融合'饭。"金龙村党总支书记刘宇告诉记者。

恢宏势能：党建引领乡村振兴

党建蓄势赋能，难点无坚不克！

党建，是新时代的"聚合力"之源，赋能发展、赋能治理、赋能服务！乡村振兴，更是离不了其巨大作用。

为此，金井镇一刻也不放松党建。抓阵地建设上，用好用活党委理论学习中心组、三会一课等载休，定期举办"机关党员大课堂""金井大学堂"，突山"新时代文明实践所"等舆论阵地建设管理，提质提效支部"五化"建设，创建农村流动党员管理品牌，培树1-2个明星村（社区）书记，争创1-2个省级"两新"示范党支部，拓展党组织活动和党员教育活动的广度和深度；带干部队上，深入开展"强省会 勇担当"作风建设年"三大行动"，牢固树立"金井不领先就会落伍"的忧患意识和"看问题至少拔高一级，解决问题至少下沉一级"的思维方法，践行"一线工作法"和"穿透式工作法"，创新重大项目青年干部攻坚制度，成立茶叶研习社、文旅研习社等5个干部专业研习社，不断提升金井干部本领担当；做结合文章上，深入开展"党建聚合力书记领航行动"，持续做好"党建+乡村振兴人才培育""党建+村集体经济发展""党建+美丽宜居村庄建设""党建+基层治理"等党建结合文章。

此外，金井镇扎实开展"我为群众办实事"实践活动，搜集并解决群众诉求400余条；以"五零"建设为抓手，积极开展群众服务需求大调研，推行"12345+网格化"模式，发动农村党员、"三长"、志愿者等广泛参与社会治理；守好"五安"底线，探索乡村数字治理新模式，打造平安幸福金井，坚持常态巡查与专项整治相结合，每日开展道路交通整治联合行动，召开夜话安全屋场会，实践"数字金井"工程，做到小事不出村、大事不出镇。

"由脱甲茶街、三珍虎园、生态稻田、猕猴桃果园、茶博园、农家花园组成的"一街带五园"发展模式，让湘丰村发生了翻天覆地的变化，村集体经济收入达到130多万元。村容村貌变美了，老百姓生活越过越红火，到处展现出乡村振兴的活力。"湘丰村党总支书记林金良自豪地说到。

金井，一幅灵动秀美的乡村画卷在徐徐展开！

塑造有颜值、有气质、有品位的金井新风貌，他们依托"一湖一河一山一片区"的独特资源优势，以打造长沙县北部旅游集散中心和长沙绿茶文化交流中心为抓手，高标准编制区域规划，推动金井集镇夜间经济、特色旅游、文娱休闲等功能载体落地。

持续谋划、积极争取金井对外快速通道，加快打造产业路、旅游路、民生路。实施"片区联通大环线，节点串联小环线"的交通升级工程，加速推动 S319金井路段建设，打通以茶园观光区、产业人口集聚区、美丽宜居村庄示范区为主体的内部小循环，逐步建成布局合理、衔接顺畅的路网系统；坚持党建为先、产业为基、文化为魂、环境为本、群众为主、配套为要，立足生态人文资源、产业特色等基础，因地制宜推进湘丰片区等美丽宜居村庄集群建设，打造2-3条美丽宜居村庄休闲旅游精品线路，以点带面实现镇村全域美丽、全面宜居。

记者见到，花园片"五共"模式——家园共建、产业共链、文化共融、人才共育、成果共享；井溪片"四个一"的整体设计即井溪一脉、茶禅一味、河清一源、花海一色，无不让人感奋！包含金井古井、古茶运码头、九溪古寺、金龙水坝、金井河风雨长廊、金福花道、党建平台、清廉广场、唐韵茗铺（文旅驿站）、井溪花海等10个农文旅融合项目的全速推进，为打造乡村振兴标杆片区注入了强劲活力！。

无论是旅行还是居住，行走在金井的山水田园间，穿梭于茶园绿意里，都能感受到如啜饮一杯清茶之后的释然；走进金井，品一壶好茶，听一段故事，看一幅乡村振兴的美好画卷，记者感受到在改革创新强劲推动下，赋能"共同富裕先行区"开创"金井模式"，一个活力更足，实力更强，特色更优，久久为功，科学推进，驰而不息，百姓富裕的美丽金井正健步迈向乡村振兴高质量发展的康庄大道。

坚持党建引领 打造生态生产生活综合体

宁夏回族自治区西吉县田坪乡党委书记 高君琴

近年来，田坪乡坚持深入贯彻落实中央和区、市、县重要决策部署，紧紧围绕全面推进乡村振兴加快富民强县步伐为西吉人民过上更加美好的生活而努力奋斗的目标，以"三抓三促"为载体，通过党建引领，将生态文明建设与推动产业升级、增进民生福祉有机结合，探索走出一条生态、生产、生活三大空间相融共生发展的新路径。

田坪乡地处西海固苦瘠甲天下的核心区，这里曾经生态恶劣，生活贫困，生产落后，祖祖辈辈守着荒山沟坡，山是和尚头，沟里没水流。经过一届届党委政府的不懈努力，充分发挥各级党组织战斗堡垒作用和党员先锋模范作用，推动各项工作落到实处、取得实效，田坪乡生态生产条件不断改善，群众生活水平不断提升。全乡群众纷纷表示感恩共产党，感谢总书记，要坚定不移跟党走，矢志不渝听党话，持续推进"生态、生产、生活"融合共进，不断绘就生态美、村庄美、生活美、乡风美的乡村振兴生动画卷。

在生态发展坐标上，塑造"环境融合"的生态田坪，让乡村田园靓起来。牢固树立"绿水青山就是金山银山"理念，持续加大生态保护和环境治理力度。打好生态修复战，让山川更亮丽。以田坪乡高质量宜居乡村建设为契机，共完成荒山造林3万亩、退耕还林2.6万亩，绿化村组道路140公里。不断加强田坪乡生态环境治理，组织开展秸秆禁烧、河道垃圾专项治理和封山禁牧等专项巡查行动，依法严厉打击非法侵占林地行为，使全乡生态系统得到有效保护。打好环境整治战，让乡村更宜居。构建"乡党委+村党支部+网格员+村民"自治的人居环境整治工作格局，建立"村党支部引领，共建共治共享"的长效治理体系，建立"三包"责任制，乡党委班子成员包片、村"两委"成员包村、村组干部包户管理网格65个，打造环境整治示范村3个，全乡人居环境持续向好。

在生产发展坐标上，塑造"产业融合"的宜业田坪，让乡村经济强起来。始终把产业转型升级作为加快经济社会发展和增进民生福祉的源头性、根本性、长效性举措，坚持党建引领，规模化发展、项目化推进。守好粮食安全"一个底线"。严格落实粮食生产功能区种粮属性，巩固提升粮食综合生产能力，2022年全乡农作物种植总面积10.52万亩，粮食播种面积8.29万亩，粮食总产量计划达到 2 万吨以上。坚定不移做强"两个产业"。不断完善"党支部+龙头企业+基地+农户"发展模式，鼓励农户以牛入股、种草共养，通过合作社外连企业、内连农户，农户"自愿加入、退出自由"，经营"收益共享、风险共担"的形式，开辟养牛产业发展热潮，重点培育南岔村、庙山村、大岔村"5·3·60"模式肉牛养殖示范村3个，稳步推进养殖产业融合发展，2022年，全乡计划牛存栏扩量至5562头。巩固提升马铃薯产业，全乡种植面积稳定在4.65万亩，持续强化马铃薯三级种薯繁育体系，完成原种繁育664亩，一级种繁育2000亩。以二岔村、三岔村为核心，打造薯玉间作5000亩集中连片核心示范点，辐射全乡12个行政村建立2.2万亩薯玉间作示范基地，以燕李、赵坪村为核心，完成玉豆带状复合种植1.2万亩。大力发展"支部+企业（合作社）+基地+农户"的订单种植模式，以庙山村、李沟村、田坪村、腰庄村为核心，打造4个集中连片优质杂粮种植示范基地3500亩，带动群众扩大种植面积，推进杂粮产业高质高效。

在生活发展坐标上，塑造"品质融合"的幸福田坪，让乡村生活美起来。坚持以德聚心、以德聚气、以德聚力，守护乡愁乡韵，培育淳朴民风，激发乡村变美的内生动力。深入开展乡风文明建设。结合新时代文明实践站（所），实施文明实践活动积分卡制度，广泛开展"脱贫致富感党恩，振兴共富跟党走"主题活动，选树表彰"移风易俗示范户""脱贫光荣户""好婆婆""好媳妇"等先进典型，弘扬社会正气，乡风民风得到明显好转。不断加强基层治理能力。坚持和发展新时代"枫桥经验"，以信息化、网格化、智能化网络为依托，以乡村网格为单元，探索出承载党建、便民服务、综治等多种功能的"一网一格多功能"基层社会治理模式，通过搭建田坪乡基层治理数字平台，逐步完善"智慧乡村"综合服务平台各项基础数据，建成各类基层治理模块，真正实现基层治理现代化新突破和"五治"融合治理新格局，切实做到察民情、听民声、汇民智，架起村"两委"与群众间的连心桥。全力提升群众"造血"能力。2022年全乡农村劳动力转移就业2728人，预计创收2182.4万元，紧盯"素质提升"，举办以家政、电焊、刺绣、种养殖技术、挖掘机等工种技能为主的"订单式""点单式""配送式"技能培训，结合田坪乡2022年以工代赈工程和农村人居环境整治示范村建设等工程，鼓励群众就近务工，促进群众收入不断增加，生活质量不断提高。

白依乡产业发展思路及合作社工作推进情况

四川省乡城县白依乡人民政府乡长　洛绒次称

一、产业发展背景

由于群众法制意识淡薄，2014以来白依乡连续发生2016年"5.29"案件、2017年"1.31"事件等影响极大的边界维稳事件，法制教育、边界维稳成了我乡重点工作任务，失去了发展机会。塞翁失马焉知非福，"5.29"案件的依法处理，从根本上消除了狭隘的地方主义思想和法不责众的侥幸心理，群众的法制意识得到了提高、思想认识得到了转变，感党恩、护稳定、守法制、谋发展已经成为白依大部分群众的共识。

二、产业发展思路

白依乡根据县委政府"南种北养"的产业布局，结合草场资源丰富、拥有藏猪地理标志、松茸资源丰富等自身资源禀赋，确定了"1+3+1"产业发展思路，即打造好"秘境白依"品牌，发展好高山牦牛、白依藏猪、白依松茸等三大支柱产业，盘活一片耕地，开启种养结合的循环经济。

三、工作推进情况

白依乡新一届党委政府为了补齐产业发展的空缺、集体经济的短板，及时把工作重心从维护稳定调整到发展产业，把乡村两级党员干部的思想统一到了"1+3+1"产业发展思路，有序启动了高山牦牛和藏猪养殖产业。

（一）强化组织动员，筑牢思想基础，激发内生动力。一是组织召开产业发展资源分析会、产业发展动员会、产业发展座谈会等专题会议8场次，州县农牧科技局专业人员指导培训会2场次，把乡村两级党员干部的思想统一到了"1+3+1"产业发展思路，筑牢了产业发展的思想基础。二是组织乡村两级干部28人次到兄弟乡镇考察学习集体经济发展、农村合作社运行、环境卫生治理等情况，比对自身实际情况，查找现实差距，进一步激发了发展产业的内生动力。

（二）发挥主体作用，借力扶持政策，保障启动资金。一是坚持"先发挥主体作用、后借力扶持政策"的原则，全乡200户户均自筹5000元，共计筹措105

万元。二是从2020年乡城县乡村振兴项目资金中争取500万产业扶持资金。三是四川海惠基金捐赠52.5万的产业启动资金，共计筹措产业发展启动资金657.5万元。为有序启动高山牦牛和藏猪养殖产业提供了资金保障。

（三）注重良种改革，发展猪牛养殖，推动循环经济。一是依法登记注册"秘境白依合作社"等农业专业合作社5个，每个合作社依法选举产生代表会、理事会、监事会，讨论通过了合作社章程、资金管理办法等规章制度，搭建了发展集体经济的基础平台；二是4个合作社2021在县内其他乡镇购买高山牦牛490头牦牛，420头符合条件的牦牛购买养殖保险，制定合作社牦牛管理办法4个，筹备饲料2万余斤，为启动高山牦牛养殖奠定了基础,2022年根据群众的意愿购，4个合作社采取群众代养模式，购买购买黄奶牛603头，跃卡村合作社和纳力和合作社准备购买90头高山牦牛，进一步扩大了养殖规模；三是根据猪牛养殖饲草需求，在2021年成功推广玉米良种改革300亩的基础上，2021年4个合作社采取群众自行代种管理的模式流转1000亩耕地，全面推广玉米良种改革。

（四）注重长远发展，结合白依实际、加强配套设施建设。一是投入70万元建设崩空牧房9个、疫苗接种巷道圈3个，目前完成7个崩空房建设任务，预计月底全面完工。三是积极申报白依乡民族团结文化广场即合作社农产品交易市场项目，已经纳入2023年重点项目。

四、取得的一些成效。

（一）初步形成了种养循环集体经济发展模式。采取以合作社为单位集中养殖高山牦牛648头，采取以群众代养的模式养殖奶牛603头，采取以群众代管的模式流转耕地1000亩，初步开启了种养结合的循环经济模式。

（二）首次实现了集体经济收益突破万元目标。2021年度青打村达龙尊合作社除去所有开展后盈余额26.5434万元，按照《合作社法》和章程，留存30%的产业发展基金，99户每户可分红18700元；布吉村合作社除去所有开支后盈余额10.841万元，41每户每户分红1850元，纳力村和跃卡村每户分红600元。坚定了群众发展集体经济的信息，提高了村级党组织的组织力、凝聚力。

（三）始终坚持了集体参与全体收益发展初衷。一是合作社从201户群众每户手中流转4.8亩耕地，每户平均增收2480元；二是采取群众先建后补的方式和全体群众参加受益的模式，作为群众"百日增收"行动的重要举措，安排合作社基础设施建设资金70万元拟修建牧房9个（严格按照合作社章程召开股民代表大会讨论通过），预计每户增收2500元。青打村合作社以每天150的工资聘请本村脱贫家庭2人管理高山牦牛，一年增收5.4万元；截至今天，包括合作社分工、配套设施先建后补、土地流转收入白依乡201户群众户均增收5000到7000前。合作社收入成为白依乡群众的支柱收入之一。

五、存在的困难问题

一是高山牦牛、藏猪养殖疾病防疫和冬季雪灾防范难度大。近年以来因猪瘟导致至少500头藏猪死亡。2022年受到大雪天气影响，日努共放牧场积雪厚、气温低、觅食难、饲草运输困难。虽然我乡群众积极开展自救，但还是遭受了一定的损失。导致3个合作社的8头高山牲畜（牦牛）、青打村和跃卡村养殖大户15头高山牲畜（牦牛），共计24头牦牛死亡。全乡村防员7人，每月工作400元。随着我乡发展壮大养殖业，村防员人数不足，缺乏工作积极性，希望适当增加村防员提高工作待遇，并加强技能培训和技术指导。

二是产业发展配套基础设施亟待解决。白依乡地理位置偏僻、道路交通等基础设施落实，极大地制约了产业发展，希望从基础设施配套建设、产销一体的产业链建设、培养产业发展乡村人才方面予以支持。

六、下一步打算

一是加快形成产销一体的产业链。一是依法登记注册"秘境白依"地域品牌。二是研发白依藏猪、白依松茸、高山牦牛奶制品等系列农特产品，并办理"三品一标"认证三是在县城步行街开设秘境白依农特产品销售及奶吧店。四是发挥好藏猪保种基地辐射带动作用，进一步推进"借猪还猪"模式。五是借助千企帮千村、省内对口帮扶等资源试点开展虫草和松茸网络代销活动。

二是加快培养产业发展乡村人才。通过参加培训、考察学习等方式进一步解放思想、拓宽视野、坚定信心，改变提到产业一知半解、发展理念含含糊糊、发展产业畏手畏脚的现状，加快培养一批产业发展乡村人才。

发展特色产业、促进农民增收、维护社会团结

四川省冕宁县和爱藏族乡党委书记　毛　智

2022年我乡政府在县委、县政府的领导下，以党的十九大、党的二十大、习近平总书记来川讲话精神为指导，深入贯彻落实习近平新时代中国特色社会主义思想，以经济发展为主线，以人民群众生活水平的显著提高为发展任务，抢抓机遇，奋勇创新，努力实现了全乡经济社会可持续发展和藏乡的和谐稳定。在县委县政府的正确领导下，乡党委政府全面落实抓基层党建工作主体责任，加强对辖区内基层党建工作的组织领导，切实基层组织建设，不断夯实党的执政基础。

一年来，全乡着力加强基础设施建设，各类项目齐头并进，村容村貌日新月异。

（一）农业产业持续发力。

1.花椒产业形势喜人： 我乡2022年青花椒种植面积15000亩，红花椒种植面积1000亩，估计产值达3500万元以上，青红花椒产业已经成为我乡的支柱产业，在花椒生产的各个环节我们加强对椒农的技术培训和指导，加大投入力度，临江村成功申请冕宁县青花椒园区培育基地，修建青花椒生产灌溉工程，建成60立方米蓄水池，引水管道3.5公里，灌溉管道16公里，基本解决了临江村青花椒种植的灌溉问题，促进了我乡花椒种植向规模化和产业化发展，促进群众不断增收。

2.粮食生产稳步发展： 2022年，我乡农作物播种面积13000余亩，总产粮食6200000余公斤。为保障我乡的粮食供给，乡政府狠抓实干，抓好技术指导培训，改良土地，采用科学套种、复种等几个重要环节，实现了全乡粮食播种面积不减，产量逐年上升。

3.林业生产大幅提高： 2022年乡政府在狠抓经济建设的同时，积极做好了林业工作，加大环境保护力度，极大地改善了我乡的生态环境，乡政府积极支持、鼓励群众植树造林，主要种植核桃、花椒等经济林木，既提改善了生态环境，又增加了群众收入，得到了群众的认可与支持。

4.畜牧业持续发展： 我乡畜牧从传统粗放养殖过渡到圈养与敞放相结合的养殖方式，同时加大科学养殖力度，既实现了养殖户不断增收，又大大改善了我乡生态环境。

我乡畜牧业是全乡人民收入的又一重要来源，期间我乡动物防疫工作达到要求密度，没有出现疫情。

5.基础建设力度加大： 2022年我乡不断加大农业基础设施建设力度，积极争取各项基础设施建设资金，星火村一组修建产业路2.5公里，完善运输条件，确保了生产物资的顺畅流通。完成临江村、大甲村、和爱村、庙顶村、星火村通村路，路灯亮化项目。

我乡农业产业持续发力，农业基础设施建设有了极大改善，为经济发展提供了硬件保障，农民人均年收入得以提升。

（二）脱贫攻坚和乡村振兴有效衔接。

为巩固拓展脱贫成果成效，2022年我乡持续发力，按照中央、省、州、县的统一安排部署，每月做好部门预警和村级排查监测工作，按时完成第二大排查，脱贫户的信息采集工作，和数据清洗工作。**一是**全力做好脱贫户、监测户的巩固提升及"回头看"工作，全面落实"四个不摘"，健全防止返贫动态监测和帮扶机制，紧盯监测户，定期监测帮扶，动态管理；**二是**我乡抓好巩固脱贫攻坚成果后评估核查反馈问题整改。全乡上下紧紧围绕巩固脱贫攻坚成果后评估核查，对所有脱贫户、监测户进行走访问卷调查并如实记录，针对每一个问题，查漏补缺，补齐短板。三是完善低收入人口识别、核查和动态管理，保持教育、医疗、低保等惠民政策落实落地。**四是**抓好种养殖增收、务工就业，创新拓宽增收渠道。同时积极引导群众感党恩、听党话、跟党走。

（三）森林草原防灭火工作取得成效

2022年我乡坚持以此为重、全民共防，按照"三化建设"目标，建强队伍、专业指战、末端见效。压紧压实森林草原防灭火责任，狠抓宣传教育，加强预警监测、火源管控，常态化清理"五周五缘"。做好基础保障，按照"应建尽建、科学合理""进出便捷、有利扑救，过顶拦腰、以路带水"的要求，新建防火通道近95公里，科学布设取水点、创新"铁樱子"蓄水池，同时建成多个集中取水点；新建瞭望台2个，建成2个半专业扑火队前置驻守点，5处防火检查卡点，切实做到"早发现、打得早、能打小"；组建一支30人规模的半专业扑火队伍和75人的村级初期火情处置小组，建立24人的巡山护林员队伍，切实增强我乡森防力量。在村组集中居住点周边、路缘、地缘、村缘营造生物防火隔离带，增强物理阻隔效果。逐步完善应急指挥体系和预案，加强资金、物资、人员待遇保障，强化技能培训和实战演练，圆满完成2022年森林草原防灭火工作。

（四）社会事业长足发展。

1. 强化社会保障工作。 2022年按时按规定发放低保资金，特困供养资金，困难残疾人发放补助资金，发放实事无人抚养儿童补贴，发放高龄补贴补助资金。所有社会保障及涉农补贴资金均实现"一卡通"发放。

2. 抓实医疗健康工作。 2022年我乡坚持常态化新冠肺炎疫情防控不动摇，全面贯彻落实"外防输入、内防扩散"各项要求，加大疫苗接种工作力度，常态化开展重点人员排查管控，同时加强通乡路口卡点建设和风险防控，最大限度减少群体性传播风险。健全我乡防控体系，进一步提高疫情防控、应对和应急处置能力。乡党委政府时刻关注群众的身体健康，采取有效的防治措施，加大宣传力度，建立健全各项制度和措施，防患于未然。艾滋病防治、重点疾病防控及基本医疗保障工作长足发展。我乡卫生院一所，医生5名，村健康服务员6人，积极鼓励村民参加新型农村合作医疗，切实解决了群众看病难、抓药难的问题，至今没有重大传染病发生，确保了群众的生命安全。我乡坚持严格实行计划生育制度，加大落实力度。社会抚养费征收、两非案件查处和底数清理，政策宣传教育均达到县上要求。

3. 夯实教育教学工作。 我乡始终坚持"百年大计，教育为本"的方针，把教育工作与其他重点工作同研究。全乡有中心校一所，有教师11人，学生130余人，有幼教点有2个，有幼师4人，学龄前儿童32人。2022年我乡适龄儿童入学率达100%。

4. 文化生活丰富多彩。 我乡紧紧围绕"文化兴乡"的主基调，以满足群众的精神文化需求为立足点，以建设文化强乡、推动文化大发展大繁荣为目标，开展各种文体活动，丰富了群众的精神文化生活，推进了全乡文化事业的发展。基本实现广播电视家家有，建成各个村的"农家书屋"、农村文化坝子，完善了文化阵地。以弘扬藏族文化为目的，依托国家级非物质文化遗产"藏族赶马调"，充分挖掘本土文化底蕴、整理文化碎片、重拾文化记忆。

（五）社会稳定民族团结。

1. 扎实担当，保藏区稳定。 2022年我乡获得"凉山州民族团结进步示范乡镇"称号。我乡作为藏族乡，和谐稳定是我们工作的重中之重。在工作中，全乡全体干部始终保持对党忠诚，敢于担当，自觉维护党中央权威。在反对"三股势力"中打头阵，做标兵。加强意识形态反分维稳工作，在各种复杂严峻形势下敢于带头亮剑发声，主动驳斥谣言，始终保持清醒头脑，始终做到旗帜鲜明，立场坚定，认识统一，表里如一，态度坚决，步调一致，确保中央各项民族政策在本乡落地落实。牢固树立"各族群众生活在一起、工作在一起、快乐在一起，像爱护自己的眼睛一样爱护民族团结，像珍视自己的生命一样珍视民族团结，像石榴籽一样紧紧抱在一起"理念。加强民族政策宣传教育，增进民族团结进步，我乡把学习党和国家的民族政策、民族理论和加强民族团结的整治教育工作作为一项内容渗透到各项工作中去，将此作为检验和考核工作业绩的一个内容，坚持以民族团结促进社会稳定和经济发展，为各民族群众办实事、做好事，帮助少数民族群众脱贫致富，为重视少数民族干部的培养、选拔和任用，把和爱乡建设成为冕宁最和谐、最稳定的藏族乡。

2. 社会稳定，保一方平安。 乡政府以"保一方平安，促一方发展"为己任，坚持经济事业与平安建设共同发展的原则。加强对安全生产、社会治安的监督和管理力度，实现安全生产和社会治安大的事故零发生。大力完善各项制度，全面落实社会治安综合治理各项措施；切实加强矛盾纠纷排查调处工作，正确处理人民内部矛盾；全力协助、参与突发性事件的处理，为全乡社会、政治大局的稳定，经济的发展保驾护航；加强基层综治队伍建设，严密群防群治网络，构筑有效的社会治安防控体系；协同派出所、司法所开展了平安创建、无毒创建等普法宣传教育，继续加强对各村吸毒人员等重点人口的管理和监控。真正实现了大事不出乡，小事不出村，为构建平安、稳定、和谐藏族乡做出重大贡献。

（六）就业培训和劳务输出情况。

2022年我乡积极召开技能培训会，及时总结归纳各村好的经验和做法，挖掘典型事迹和人物，充分发挥乡劳动力技能培训中心的职能作用，加强对外出务工人员的劳动技能培训和政策法规培训，促进劳务输转由体力型向技能型转变，提高外出务工人员的就业创业本领和依法维权意识。截至目前，我乡本年度劳务输出人员达到900多人次。乡政府扶持农户发展花椒种植，同时及时邀请种植技术人才和县农业局技术员为农民群众传授种植技能，通过培训技术人员将栽培过程、科学施肥、病虫害防治等知识从头到尾、一遍又一遍的为农民群众讲解。通过紧紧围绕产业发展和农民需求，进一步整合培训资源，创新培训方式，丰富培训内容，加大投入力度，完善政策机制，不断把农村劳动力技能培训工程工作引向深入。乡政府将不断创新，谋可持续发展道路，确保农村劳动力技能培训工程扎实推进。

2023年工作计划

一年来，我乡各项工作虽取得一定成绩，但仍然存在不足之处。在今后工作中，我乡将在县委县政府的领导下，抓住机遇、艰苦奋斗，有力的推进我乡各项事业的全面进步，把我乡建设成为经济发展、民族团结、安全稳定的藏族乡而努力奋斗。

要达到以上目标，需要采取的措施是：

（一）强化职责，突出党建工作的重要位置。

严格落实党建第一责任人制，党委书记做到经常性研究部署，重大问题亲自过问、重点环节亲自协调；重点培树一个产业富民示范支部及为民服务示范支部。把党风廉政建设制度化、法制化，继续抓好各项反腐倡廉工作的落实；加大查处力度，及时收集各种苗头动向，把问题解决在萌芽状态，对反映属实的问题，必须严肃查处。同时加强意识形态的宣传工作，做到宣传内容实实在在，讲解通俗易懂，形式丰富多彩，群众喜闻乐见；提高舆论引导水平，高度重视新媒体对社会舆论的影响，积极抢占宣传舆论阵地的制高点。

（二）持续巩固脱贫攻坚成果。

继续开展"巩固脱贫攻坚成果后评估"工作，巩固脱贫攻坚成效，完善防止返贫动态监测和帮扶机制，紧盯脱贫户和监测户，定期监测、分类帮扶、动态清零。持续完善基础设施建设，促进全乡经济发展。要争取支持、争取投入，群众参与，加快建设，让农户早受益。积极探索细化措施，压实工作责任，拓宽增收渠道，保障群众收入达标，增长稳定。落实各项政策，保证脱贫群众不返贫。

（三）大力发展和巩固支柱产业。

重抓细抓花椒产业生产灌溉、矮化等优化项目促进发展，稳固经济支柱地位。提高畜牧业生产规模，创建优质养育基地。不放松其他产业，完善农户增收渠道。

（四）加快社会事业取得长足发展。

强化社会保障工作。认真落实社会保障和医疗保障的各项政策，把党的各项惠民资金明明白白交到群众手上。继续完善医疗教育事业，乡党委、政府要积极配合，履行相关职责，增强医疗服务体系建设和优质教育资源共享，做好基础教育和基本医疗保障，使人人享有健康，人人接受教育。同时狠抓计划生育、艾滋病防治、控辍保学等工作。

（五）依法治乡，深化民族团结工作。

增强群众的法制意识和道德观念，完善社会治安综合治理体系，积极推进依法执政，做到发案少、秩序好、人民群众满意的风清气正社会环境。以高度负责的政治责任，持续抓好藏区稳定和民族团结工作，加强民族政策宣传教育，促进民族地区社会稳定和经济快速发展。

回顾过去，我们信心百倍，展望今后的工作，我们任务光荣而艰巨。让我们紧密团结在党中央周围，在县委县政府的坚强领导下，在各级各部门的大力支持下，凝聚全乡人民的智慧和力量，以更加昂扬的斗志，锐意进取，扎实工作，为把和爱藏族乡建设得更加美好而努力奋斗。

大盖镇2022年半年工作总结及下一步计划

四川省新龙县大盖镇党委书记　三朗王青

半年来，我镇立足"稳中有进"的工作大局，深入贯彻党的十九大及历次全会精神，以甘孜州平安建设暨"法治新龙"为工作抓手，认真贯彻落实县委、县政府决策部署。大力实施乡村振兴战略，牢牢抓住党的建设这一主线，在做好疫情防控的基础上，切实保障各项工作平稳运行，现将上半年工作情况总结如下：

2022年上半年工作总结

一、聚焦项目促投入、改善基层基础设施

一是木鲁村通村桥修建工作，以投入修建；二是麦科村防洪提，目前已完工；三是麦科村光伏发电设备安装，目前正在安装中；四是大盖镇红山景区道路改造工程阿色沟段，项目开工中；五是大盖镇木鲁村"庭院经济"蔬菜种植项目、六是大盖镇汤科村芫根基地、芫根饮料产业园区建设项目以上两个项目，目前还未开工；七是大盖镇竹青村农村生活污水治理项目，正在进行中；八是大盖村、次措村产业园区项目建设，目前正在施工。

二、聚焦党建促发展、改善基层乡村治理

紧扣县委总体工作布局，坚持稳中求进的工作总基调，抓实党建引领乡村治理工作。一是切实加强农村基层队伍建设，村党支部设置完善的基础上，充分发挥党员先锋模范作用，促进"三会一课"、农牧夜校等制度落实，半年各村召开支部会议20场次，认真分析存在的问题，努力大造一批勇担当、敢作为的高素质干部队伍。二是以"党建+"为引领，以提升组织力为重点，突出政治功能，坚持问题导向，抓住关键环节，持续用力推进，努力提升基层党建质量，为建设富裕美丽幸福新龙提供坚强的组织保证。围绕实施乡村振兴战略，加强基层党组织建设。制定党建引领乡村振兴工作实施方案，发挥我镇党委书记领导作用，召开主题会议15余场次，认真梳理对策，切实做到精准施策，真帮、真扶。三是以"清风2022年"·六大行动为契机，加强党风廉政责任制建设，签订各类承诺书30余份，提高干部思想政治意识。

三、聚焦环境优生态、改善基层人居环境

深入推进"全域无垃圾 新龙更美丽"的工作方案，同时按照"全面发动、全民参与、全域治理、全时保洁"的总体要求，明确责任，成立管理队伍，健全生态环境网格员。采取"乡镇干部+保洁员+村民"的工作模式定期或不定期全面整治"四边三区"和"十乱"现象，进一步优化城乡环境质量，为迎接党的二十大胜利召开创造良好的安全环境。

四、聚焦"三防"保稳定、改善基层环境稳定

要把牢疫情防控安全线，自疫情防控工作开展以来，我镇严格按照州、县疫情指挥部有关工作要求，严格落实工作责任，召开月疫情防控月推进会6场次、疫苗接种推进会6场次，通过"线上+线下"的宣传模式，对辖区群众开展防控措施、疫苗接种益处、个人卫生等宣传工作，努力营造宣传氛围。一是全力做好联防联控，认真落实人员出入登记制度，不间断强化走访排查，确保所有外来人员应报尽报，严防输入风险，半年来我镇无风险反镇人员，严控镇内聚集性活动，认真贯彻省、州有关防控工作；二是为积极响应上级领导的安排部署，提高我镇疫苗接种率。大盖镇全年疫苗接种任务是3028人次（其中第一剂3016剂次、第二剂3000剂次、第三剂次2222人次）。要把牢防灭火警戒线，强化组织领导，加大宣传力度，严管野外用火安全，加强"三重"管理，加大护林员上山巡护力度，确保了防火期内无森林火灾、火警的发生。在县林业局的协助下开展了应急演练。提升应对能力和实战化水平。要把牢安全生产生命线，

严格落实"三管三必须"的要求，对关键领域加大排查力度，有问题的建立台账限时整改。与施工单位签订责任书6份。全覆盖、无差别、无死角抓好全县自建房排查工作，辖区7个行政村已全面排查完毕，对存在问题的建立台账限时整改，确保人民群众生命安全。坚持"民以食为天 食以安为先"的工作目标不定期对周边商铺开展突击检查工作，尤其是学校周边，确保辖区内食品安全。四是"稳"字当头，在稳得基础上开展好各项工作。1.严格按照上级安排部署认真做好敏感节点分析研讨、安排部署工作，召开专题会议10场次，确保辖区内稳定有序；2.为认真贯彻落实省、州、县工作要求，进一步提高辖区干群防范意识，签订《防电信诈骗》《禁毒》《虫草采挖责任书》等各类承诺书520余份。

五、聚焦乡村强振兴、稳步推进基层工作

贯彻落实中央、省、州关于巩固拓展脱贫攻坚成果同乡村振兴有效衔接的工作部署，把工作重心放在优先解决"户"的问题上，坚持"以户为单位、以月为期限"的排查工作模式，切实开展防返贫监测日常摸排工作。持续对我镇4户监测户，进一步精准施策，实事求是消除风险，切实防止返贫致贫。落实雨露计划 7人，发放2.1 万元。

聚焦宗教治理工作、筑牢中华民族共同体

围绕"以治促规范、以管夯基础"的工作思路，破除宗教领域乱象和突出问题专项整治工作，打牢我镇宗教规范化管理基础。一是进一步深化民族团结进步宣传教育工作，开展常态化宣讲工作；二是大力开展民族团结"九进"活动，推动民族团结进步创建工作向纵深拓展，加强民族团结示范穿建；三是依法整治违规设施。

其他工作

（一）道路交通安全工作：

大盖镇劝导员每天坚持上路检查劝导，严厉处罚和打击无证驾驶、无牌无照、超速、超载、酒后驾驶等违章违规案件。与各村签订交通安全责任书7份，发放道路交通安全宣传资料200余份，始终坚持标本兼治、综合施策。镇派出所严厉打击乱停乱放，占用公路情况得到进一步遏制。

（二）宣传教育工作：

一是利用"法宣浸润"工作为契机，成立乡镇宣讲团，发挥宣讲积极作用，利用"坝坝会""板凳会"等灵活的方式组织全镇群众进行宣讲活动，半年来共计召开群众宣讲大会3场次，悬挂横幅 4 幅，发放宣传手册500余册。

二是进一步加强我镇群众精神文明建设，切实深化"德治教化"实效和文明细胞培育，从四个领域为"切入点"扎实推进乡村移风易俗，建设新时代文明乡风、淳朴民风和时代新风，持续开展"革陋习·树行风"工作。

三是落实落地"根治工程"，使广大干部群众及时了解党和国家政策，进一步提升干部群众的获得感、幸福感。截至目前，我镇圣洁甘孜、康巴传媒、康巴红新龙等6个 APP 下载500人。

2022年下半年计划

1.持续推进"法治新龙"建设、市域治理工作；

2.维护社会稳定，把工作重心向党二十大维稳安保工作聚焦；

3.深化秀美乡村建设，不断改善人居环境。持续推进城乡环境整治工作；

4.持续推进各类项目建设进度；

5.民生保障工作。一是常态化推进疫情防控工作，全面落实外防输入、内防反弹措施，形成有效的防控格局。积极 做好辖区疫苗接种工作；二是重点抓巩固脱贫攻坚成果同乡村振兴工作。

6.细心安排、扎实开展汛期应急工作部署、安全生产和自然灾害防治工作。

中共广安市广安区花桥镇委员会
关于2021年工作总结和2022年工作打算

四川省广安市广安区花桥镇人民政府镇长　雷　波

一、2021年工作完成情况、特色亮点工作

今年以来，我镇党委、政府在区委、区政府的坚强领导下，坚持以习近平新时代中国特色社会主义思想为指导，深入贯彻落实区委区政府决策部署和花桥镇中心镇建设发展目标，统筹抓好"战疫情、促发展"，积极应对一系列重大挑战和考验，圆满

通过乡村振兴实绩考核、脱贫攻坚后评估等省级检查，顺利举办产业方面市区级现场会议，乡村振兴、园区创建、产业发展、场镇改造、社会治理、抗风救灾、社会事业、党的建设等各项工作取得了显著成绩。

（一）推进巩固拓展脱贫攻坚成果同乡村振兴有效衔接。

一是持续巩固攻坚成果，严格落实"四个不摘"要求，积极争取到位涉农整合资金约3000万元，重点实施道路交通、产业发展、农田水利等基础设施建设项目；通过组织开展技能培训、帮助就业、鼓励发展庭院经济等措施，持续巩固易地扶贫搬迁脱贫成果；稳定实施兜底救助政策，针对贫困户生产生活情况，该纳入低保的纳入低保，该提标的提标；同时，持续保障教育、医疗、住建、水务、就业等民生政策，全面巩固脱贫攻坚成果，接续推进乡村振兴。

二是进一步健全监测机制，严格按照《广安市建立易返贫致贫人口发现、核查和帮扶机制实施方案》《广安市扶贫助困基金使用管理办法（暂行）》相关要求，对全镇脱贫不稳定户、边缘易致贫户，以及因病因灾因意外事故等刚性支出较大或收入大幅缩减导致基本生活出现严重困难户，开展定期检查、动态管理，截至目前，我镇共有监测户30户，分户制定帮扶措施，常态化监测其收入支出状况、"两不愁三保障"及饮水安全状况，坚决防止返贫致贫。

三是实施村组道路提档升级18.58公里，生产便道7.1公里，全镇交通条件进一步得到改善。新建及整治山坪塘40口，实施渠道整修68公里，维修村级主管网5.8公里，农村老旧供水管网改造2.3公里，实现农村集中供水率和农村自来水普及率分别到达95%和40%。

四是有效衔接乡村振兴。持续推进东西部扶贫协作，我镇一心村等8个村今年分别与南浔企业签订了帮扶框架协议，镇政府收到南浔旧馆10万捐赠资金，用于产业发展，花桥医院收到南浔区旧馆街道办事处公益捐赠资金30万元，用于购买医疗设备，提高医院的医疗服务能力。积极争取到全国农村综合性改革试点试验项目，3年内中央财政将拨款1.5亿元，省财政拨款0.6亿元，区政府配套债券资金1.5亿元，整合涉农资金3亿元，共6.6亿元资金，撬动社会资本投入7亿元，预计总投入13.6亿元资金，用于花桥镇创新乡村产业发展、探索数字乡村、构建农民持续增收、改善乡村综合治理等机制，推行农村综合性改革试点试验，打造全省乡村振兴示范乡镇。

五是代表广安区圆满完成省乡村振兴实绩考核组对广安区2021年度县级领导班子领导干部推进乡村振兴实绩考核检查工作，迎检效果非常好，得到了检查组的充分肯定。

（二）推进现代农业高质量发展。

一是花桥镇作为广安区北部优质粮油片区中心乡镇，今年成功创建市级粮油园区和区级稻鱼综合种养现代农业园区，为进一步提高园区建设水平，结合广安区"2+6"产业体系，大力发展粮油、生猪等主导产业，按照建基地、搞加工、创品牌的思路，建设粮油现代农业园区4万亩，发展规模以上养殖户103户，能繁母猪存栏7181头，年出栏生猪7.8万头，招引浙江星光农业、广安国邦农业2个龙头企业，适度规模经营业主17个。

二是有序推进综改工作。截至目前已流转土地13000余亩，已建成粮油标准化生产基地5700亩，"稻田+"标准化生产基地1500亩；在竹林村建设标准化"稻田+"综合种养试验基地300亩，目前正在规划设计；2021年度高标准农田建设任务数9600亩，其中，粮油7600亩施工方已进场施工，稻渔2000亩预计在年底前开标；完成综合农事服务中心选址等前期工作，正在设计；完成新寺村、唐店村、三黎村、光荣村等4个村粮油基地的生产道路、水利等基础设施建设；其他核心区涉及村的生产道路、水利等基础设施已完成前期规划，正在施工建设；消河村烘干房建设进度80%、环城村烘干房建设进度90%、三黎村烘干房建设进度60%，烘干设备已完成招投标。

三是强化科技和人才支撑，完成培训新型职业农民80名、培训产业工人170人；加强与西南大学等知名科研院所衔接，构建产学研全方位合作关系，分产业建立专家团队，组建专家大院，为产业发展提供强有力的科技服务和技术支撑。

四是今年10月份成功举办广安市区2022年小春现场会，花桥镇的粮油园区建设和产业发展情况得到了上级领导的肯定。

（三）抓好中心镇创建工作。

今年以来，花桥镇切实提高政治站位，把创建百强中心镇作为一项重要的工作任务来抓，始终坚持认真谋划、强化保障、严格落实、高位推进，区委区政府也十分重视花桥镇中心镇建设工作，在财力十分紧张的情况下，落实了1.16亿债券资金用于场镇提质改造，确保了花桥镇创建百强中心镇工作稳步推进。

一是高水平编制国土空间规划和乡村振兴规划，花桥镇国土空间总体规划构建"一核两轴三区"的空间格局，于2021年11月通过了广安区城乡规划委员会专题会审查。

二是补齐市政基础设施短板，系统完善场镇交通、环卫等配套设施。建成综合运输服务中心1座，科学布局停车位、专用通道，规范车辆停放；已完成污水处理站提档升级，日处理能力达2000吨，出水水质达一级B标；正在实施城镇污水处理厂提升改造及配套基础设施建设项目，总投资3200万元，新建13.8公里雨污管网及相关附属设施和花广路、光明路的2.3公里弱电、强电进行规范改造，该项目完成形象进度约10%。

三是进一步完善公共服务设施。对交通枢纽停车场和中心公园进行改造升级，配套硬化路面、雨污管网，修复基础设施，增添娱乐及健身设施，预算价约2980万元，现正按计划实施；改造农贸市场，整合花桥镇现有2个农贸市场，按照群众需求和镇域实际，重新提档改造，目前正在财评和施工图审查。

四是实施肖溪河水环境治理工程。总投资2400万元，重点建设健康步道、亲水景观、慢行系统、亲水驳岸等项目，提升场镇品质，现该项目实施方案已编制完成，正在按程序送审。

五是对基础设施陈旧、教学条件及环境差的公办学校进行升级改造，新建幼儿园3600平方米，新增12个班，切实解决入学难问题；新建广安区第二人民医院住院大楼6000平方米，新增110余张床位，对花桥医院原办公楼进行改造升级，与省人民医院建立更紧密的医联体，提升医疗质量，形成完善的疾病预防控制体系。

六是新建3465平方米的干部职工周转房，并配套修建相应附属设施，目前已完成形象进度20%。七是成立花桥镇综合行政执法中队，负责辖区内综合行政执法和城镇管理工作，统筹推进场镇综合管理。

（四）大力实施农村人居环境整治。

一是大力开展乡风文明"一榜两评"工作，环城村被区级评为先进村、曾廷信和袁细平等2户被评为文明家庭户，全镇农户居住环境和精神面貌大为改观。

二是大力实施一心、三黎、新寺、竹林等14个村440户"厕污共治"建设项目，农村卫生厕所示范效应进一步增强。

三是实现农村生活垃圾收转运体系全覆盖，常态开展场镇环卫、全镇垃圾清收转运工作，强化环卫队伍管理，配备洒水车辆2台、垃圾转运清运车辆7辆、压缩式垃圾车2辆、吸污车1辆、电动垃圾清运车7辆，维修升级垃圾中转站1处。

四是投入440万元在蒲莲社区、原大有乡场镇、双峰村、消河村、龙盐村等实施农村村民聚居点污水管网改造工程、升级改造微处理站建设；探索建立农村生活垃圾分类处置机制，在S205、318、环城路及光荣、新寺、三黎产业环线布设150处垃圾分类亭。

五是对全镇19处畜禽养殖场所，根据农户自愿、政府以奖代补方式，实施畜禽粪污资源化利用3年推进方案。

六是投入资金4万余元，对原大有乡场镇、原蒲莲乡场镇、原消河乡场镇管网应急改造，投入7万余元对花桥场镇污水处理站老污水处理厂进行应急维修运行，确保全镇4个污水处理厂正常运转，顺利迎接了中央环保督察。

七是辖区酿酒小作坊升级改造，督促10个业主单位完成煤改气或改装环保锅炉。

八是持续加大散乱污企业整治，关闭小砖瓦窑2个，升级技改砖瓦窑1个，关停水泥商混站1个，年内督促检查砂石企业150余次，各类环保整改通知书发出100余份，化解环保信访件20余起。

九是常态化开展环境大排查大整治大提升行动，持续抓好秸秆禁烧、禁燃禁放、非法采挖砂石等专项整治行动，全镇农村人居环境得到极大改善。

（五）切实加强社会综合治理。

一是定期开展安全生产大排查、大整治，狠抓三轮车整治和地灾、建筑工地等安全隐患排查整改，加强校园校车、食品安全、烟花爆竹、燃油电力等各领域的安全管理。今年以来共开展各项检查110余次，排查出各类安全隐患65件，制作道路警示标牌38块，查处交通违法行为71件，安全隐患全部进行了限期整改，未发生安全责任事故。完成安全排查隐患整治93处，安全生产形势总体稳定，实现了重特大事故零控制目标。

二是充分发挥"大调解"体系作用，落实班子成员大接访、领导干部包案、挂号销号等信访制度，着力化民怨，解民难，今年以来共受理信访问题、矛盾纠纷384件，调处办结384件，民情热线12345受理812件，办结812件，书记民情热线受理91件，办结91件，稳妥解决了一批社保诉求、优抚待遇、征地拆迁、证件办理、工程质量、土地调整等问题，确保了党的十九大及每年全国两会等重大特护期的社会稳定。

三是积极开展抗风救灾，今年8月21日，花桥镇风灾发生后，我镇迅速组织干部职工党员积极投入救灾工作中，同时有序组织受灾群众开展生产自救，及时全面完成了灾后重建工作，修复房屋1185户，全面恢复花桥镇受灾区域的供水供电，全面畅通公路、河道、通讯网络，全面完成水稻抢收，积极协调保险公司对受灾水稻进行定损赔付，做到让上级放心、群众满意，进一步融洽了干群党群关系。

（六）统筹推进社会事业发展。

一是扎实开展救灾救济和低保工作。2021年新增低保126户266人，全镇全年发放低保金额12108620元；新增特困33户33人；大病医疗救助99人、共计448020元；临时救助760人608000元。为596名残疾人发放困难残疾人生活补贴，为770名残疾人发放重度残疾人护理补贴，为138名残疾人发放辅助器具，为2095名高龄老人造册上报并发放高龄补贴，为家庭贫困的精神病患者办理了免费就医手续。

二是认真抓好劳动保障工作。准确采集全镇农村劳动力的基本信息，开展新成长劳动力信息入库工作，大力宣传各类就业政策与就业招聘信息，开展各类就业培训241人次，为合作社、家庭农场、个体户等5家单位办理创业补贴，办理转移就业300余人，做好100余人村级公益性岗位人员的日常管理和待遇发放等工作，切实提高就业率。

三是做好卫生健康工作，加大计生特扶家庭关怀力度，儿童建卡率100%，无菌全程免疫接种率95%，为65岁以上老年人实行了建档管理，精准贫困人员纳入健康管理100%。

四是狠抓义务教育均衡发展，中、高考升学率稳步提升；着力控辍保学，实现辖区内适龄儿童入学率100%。

五是抓好政务服务工作，着力打造"为民、利民、惠民"的便民服务平台，今年以来，镇便民服务中心共办理12950余件，月均办件近1080件，其中，社会保障6000余件，行政审批300余件，民政1450余件，卫健200余件，农民工服务2000余件，医疗保障3000余件。

（七）持续加强党的建设。

一是抓住镇党委"关键主体"和村党组织书记"关键少数"，围绕政治、思想、组织、作风、纪律和制度建设6方面压实全面从严管党治党责任。

二是将各基层党组织开展党日活动、三会一课、组织生活会、党组织书记抓党建工作述职等纳入全镇村（社区）绩效考核。

三是扎实开展党史学习教育活动，通过重温入党誓词、讲述入党故事、"红色星期五"党日活动、党员冬训等方式，增强全镇2000余名农村党员荣誉感和使命感，提醒党员不忘身份、砥砺前行，带领群众积极投身乡村振兴事业。

四是精心打造党建示范点，蒲莲社区作为广安市最大的易地扶贫搬迁安置点，着力把基层党组织建设成为领导基层治理的坚强战斗堡垒，构建一核、两委、三队伍体系，统筹各领域党建资源力量，通过完善基础配套设施，开展就业培训，领办集体经济，提供公益性岗位等，不断提升为民服务水平，确保群众搬得出，稳得住，优服务，能致富。

五是大力推进"扁平化管理"试点，积极争取花桥镇满编运行，完善岗编适度分离机制，优化政府机构各职能部门的人员配置，统筹使用工作力量。

六是换届工作圆满完成。根据区委的统一安排部署，重视选举工作，严格换届程序，顺利完成33个村（社区）书记主任一肩挑，选优配强了村（社区）"两委"领导班子；成功召开中国共产党花桥镇第一次代表大会，顺利选举出新一届镇党委班子、纪委班子以及花桥镇出席广安区第六次代表大会代表15人。10月28日，区镇人大代表换届选举同步进行，顺利选举产生镇人大代表93名，出席区人大代表25人；10月31日召开花桥镇第七届第一次人民代表大会，成功选举镇人大主席1人、镇长1人，人大副主席1人、副镇长3人。

七是持续推进党风廉政建设和反腐败工作，落实"1+N"包联机制，组织镇村干部学习党纪党规12次，开展警示教育15次，保持纪律审查高压态势，促使党员干部严格遵守党的纪律、遵守国家法律、继承党在长期实践中形成的优良传统和工作惯例。

八是引入新乡贤共谋发展，构建镇村两级乡贤联谊组织，在蒲莲社区易地扶贫搬迁安置点推动乡贤讲堂试点工作，实现乡贤力量协助村"两委"推动农村的发展建设、延续乡土情感、弘扬传播传统文化，助推乡村振兴高质量发展。

在回顾总结今年全镇工作肯定成绩的同时，我们也清醒地认识到发展中所存在的困难和问题，主要体现在：花桥镇财力相对薄弱，镇机关正常运转存在一定困难，急需上级财力支持解决历史欠账问题；花桥镇未来产业发展、场镇建设、社会治理等工作任务重，尤其缺乏农业和场镇改造等方面的专业人才；干部思想作风、工作作风仍需进一步转变，办事效率有待进一步提高。对于存在的问题，我们将采取更加有力有效的措施，认真加以解决。

二、2022年工作打算

2022年，我镇将继续深入学习贯彻习近平新时代中国特色社会主义思想，认真落实区六次党代会和镇一次党代会精神，立足我镇"一核两轴三区"的空间格局，做大做强区域性中心镇，统筹镇村发展，深入实施"优镇兴乡"战略，推动产业融合发展，推进以人为核心的新型城镇化建设，准确把握产业集聚发展新要求和群众美好生活新期待，加快建设现代化产业体系，推进镇域治理体系和治理能力现代化，实现镇村深度融合，镇域经济高质量发展，力争创建省级乡村振兴示范镇。

（一）切实加强党的建设，提升党员干部形象。

坚持以党的政治建设为统领，把政治标准和政治要求贯穿党的思想建设、组织建设、作风建设、纪律建设、制度建设以及反腐败斗争全过程，引领带动党的建设质量全面提高。

一是进一步加强党员队伍建设。扎实推进"不忘初心、牢记使命"主题教育常态化制度化，创新活动载体，强化党员教育培训。增强党员教育管理的针对性和有效性，用党的创新理论武装头脑，全面提升党员队伍素质和能力。

二是进一步推进基层党组织标准化建设。以深化"星级化"、"标准化"、"规范化"管理，争创先进党组织为目标，带动全镇各党（总）支部和党员创先争优，推动村（社区）"两委"、镇属单位认真履行工作职责，共同研究抓好基层党建工作，全面落实党建各项工作部署，为全镇经济社会加速发展夯实组织基础。

三是进一步规范村级集体经济管理。加强对村级集体经济发展帮扶资金和村集体"三资"的管理。建立健全村级组织财务收支和经济责任审计制度，认真落实"四议两公开"等管理制度，定期向群众公开集体经济收支和资产累积、处置情况，主动接受群众监督，多措并举增强集体经济体量。

四是进一步加强党风廉政建设。锲而不舍落实中央八项规定精神，加强乡村振兴、项目建设、民生资金等领域的监督检查力度，形成将党风廉政建设与业务工作齐抓共管的常态，推动管党治党不断从"宽松软"走向"严实硬"。坚持执纪无禁区、全覆盖、零容忍，通过查办系列违纪违法案件，进一步推动全面从严治党向基层延伸，释放越往后越严的强烈信号。

五是进一步加强镇村干部队伍建设和管理。把镇村干部队伍建设作为抓基层打基础的重中之重，采取优化机构设置，配齐配强镇级干部队伍，回引优秀农民工、退役军人、致富能手、大学毕业生等优秀人才，建立村级后备人才库等措施，打好选配、培养、储备"组合拳"。实施基层干部培训提能计划，在参加市区举办的各类培训班的基础上，采取党员培训、座谈交流、骨干授课等形式，进一步提升村党组织书记在乡村振兴、基层治理等方面的综合能力。完善《花桥镇机关管理制度》和《花桥镇村（社区）干部绩效考核制度》，实行镇干部"机关日常管理考核+工作实绩考核+社会评价考核+考核加减分"差异化考核制度，推行村干部"基本报酬+考核绩效+集体经济创收奖励"报酬制度，激发干部队伍干事创业激情，营造赶先进、创先进的浓厚氛围，促进全体镇村干部增强"四个意识"，坚定"四个自信"，做到"两个维护"，为我镇深入推进乡村振兴战略凝聚强大动能。

（二）实施乡村振兴战略，推进现代农业建设。

结合全国农村综合性改革试点试验项目建设，对接广安区"2+6"产业体系，坚持"六化"发展理念，依托龙头企业、农民专业合作社、家庭农场、种养大户等新型经营主体，做大做强花桥镇粮油、生猪两大主导产业，大力发展"稻田+"综合种养特色优势产业，构建新型产业体系、生产体系、经营体系，助推现代农业高质量发展。

一是对标省级农业园区。按照能排能灌、旱涝保收、宜机作业、稳产高产的要求，完成7600亩的粮油和2000亩的稻渔共9600亩高标准农田调型，至2022年底全面完成园区内4万亩高标准农田调型。

二是全力发展主导产业。着重推广优质品种，全域流转土地，在三黎村、冲锋村、光荣村、大利村、上游村、龙翔村、环城村、星火村、竹林村等村发展优质粮油核心基地1万亩。

三是建设"稻田+"综合种养示范区。在新寺村、唐店村、消河村等村通过招引业主、成立专业合作社等方式建设"稻田+"综合种养示范基地2000亩。在竹林村建设标准化稻渔综合种养试验基地300亩，开展科研示范。

四是建设集农机库棚、维修车间、清洗车间、农资供应、专家大院、育秧中心于一体的综合农事服务中心，实现统一农资供应、统一耕种防收、全程机械化生产。

五是启动建设数字化生产基地。建设物联网智慧基地、建设大数据管理平台、开展智慧农业示范、完善数字化质量安全追溯体系、构建数字化销售体系等。

六是启动建设粮食产地初加工中心，建成涵盖粮食烘干机、大型集中仓储、大型碾米机、自动包装线等粮食仓储加工设施设备，实现从稻谷到大米的自动高效加工，确保稻米品质。

七是鼓励农户发展适度规模经营，培育家庭农场、种养大户等新型农业经营主体，鼓励退伍军人、返乡农民工、大学生等自主创业。

八是依托能力培训提升，构建集培训教育、认定管理和政策扶持"三位一体"的新型高素质农民、技术工人、产业工人培训体系，提高其产业发展能力、就业技能和综合素质，促进就业增收。

九是创新利益联结模式，推广"企业＋基地＋农户"的利益联结模式，带动农户及新型经营主体组团发展。通过建立订单收购、保底收购、股份合作等利益联结机制，促进农民持续增收。

（三）着力推进项目建设，做优做美新型城镇。以创建百强中心镇为抓手，

一是加快花桥镇城镇污水处理厂提升改造及配套基础设施建设项目、肖溪河水环境治理项目、特色场镇建设项目、农贸市场改造项目、乡镇规范化商业街建设项目、干部周转房建设项目等6个重点项目的建设进度。

二是积极向上争取债券资金1.48亿元，包装实施花桥景观节点及小广场打造项目、场镇出入口与主要通过道连接处形象提升及风貌塑造项目、结合小区改造并规划实施场镇停车及公厕建设项目、花桥镇永安西街延伸段建设项目、光明路延伸段（至205省道）建设项目、心桥街延伸至花南路建设项目、花桥镇便民服务中心建设项目、省道205与场镇连接线升级改造项目等项目，努力实现场镇综合形象再上新台阶。

三是围绕群众需求，大力提升教育、医疗卫生等社会事业服务水平，支撑场镇快速发展。将花桥中学打造为四川省二级示范性普通高中，加强花桥中学与西南大学的全方位合作，建立教学实验基地，提升花桥中学教学质量。加大医疗卫生投入，对照二甲医院标准打造广安区第二人民医院，落实好医联体相关政策，形成完善的疾病预防控制体系，积极引进高端医学人才，提升医疗水平。

四是优化公共设施布局。通过规划新增、调整、升级等方式，优化客车定点招呼站、公共停车位、新能源车辆充电桩、公共厕所、生态垃圾分类房、垃圾分类收集箱等设施。

五是加强文化阵地建设。升级改造综合文化站，建成融入以花桥镇文化特色为主的文化阵地，丰富群众文化生活。学习浙江农村文化礼堂经验，以"文化礼堂、移风易俗"为主题，新建3个文化礼堂，集中承接婚丧、嫁娶、寿宴等大型活动，破除陈规陋习，提倡勤俭节约，倡导健康生活。

六是加快推进土地综合整治工作。全面推进我镇增减挂钩项目建设，不断完善前期工作材料收集，积极配合施工单位做好建设地块施工工作。

七是继续健全场镇综合管理、环卫保洁、绿化管养、基础设施管护等长效管理机制，深化城管、环卫、绿化、规划、环保等队伍建设，加强对场镇道路、污水处理等基础设施的日常管养管护，打造宜居宜业幸福家园，让人民群众充分享受改革发展成果。

（四）加强创新社会治理，优化改善人居环境。

一是全面提高安全生产水平，加强全民安全意识教育，推进重点领域专项整治，加强地灾等安全隐患排查整治，突出抓好非煤矿山、建筑施工、烟花爆竹、道路交通、食品药品等重点领域监管整治，杜绝重特大事故的发生。健全应急管理机制，提高突发事件处理能力。

二是建设"人防+技防+物防"的立体基层平安防控体系，深化禁毒、社区矫正工作，严厉打击各种违法犯罪活动。进一步完善社会矛盾纠纷多元预防调处化解机制，不断拓宽民意表达和诉求渠道，确保社会大局和谐稳定。

三是规范场镇及周边违法违章、乱搭乱建建筑物，大力整治出店经营、马路市场、流动摊贩等乱象。

四是新建一所垃圾压缩处理站，建设生活垃圾分类处理系统，提高生活垃圾减量化、资源化、无害化处理水平，规范乱堆乱倒行为。

五是按照"户分类、村收集、镇转运、区处理"模式，提升分类、收集、转运的设施设备，开展垃圾分类常态化宣传，构建垃圾收转运体系，建设垃圾分类设施4000套，转运设施280套，引导群众养成良好的分类习惯，提高分类质量，达到垃圾减量、资源回收利用等目的。

六是持续推进镇村两级河长制工作，全面加强水污染防治，积极争取渔池滩、消水河等治理项目，加强农村水生态保护工程建设，实施生态修复工程，减少污染源排放量，进一步改善水环境质量，净化水质。

七是持续推进乡风文明建设，清理农村房前屋后环境卫生、水源水体、畜禽养殖粪污等农业生产废弃物、乱搭乱建、乱堆乱放、废旧广告标识标牌、无功能建筑，改变影响农村人居环境的不良习惯，提升镇容镇貌。

（五）繁荣发展民生事业，持续增进民生福祉。

一是建立健全以社会保险、社会救助、社会福利为基础，以基本养老、基本医疗、最低生活保障为重点的社会保障体系，落实好农村"五保户"供养、低保动态管理、农村新型合作医疗、城乡医疗救助、农村计划生育家庭奖励扶助等政策。加强重度残疾人护理、孤儿生活保障等工作。

二是强化就业技能、岗位技能和创业能力培训，促进困难人员再就业，鼓励创业带动就业。千方百计保障和稳定就业，持续抓好农村劳动力转移就业，重点帮扶贫困劳动力、残疾人、零就业家庭成员稳定就业。

三是健全法律援助和司法救助体系，进一步发挥公共法律服务站在矛盾纠纷调解、法律宣传、法律援助等方面的作用。

四是巩固国家卫生镇成果，完善公共卫生服务体系，落实常态化疫情防控措施，提升公共卫生治理能力，健全公共卫生应急管理体系，加强医共体建设，坚决守护人民健康。

五是完善村级卫生室配套建设，管好村医队伍，充分发挥医务人员服务基层的作用。

六是进一步压实疫情防控工作责任，抓紧抓实抓细疫情防控常态化各项工作措施，提高新冠疫苗加强针接种覆盖率，组建由村干部、村医、党员、志愿者等人员组成的疫苗防控先锋队，开展拉网式排查和动员群众接种疫苗，做到不漏一户一人，坚决筑牢全民防疫屏障。

七是积极办好民心工程和民生实事，解决群众关心的热点难点问题，不断增强人民群众的获得感、幸福感、安全感。

"云上彝家山区家庭农场社群项目"

四川省冕宁县磨房沟镇党委书记　叶富强

党的十九大报告指出，实施乡村振兴战略，要坚持农业农村优先发展，按照产业兴旺、生态宜居、乡风文明、治理有效、生活富裕的总要求，建立健全城乡融合发展体制机制和政策体系，加快推进农业农村现代化。

按照乡村振兴战略的总要求，结合村域村情实际，麻哈村驻村工作队科学谋划，因地制宜提出了"两稳两促一试"的产业发展思路。"两稳"，即稳定花椒和蘑菇两项主导产业；"两促"，即促进种植业和养殖业两项常规产业，全年发展林下养鸡300只以上，肉牛养殖　只，羊养殖；"一试"，即试种佛手柑，提高佛手产量和质量。

在积极探索未来产业发展之路的过程中，包村工作组与驻村工作队一直积极尝试，2019年开始尝试以"微商"社群销售方式帮助农民销售蘑菇，经过一年的尝试于积极探索。于2020年4月开始，经村委会决定，由麻哈村第一书记王宗虎牵头，村书记吉里克基子与驻村工作队员李沣美负责执行，以麻哈村泽玛合作社为农产品销售主体，发起"云上彝家山区家庭农场社群项目"。

"云上彝家"项目致力于打造凉山州最大的云端村庄生态家庭农场社群平，集合凉山高海拔地区家庭农场原生态农副产品，将彝家传统天人合一的生态文化融入现代标准化家庭农场生产中，统一甄选标准，为项目社群会员提供统一化的品牌包装，营销企划，渠道对接等服务。将贫困山区家庭农场分散化的产能集合在一起，为大山深处的农户提供专业化，市场化，高度集合统一的产品营销服务，将天然无公害的凉山彝族传统农耕文化融合在云上彝家品牌理念中，实现经济发展和文化传承同步。

"云上彝家"为解决农户问题而生，巩固来之不易的脱贫攻坚成果，积极探索乡村振兴新道路。由于项目的特殊性，需要更加市场化的运作模式，经村委会研究决定，在大力推广前先进行项目可行性调查和测试，确定项目运营方向以及顶层架构。于2020年10月决定由第一书记王宗虎，村书记吉里克基子牵头，驻村工作队员李沣美负责联络申报参加冕宁县首届青年创业大赛，"云上彝家"项目是麻哈村寻找集体经济发展的新思路。本次大赛云上彝家项目在团队的努力下荣获二等奖，并由中国共青团冕宁县委推荐参加凉山州第八届青年创业大赛，在全州各县推选85个优秀创业项目中，经过各项比拼荣获优秀奖。

云上彝家"项目团队成员包括麻哈村基层干部、驻村工作队，项目创设以来得到了镇党委的大力支持，积极为"云上彝家"项目协调对接各类资源，为项目落地以及参赛获奖奠定了基础。通过本次比赛，项目负责人吉里克基子大大增强了创业的信心。

"云上彝家"项目展示了脱贫攻坚的成果，脱贫后的彝家新寨一片新气象，村民们开拓了思维，看到了希望！大家感党恩，跟党走，不想等、靠、要，积极自立自强。"云上彝家"山区家庭农场社群项目，在麻哈村种下了一颗种子，为脱贫成功的山村带去了"大众创业、万众创新"的创业种子。

2020至2021年麻哈村家庭数量由原先的5家增加至46家，越来越多的村民开始了创业的探索。2021年冕宁县第二届青年创业大赛中，大量的优秀创业青年积极报名，而麻哈村就有4人参赛。其中兰贵华的高山佛手套种项目和苏超飞的生态猪养殖项目分别荣获大赛第二名和第三名的好成绩。

兰贵华退伍军人转业，坚守一线打赢脱贫攻坚战，不忍看着生养自己的土地荒废，立志带领乡亲们共同振兴家乡。从穿上绿军装保家卫国，到脱下军装走村串巷为民服务的村主任，再到"冕宁县贵发种养殖专业合作社"法人。如何让滚滚的绿水，连绵的群山变成"金山银山"？如何让老百姓的"口袋"和"脑袋"同时富起来？如何让产业振兴和生态宜居？如何让农民富和农村美起来？麻哈村的致富路在何方，村民的摇钱树在哪？一直是他思考着的问题，寻寻觅觅，百转千回，终于找到佛手柑。经过不断查阅相关文献、进行实地走访，与有经验的前辈交流学习等方式，已经对佛手柑的种植条件、销售市场以及未来发展走向等有了深刻认识。

苏超飞由于家庭条件很早就辍学，走向了打工之路。在广州从事劳务派遣工作14年。在广州工作期间，她发现现在城市里的人对于绿色健康有机食品的钟爱，而家乡得天独厚，在那里发展养殖业，将绿色健康的食品销往城市，于是决定返乡自主创业。自改革开放以来，凉山对本地猪的改良进行了大量工作，引进内江猪、荣昌猪改良凉山本地黑猪品种，提高了产仔和生长速率，后又引入杜洛克猪，提高了其瘦肉率。

在前往多个养殖主产区进行学习和考察后，苏超飞开始着手饲养杜洛克与凉山黑猪的杂交品种。在全方位学习养殖技术，累积了足够的养殖经验后，于2021年04月07日正式注册营业执照并陆续开始养殖，成立的是合作社。开始将跑山猪，销往全国各地。

为继续推动全村产业发展，村两委决定在全村优秀创业青年中选出，积极学习勇于创新的创业带头人，牵头与驻村工作队、村两委一起推动云上彝家项目，以村集体经济为商业主体，由村两委负责村民动员、内部管理协调等工作；驻村工作队负责项目策划、对外对接联络、销售渠道对接等工作；本村创业带头人自愿加入，负责产品选品、包装、品质把控以及具体的销售跟进工作。

有了一大波的自主创业者，村两委与驻村工作队也更有动力继续推动项目，村两委在村内积极宣传于2021年12月，由驻村工作队请求共青团凉山州委协调安排参观考察了冕宁你东亚飞蝗养殖基地（食用蝗虫养殖）、冕宁县果之缘家庭农场草莓种植基地（草莓种销一体化）、凉山绿源农业（三月瓜种植、冰川草莓种植）、凉山州上善健康管理公司（膳食健康管理）、喜德耕田农业（生太鸡养殖销售产业链）以及正中食品厂（苦荞产品深加工），还共同参观了凉山州脱贫攻坚博物馆。这次参观考察让村里的各位创业者打开了思路，也看到了村两委和驻村工作队对云上彝家项目的用心纷纷表示愿意加入云上彝家团队，与麻哈村一同成长。

2022年1月村两委、驻村工作队召开麻哈村产业发展全年工作计划，决定于2022年4-6月正式开始试行麻哈村云上彝家野生蘑菇销售方案，并由驻村工作队员李沣美负责外部联络，与邦泰集团西昌分公司对接云上彝家产品进入高端小区进行线下试吃、线上下单的体验式销售模式。

我们希望能在村两委和驻村工作队的努力下，让云上彝家家庭农场社群平台真正成长为属于山区彝寨的"土货"销售窗口，不能仅仅只是麻哈村，有更多的村寨可以用这样的模式，帮助山区老百姓手中零散的生态农产品走进更多的消费者家庭！

佛手柑开　幸福而来

——冕宁县贵发种养殖专业合作社
四川省冕宁县磨房沟镇人民政府

一、创业初心

从穿上绿军装保家卫国，到脱下军装走村串巷为民服务的村主任，再到"冕宁县贵发种养殖专业合作社"法人。我一直在徘徊、一直在思索，如何让滚滚的绿水，连绵的群山变成"金山银山"？如何让老百姓的"口袋"和"脑袋"同时富起来？如何让产业振兴和生态宜居？如何让农民富和农村美起来？麻哈村的致富路在何方，村民的摇钱树在哪？一直是我思考着的问题，国家一直在倡导大众创业，万众创新，我也想抓住机遇，跟上时代的步伐，成为一名新时代有为青年，为培育我顶天立地国家、为曾经帮助我走出大山的父老乡亲做一点贡献。一次偶然的机会我了解到了佛手柑，也知道，目前凉山地区种植佛手柑的商户还很少，市场还未饱和，在认识到这一潜在商机之后，我第一时间想到的是到我的老家去种植佛手柑，这样不仅能够使家乡荒废的土地资源重新得到利用，也能够带动村里经济的发展，为家乡的父老乡亲寻找一条致富路，而这也刚好契合我退伍回乡的心愿。

二、佛手柑简介

佛手柑为芸香料植物，佛手的果实在成熟时各心皮分离，形成细长弯曲的果瓣，状如手指，故名佛手，具有疏肝理气，和胃化痰之功效。佛手柑为热带、亚热带植物，多分布在我国南方各省，如我国的两广地区，四川、云南、福建浙江等都是佛手柑的著名产地。其常见的产品为佛手药酒、保健茶、中药饮片、观赏植物、佛手酒、果柑、果酱、果脯、佛手枕头、佛手精油等。佛手柑的鲜果亩产量可高达6000-10000斤，干片1000斤左右，目前干片30元左右，每亩产量价值3万元左右，其产量和效益都是极其好的。

三、佛手柑开发领跑者

在确定种植佛手柑的市场前景后，我首先聘请专家对项目所在地——冕宁县磨房沟镇麻哈村的气候状况进行考察，确认冕宁县具备种植佛手柑的天然优势之后，开始进行基地建设规划和企业注册相关事宜。在2018年底完成了300余亩的项目基地土地承包，2019年完成项目基地基础设施建设，2020年完成了引种定植。我深知要想走得远、走得稳离不开技术的支撑，因此，在2020年与四川省科技厅攀西特色作物研究与利用重点实验室和西昌学院农业科学学院合作，组织实施佛手柑生态高效种植技术，联合开发佛手柑枕头、佛手柑苦荞复合茶、佛手柑除臭鞋垫、佛手柑啤酒、佛手柑白酒等系列佛手柑产品。本着人无我有，人有我优的原则，建立实行代加工模式，确保产品的安全性、专业性，2021年至今联系代加工，已确定佛手干枕头、佛手柑啤酒、佛手柑白酒等多家代加工企业，不仅如此，为充分利用资源，我们发展养殖业，在佛手柑树下养生态鸡、生态鸭，提升产品的附加值。目前，我们的产品不仅局限于凉山，已销往全国各地，开始了佛手柑产业的领跑之路。

四、克服现实困难

创业之初，由于家乡从未有种植佛手柑的历史，因此，毫无经验可借鉴，面临着经验不足，佛手柑种植知识贫乏的困难。以及农村出身，本身并没有太多储蓄，因此创业资金匮乏，再加之我的家乡身处大山深处，交通闭塞，经济发展落后，导致资源贫乏。很多青年在家庭的重压下都纷纷选择外出打工，村里多数都是妇女儿童，缺少劳动力，村里氛围压抑，少了一份活力。虽然创业之初面临着技术、资金、资源等多方面的困难，但军人出身的我，练就了不怕困难，不服输的勇气。自己联系了外面已经小有成就的佛手柑种植基地，到南充、乐山等地拜师学习，并且自己购买专业书籍进行仔细钻研，慢慢地对佛手柑的了解越来越深，也对佛手柑种植产业越来越有信心。面对资金不足问题，我了解到国家对农村青年自主创业的大力支持，能够提供低息贷款，因此在国家的帮助下资金不足问题也很快解决。要致富先修路，面对交通不便的问题，我发动农村剩余的劳动力进行修路，既方便村民出行也有利于佛手柑种养殖产业的发展。在创业的过程中不断积累经验，克服困难，使得创业道路熠熠生辉。

五、产业发展现状

1.产业规模。由于种植技术的稳定，种植经验的增加，种植面积由最初的300亩扩种到了800亩。目前，拥有3个产品粗加工厂房，1个精加工基地对佛手柑进行加工，未来将视情况进行扩种与厂房的建造。

2.人员规模。目前我们合作社组建了5人专业团队，这5人为核心成员，我作为项目负责人，其余4人分别为财务主管、技术负责人、种植基地主管、销售主管。除此之外，我们合作社还雇佣了150余名流动村民，负责佛手柑的种植、采摘、灌溉、加工等基础业务。

3.主要市场。我们产品销售渠道多样，一是餐饮行业，诸如餐厅、农家乐等等，为他们提供优质的原材料食材，让消费者可以在多种场所享用这道美味，目前暂时处于发展当地市场阶段，未来可覆盖川内甚至西南地区。二是医药公司，随着生活水平的提高，人们越来越关注自身的健康状况。佛手柑所具有的棕榈酸，丙烯酸，胡萝卜干，柠檬苦素，有着很高的药用价值，可以制作成药酒，味道芳香扑鼻，也可以把佛手柑制作成保健茶来饮用，能够补充身体所需的微量元素，维生素以及氨基酸。深受医药市场青睐，市场广泛。三是单个消费者，合作社自身小作坊加工制作的佛柑片等产品针对单个消费者顾客，发展情况也比较乐观。通过微信朋友圈以及利用网络直播、微博、抖音、快手等渠道去打开更大的市场，拓宽销路。

4.盈利情况。合作社成立之初，利润来源主要是以低附加值的佛手柑片为主，处于不亏不损状态，到后面几年，随着经验的积累，市场的拓宽，以及一些高附加值产品的生产，慢慢地合作社已经开始盈利，今年入了股的来百姓都获得了2万-3万元不等的分红，相信未来，盈利情况将更加喜人。

六、取得的成就

1.带动就业。佛手柑种植产业的发展不仅改善了我的家庭生活，也带动了村民走向致富之路。目前，合作社的成立带动了150余名本村村民及周边乡村村民实现就业，随着盛果期的到来以及特色产品的上市，能新增40个就业岗位，预计间接带动200余人就业。创业为村民实现增收，改善了其生活，村民在照顾家庭的同时实现了家门口就业，初步实现了助力乡村振兴，回馈父老乡亲的初心使命。

2.改变家乡风貌。我的家乡属于大山中的大山，交通闭塞，经济发展落后，乡亲们的生活除了务农就是背井离乡，外出打工，收入来源很少，且出行极其不便。合作社成立之后，不仅带动就业，也修路引水，使得家乡的交通得到了极大改善，外来商户的增多，也让乡亲们增长了见识，拓宽了眼界，慢慢地让闭塞的村庄有了一丝生机。现在，村里一派祥和，乡亲们充满了干劲，家乡风貌正得到改变。

3.获得政府的支持与肯定。十九大报告指出，乡村振兴要坚持农业农村优先发展，本项目符合国家、四川省政策导向、获得了凉山州委委员、冕宁县领导的高度评价。2021年9月1日，参加了由冕宁县委组织部、共青团冕宁县委、冕宁县发展改革和经济信息局联合举办的青年产业大赛，获得冕宁县第二名，冕宁县县委书记观看创业大赛后给予了我们团队高度评价。

七、未来展望

未来，我们将积极响应国家号召，继续带动当地部分贫困户或者伤残人士留守妇女以及有志创业并且对佛手种植业感兴趣的朋友加入合作社，我们提供技术支撑，制定质量标准，承诺产品回收来达到我们成立合作社的初衷和目标，最终形成规模化产业，推动雅砻江一带经济发展。

巩固脱贫成果　领航乡村振兴

四川省冕宁县磨房沟镇党委书记　叶富强

2022年磨房沟镇以巩固拓展脱贫攻坚成果同乡村振兴有效衔接为目标，不忘初心、牢记使命、砥砺前行。全镇经济社会发展持续向好，在民生改善、产业发展、群众治理等方面都取得了一定成效，迈出了阔步新征程的坚实步伐。

一、积极奋进，有效衔接乡村振兴

今年来，我镇按照县委县政府统一部署，坚持目标不变、靶心不散、真抓实干，把各项工作抓实、抓细、抓落地，严格落实"四个不摘"政策，利用好各级各类帮扶资源，保持攻坚政策实施稳定延续，建立健全巩固拓展脱贫攻坚成果长效机制，全面巩固和提升脱贫成效。

一是保障住房安全。逐户解决农户住房质量问题，结合大排查行动，排查5户疑似危房，目前已上报上级部门；2022年共发130名脱贫家庭在校学生教育资助，并将对130名中高职学生发放上学期"雨露计划"补助资金3.9万元。

二是2022年我镇实施特色种养业47户，其中山羊养殖4户、牦年养殖2户、肉鸡养殖35户、生猪养殖6户。项目资金26万。坚持外出务工与就近就业相结合，通过组织集中输出、开发辅助性岗位等措施，推动贫困群众务工返工。为35人提供护林员、保洁员等公益性岗位和辅助性岗位，我镇已就业脱贫户、监测户共652人，其中县内务工165人，县外省内350人，省外137人。梳理大排查整改台账、防返贫风险排查台账，明确十大类123条具体问题，继续落实针对脱贫人口及边缘易致贫人口的小额信贷政策。

二、不忘初心，增进人民福祉

一是治理高价彩礼深化移风易俗。成立磨房沟镇治理高价彩礼深化移风易俗工作专班1个，各村成立治理高价彩礼深化移风易俗工作专班7个，完善包村工作组7个。党员、干部和行使公权力公职人员签订承诺书40份，村组干部签订承诺书70份，村民签订承诺书356份。修改完善《红白理事会章程》7个、《村规民约》7个，成立红白理事会组织机构7个，组建红白事宜餐饮服务队7支，有硬化场地7个。制作宣传栏8个，落实"红黑榜"和"积分制"7个。召开村民宣传坝坝会议32场次，制作宣传横幅13条，LED宣传17次，播放宣传音频42次，宣传教育群众10600人次，主动报备举办红白事宜8起，红榜上榜5起。在11月份，按照县专班要求，成立磨房沟镇移风易俗全镇召开会议8次，开展移风易俗相关宣传宣讲8场，宣传群众1850人次，发放移风易俗相关宣传资料100份，悬挂横幅标语10条，LED播放累计360小时，村村响宣传群众8600多人次。县包乡领导和包乡单位人员、镇、村、组干部协同入户，开展调查核实防返贫检测、人居环境治理和移风易俗等重点，一是宣传移风易俗相关政策，及时报备，二是严格控制规模，做到简办快办，厉行节约，三是监督食品卫生和环境卫生，确保食品安全。累计入户1560多户，宣传群众2380多人；开展卫生大扫除36次，参加人员580多人；规范化治理农户230多户。党员、干部和公职人员规范报备婚嫁彩礼、礼金2人次，最高为9.8万元,最低为8万元，其中"零彩礼"0起。专项治理以来，解除"娃娃亲"0对，共退还定金0万元，群众主动实行婚嫁"零彩礼"0起。农村红白事规模从专项治理前的平均约80桌800人规范到现在的50桌500人，随礼从平均600元规范到现在的400元。

二是扎实开展控辍保学工作，目前全镇义务教育阶段无辍学学生。全镇义务教育阶段适龄学生全部正常入学。

三是医疗保障全覆盖。2022年全乡城乡居民医疗保险综合参保率达97%；重点人群参保2816人，参保率100%。

四是推动"树新风，促振新"暨妇女儿童关爱提升三年行动的全面开展。镇村两级先后成立了"树新风，促振新"暨妇女儿童关爱提升三年行动领导小组及创建洁美家庭领导小组，共创建全镇常住人口40%的洁美家庭，上报州级洁美家庭2户，县级洁美家庭2户、最美母亲2人、最美家庭2户，上报2022年三年行动基层优秀个人州级3人、县级基层优秀个人22人，组建"三年行动"三支队伍共15人。

五是社会保障兜底全覆盖。加大对低保、孤儿保障、特困供养、残疾人补助等社会救助力度，社会兜底保障实施动态管理、分类施保，政策补助资金全部发放到位。

六是全年共处理林政案件2起，全年张贴宣传标语3000条，悬挂横幅30条，制作固定永久性标语300条，发放公益林、商品林补偿金、抚育资金各类资金20余万元。

七是改善农村人居环境。共挂人居环境整治宣传横幅共23幅，微信上报名开展人居环境整治志愿活动4次，辖区7个村每周开展1次一次卫生大扫除，全镇127位保洁均参与大扫除。共购买大型垃圾桶100个，共转运建筑垃圾20吨、杂草65吨、河沟淤泥75.1吨等。

三、狠抓治安，促进社会安定和谐

一是坚持从源头防范解决信访问题，逐一化解存量纠纷矛盾，坚决消除影响社会稳定因素。按照综治中心建设标准，加大了对镇村两个综治中心的升级改造，使综治中心综合应用得到了进一步提升。广泛发挥社会各方面的力量，实施人防、物防、技防三防结合，构建灵活多样的社会治安防控网络推进"雪亮工程"建设，进一步对森草原防火各个卡点和重要路口进行视频监控点安装规划，全镇7个行政村均已规划视频监控点。组织网格员认真开展对重点人群走访慰问、网格系统平台的登录、事件上报处理、"三项"重点人员的走访签到录入。配合镇村干部参与全民核酸检测，走访入户进行疫情防控知识宣传，按照"有黑扫黑、有恶除恶、有乱治乱"的原则，紧扣"政治站位、依法严惩、综合治理、深挖彻查、组织建设"问题导向，围绕重点行业领域与群众切身利益密切相关的问题，将工作分解到村组，责任到个人，使扫黑除恶常态化工作既齐抓共管明确责任。深入开展黑恶势力和治安乱点排查，群众安全感明显得到提升。

二是抓住春节、"六一"禁毒法颁发日、"5.3"虎门销烟纪念日、"6.26"国际禁毒日、火把节、彝族年和结合平时其他各项工作进行开展禁毒宣传教育活动，散发传单7000份、粘贴标语30张、集中讲解7次、入户宣传7次。活动做到区域全覆盖。开展禁种踏查3次。平时结合书记抓禁毒进行慰问走访吸毒人员，督促吸毒人员坚持按时签到、尿检。

因地制宜发展特色产业

重庆城口县鸡鸣乡人民政府乡长　谭天平

近年来，鸡鸣乡立足实际，精耕细作，抓基地扶产业，建龙头做示范，立足自身挖掘潜力，构建起了鸡鸣贡茶+"两种两养"的特色产业格局，探索出一条产业长效发展与群众持续增收的致富之路，为决战决胜脱贫攻坚和实施乡村振兴战略打下了坚实基础。

一、选对致富路

地处城口县南部片区的鸡鸣乡，是城口县自然条件最恶劣的乡镇之一。2017年8月18日，鸡鸣乡被列为重庆市十八个深度贫困乡之一，鸡鸣乡开始了挥洒血与汗的战贫之路。

脱贫致富，稳定增收是关键；乡村振兴，产业兴旺是重点。鸡鸣乡围绕把产业扶贫作为带动贫困人口稳定增收的根本支撑，长短结合，以乡为面、以村为片、以户为点，通过选产业、抓产业，打造特色产业，做到村有主导产业、户有增收项目，实现人人能就业创业，户户能增收。

立足鸡鸣贡茶金字招牌，做好"小茶叶"这篇"大文章"。鸡鸣贡茶有上千年的历史，因乾隆皇帝御赐"白鹤井中水，鸡鸣乡院内茶"不胫而走。茶叶是鸡鸣乡群众的重要收入来源，但由于产量低、效益小，大部分茶农的积极性日益削减。2020年以来，鸡鸣乡聚焦抓技改、补短板，强品牌、增价值，改造低效老茶园1000亩，新建高效示范茶园140亩，投资300万元对鸡鸣贡茶加工工艺和夏秋茶利用进行科技攻关，开发出鸡鸣火红、鸡鸣火青和鸡鸣黄大茶等新产品，目前全乡茶产业产值达2000万元。"我们着力于培育鸡鸣贡茶产业化联合体，积极与其他兄弟乡镇的合作社开展合作，今年带动茶农直接收入740万元，鸡鸣茶真正成了让群众致富增收的'黄金叶'"。鸡鸣乡党委书记姜涛表示。

立足高山地平土沃，做大"云木香"这味"发财药"。在海拔2000多米的金岩村大窝凼，一望无际的云木香长势喜人，景色颇为壮观。三五成群的药农们正在地里忙着除草，再过半个月，云木香就可以采挖收获了。"发展产业不能靠拍脑门决策，群众认可的才能长远发展。云木香是金岩村、双坪村村民几代人深耕细作的产业，我们只能帮助其发展壮大，延伸产业链条，不能想着用其他产业取而代之。"鸡鸣乡农业负责人廖代吉说道。而事实也正是如此。脱贫攻坚以来，鸡鸣乡将云木香作为全乡的主导产业发展，成立三个中药材种植合作社，提高药农生产组织化程度，200余户药农加入合作社抱团发展。投资700万元在悬崖绝壁上凿路，2020年初，一条全长38公里，宽4.5米的产业路全面竣工，实现通车，为农资上山、中药材进城打通了出口，帮助药农们告别了过去肩挑背扛、骡马运输的日子，目前全乡云木香种植面积达到1.1万亩，每年产值达2300万元。下一步，鸡鸣乡还将在中药材产业基地新建加工厂房，完善现代化加工设备，谋细谋实精细化加工，不断提升中药材产业附加值。

立足短平快市场需求，做深"食用菌"这道"家常菜"。过去的祝乐村，是"三少一多"（人口少、耕地少，收入少，山地多）的贫困村，村内地形复杂，属典型高山峡谷地形，主要农作物是传统的"三大坨"。作为支部书记的彭贤淳下定决心，要让祝乐村发展一个支柱产业。说干就干。2018年，彭贤淳借助市经信委帮扶集团的力量和资源，选择了具有"短平快"优势的食用菌产业，引入市场主体在祝乐村建成年产100万袋菌袋的菌棒生产厂、食用菌加工烘干车间、冷冻库和扶贫车间一个，形成了食用菌菌棒生产、种植、销售与加工和废弃物循环利用等全产业链体系。2019年，祝乐村搭建了100个食用菌大棚，"巴掌田""鸡窝地"变成了村民们致富增收的"聚宝盆"。村民程能培乐呵呵地说道："我以前是贫困户，又是残疾人，出门不好找工作，自从我们村发展了香菇产业，这些都是手上的活，现在就在家门口也能务工赚钱，而且年底我家还能按股分红，日子越过越红火了。"2021年，祝乐村食用菌产业为集体经济组织分红26.7万元，12户村民发展食用菌产业收益达到了20万元，今年，祝乐村又试点种植了3亩羊肚菌，第一茬菇实现收益3万元。

立足山高林大植被茂，做强"山地鸡"这一"香饽饽"。鸡鸣乡充分发挥城口山地鸡遗传性能稳定、耐粗饲、抗病力强、繁殖性能强、杂合力好、适应性强，品牌效应好等优势，利用全乡丰富的林地资源，土壤中良好的硒资源，按照"一集中一分散"（即规模化养殖场集中养殖+农户庭院散养）的发展思路实现了全乡山地鸡产业的快速发展。90后的曹亮，2020年回到家乡开始创业养殖山地鸡，在乡党委政府的大力支持下，他建基地、育鸡苗、拓销路，养殖场年出栏近5万羽，加上其他散养农户和养殖大户养殖，全乡山地鸡年出栏近8万羽，年产值达500余万元。

立足高品质好价钱，做优"慢养猪"这条"致富路"。为形成与大型养猪企业高投入、快周转、低成本养猪模式的差异化竞争，鸡鸣乡组织辖区养殖大户成立"慢养猪"专业合作社，选定适合慢养的"内三元"品种，在重庆市畜牧科学院的帮扶下，引进6头种猪，将逐步实现品种转换，预计2023年生产优质内三元商品猪达2000头以上，并逐步推广"鸡鸣慢养猪"模式和品牌。双坪村村干部曹尚珍是生猪养殖大户，也是"慢养猪"专业合作社的成员之一，谈到"慢养猪"养殖，她信心十足："技术上有市畜牧科学院专家的指导，资金上有乡党委政府的支持，酒香不怕巷子深，只要我们品质好，就不愁卖！"

二、找好带头人

一大早，范天喜便上山收鸡蛋，这次去的是钟述权家，

钟述权从屋里拿出一竹筐鸡蛋说，"这些都是自家养的土鸡下的蛋，绝不掺假！"范天喜接过鸡蛋不用清点个数，便把现金如数交到钟述权手上。钟述权拿着卖鸡蛋的钱乐开了花，据了解，钟述权是鸡鸣乡金岩村的监测户，因身体残疾，无法出门务工，每年他通过卖洋芋果、鸡蛋、笋干、腊肉等农副产品给范天喜，可增加5000余元的收入。

范天喜是土生土长的鸡鸣人，一直背井离乡在外从事室内装修工作。第一次接触"电商"，是2016年，他回到家乡通过在QQ空间发布腊肉产品的信息，一时间"卖爆"了QQ空间，建立了良好的口碑，也赚到了他初入农产品销售行业的"第一桶金"。范天喜觉得既然反响这么好，干脆就把规模"做大一点"。他不再单独在QQ空间里卖，转战线下，开始大量收购腊肉，将腊肉拉到开州区卖。渐渐地，增加品类，扩大规模，他的生意做得风生水起。2018年10月，时任鸡鸣乡金岩村驻村第一书记的薛千万找到范天喜，告诉他，他这种卖法不是长久之计，要成立公司，建立品牌。"公司""品牌"对范天喜来说都是非常陌生和遥不可及的词语。于是，在第一书记薛千万的帮助下，范天喜申请农副产品经营许可证、注册商标，成立了城口县喜娃农业开发有限公司。他开始学习如何包装产品，增加附加值，如何分拣产品，建立产品等次，如何把好产品的质量关，建立口碑。他奔走于天南地北，各类农产品展销活动他都参加，一次记不住"喜娃农业"，他就多出现几次，"熬夜、赶路"成为常态，但他坚信"量变"终将会引起"质变"。功夫不负有心人，自2018年成立公司以来，范天喜经营的喜娃农业公司年均销售额达到300余万元。通过务工、收购周边农产品等方式带动鸡鸣乡农户150余户增收。除了打通线下渠道，范天喜瞄准了电商运营这条新路子。他积极参加电商培训，将公司入驻益农社、淘宝、淘优卖等线上平台，并鼓励员工学习直播带货的新营销模式，邀请"网红"直播销售农副产品。2021年，喜娃农业有限公司线上销售额达170余万元。2022年，鸡鸣乡电商产业示范基地建成投用，喜娃农业开发有限公司入驻，预计年产值600万元，可增加就业岗位6个，每年向鸡鸣乡双坪村集体经济组织分红8万元。通过建成农产品溯源系统，实现"一品一码"，有效解决供销信息不对称问题，产品口碑进一步提高。

在鸡鸣乡，像范天喜这样的致富带头人还有很多。短短几年，鸡鸣乡不断完善激励机制，强化示范引领，通过传、帮、带、教，培育致富带头人19名，鼓励群众创业就业，发展本土龙头企业2个，成立农民专业合作社8个，建成家庭农场10个，建立起"公司+农户""致富带头人+农户""合作社+农户"的利益联结机制，带领群众致富增收。

深化"党建+"网格数字治理，搭建服务群众连心桥

重庆城口县鸡鸣乡人民政府乡长　谭天平

为深入学习宣传贯彻党的二十大精神，切实增强基层党组织学习动能、服务效能、创新势能，进一步答好"七张高分报表"，城口县鸡鸣乡以党建引领为核心，以"互联网+"为抓手，以村级党组织阵地，整合"网格+网络"双网平台，开拓"线上+线下"双线渠道，创新打造"1+2+3"网格数字化治理体系，不断推动"党建+网格+数字"融合纵深发展。

主要做法

（一）建强一支队伍，夯实便民"堡垒力量"。

为充分发挥基层党组织在网格化管理中总揽全局、协调各方、服务群众的战斗堡垒作用，强化党群联动、干群互动，配优配强一支队伍。依托6个村级党组织阵地，设置6个大网格31个微网格，建立健全"2+6+6+N"网格管理体系，全乡设乡党委书记+乡长双网格总长2名，联系村领导担任各村网格长6名，村级党支部书记担任网格负责人6名，搭建"乡+村""两级"结对帮扶网格员62名，成功锻造了一支素质高、能力强、讲奉献、敢担当的网格专线服务队伍。

（二）建好两个平台，畅通惠民"神经末梢"。

一是做实"线下"服务平台。创新打造"鸡鸣茶话"基层治理品牌，深化老张茶室治理平台，组建"党员+"服务队伍，联合德高望重的退休老党支部书记、无职党员、乡贤、"法律明白人"等各类先进典型组成茶室专业服务团，建立"一杯黄茶化衷肠，一杯花茶解民忧，一杯绿茶谋发展，一杯红茶颂传承"的"四杯茶"服务清单，设立"真心、爱心、耐心、细心、信心"的"五颗心"服务目标。围绕"两不愁三保障"、

稳岗就业等民生实事扎实开展"党的二十大"精神宣讲、职业培训、移风易俗、法治文明讲堂等服务性活动13种，把党的创新理论传播到"茶室"，把就业创业培训开设到"茶室"，把矛盾纠纷化解到"茶室"，把文明新风培育到"茶室"，把党员模范发挥到"茶室"。

二是建好"线上"联通渠道。建立"2+N"群众意见平台。以"渝快办"和智慧信息反馈平台微平台为中心，创建 N 个线上微信联络互助群，切实把服务触角延伸到村、到社、到户。创新打造数字乡村示范点，与电信公司合力打造集智慧党建、智慧乡村、智慧治理于一体的"村村享"智慧信息平台。在辖区重要村道卡口、群众院落安装智能监控设备，为辖区重点人群佩戴智能手环，做到重要辖域定时巡查、重点人群全时监管。开发"随手拍"小程序，及时帮助残障人士、孤寡老人等困难群体清理垃圾、送去温暖，密切关注日常急需，做到反馈问题随时、网格买单及时、困难解决按时，迭代升级乡村传统治理模式，切实打通服务群众"最后一米"。

（三）健全三项机制，增强利民"原生动力"。

一是构建上下贯通、全面覆盖、组织有力的基层党建网格管理机制。按照"党建引领、网格融合、精准服务"的思路，将任务划分成板块条线，将责任压实到村到人。由乡党委统筹抓好村级党建工作，协调辖域内各领域、全方面群众工作，整合调动各类党建资源，实现共建共享，提升党组织凝聚力；村党组织贯彻落实乡党委安排部署，兜底管理村内服务工作；乡村两级网格员结对帮扶、精准服务，强化群众服务工作落实落细。

二是创建"群众点单+村级派单+网格买单+群众评单"服务机制。优化升级"发现—受理—解题—分流—反馈—评价"分级分流闭环体系，包片划责，切实将服务窗口搬到群众家门口，为群众提供"一站式"服务。

三是整合利用"积分+"激励机制，发挥积分兑换、红黑榜奖惩作用，将参加宣讲学习、文明评比、技能培训、矛盾调解等纳入积分兑换内容，推动"小积分"攒出"新风尚"，全过程增强群众参与内生动力。

突出"四变"，全力发展壮大村集体经济

湖南省安仁县永乐江镇人民政府

"七弯八拐永乐江，一路长河唱渔歌"。湖南省安仁县永乐江镇位于湖南省东南部，是全县的政治、经济和文化中心，2012年由五个乡镇成建制合并，现辖4个城市社区、33个行政村，总面积358.74平方公里，总人口16万余人，农业发达、物产富饶，被誉为"湘南第一大镇"。

2022年来，永乐江镇深入学习贯彻习近平总书记关于发展壮大村级集体经济的重要指示精神，围绕乡村振兴战略实施要求，坚持因村施策、一村一策，深入推进村集体经济"增收消薄"行动，涌现出一批如安康村、排山村、山塘村、新丰村、高陂村的村集体经济发展示范村。截至2022年8月，全镇已有2个村集体经济收入达100万元以上，9月底全镇37个村（社区）集体经济收入将全部实现10万元以上，全镇村集体经济总收入有望突破1000万元大关，乡村振兴的道路越走做宽广。

一是烟叶变金叶，闯出产业发展致富路。

坚持产业为先，全镇一盘棋，因地制宜、区域协同，全力发展烤烟种植优势产业，推动村集体经济持续增收。按照"强基础、扩规模、提质量、争效益"的思路，2022年全镇共种植烤烟6500亩，相比2021年增加2700亩，增幅达70%，实现产值约2600万元，就业收入约800万元，仅烤烟返税这一项，全镇村集体经济可增加230万元。地理

位置相对偏远的禾市片区5个村，如禾市村、厚均村、龙头村、长潭村、九妹仙村等，村集体经济薄弱，但种植烤烟自然条件适宜，2022年各村因地制宜、积极作为，新种植烤烟1800亩，产量约4500担，根据新种植烤烟村前2年烟税全部返还到村的政策红利，按每担返税350元计算，村集体经济可增加150万元，一年实现提档升级，贫困落后的局面正在有效改变。"烤烟第一大村"安康村凭借优越的自然环境，在市派驻村工作队的帮扶下，2022年继续扩大烤烟种植规模，种植面积翻了一番，达到1200亩，为村集体经济带来净收入近60万元，实现一年增三倍。产业越做越大，村民的腰包越来越鼓，老百姓不禁欣喜地说道："我们的希望在田野上。"。2023年，全镇计划新增烤烟种植面积4000亩，打造万亩烤烟大镇，全力推进村强民富。

二是粮田变良田，唱响湘南粮仓丰收曲。

深入实施"藏粮于地、藏粮于技"战略，大力建设高标准农田，在尊重农民意愿的基础上，全镇流转村集体连片土地2.2万余亩，涵盖23个村。按照"小改大、弯改直、高改平"的要求，对农田进行升级改造，提升农田综合效益，夯实粮食稳产高产的基础。全镇多个村经济合作社发挥优势、主动作为，大力兴办支部农场，由村经济合作社承包农田，推进农业生产规模化、集约化、机械化，有效解决耕地荒废、效益低下的问题。在白沙村，地理位置相对偏远，但地势平坦、农田连片，村经济合作社因地制宜，主动承包农田400亩，发展双季稻及高档优质稻生产，农民专业合作社参与，村集体经济一年可增收15万元。2022年，全镇已完成粮食播种面积6.8万亩，其中早稻2.8万亩、中稻4万亩，晚稻预计9万亩，全年粮食总产量可达8万吨，进一步巩固了湘南粮仓，保障了粮食生产安全。走进永乐江镇，万亩田野稻浪滚滚，层层叠叠金光灿灿，乡村振兴的基础越来越扎实。

三是旧村变新村，描绘田园风光山水画。

依托国家4A级旅游景区稻田公园，全镇大力发展乡村旅游，以旅游业带动乡村振兴。在排山片区启动全域美丽乡村示范镇建设，以全国乡村旅游重点村山塘村，省级美丽乡村新丰村和高陂村等为重点，以点带面、示范引领，全面推进"生态人居""生态环境""生态经济""生态文化"四大工程，着力打造一村一景，扮靓美丽乡村。

在永乐江镇，四时皆景、十里画廊的万亩田野，碧水青山、繁花似锦的湘南村落，一望无际、随风摇曳的千亩荷花，已经成为周边市县游客假日休闲、踏青秋游的首选之地，每年吸引着百万人次观光旅游。游客多了，旅游市场日益火爆，催生了农家乐、民宿经济、小土特产、手工艺品以及旅游服务等系列经济形式，每年带动产业收入达

1200万元，村集体经济可增收50万元。附近老百姓参与其中出售、出租、出资、务工，也尝到了不小的甜头。"相约大美永乐江，共赏湘南好风光"已经成为一张远近闻名的乡村旅游金名片。

四是村民变股民，谱写共同富裕新篇章。

激发村集体经济组织活力，发挥村经济合作社的独特优势，兴办村级企业，将全体村民"组织起来"，促进村集体经济做大做强。排山村乘借全省供销合作社"两个到户"综合改革的东风，联合县供销联社组建了全县第一家村级供销惠农综合服务公司，村经济合作社持股65%。其中收益的40%将用于村民股份分红，30%作为村集体经济收益，其他部分用于扩大再生产等。所属的企业"支部超市"各种生活用品琳琅满目、价格实惠，每天前往选购的村民、游客络绎不绝。村民持有其中股份，自身利益与公司收益挂钩，真正实现让村民把村集体的事当成自己的事。"支部超市"年销售收入可达500万元，为村集体经济增收15万元。全镇现有安康村烟草种植专业合作社、山塘村亲子乐园、高陂村荷花园等村办企业7家，每年可为村集体经济增收90万元，解决农村劳动力就业110人。在永乐江镇，"全体村民享受分红，走共同富裕之路"正在成为生动现实。

全面推进各项工作　有力推进乡村振兴

四川省金阳县芦稿镇人民政府镇长　王　川

近年来，芦稿镇按照中央省州县决策部署，因地制宜开展各项工作。

一、经济建设方面

深入推进县域"1235"发展战略，持续改善民生。芦稿镇先后获评"凉山州文明单位、文明标兵"、助农增收"先进乡镇"等荣誉称号。

（一）乡村振兴有力推进；

紧紧围绕"乡村振兴24战略方针"，认真落实"四个不摘"要求，坚决守住不发生规模性返贫底线，重点监测收入水平变化和"两不愁三保障"巩固情况，及时发现、及时消除返贫风险。目前全镇在全国防止返贫监测信息系统中总数据为972户4900人，其中脱贫户707户3663人；共有防止返贫监测户265户1248人；一般户2538户11013人；

九类重点人群232户1000人,目前人均收入都达标。同时协调配合水利部门实施对坪镇幺米沱集中安置点供水项目,总投资1170余万元,涉及芦稿镇辖区管道23公里,此项目将有效解决我镇陈家梁子村、大卷村410余户1600人安全人畜引水提档升级。

（二）产业发展有效提升;

主动融入全县打造芦稿—派来—红联"青花椒高质量发展示范带",推动全镇青花椒产业"稳中向好",目前全镇有3756户农户种植青花椒,青花椒种植面积达3.8万余亩,年产量约276万余斤,产值达1.65亿余元;产值占到农业总产值的83.6%,椒农人均收入达到1.5万元。成立6个青花椒专业加工厂,2家白魔芋专业加工厂,专业合作社共65家,入社农户2668户,占全镇总人口的63.6%。建立了"椒农+专合组织+公司"比较系统的三级流通联动网络,使金阳青花椒源源不断地贩运到全国各地,打入国际市场,顺利完成了生产与市场的对接,形成了产销两旺的良性循环。

（三）综合治理有序开展;

严格落实安全生产"15条措施"和森林草原防灭火十条措施,强化队伍及设施配套,森林防火工作规范有序;抓好41个防汛防地灾隐患点的常态化严格管理,为辖区群众筑起安全堤坝;排查劝回失学辍学儿童101人,全镇建档立卡贫困户子女全部入学。全面巩固"扫黑除恶"专项斗争,开展移风易俗、民族团结等工作,促进了全镇社会和谐稳定。加强基层党组织建设,新吸收15名年轻"两委"班子成员,纵深推进全面从严治党,整顿软弱涣散党组织1个。

二、未来工作打算

今后,我们将把握省州县委工作新要求,坚持问题导向,加强思想武装头脑走实走深,深刻认识新发展阶段、贯彻新发展理念,工作中克服缺点,发扬优点,借鉴成功经验,拓宽工作思路;以更饱满的精神状态、更务实的工作作风、更新颖的工作思路,持续巩固拓展脱贫攻坚同乡村振兴有效衔接,为"金沙瑶池.阳关花城"新金阳建设贡献芦稿力量。

（一）加强政治建设

一是思想建设方面。

芦稿镇班子始终坚持正确政治方向不摇摆，自觉用习近平新时代中国特色社会主义思想武装头脑、指导实践、推动工作，始终在思想上政治上行动上自觉同以习近平同志为核心的党中央保持高度一致，切实增强"四个意识"、坚定"四个自信"、拥护"两个确立"、做到"两个维护"，持续开展"庸懒散浮拖"和干部"走读"等干部作风突出问题，认真贯彻省州县决策部署，有力推进各项工作。

二是党史学习方面。

督促各级干部常态化开展党史学习，坚持原汁原味学中央指定的4本学习材料、结合实际按时间节点参加每月一次的集中学习，平时利用"学习强国"，微信群平台加强自学，同时积极参与"我为群众办实事"实践活动。

三是担当作为方面。

落实控辍保学工作责任机制，全面巩固"扫黑除恶"专项斗争，严厉打击黑中介、村霸、地痞等黑恶势力和刻意制造民族矛盾等"污名化"金阳和芦稿的言行。紧扣"安民"推动乡村治理，深入实施新一轮三年禁毒攻坚行动、艾滋病等重大传染病防治第二阶段行动，全面贯彻落实《凉山州移风易俗条例》，治理高价彩礼深化移风易俗专项行动，同步开展芦稿镇大卷村全州民族团结示范村建设。

（二）推动经济发展

一是乡村振兴方面。

发扬伟大的脱贫攻坚精神，开展"两不愁、三保障"回头看，继续抓实脱贫攻坚成果与乡村振兴有效衔接工作，抓细基层党组织建设，不断巩固脱贫成果，夯实振兴项目基础建设，全面落实乡镇主体责任。严格落实"四不摘"要求，制定完善帮扶责任清单。指导各村村集体经济高效运转、督促驻村工作队高质量分类归档乡村振兴相关资料；持之以恒推进脱贫攻坚成果与乡村振兴有效衔接工作，坚决守住不发生规模性返贫底线；始终保持高度的政治责任，有力对接督促马颈子、油房等交通、住房基础建设项目，力争今年11月项目落实落地。

二是产业发展方面。

融入全县打造芦稿—派来—红联"青花椒高质量发展示范带",推动全镇青花椒产业"稳中向好"依托金阳县现代产业园区灯厂村、沙马坪子村、红联中心村、木府中心村四个青花椒产业基地项目建设,探索低山地带套种金豌豆、高山地带套种荞麦新模式,有力推进全镇产业发展。建立"椒农+专合组织+公司"比较系统的三级流通联动模式,使金阳青花椒源源不断地销售到全国各地,打响金阳青花椒金字招牌,使金阳椒农不断提升增收额度。

三是优化营商环境方面。

严格落实"二十条"优化营商环境措施。转变职能,政企勤沟通,镇党政班子组成工作专班,通过实地走访、座谈、征求意见等方式同辖区高速公路、落户企业相关负责人交谈,详细了解企业在施工、经营过程中遇到的各种难题并协调解决。将惠企政策又快又好地传达给辖区企业、返乡务工人员,宣传好相关政策,积极引导有能力返乡农民工回乡创业,打造营商环境正向循环链,促进镇域经济持续发展。

（三）抓实民生事业

一是人居环境方面。

继续深入贯彻绿色发展理念,全面推进污染防治攻坚战,充分利用网络、宣传横幅、公示栏等手段开展多层次、多形式的城乡环境综合整治、生态文明建设的重大意义舆论宣传,有序整理村土地撂荒情况,严格落实"河长制"责任,加大环保执法力度,对排污企业、偷倒垃圾进行全面整治清理;开展街道集中整治活动,强化保洁员履职,每日组织卫生清扫,每月开展一次全镇性的环境卫生大扫除活动,较大改善村容村貌。

二是教育卫健方面。

落实教育"九长"负责制,医院看病就医保障负责制,有力解决就学难、看病难等问题;督促学校、街道集贸市场、食品批发市场开办者的食品质量安全监管责任,严厉打击食品经营单位销售假劣食品行为。医院、街道药品经营商药品监管网络,明确医院、药店工作职责,加强培训,加强日常检查,不定时开展过期药品检查,着力解决区域内的药品安全问题。

（四）紧盯安全生产

一是防汛防地灾方面。

防汛防地灾隐患点41个，涉及点位多，分布广；下半年，雨水天气频繁，降雨量明显增多，为有效应对强降雨天气可能引发的山洪和地质灾害，早动手、早安排、早准备强化应急值守，严格落实镇、村干部24小时值班值守，值班领导带班制度，做好应急处突，落实"三个避让"要求，全力做好学校假期时段防溺水、防汛防地灾工作，为辖区群众的生命和财产安全筑起安全堤坝。

二是农村消防方面。

沿江持续高温天气，深刻认识森林草原防灭火严峻形势，完善扑救预案、应急处置办法、应急处置手册，加强队伍体系建设。注重农村民房和公共场所等消防安全监管工作，推行网格化管理制度，多次深入农村、公共场所和施工场等地所排查整治火灾隐患，要求村民检修电路、谨慎用火，要求公共场所，尤其是人员密集场所完善消防设备、强化安全经营措施。

三是道路交通方面。

进一步强化责任意识，建立健全责任体系；积极与辖区交警队联勤联动，采取"白天+黑夜""固定+流动""定期+不定期"的工作方式，保障辖区道路通畅、为老百姓出行提供安全保障；积极与县交通局、县交警队等部门协调，及时设立、更换、更新交通辅助设施，比如警示标志、减速带、波形护栏、标识标线等。

同时落实辖区高速施工企业、非煤矿山安全生产监管力度，落实关停整改无资质、无证件等非法采砂制砂的相关企业，确保辖区安全生产"零事故"。

奋楫笃行 行而不缀 以人民为中心之乡村发展
——浅谈乡镇基层工作心得体会

西藏自治区曲水县聂当乡人民政府乡长 张海龙

党的二十大报告指出"全面建设社会主义现代化国家，最艰巨最繁重的任务仍然在农村。坚持农业农村优先发展，坚持城乡融合发展，畅通城乡要素流动。"党的十九大首次 提出"农业农村现代化"的目标，并提出全面实施乡村振兴 战略，党的十九届五中全会审议通过的《中共中央关于制定 国民经济和社会发展第十四个五年规划和二〇三五年远景 目标的建议》，对新发展阶段优先发展农业农村、全面推进 乡村振兴作出总体部署，为做好当前和今后一个时期"三农" 工作指明了方向。2021 年中央一号文件指出"民族要复兴， 乡村必振兴。全面建设社会主义现代化国家，实现中华民族 伟大复兴，最艰巨最繁重的任务依然在农村，最广泛最深厚 的基础依然在农村。"2022 年中央一号文件指出"充分发挥 农村基层党组织领导作用,扎实有序做好乡村发展、乡村建 设、乡村治理重点工作,推动乡村振兴取得新进展、农业农村 现代化迈出新步伐。"

纵是如此，衡量城乡发展，在未来的新征程中，乡村发 展处于后发位置，面临巨大跟跑压力。众所周知，没有农业 农村现代化，就没有整个国家现代化，农业农村现代化是未 来工作的重点所在、关键所在、成败所在。因此，农业农村是我们基本实现现代化的主战场，具有决定性的作用。不知 不觉已在乡镇工作六年有余，下面结合自身工作实际，浅谈 乡镇基层工作的几点体会。

一、政策把握舵向能力急需加强。

虽然各级都会积极宣 传如何对中央及上级重大决策部署进行落实，并且年度指标考核清单中也会明确要求各级党委政府对"三农"工作的亲 自部署、亲自谋划，因此每一级都习惯上将原文转发并亲批 基层抓好贯彻落实，同时要求上报相关信息。但是从实际来 看，每级对原文件理解不够透彻，缺乏总的舵向能力，缺乏专项性思考理解，与每地实际联系不够紧密，甚至大相径庭。 但基层背负着"逾期不报后果自负""情况说明"等典型清单，导致经常性的"南辕北辙""怨气重生"。

二、政策执行与理解能力急需加强。

在基层最大的感受 就是我们在对政策执行与理解与上级或文件存在很大出入，以我乡 2021 年以来实施的热堆村美丽乡村幸福家园整村推进建设为例，从第一次推进会开始，我们始终处于被动局面， 我记得当我看到房建 2000 元/㎡时，我就觉得不太对，当然 后续对此价格的讨论与实地对比也是久经考验。同时怎样理 解村庄原址、异地新建与集中新建、与美丽乡村衔接布局和市级要求存在重大误差。同样房屋五改涉及的房屋安全、 宅基地标准也是我主要看重和纠结的地方，我想房屋五改应该不是刷墙，因为有人开玩笑的问我："你在村里刮大白刮得怎么样"，加上危房改造和抗震加固一直是广大农村住房 安全保障所重点关注的事项，我记得有一年某单位打着帮助市委市政府提供意见建议改善农村住房安全的旗号到基层调研，后面对基层的工作很不满意，认为基层没有把调研的事情放在心上，没有对群众住房情况做到很了解。现在我想了想好像现在也没有拿出具体可实施意见吧，要想想我们国家从危房改造、小康安居、集中新建等不同的政策方式面向全国各地基层已经过了多少年，然而真正落实的怎么样、有没有制定具有指导性、可行性的实际办法不想而知。另外，对于危房的认定和改造我一直在坐着尝试，我一直认为一定要辩证看待危房改造和抗震加固，至少从目前的判断上是对的，我不止一次谈到这个话题，"我敢保证这不是危房，但我不敢保证能否应对自然灾害。"由于我乡地处城乡发展接合部，在现行经济社会发展下，群众的住房环境得到明显改善，对此我跟上级职能部门不止一次探讨过群众住房环境改善所带来的更为严重的负面因素，那就是村里清一色的预制 楼板房，所以在现行形势下的抗震加固到底应该承担着怎样的作用或者扮演怎样的角色，不得不让人如芒刺背。

三、乡村振兴到底要干什么。

一提起乡村振兴，也许很多人会滔滔不绝，但是从国家乡村振兴考核内容来看，却又让人手足无措。要知道现行乡村振兴模式下一个很重要的工作内容就是巩固拓展脱贫攻坚成果，很显然大家是摸不清楚的，当然肯定也有人会说是很清楚的。乡村振兴从产业、生态、组织、人才、文化出发。对于产业振兴来说，我感觉我们对乡村振兴战略和一号文件的表述上肯定存在很大的误差，我想三农工作的产业振兴绝不仅仅是扶贫产业项目，绝不是随口就提的标准化厂房建设，我们对现代农业产业振兴摸索不够、实践不够、认知不够，实际上产业振兴经过十三五以来的探索实施，个人认为绝大部分是失败的，真正体现了那句"不是说你付出了就一定是对的"，因为你的理解、你的决策就是错的，只是为了那一句"您好"，就像我经常说的那样"成也落实、败也落实"，就算高层决策有着"四梁八柱"的重大意义，到了最后也是大打折扣，反而不为索然。对于生态振兴来说就更难了。首先是农村环境综合整治、基础设施、农业污染、垃圾填埋、垃圾焚烧、园区废水等都是九龙治水，就更别提农村所面临的生态修复了。对于农村来说，生态修复的成果决定着绿色产业发展方向和提质增效的评估，而生态保护修复项目投资回报处于周期长、收益低，短时间内难以形成相应规模的农村绿色产业，目前基本上都是生态投资远远大于现有回报，也许你会说这是发展的必由之路，但是我们要清楚在全面推进乡村振兴的路上，我们需要面对并且解决政策由特惠向普惠型的重大转变，要重新审视目前粗犷的东边新兴产业西边笑哈哈的不利局面。在这里再谈谈打造农业全产业链这个话的理解，我们知道产业基础能力和产业链水平是决定国家产业竞争力的关键，但是对于产业链的理解我想我们都是很困惑的，那么何为产业链，就定义而言，产业链就是基于最终产品生产所形成的上中下游各环节相关产品供需关系及配套体系。这就让我想到了产业规划一词，也许我们可以先不提全产业链，但对产业链的认识却要纳入重点培训和教学的主要课程之一。

四、如何把握城乡建设用地增减挂钩政策。

为了全面推进城镇化建设，增减挂钩也是应运而生，不得不说这个政策在推动经济社会发展有他的无法估量的作用，当然其带来的负面因果却也是相当旗帜鲜明。个人理解还是慎用这个政策，当然不是因为我们实施的不顺利，以次充好、敷衍了事是我对这个全国都很喜欢的政策的最大担忧，要知道现行要求下增减挂钩和转移支付仅仅鼓励使用在深度扶贫的易地搬迁工作上，但我们不得不明白现行发展现状下的建设指标却又是屡屡突破极限，加之"三区三线"的调整和耕地的认定不得不让人浮想联翩。

五、如何看待村庄规划与国土规划的实际冲突。

我想很多地方都完成了村庄实用性编制规划和国土空间总体规划，于是我们就会遇到这里是实际公认的村庄聚居地，然而国土三调却说这里是天然牧草地、林地等等，然而在人均宅基地的规则比例要求下，村庄规划规模有体现处矛盾的另一面，如何有效解决这一难题真正关系到村庄规划的切实落地和乡村振兴发展有序推进，否则农村现代化真的就是纸上谈兵。

六、正确看待农业农村现代化。

农业现代化有"集约、高效、安全、持续"4 个趋向；农村现代化有"基础设施便利、公共服务提升、人居环境改善"3 个趋向；农民现代化有"生活富裕、素质提高、城乡融合"3 个趋向。对于基层而言，要优先坚持公共基础设施在农村投建，积极推进教育、医疗等基本公共服务城乡均衡配置，要健全农村基层工作人员保障和激励机制；要对农业农村现代化一体设计、一并推进，要立足实际和长远，坚定把握工业重镇与优质农产品种植并行，要坚持生态产业发展与高颜值、高品位乡村居住生态空间并行，要推动农业专业化、知识化经营；要强弱项补短板，要切实摆脱空间规划滞后和村庄规划成摆设的尴尬局面，持续加大农村基础设施建设力度，重点向生活污水处理和安全放心供水实现突破性进展……

以上仅是自己个人看法，因表述能力有限，未能全部表达清楚，敬请谅解。

浅谈温室大棚蔬菜生产中滴灌带灌溉应用效果

西藏自治区曲水县聂当乡

摘 要：

当前，随着人民生活水平的不断提高，对于蔬菜的要求也越来越高，同时当前温室蔬菜的培育和发展对于农业生产也有着非常重要的作用，需要相关人员重视起来。在温室蔬菜的种植过程中，需要对温室大棚中滴灌带灌溉技术进行深入研究，希望能够提高滴灌带的灌溉效果。文章主要介绍了在温室大棚中应用滴灌带进行灌溉的优点，以及对如何提高滴灌带灌溉效果进行了简单的阐述，希望能够对拉萨地区从事相关职业的人群提供一些帮助。

关键词：温室大棚蔬菜；滴灌带；灌溉应用；效果

农业的发展是我国发展过程中必不可少的部分，它与人们的生活质量密切相关，所以在温室大棚中种植蔬菜时，应该对其种植技术进行深入的研究，特别是灌溉技术，灌溉的效果直接决定了蔬菜的产量，相关研究人员应该重视在温室大棚中所使用到的灌溉技术。采用科学合理的方式进行温室大棚蔬菜的种植，在此基础上不断对已有技术进行更新，确保农作物的正常生长。

1 温室大棚蔬菜生产中滴灌带灌溉作用研究

1.1 对生长发育促进作用

当前，各行各业都在不断地进行突破，农业种植上也在不断地进行技术革新。在温室大棚的灌溉过程中，采用滴灌带进行灌溉，能够给蔬菜生长提供良好的土壤环境，让土壤的各项指标都保持在最适合蔬菜生长的标准上，对蔬菜的生长发育起着促进生长的作用。

1.2 对病虫害的有效控制

在温室种植的过程中，通过利用滴灌带技术，能够很好地控制温室大棚中的湿度，这一湿度对于蔬菜的生长有着促进作用，但是相较于害虫来说就会抑制害虫的生长。所以说，通过利用滴灌带控制温室中的湿度，有效的控制大棚中病虫害的发生率，在一定程度上避免了人工施药给蔬菜带来的负面影响，让蔬菜能够更好的生长。

1.3 对产量产值提升作用

大量的研究结果表明，滴灌带技术能够很好地控制温室大棚中的各项指标，从而为蔬菜生长提供良好的生长环境，能够大幅度的提高蔬菜的产量和产值。不会出现温室蔬菜少而贵的现象，为农作物市场的稳定打下坚实的基础。同时，蔬菜产量的提高也能够为种植人员提供更多的经济效益，以便于改善当乡的经济状况，促进该地区更好的发展。

1.4 对肥料利用率的提升

在温室大棚中可利用的灌溉技术种类繁多，不同的灌溉方式对于肥料的利用率有所不同。文章中涉及滴灌带的灌溉方式，与传统的沟灌相比，首先能够很明显提高水资源的利用率，同时在灌溉过程中，能够很好地将肥料进行降解，帮助农作物吸收肥料中的营养物质。通过大量实践研究发现，滴灌带技术能够很好地提高对于肥料的利用率，能够促使农作物更好生长，同时提高其产量。

1.5 对水分的有效节约

传统的灌溉方式大都采用漫灌的形式，在对水资源的利用率上差不多只有一半左右，可以说是对宝贵的水资源极大的浪费。本文中所提到的滴灌带技术，其实质是通过管道输水，在管道壁上开出若干小口，以便于水能够渗入到农作物内部。这样的灌溉方式能够大大提高对于水资源的利用率，同时还能够有效地避免在灌溉过程中水的蒸发。但是在实际使用过程中，由于不同农作物在不同生长阶段对于水的需求量不同，所以就需要种植人员根据各个阶段的农作物的特点，及时改变输水量，以保障农作物能够正常的生长。

2 滴灌带灌溉技术在温室大棚蔬菜生产中应用

2.1 对室内温度、土壤温度的控制

通常情况下，对于温室大棚中所种植的蔬菜进行灌溉时一般都采用沟灌的方式，但是这种方式在应用过程中，如果遇到温度较低的情况，沟灌在短时间内释放出大量的水会造成土壤温度的急剧下降，严重时会导致蔬菜受冻，从而影响到产量，对蔬菜的生长带来了恶劣的影响。但是采用滴灌带灌溉技术以后，就能够很好避免这样的情况。滴灌带在使用的过程中，能够有效控制水的用量，同时能够控制好温室大棚内的温度和土壤中的温度，不会像沟灌一样对室内温度和土壤温度造成较大的影响。由于滴灌带具有较好的保温效果，所以滴灌带在北方的大棚蔬菜的种植过程中应用的更加广泛。

2.2 对土壤环境物理性状的改变

根据当前对土壤环境的研究结果来看，大多数土壤的构成成分都是十分复杂的，其原因主要是土壤可以看作多空介质，其中可以包含气体、液体和固体等一些物质。在使用过去灌溉方式的过程中，水流就会在土壤和大气环境中间造成阻隔，不利于土壤和大气进行气体交换，从而导致了土壤长期不断的物理性质的改变，当土壤的改变到达一定的程度过后，土地的肥力会大大降低，同时土壤也会出现板结，这样就导致土壤很难再进行种植。在实际的生产种植过程中，科学合理的应用滴灌溉技术将会极大程度上地改变这样的情况，因为这项技术可以很好地对水流量进行有效的管控，确保土壤达到适宜生长的水平，同时也可以在尽可能减少其他方面的影响情况下降低土壤出现性质改变，肥力下降的情况。

3 结语

综上所述，滴灌带是当前较为省力方便的一项新型技术产品，拥有很多优势，因此，有关人员就需要不断深刻分析理解滴灌带这种新产品，并将其大力推广，同时也要意识到其劣势，即在高温条件下很容易出现老化的现象，导致寿命下降，这就需要有关技术人员合理采用其他有效方法尽可能地减少老化速度，提高认知能力和创新思维，并及时采取预防手段，从而提高生产效率。

以易地扶贫搬迁之种，让三有村盛开
"乡村振兴之花"

西藏自治区曲水县达嘎镇人民政府镇长　李昕哲

雅鲁藏布江与拉萨河交汇的河谷，整齐地排列着色彩亮丽的藏式小院，这里就是拉萨河畔·三有村。每到春末夏初，苗圃内的大马士革玫瑰争相绽放，就如"乡村振兴之花"在三有村盛开！

易地扶贫搬迁是治本之举，是从根本上解决脱贫问题最直接和最有效的重要举措。拉萨河畔三有村作为西藏自治区首个易地扶贫搬迁点，紧紧围绕"搬得出、稳得住、能致富"的工作目标，脱贫攻坚成果同乡村振兴有效衔接工作毅然走在前列。拉萨河畔三有村位于318国道4701KM处，全村占地999亩，所居住的180户722人均属于脱贫户。搬迁前他们或住在高海拔地区交通不便；或房屋破败用水用电都是问题；或劳动力不足还需供养学生；或疾病缠身无力承担治疗费用，但无一例外，他们只能依靠贫瘠的土地生活，一方水土养不活一方人，使他们的生活陷入困境。2016年7月，在党和政府的帮助下，一座座藏式别墅拔地而起，他们搬进了三有村整洁的双层藏式小洋房，开启了上班挣钱的人生篇章。

搬迁以来，三有村年人均纯收入从不足3000元到2022年底的14594元，全面实现了有健康、有住房、有产业的"三有"目标。2021年2月被党中央、国务院评为"全国脱贫攻坚先进集体"。

一、以党为基，发挥党建统领指挥棒作用

基层党组织的建设伴随着拉萨河畔三有村建设全过程，为群众"搬得出、留得住、能致富"奠定了坚实基础。

坚持强化组织引领，发挥党员先锋模范作用。搬迁前，县乡两级党委严格遵循市委"强党、固基、扶村"的要求，在易地扶贫搬迁点项目实施时，就发扬了"支部建在连上"的精神，随之成立了搬迁点临时党支部，乡党委下派优秀干部和民警充实支部力量，同时发动群众亲自建设、亲自监工、亲身体验。在搬迁中，党支部

统一安排部署，充分调动起党员的先锋模范作用，通过几家帮一家的形式，于2016年10月份顺利实现了所有群众搬迁入住。

紧抓班子建设，做实做细三有村社区化建设。2017年2月2日，曲水县人民政府批准成立了拉萨河畔三有村民委员会，2017年3月8日，中共拉萨河畔三有村支部委员会由中共达嘎乡委员会批准成立。村党支部结合工作实际制定出"六五四三二一"脱贫致富新路子，全村以"建阵地、筑堡垒，抓班子、带队伍，聚人心、树正气，兴产业、领致富，促教育、提志力，讲文明、树新风，谋跨越、奔小康"这七项任务为抓手，打造极具三有特色的"幸福三有·党旗飘扬"党建品牌。制定和完善党组织工作制度，通过老党员现身说法、书记上党课、"四讲四爱"等主题系列活动，不断增强党员凝聚力，增进干群感情，引导群众"听党话、跟党走、感党恩"。

二、以业为先，产业发展助推就业致富

按照习近平总书记"产业优先发展、以技能促就业助增收"的要求，在各级党委政府大力支持下，三有村党支部切实把产业帮扶、技能培训、转移就业作为"精准扶贫、脱贫攻坚、巩固脱贫攻坚成果与乡村振兴有效衔接"的重要抓手，确保群众"搬得出、留得住、能致富"。

产业带动，就业先行。拉萨河畔三有村建设初期，县委政府提前谋划了以藏鸡养殖为主导，多种特色产业相结合的产业发展体系。

三有村藏鸡养殖场建设于2016年，2017年投入822万元用于提升改造，2019年投资602万用于现代化设备购置及附属工程建设，在各级党委政府的支持下三有村藏鸡养鸡场已然是一座设施齐全的现代化养殖场，主要从事拉萨藏白鸡、云南罗马鸡、藏黑鸡养殖、禽蛋孵化、藏鸡蛋及藏鸡销售等业务。产品入驻邮政邮乐网、京东商城等线上平台从而网销全国，在净土公司门店、百益超市、大麦超市等本地卖场均有供货。目前，三有藏鸡蛋品牌声名远扬、供不应求，藏鸡养殖场年纯收入达到200余万元，其中80%用于脱贫户分红，同时解决本村稳定就业岗位，对全村产业持续发展和群众增收起到不可或缺的作用。

2019年4月，由县扶贫办主导、民营资金参与的扶贫车间落户三有村，解决固定就业10余人，工资收入十分可观。2020年6月，三有幸福超市开业，招聘本村保安、帮厨工、售货员共12人，月工资3000元以上；三有村扶贫小康车间二期（哈达加工厂）已建设完成，预计2023年3月正式投产。

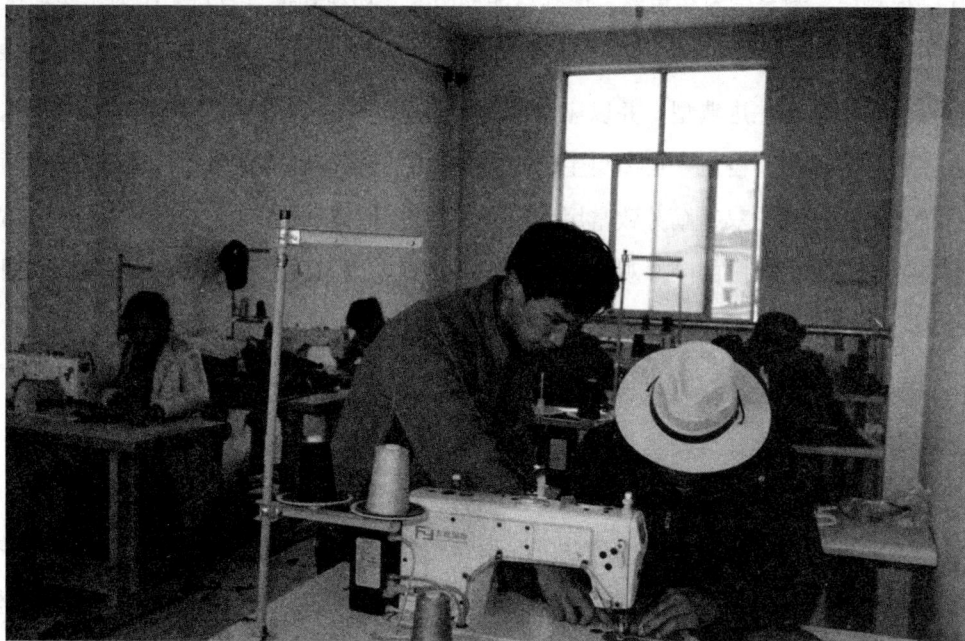

大力发展"庭院经济"。 作为易地扶贫搬迁村，拉萨河畔三有村秉持"寸土寸金"理念，在房前屋后、道旁园内种植红叶李、油桃、雪桃、车厘子、大马士革玫瑰、万寿菊、雪菊、翠冠梨、葡萄等经济作物，不仅为群众带来经济收入，也让正值青春的三有村添上一抹生机。在种植实践中发现大马士革玫瑰种植效益最高后，三有村党支部积极与曲水净土公司协调沟通，通过"公司+党支部+农户"的模式，由曲水净土公司免费提供植株，村民在庭院苗圃内种植玫瑰、枸杞等经济作物，成熟后进行统一采摘，公司按时上门收购，不仅美化了村居环境，也为无法外出务工的弱劳力带来收入，2018年秋季至今，庭院经济可每年为每户实现增收平均1000元以上。

三、以人为本，"志智"双扶提升群众造血能力

习近平总书记强调，要真正打赢脱贫攻坚战，不能光靠党和政府被动的投入大量资金、物资，更要注重激发贫困群众自我发展的内生动力，只有外部"输血"式扶贫与内部"造血"式脱贫相结合，才能彻底拔除穷根、消除贫困。

扶贫先扶志，支部树信心。通过村支部班子调研发现，制约三有村发展的阻力主要是部分党员和群众在脱贫致富方面意识消极，等、靠、要思想仍然不同程度地存在，如何激发群众的内生动力是摆在三有村党支部面前的一道大难题。三有村把党员政治教育和"四讲四爱"群众实践活动作为学习主题，以"抓牢党建谋发展、民族团结促稳定、教育学习拓思路、增强技能助脱贫、构建和谐三有村"作为实践载体，加强思想教育，转变群众观念。选树推荐了4名依靠双手勤劳致富的先进典型和带领帮助群众脱贫致富的先进典型，并以座谈会的形式讲述致富故事和经验，帮助贫困群众树立脱贫致富信心，树立"自力更生、勤劳致富"的正确观念，引导群众学习标杆通过自身努力用自己的双手勤劳致富用事实做教材更具有直观性，在三有村群众中树立起勤劳光荣、懒惰可耻的荣辱观，使广大干部群众明白了发家致富靠双手，等不来财富、靠不来幸福、要不来尊严，从而转变了群众要我富为我要富的思想。

扶贫要扶智，支部促就业。三有村坚持"授人以鱼不如授人以渔"理念，以技能培训为主，提升村民就业竞争力。紧紧围绕产业发展需求，本着"需要什么，培训什么；缺什么，补什么"的原则，先后联合自治区农科院、县人社局、四业办、妇联、工会、农牧局等相关单位举办了汽车驾驶培训、装挖机驾驶培训、民族手工艺品编织品培训、种植技术培训、养殖技术培训、厨师培训、创业培训等实用技能技术培训19次（期），受益人达1200余人次，实现劳动力技能培训全覆盖，切实提高全村劳动力素质，增强就业竞争力。369人实现不同层次的就业，就业率达到89%以上。积极开展劳务输出，通过组织贫困群众参加各类招聘会，及时收集发布全市范围内各类用工信息，组织家中有劳动力的171名贫困群众带着技能和技术外出务工。

四、管服结合，建设服务型社区化乡村

拉萨河畔三有村建设以来，村党组织发挥"一线指挥部"战斗堡垒作用，坚持管理、治理、服务相结合，力争将三有村建设成为现代化服务型乡村。

建立乡村治理工作体系。三有村结合实际，实行以村第一书记为网格长，党支部成员和下沉干部为指导员的网格化管理模式，建成了"2+2+X"的联动治理模式，形成"党委统筹、矛盾联调、服务联动、力量联勤"的治理体系，实现党建、人居环境整治、矛盾纠纷调解、社会保障、健康服务等一网覆盖的工作格局，进一步打牢社会和谐稳定根基。

深化村民自治实践。为推进全村社会文明建设，结合党建引领社会治理理念，经过全体村民参与、表决制定适合三有村自身特点的村规民约，并结合工作实际不断优化完善，并将典型矛盾纠纷案例纳入其中，规范、约束村民言行，做到"小事不出村"。发挥妇联等组织联系群众的桥梁纽带作用，通过最美媳妇、好邻居、优秀双联户等评选活动在村里营造人人想进步、家家争评优的良好社会氛围。

加强关心关爱，做好群众生活保障。全面掌握村辖区内独居老人、孕产妇、残疾人及患病就医等重点人群基本情况，制作便民服务联系卡，增设便民服务热线、便民服务点，帮助群众代购米面粮油、蔬菜、药品和生活日用品。组建上门流动服务组，为生活困难滞留人员、困难群众免费配送蔬菜包、米面粮油等生活必需品。解决了疫情期间群众物资缺乏的燃眉之急，也向群众传递了党和政府的关心关爱之情，激发群众以更加积极阳光向上的心态投入到生产生活中。

着力推进乡村全面振兴实践

四川省稻城县吉呷镇党委书记　朗　吉

吉呷镇位于稻城县西南部，距稻城县城180公里，北与各卡乡毗邻，东与木里县接壤，南与俄牙同乡相连，西与云南香格里拉市交界。辖区面积432平方公里，海拔2050米。2017年11月，经省政府批准吉呷乡正式撤乡建镇。全镇辖4个行政村，17个自然组，共249户1257人。为贯彻落实习近平总书记关于"实施乡村振兴战略、加快农村农业现代化建设"的重要精神，自开展脱贫攻坚与乡村振兴幼小衔接以来我镇以强化领导为保障、

以创新工作机制为手段，以增加群众收入为重点对标政策抓落实，瞄准弱项抓提升，盯紧任务抓进度，切实推动各项工作落地落实。

稻城县往西南180公里，层峦叠嶂的群山脚下，成片的果蔬点缀其间，这里便是稻城县吉呷镇。清晨，整个诊区笼罩在烟雾之中，生机盎然美丽宛若仙境。在田地里，百花竞相绽放，瓜果结满枝头，漫步田间小道，空气清新，弥漫着阵阵花香。土地里一片繁忙景象，山坡上牛儿成群，金黄色的油菜、瓜果蔬菜已经成熟了，工人们正抓紧采摘。

1、"传帮带"致富道路千万条

稻城县盛丰种养殖农民专业合作社园区总面积1200余亩，先后投入700余万元，产业不仅覆盖范围包括设施农业种植、黄牛养殖基地、油菜种植、品种牛（西门塔尔）现代牧场、藏香猪、藏香鸡场、七彩山鸡养殖等种养殖业，还延伸产业链，发展休闲观光旅游。采用先进的栽培技术、现代农业技术种了600余亩花椒及600余亩经济作物。合作社产业基地紧邻香格里拉市，位于丽江、泸沽湖等地进入亚丁的唯一主干道旁，交通便捷。闲地荒山变"宝地"，经济作物促增收。通过先进的科学技术及优良种子推广，不仅贡椒产业得到了发展，还创造了大量的就业岗位，带动村民致富。"园区流转土地1200余亩，园区每年雇佣当地村民1400余人次，并对其进行农业专业技能培训，使传统农民向现代农业技术工人转变，每人每月增收4000余元，年工资支出在21万元左右。

合作社所处的东义河谷地带，海拔3200多米，自然风光秀丽，这里能一眼望见亚丁三怙主主峰，有高原不多见的田园风光，有原始村落遗址和"无底海"停机坪等旅游资源。呷拉村以自然生态资源为依托，建设以智慧农业、休闲观光、度假康养、户外营地为主要内容的综合性园区，打造"三季有花、四季有景、季季有欢乐"的乐园，为游客提供观赏、采摘、体验等服务，是稻城县及周边旅游好去处。

稻城县盛丰种养殖农牧专业合作社致力于打造合作社以"支部+合作社+农户"的运营模式，按照种养结合循环农业和一二三产业融合发展的思路，集结了多方项目帮扶资金，通过土地流转、就业帮扶等系列措施，让村没得到了实实在在的收获。深耕多年，精心孕育。稻城县盛丰种养殖农牧专业合作社把现代农业科学技术向周边群众进行推广和输出，种植高附加值农作物，带动周边村民增收致富。"以往，呷拉镇缺乏产业发展资金和技术、缺少自我'造血功能'，现在，稻城县盛丰种养殖农牧专业合作社推动农业更强、农村更美、农民更富的支柱产业,为呷拉村乡村振兴带来了新气象、新希望。在合作社的推动下,呷拉村生态农业前景无限"。呷拉村支部书记对比前后,感慨地说。

2.激活内生动力,致富不是"等靠要"

吉呷镇地处温热河谷地带、日照充足,以橘类为主的各类水果琳琅满目,独特的地理条件和气候条件使其有"稻城后花园"的美誉,其中巨水村的"水巴"(橘子)更是吉呷镇产量最多、品质最好的,但苦于没有销路导致群众对水果种植的信心不足,对果树管理不善,再好的果子也只能是自产自销。看到家家户户的水果到了收获季节只能烂在地里,驻村工作队和村两委看在眼里,急在心里,想方设法让好果子鼓起群众"钱袋子"。经过政党委政府、驻村工作队和村两委干部四处奔波打开销售渠道,同时邀请县农业部门专家到村对果树施肥、修枝、梳果等日常管理进行技术培训,水果品质有了明显提高,销路也得到有效解决,群众种植水果的信心十足,自力更生、勤劳致富的思想共识愈发强烈,2021年全村10000多斤"水巴"基本销售一空。说到自力更生、勤劳致富,种植水果多年的娘麦深有感触:"致富不是'等靠要',国家实施脱贫攻坚和乡村振兴战略,通过给予技术指导和拓宽销售渠道,我明白了水果种植精细化管理的重要性,水果的品质上去了,收购商直接到家里来收购,免去了后顾之忧,去午一年我的橘子就买了3万余元,除去生产经营性投入,还能挣2万余元。"

随着合作社和水果种植的成功带来的销路扩展,传统养殖业藏香猪和藏香鸡也得到发展,村干部扒初说"以前老百姓就养几头猪、几只鸡,够自己家吃行了,老百姓不是不想多养几个,而是担心养了卖不出去,现在老百姓不愁没人买,养猪、养鸡的积极性就高了,每年也能增加一笔收入。"2021年,巨水村农民人均收入达到14300元,种养殖产业带动增收效果明显。

3."两清单一结对",督促党员"交作业"

为进一步发挥基层党组织战斗堡垒和党员先锋带头作用,吉呷镇党委结合基层党建工作实际,采用清单式管理,创新推动"两清单一结对"党建工作模式,制定下发"农村党员干部每周工作任务清单""党员包户工作任务清单"和"党员结对明白卡",给全镇党员布置了"作业"。

强化责任传导，实行农村党员结对农户的机制，全镇175名党员结对全村249户农户，实现党员结对全覆盖。农村党员通过入户走访等方式定期向结对农户宣讲党的方针政策和上级决策部署，结合阶段性特点，宣传好乡村振兴、森林草原防灭火、疫情防控、安全生产、防汛减灾等县委、县政府中心工作和重点工作，让党的声音传向家家户户。在"农村党员干部每周工作任务清单"和"党员包户工作任务清单"中，将基层党建工作任务、县委中心工作和各时间段重点工作有机结合，给党员下任务、定目标，通过将目标任务分解到人、工期分解到每周每月，统筹推进各项中心工作和重点工作，使基层党建引领作用更加突出、村级党组织管理和运行更加规范。

巨水村党支部书记中白表示："通过'清单式+限时办结'的方式将每周工作任务下发给党员，切实推动了上级各项部署在村党支部的贯彻执行，使农村党员干部工作职责更加明确、责任感和紧迫感进一步提升，'领头雁'和'主人翁'意识有了显著提升，工作成效明显"。

4、齐心协力、帮扶出奇效

春华秋实，岁物丰收。在省委、省政府的坚强领导下，华电金上公司攻坚克难，奋勇争先，按照四川省统一安排，华电金上公司定点帮扶甘孜州稻城县尼公村。路虽远行则将至，事虽难做则必成，华电金上公司以习近平新时代中国特色社会主义思想为指导，全面贯彻落实党中央和四川省关于实现巩固拓展脱贫攻坚成果同乡村振兴有效衔接的工作部署，以"尽锐出战、奋楫笃行"的必胜信念，发挥企业优势，齐心协力，披荆斩棘，开创新局面。稻城县被评为四川省乡村振兴重点帮扶优秀县，尼公村被定为四川省第二批乡村治理示范村，支部书记迎春被选为四川省首批农村致富带头人和省第十二次党员代表大会代表。选派优秀年轻干部从事乡村振兴工作，做到"真下派、真投入、真干事"，将乡村振兴工作放在心上，抓在手上，扛在肩上，同时饯行华电集团公司"马上就办、办就办好"优良工作作风在尼公村新建亚丁牦牛核心场及扩繁场陆续投入200余万元扩大养殖规模，同步投入30万元，在养殖场建设2个分布式光伏。定点帮扶资金与地方配套资金形成合力，发挥最大的经济效益，助力尼公村实现"一村一品"产业发展格局。

蓝图已绘就，使命在召唤，奋进正当时。时代是出卷人，人民是阅卷人，吉呷镇必将全力以赴做好乡村振兴工作，擘画乡村振兴新蓝图，给人民交出一份满意的答卷。

"软""硬"兼施，翻开大美龙河新篇章

重庆丰都县龙河镇人民政府镇长　孙　科

"民族要复兴，乡村必振兴。"实施乡村振兴战略是党的十九大作出的重大决策部署，是决胜全面建成小康社会、全面建设社会主义现代化国家的重大历史任务，是新时代做好"三农"工作的总抓手。

改革开放以来，城市现代化快速发展，对城市周边地区形成了强大的虹吸效应，大量的农村人口向城市聚集。农村"空心化"现象逐步展现并形成区域化、严重化甚至不可逆的趋势。农村发展较城市相对落后，同时现行农村发展的持续性动力不足，尤其是面临着农业农村现代化与生态环境保护长效化之间的复杂问题，传统资源型产业转型发展任重道远，乡村基础设施建设较为薄弱、治理能力有待提升等问题依然存在。在中国特色社会主义的新时期，解决农业农村发展不平衡不充分的短板问题更加凸显，广大农民对缩小城乡差距、共享发展成果的要求也更加迫切。乡村振兴战略对于全面建设社会主义现代化国家、实现第二个百年奋斗目标具有全局性和历史性意义。乡村振兴战略，为乡村的发展吹响了"集结号"。

要实现产业兴旺、生态宜居、乡风文明、治理有效、生活富裕的乡村振兴总要求，就必须处理好"硬"与"软"的关系。龙河镇"软""硬"兼施，释放龙河乡村振兴新活力。

同心同德，大美龙河"铸国魂"

党建引领激发新动能。一是开办"周一读书会"。每周一晚上，组织机关40岁以下年轻干部集中学习，切实提升年轻干部思想修养、理论水平、业务技能。同时通过学习中国近代史和中共党史，汇聚强大的民族凝聚力，增强民族自尊心和自信心，极大地鼓舞年轻干部为建设祖国而团结奋斗。二是举办"党课开讲啦·书记赛党课"。全镇3名选手进入总决赛网络投票环节，1名选手获总决赛"三等奖"，龙河镇获评"优秀组织奖"。三是联合打造"鸿鹄之家"青少年家庭教育互助会。依托乡村振兴"鸿鹄计划"，会同三合街道、重庆家校合作研究会，探索构建"互助会共建、志愿者共享"模式，招募23名志愿者为龙河镇62个留守儿童家庭开展服务。四是探索基层治理新模式。深化洞庄坪、冉家河、金子庙等村村民自治实践。践行"枫桥经验"，探索基层治理新模式，成功摘掉信访大镇的帽子。

弘扬传统文化激斗志。正如习近平总书记所说，"我国农耕文明源远流长、博大精深，是中华优秀传统文化的根"。为继承优秀传统文化，龙河镇开始形式多样的文化活动。喜看农民怡笑脸，丰登五谷话丰年。为传承弘扬中华农耕文明和优秀文化传统，丰富群众文化生活，展示新时期农民群众的良好精神风貌，"春华秋实·爱在金秋"重庆市丰都县2022年中国农民丰收节（龙河分会场）系列民俗活动在洞庄坪村凤鸣湾农耕研学基地拉开帷幕。龙河组委会秉承"庆祝丰收、弘扬文化、振兴乡村"宗旨，坚持"农民主体、因地制宜、开放创新、节俭热烈"原则，采取贴近农业生产、农村习俗、举办系列丰富多彩的群众性庆祝活动，唱响爱党感恩主旋律，讴歌中国特色社会主义新时代，展示农业农村现代化美好前景，弘扬传承中华优秀农耕文化，彰显新时代革命老区的新风采，进一步激发农民群众创造美好生活的干劲，汇聚全社会推进乡村振兴的强大合力。龙河组委会结合农耕文化、聚焦农时农事，推出主题特色鲜明、乡土气息浓厚、文化韵味浓郁的系列活动，打造极具农耕文化特色的乡村文化符号，展示农村发展的新成就，极大提升了农民群众的荣誉感、幸福感、获得感。形式多样的节日活动，让龙河人民感受到国泰民安的美好图景和粮食安全的极端重要性，认识到农业是有奔头的产业、农民是有吸引力的职业、农村是安居乐业的家园，增进了关注农业、关心农村、关爱农民的社会氛围。同时以丰都龙河农民丰收节为契机，把更多优质特色产品、乡村美丽风光、优秀传统文化等推出去，把更多市场经济意识、适用技术模式、现代生产要素等引进来，汇聚更多智慧、更强力量，让全面推进乡村振兴路子更宽、劲头更足，推动实现农村更富裕、生活更幸福、乡村更美丽。

在党的领导下，在中国特色社会主义事业建设中，中国人民蕴藏的创造精神不断激发。通过龙河农民丰收节，集中展现了现时代龙河农民群体的生产生活和精神风貌，有助于提升龙河广大农民群众的自信心、荣誉感、获得感，激励广大农民群众"积极投身加快农业农村现代化的实践，让日子越过越红火、生活更上一层楼"。

多措并举，大美龙河"塑新形"。

产业发展取得新成效。农旅结合、以农促旅、以旅兴农。一、二、三产业融合发展实现农业的转型升级、提质增效。一是坚持把优质水稻作为主导产业。按照"五统一"标准，巩固发展水稻2万亩，做大做强"河面大米"品牌。二是扶持壮大"六朵金花"。按照"多品种、小规模、高品质、好价钱"的思路，发展长坡萝卜3000亩、西瓜1000亩、榨菜3000亩、辣椒5000亩、肉鸡100万只（年出栏）、生态鱼50万斤。

三是开启乡村旅游新产业。积极探索农文旅融合发展的新业态、新产业、新模式，建成冉家河村农业生态观光园1个，建成2个"龙河镇农特产展销中心"，其中1个落户重庆两江新区。四是通过产业扶贫与乡村振兴相结合，举力打造示范乡村，辐射带动全镇村落。重点打造洞庄坪乡村振兴示范乡村，凤鸣湾田园综合体项目一期投入资金2000余万元，优化沿途村落人居环境，着力整治场镇规划秩序，3年内预计投入1亿元以上。

民生保障实现新提升。一是民生项目快速推进。完成投资1.8亿元的观音岩水库项目主体工程的90%，将在10月底下闸蓄水；投资2500万元的场镇周边危岩治理工程全面开工；完成投资1000多万元的美丽家园建设项目总工程量的70%。二是场镇管理提档升级。实施"场镇综合整治"行动，坚持门面经营一律不出门、流动商户一律进农贸市场等"八个一"标准，整治流动摊点89个、门面摊位241个，有效破解长期占道经营的老大难问题。三是民生事业持续向好。协调完成丰一中20亩教学实践基地拆迁和学生宿舍搬迁，落实校园周边环境整治等8件好事实事。坚持把安稳作为最大民生福祉，完成4个村低保动态调整审核，取消不符合条件的50户63人，新增17户33人，做到应保尽保，确保社会和谐稳定。四是基础设施建设逐渐完善。项目完成108个垃圾箱平台建设，完成整治山坪塘1口，修建人行便道、配套灌溉管网3公里；陡磴子农村四好公路、洞庄坪机耕道建设项目顺利完工，基础设施进一步完善；洞庄坪入户便道完成7公里，实现户户硬化路相联通；美丽家园、花卉大棚、花卉园、乡村旅游基础设施建设项目推进顺利，乡村振兴旅游产业初具规模；一线一院落项目顺利完工，人居环境极大改善。

龙河镇把好乡村振兴的"近与远"，龙河镇党委清楚地意识到乡村振兴战略是长期工程，不能急于求成，要做到心中有数，科学协调规划。因此龙河镇始终坚持全镇一盘棋谋划，力争项目落地实施。基础设施的建设为广大龙河群众的生活提供了便利，项目的实施增加了龙河人民的收入，广大举措使得龙河生活便捷、龙河人民生活更加富裕。

振兴已布局，奋进正当时。要把乡村振兴蓝图变为现实，必须不驰于空想、不骛于虚声，一步一个脚印，踏踏实实干好工作。只有用政策助力农村发展，才能加快改变乡村面貌，改善农民生活的环境，才能全面实现农业升级、农村进步和农民发展。乡村振兴的目的不仅仅是要实现乡村人民生活质量的提高，还要加强文化建设，增强农村的文化底蕴。我们具有党的领导的政治优势，有社会主义的制度优势，有亿万农民的创造精神，有强大的经济实力支撑，我们一定能够把实施乡村振兴战略这件大事办好。路漫漫其修远兮，吾将上下而求索。让我们紧密团结在以习近平同志为核心的党中央周围，时时刻刻与党保持同心同德，听党话、感恩党、跟党走，为全面建设社会主义现代化国家、全面推进中华民族伟大复兴而奋斗！

东坝乡2022年乡村振兴工作总结及下一步工作计划

青海省囊谦县东坝乡党委书记　才　仁

2022年我乡以习近平新时代中国特色社会主义思想为指导，深入学习贯彻党的十九大和十九届历次全会精神，并在县委县政府的正确领导下全面推进我乡乡村振兴工作。现将我乡2022年乡村振兴工作总结如下：

一、巩固脱贫攻坚成果

（一）政策法规学习成果

2022年我乡以每季度至少召开1次乡村振兴政策专题学习会议的形式召开乡村振兴政策法规学习6次，参与学习人数160余人，进一步加强了理论政策学习，提高基层干部理论知识水平，为全乡乡村振兴工作开展提供有力保障。

（二）防返贫监测工作开展成果

2022年我乡通过"防止返贫监测帮扶集中排查+县级有关部门预警反馈+村委会上报（村民自主申请）+驻村工作队现实反馈"的工作机制对全乡1849户9313人（建档立卡脱贫户：646户2878人。边缘易致贫户8户42人（均已消除致贫风险））农牧民群众进行了两轮的入户排查。共排查出符合纳入"两类人员"的农牧户6户16人（其中脱贫监测户2户5人，边缘易致贫户4户11人），现已完成纳入流程纳入防返贫监测系统中的2户5人。

（三）各级审计督察反馈问题整改落实

1.认真对照县乡村振兴局下发的《2021年度囊谦县巩固拓展脱贫攻坚成果同乡村振兴有效衔接考核评估反馈问题整改方案》中反馈的8类12项共性问题及3项个性问题进行自查自纠，对涉及乡镇层面的6项目共性问题3项个性问题进行整改，截至6月8日已全部整改完成。

2.2022年省审计署对我县进行审计，共反馈出问题27项，乡党委政府高度重视召开专题会议研究部署反馈问题整改工作，对反馈涉及我乡的4项共性问题及3项个性问题整改工作进行安排部署，截至11月2日涉及我乡4项共性问题已整改完成，3项个性问题涉及果永村加油站建设和热拉村到户产业项目，现已向相关部门上报项目及内容变更申请，暂未批复正在进行整改中。

（四）惠农政策落实

2022年我乡共落实惠农惠民政策如下：

1.雨露计划大学生补助89人，补助金额5000元,10000元不等。

2.脱贫户医保参保补助636户2894人，补助金额650元,813元,910.8元不等。

3.脱贫户草山管护员265人，户均增收21600元。

4.村级光伏电站收益户163人，户均年收入3000元。

5.新建人畜饮水点100处（水井），惠及五村20个社872户4040人。

6.新建村集体经济项目畜棚2处1200平方米，厂房1栋80平方米。

7.新建村级道路25公里。

8.全乡共纳入低保户427户1344人，发放临时救助资金33.138万元，惠及103户332人。

（五）产业发展

截至2022年底我乡共有集体产业11个，其中生态畜牧业产业7个共饲养牲畜1810头（只）已产生经济效益9万元；服务业2个已产生经济效益10万元；入股新能源2个已产生经济效益214.88万元，共惠及339户农牧民群众。

二、乡村振兴工作开展

（一）坚持全局谋划，统筹推讲乡村振兴提升行动。党委政府主要领导对乡村振兴工作高度重视，确实发挥"领头羊"作用，每月召开乡村振兴工作会议研究、部署、调度、推进乡村振兴领域各项工作。田间地头、乡村道路、牧户家中、家庭牧场等农村一线，多次出现乡党委政府工作人员、驻村工作队员研究部署乡村振兴重点工作的身影，推动解决矛盾困难。结合乡情实际，先后制定了《东坝乡产业发展提升方案》《东坝乡巩固拓展脱贫攻坚成果同乡村振兴工作有效衔接实施方案》，为推进今年乡村振兴工作明确了时间表和路线图。

（二）紧盯重点环节，持续推动乡村产业健康发展。坚持做好疫情防控和畜牧业生产"两手抓""两不误"，关注牲畜疫苗接种，推进动物防疫接种工作，注重草畜平衡，着力克服问题，想方设法保障畜牧业养殖顺利进行，加快乡村产业发展大力推进尕麦村"藏羊养殖试点"项目。积极探索乡村产业转型升级走好高质量发展之路。

（三）强化人才支撑，不断优化乡村人才生态。落实乡村人才创新创业扶持政策，2022年全乡共筛选出符合"富民贷"享受创业人才7人。以返乡"两后生"、毕业返乡大学生为主体，实施乡村人才技能培训计划，重点开展电商+创业、烹饪、各类维修技能、大学生能力提升等实用技术培训计划，因疫情影响目前暂未对我乡已统计农村转移就业劳动者技能意愿63人进行培训，预计2023年按照县有关部门通知进行培训，并通过结合驻村工作队中专业人士为我乡乡村振兴工作出谋划策。

（四）持续改善环境，加快建设美丽宜居乡村。坚持问题导向，扎实做好农村人居环境整治工作。探索推进全域无垃圾和禁塑减废网格化机制，大力宣传全域无垃圾和禁塑减废专项治理工作的重要意义，加大环境整治力度，不断强化基层党建统领作用，通过党员带头、党员联户、党员进村社的形式，让广大党员当好全域无垃圾和禁塑减废工作的宣传员、指导员和监督员的工作方法使全乡农村人居环境得到明显改善。

（五）弘扬文明新风，焕发乡村文明新风尚。发挥学习强国平学习平台的作用，深入农村基层开展理论宣讲。建好文化服务阵地，基层综合性文化服务中心实现全覆盖，新时代文明实践站实现建成和活动"两个全覆盖"。研究制定《美丽乡村移风易俗总则》，开展入户宣传或喇叭宣传，多渠道、多形式、多角度推动移风易俗家喻户晓。

（六）坚持党建引领，夯实乡村振兴组织基础。深入开展村党组织评星定级，让党员动起来，堡垒强起来。从严从实做好村党组织带头人队伍优化提升及后备力量建设，不断增强村党组织运转经费保障能力，村级组织运转经费均提高至3.5万元，村党组织服务群众能力显著提升。

三、存在的问题

一是乡村产业发展仍有困难。产业优势不够突出，传统优势产业距做大做强还有差距。二是美丽乡村距离"美"起来还有差距。东坝乡地处偏远山高路远，暂住人口基数少，基础设施薄弱。三是乡村治理体系还不够健全完善。少数农村党组织凝聚力战斗力不强，村干部队伍建设有待进一步加强，优秀"头雁"数量依然较少。

四、下一步工作打算

（一）搞好结合，统筹协调推进。抓住乡村振兴这一重大战略机遇，注重政策争取、规划衔接，因地制宜优化产业结构和布局，科学谋划实施一批大项目好项目，统筹推进乡村振兴各项工作。

（二）突出重点，确保全面达标。一是要突出做好"三农"发展工作。落实农村各项保护政策，加强耕地农田保护，强化部门配合，加大执法力度，确保农地农用，扩大生产规模，积极推进尕麦村藏羊养殖试点"千羊计划"项目建设，加大产业发展投资力度，统筹搞好乡镇产业布局谋划，力争高标准完成年度目标任务。二是突出做好促进农民增收工作，做好农村劳动力转移培训，着力深化集体产权改革成果，通过经营性收入、工资性收入，财产性收入和转移性收入等各种渠道，为农民增收注入动力力。持续推进好农村"三资"规范清理工作，盘活集体资源，持续壮大集体经济，确保实现年底全乡全部农村集体收益突破8%以上的目标。

（三）建强组织，提升治理能力。探索实施农村基层党建"整村推进""六抓六促"工作机制，落实"五个一"工作机制，确保全乡村级党组织提档升级。

从小分到大合，探索新型农村集体经济发展

湖南省桑植县上洞街乡人民政府乡长　伍　鑫

上洞街乡位于湖南省张家界市桑植县西南边陲，作为以农业为主要经济收入的乡，近年来抓住农业农村改革的"牛鼻子"，集思广益做好"人""地""钱"的文章，大胆探索新的发展方式，以烟叶产业统一租赁、统一发包、统一管理"三统一"模式为试点，推进农村小农经济向集体经济阔步迈进，激发新型农村集体经济增长新动能，为乡村振兴发展集体产业提供了新模式。

一、大道至简，充分认清当前的现状

通观全局，我们清醒地认识到农业农村工作中存在一些问题和不足，主要表现在：一是集体经济产业发展停滞不前，急需突破发展瓶颈，主要是小农经济过于分散，集体经济受限于土地难以做大规模。二是基础设施薄弱，公路设施的建设进度赶不上社会经济发展的步伐。

二、谋篇开局，果敢创新可行的措施

2022年上洞街乡全乡烟叶增量较上一年增长超过5倍，增量部分在全市各乡镇中独占鳌头。通过烟叶产业为试点，解决"人、地、钱"的问题，带动村民通过土地流转、就地务工得到直接经济收益，并享受村集体经济壮大带来的基础设施逐步完善和公共服务水平不断提升的发展红利，探索新型农村集体经济增长的新模式。

（一）协调配好人力资源。上洞街乡在去年乡"两会"期间，将烟叶产业发展写入了乡党代会和人代会工作报告，作为全乡主打产业优先发展，提前谋划并实施2022年的烟叶产业项目，开垦统筹的烟地同比2021年600亩增长超过5倍，达到3800亩。同时，迅速选派精干力量配强烟叶生产组织，成立乡、村两级烟叶产业领导机构和烟叶服务保障队伍，凝聚合力，乡村干部全员参与到烟叶发展大潮中。

（二）整合盘活土地资源。推行烟叶生产统一租赁、统一发包、统一管理的"三统一"模式。一是将村民家中适合种烟的土地流转到村集体，由村集体统一租赁管理，实现从小而分散的零星地块到村级统筹的大规模成片整合，目前全乡各村已

租赁村民的土地3800亩。二是村集体对接烟农，将土地统一发包给职业烟农收取租金，并将租金入村账，带动全乡村集体增收14至32万元，增厚村集体经济收入预计超过120万元。三是村集体组织开垦烟地，统一管理烟基设施，新建30.6公里烟叶产业路，50个育烟苗中棚投入使用，预计全年烟叶产量可达8000担，直接经济收入接近1000万元，带动全乡人均增收约1000元，为县、乡、村创税约160万元。

（三）统筹用活财力资源。着力推进村集体经济不断发展壮大，促使村级公共基础设施逐步完善，推进村级公共服务有效提升，带动村民的分红不断增多，进而增加村内外的交流联系，促进了消费，盘活了经济，形成了一个良性的经济循环圈，进而做大蛋糕，让更多的人从中获益。目前，通过向上级对口部门及时申报，及给有关部门积极汇报，通过前期多方筹措资金，县、乡、村及后盾单位投入资金已达到655.7万元。

三、乘势而上，奋力推进未来的规划

我乡将制定完善烟叶发展激励机制和相关的配套政策、措施，全力推进上洞街乡烟叶产业模式在新型农村集体经济中的积极作用，并为其他农业产业探索新的解决思路。

村集体经济"四联双增"经验材料

中共贵州省黄平县浪洞委员会

贵州省黄平县浪洞镇人民政府

发展壮大农村集体经济是解决"三农"问题的有效途径，是全面建成更高水平小康社会的基础保障。浪洞镇积极发展壮大村集体经济，部署开展以党支部联经济组织、经济组织联特色产业、特色产业联家庭农场、家庭农场联保险金融的"四联双增"工作，推动集体经济又好又快发展，切实增强农村集体经济发展的内在动力、造血功能和综合实力。现将有关经验总结如下：

一、发展现状

在村集体经济发展壮大过程中，浪洞镇指导11村结合自身资源优势，因地制宜，坚持党建引领,推广"村社合一""十户一体""龙头企业+党支部+合作社+农户"等联结方式，大力发展种植业、养殖业、旅游业等，推动四项目与村集体经济有机融合，促进村集体经济和农户"双增收"。截至2022年6月，我镇村集体经济收入5万-10万的村有3个，10万-50万的村有7个，50万以上的村有1个，实现村集体经济平均收入17.48万元。

二、主要做法及成效

（一）一村一品，发展产业带动村集体经济。

更新观念、创新思路、不拘一格，重点在长效机制和发展模式上下功夫，采取组建专业合作社、租赁、流转无劳力无生产经营技术农户的土地发展特色产业，探索"党组织+合作社+农户"模式，把党支部建在农业产业链上，因村制宜，按照"一村一品"的要求，发展林下种养殖、淡水养殖、茶叶种植等，形成上联行业、下联农户新格局；同时积极引导农民调整结构、发展特色农业，促进村集体经济发展壮大，增强村级集体发展活力，增加农民收入，如平磨村通过种植优质稻，促进村集体经济增加4.68万元。

（二）广纳贤才，发挥集体经济人才促进作用。

加强以村党组织为核心的村级组织建设，借助村两委换届的契机，持续加强村级带头人队伍特别是村党组织书记队伍建设，培养"领头雁"，按照多途径优选村班子成员，打造出一支懂农业、爱农村、爱农民的"三农"工作队伍，带头发展家庭农场。同时从加快村集体经济发展需要出发，从致富能手、农民经纪人、合作社负责人和外出务工经商的优秀分子中选拔经济型人才。强化村集体经济人才"领头雁"作用，积极带头探索家庭农场发展模式，促进家庭农场同各村特色产业协同发展，第十一届村党组织换届过程中，浪洞镇选举出新一届支委班子39人，其中致富带头人14人，推动"人才+家庭农场+特色产业"模式的探索。

（三）整合资金，加强经济组织联村特色产业同发展。

一是积极申报村集体经济扶持壮大资金、乡村振兴资金、涉农资金等，对接经济组织，为产业项目的发展提供保障，如勤龙村、桦稿村、温水塘村、平磨村先后获得村集体经济资金100万元，用于购买门面、发展产业、修建旅游接待楼发展特色旅游业等，增加村集体经济25.29万元。同时积极申报花院村、松洞村、永康村等作为村集体经济发展壮大村，2022年永康村获得村集体经济资金100万元，在黄平三里湾购买门面，通过出租门面收取租金的方式获益，促进村集体经济增收。二是盘活村内资源，对村内闲置资源进行集中清理，采取出租等方式盘活变现，如各村通过出租鱼塘、水库、门面、红白喜事餐具桌椅等增加集体收入两万余元。三是充分利用村内自然资源，联结经济组织，大力发展特色旅游业，如温水塘村、永康村分别引进温泉公司、北京盛世华映影视文化传媒有限公司等，在提高温水塘村、永康村村集体经济的同时，通过经济组织同特色产业联合，增强村积极经济发展，提供就业岗位，增加群众收入。

（四）完善制度，推动保险金融家庭农场共联结。

充分利用村级组织制度，从规范管理、健全制度、强化宣传入手，引进金融保险公司专业人员为家庭农场保险顾问，设立村保险咨询点，推动家庭农场保险项目推广，建立长效机制。加强对专项项目的监督管理，持续各种金融保险优劣对比，健全和落实村务公开、信息公开制度。发挥好村民代表会议、村务民主监督委员会的作用，对村里财产收支及公开情况实施检查和监督，堵塞保险金融资金管理漏洞，使金融保险能更好的为我镇家庭农场的生产经营活动提供重要保障。

谋好新路子，带动群众致富有绝招

中共贵州省黄平县浪洞委员会

贵州省黄平县浪洞镇人民政府

近年来，浪洞镇永康村紧紧围绕集体经济发展工作，整合村级优势资源、理清发展思路、科学谋划村级发展，推动村级集体经济又好又快发展。

一、"理"路子，找准发展关键点。

近年来，浪洞镇永康村积极谋划村级发展思路，以开展"不忘初心、牢记使命"、党史学习教育等活动为契机，紧扣永康村有可发展资源，但无致富能人带头发展的特点，利用乡贤对村情发展了解，在本村有一定号召力和有能力带动群众发展等优势，充分发挥党组织和党员先锋模范带头作用，采取"支部+党员+能人"的方式，积极回引本村在外能人回乡创业。坚持"把致富能人培养党员，把党员培养成致富能人"的工作思路，发展了政治过硬，能力突出，热心服务群众的2名致富能人入党，不断地为支部注入新鲜血液。同时，在村级发展上，特别重视党员致富能人的培养，全权让党员致富能人负责本村产业发展规划、申报，不断提高党员在村级发展中的凝聚力和号召力。

二、"活"资源，发展产业增利润。

永康村"两委"为更好地带领群众发展致富，专门成立了以村支部为主体的村集体合作社黄平县浪洞镇荣大生态农业农民专业合作，通过盘活资源，先后带领全村投入近400万元实施黄金芽种植370亩，利益覆盖全村18户贫困户，实现了户均收入增加1200元，带动周边群众季节性务工100余人。申请财政扶贫资金78.681万元，采用"支部+合作社+贫困户"的"三变"模式发展淡水养殖230余亩，建成鱼塘35口，覆盖全村贫困户38户100余人，促使永康村集体经济收入累计达到100万元。

三、"抓"机遇，转变思路提效益。

永康村"两委"抓住发展机遇，把发展的目光投向了农文旅特色产业，通过第三产业的发展促进第一产业的发展。2017年利用永康村得天独厚的地理条件与生态优势，通过多渠道招商引资，引进"北京盛世华映影视文化传媒有限公司"到永康村投资建设，在永康村的云雾山打造集观光旅游、生态种养一体化的休闲生态园，该项目投资5000万元，项目覆盖全镇1000余户贫困户，带动周边贫困群众就近就业，户年增收均在5000元以上，为永康村的发展闯出一条新路子，让群众吃上定心丸，不断推动本村经济的发展和社会的进步，提升人民生活质量。

三元共治探索乡村基层治理新模式

中共贵州省黄平县浪洞委员会

贵州省黄平县浪洞镇人民政府

今年以来，浪洞镇积极探索以"寨管委、合约管理、十户一体"为载体的三元共治模式，着力破解基层治理短板，打开乡村治理新篇章。

一、搭建共治平台，组建自治体系。

一是探索基层民主建设，搭建共治平台。综合考虑历史沿革、地理相邻、居住相连、人文相近、利益相关等因素，分批次在全镇面积较大、人口较多的自然寨内科学合理组建"寨管委"26个，搭建村民自治平台；二是创新民主管理，建立"十户一体"自治体系。对全镇75个村民小组实施网格化管理，实行网格员、联户长包片管理，设一级网格11个、二级网格43、三级基本单元格95个，下设联户长467名，纳入村（社区）"两委"干部后备数的联户长9个，实现管理民主、治理有效、共建共治、全民参与的基层治理体系。三是立足村民自治，根据自愿、无偿的原则和政治素质好、群众基础好、议事能力强、协调能力强的标准，从村"两委"成员中或村民组长中推选出联户长、网格小组长、"寨管委"主任，强化头部力量。四是选出利用闲置村级活动室作为"寨管委"与联户长活动阵地，实施台账化管理，整合投入资金打造阵地、配备办公设备，为进一步推进"寨管委"工作提供保障。五是健全完善《寨管委、联户长工作职责》《寨管委、联户长议事职责》日常运行和监督管理工作制度，明确固定"碰头日"，每月由"寨管委"主任组织成员及联户长召开碰头会，主要研究所辖片区小组群众事务，发挥群众自治作用，实现群众自发式治理、合约式管理。

二、明确服务职责，推动合约管理。

一是依托党组织活动场所、新时代文明实践站、公共管理用房等场地实现"寨管委""村居综治中心"挂牌，建立岗位公示牌并将管理制度上墙，厘清"3+N"职责任务清单，明确管公益岗队伍、管宣传发动、管环境卫生、管公益事业、管综合治理"五管"职责，将重点人群包保责任压实到人。二是落实合约管理制度，对"寨管委"成员、网格长实行合约化管理，规范工作流程，有序开展共建工作。与群众议事以"五约"为基本流程，在与群众逐一沟通的基础上，分步实施。第一步"谈约"，由"寨管委"成员与网格长走村入户与群众沟通交流列出服务事项"菜单",共同商定契约内容和所需要服务事项。第二步"签约","寨管委"成员与网格长与群众签订服务事项完成计划清单。第三步"亮约",由村"两委"将签约内容在村党务公开栏内进行公示,接受群众监督。第四步"履约"。根据共建契约内容和工作计划,对群众签约的事项清单逐项开展履约活动。第五步"评约"。履约期满后,召开村民代表大会、党员大会,交流汇报履约情况,考察履约效果。

三、激发基层活力,促进基层自治。

一是以组为统揽、以寨为单位,用好寨管委、网格员、联户长力量。依靠寨管委成员、联户长实时监测脱贫不稳定户67户,动员贫困户参与产业发展138人,排查潜在矛盾纠纷28起,调解成功17起,收集民情民意42条,解决群众实际困难56次,26个寨管委与群众全部达成"用者必付费"契约。在动态监测脱贫户、产业动员参与、矛盾纠纷化解等方面发挥积极效用。二是以"寨""户"为单位抓好文明创建与卫生评比、文明户评选、村规明约制定等活动,开展环境卫生集中整治51次,评比"最美家庭"11户,推选"好人好事"3人,11个村与群众达成村规明约11份,进一步促进乡风文明建设,激发基层自治活力。三是基础设施得到进一步加强。以"寨管委+十户一体"为载体的合约化基层治理模式,一是能做好村庄建设及发展规划,有序推进道路交通、饮水排水等公共服务设施建设,提高村庄建设的科学化水平。二是认真落实村寨环境卫生的责任制,实行卫生管理值日制度,全员参与村容建设,确保公共卫生有人管理、有人负责、有人监督,全力营造干净整洁的人居环境。目前,全镇共建成"寨管委"活动场地11个,改善村活动场所4个,落实建设经费40万余元,排查废弃沼气池231口,完成厕所改造42户,完成产业路硬化640米,村容寨貌发生了巨大的变化。四是坚持群众自治。着力解决农村地区"人难找、门难进、事难办"等突出问题。鼓励村民对村内事务进行参事议事,凡涉及集体资金使用、基础设施管护、矛盾纠纷调解、红白喜操办等村民权益事项,由寨管委和"十户一体"成员与群众进行协商,让群众反映村情民意和提出建议性工作措施,积极协助村民委加强和创新村寨治理,及时化解村内社会矛盾。

五抓五稳促生态茶产业出成效

贵州省思南县大坝场镇党委书记　田志宏

大坝场镇接两县壤六乡而地广物博，依龙底江畔而资源丰富，倚革命老区而底蕴深厚，凭广阔林海而绿水青山，仰红色之地而生机勃勃。全镇总面积178.8平方千米，23个（社区）188个村民组7239户26234人。辖区森林覆盖率68.2%，位居全县第一，大坝场历来有"林海茶乡"美称。近年来，我镇充分发挥自身资源优势，大力发展生态茶产业。目前，全镇13个涉茶村种植生态茶面积8300余亩，建成茶叶加工厂4个，已初投产面积4500余亩。

抓持之以恒稳面积。

根据全镇茶产业发展规划，围绕"两区两带"总体布局，坚持"集中连片、整村推进"发展思路，在稳固原有面积的基础上，实现逐年递增。

一是突出主体。近年来，我们以农村"三变"改革为抓手，建立了以"县农投公司+村级集体经济组织专业合作社+农户（土地入股）"的股份制发展模式，13个村利用4100元/亩的"茶园贷"资金新植茶园共5820亩。

二是补植补栽。今年春季，通过到湄潭、凤岗等地考察，采购优质茶苗92.7万株，完成所有茶园的补植补栽工作，对不适宜茶叶种植的320亩土地进行了产业调整。

三是示范种植。2021年以来，种植"黔茶1号"示范基地150亩。

抓精细管理稳基地。

一是统一标准。以生产优质干净茶为目标，积极培育"名优茶+大宗茶"，已促进60%的新植茶园基本成篷。

二是跟踪地块。全镇茶园采取"网格化"管理方式，责任到镇、村两级干部，镇茶产业专班技术人员实行分片负责，县驻点指导技术专家实地指导。

三是以短补长。今年，13个村茶园基地均进入初采阶段，全面推行"以采代养"模式，试点套种大豆690亩，预计到2024年初，全镇茶园均可投产。

抓项目管理稳资产。

去年以来，县级投入财政衔接补助资金650万元，建成了龙坪村、筑山村茶叶加工厂，通过招商引资，引进了贵州黔球茶业公司营运，解决了村级发展技术短板，落实了项目利益联结机制，按照项目投资资金的6%比例，今年可分红39万元。2022年，我镇获批茶园管护财政衔接补助资金共413万元。同时按照茶叶行业管理技术标准，根据茶时长势，适时修枝、施肥和开展防虫治病，抓好质量安全建设，确保茶园健康成长，今年年初完成了全镇茶叶基地出口备案工作。目前全镇茶园管护工作正积极有序推进。

抓利益联结稳管护。

不断探索适合我镇的利益联结模式，实行股份制，提高对茶园管护的积极性和责任性。目前，按照村集体经济组织专业合作社按4100元/亩分期向农投公司申请贷款入股，农户以土地流转费（熟土300元/亩、荒地200元/亩）折合20年折价入股，农投公司按拟投资金额参股。股份制分红机制为：1.从投资茶园建设起，原始资金（含折算部分）打捆为总投资，产生盈利后实行记股分红；2.村集体收益的10%作为村干部报酬；3.村集体收益的10%为建档立卡户分红。

抓产销对接稳成效。

积极探索"公司+村集体经济+基地"发展模式，争取茶产业路、产业水、加工厂、生产机具等设施建设和配置，改善茶产业生产环境。

一是与贵州黔球茶业有限公司签订了茶产业发展合作协议，实行村社管基地，公司负责收购、加工、销售，解决了茶青销售市场问题。

二是开展了全镇茶叶基地水质、土壤和茶叶品质检测。

三是完成了茶叶出口备案和品牌注册，建立了较为稳定的茶叶交易平台。

近年来，通过对基地精细化管理、对市场的考察调研，不断总结探索茶产业发展先进模式，大坝场生态茶产业现已初具成效。

一是解决土地撂荒、带动群众就业。通过土地入股方式，以资产变股金，充分盘活利用辖区5820余亩闲置土地。不断培训、吸引在家闲散劳动力到基地务工，带动群众就近就业1640余人，年发放劳务工资280余万元，解决了群众挣钱顾家两难问题。

二是做实产业基地、壮大集体经济。通过补植补栽、精细管护，全镇茶园已初步成型，初投产面积达4500余亩，预计2024年初全面进入盛产期。今年各涉茶村均组织了茶青采收，13个涉茶村村集体经济今年可增收50万元以上，年底入股农户均可实现产业分红，享受产业发展带来的红利；

三是发挥资源优势、拓宽销售市场。大坝场属思南县老茶区，茶园基地均在海拔1000米左右的高山上，加上严格按照县茶产业专班技术要求管理，茶叶品质极佳。经贵阳海关检测，已通过 ISO、HAPPC 认证，达到了出口标准。目前贵州黔球茶业有限公司拟出口第一批大宗茶产品，预计出口数量14吨，产值300余万元，实现了"产供销"闭合发展。

全力做好乡村治理 全面打造美丽乡村

四川省井研县千佛镇瓦子坝村乡村治理

四川省井研县千佛镇人民政府

一、基本情况

瓦子坝村位于井研县正西方，该村辖区面积9.3平方公里，辖19个村民小组1649户5248余人，耕地面积7080亩。结合浅丘陵地形地貌，因地制宜探索"高标准农田＋粮经复合发展"模式，深度推进"五良融合"2022年底全村粮油基地5000余亩。美丽的研溪湿地守村相望，清澈溪水、舒适的油沙路穿村而过，拥有历史悠久的农耕文化，主要以粮油产业为主，现已建成全县优质水稻机械化示范区、全县粮油主产示范区。2018年被评为市级"四好"村，2019年被评为市级"卫生"村，2020年被评为县级"信用村"，2021年成功建设省"五粮融合"示范基地1050亩。

二、主要做法和成效

（一）建强基层党组织，筑牢乡村发展基础

打造生力军激发治理活力。瓦子坝村开展"村干部学历提升计划"，全面提升村干部的综合素质，发挥党组织的战斗堡垒作用。现村"两委"干部7人，全村党员143人，组干部结构得到优化，村级组织关系顺畅。广大党员积极投身到乡村治理的各项工作

中，坚持依法决策，实行村级事务"三级"网格化管理，"一站式"领办代办服务，落实各项惠民政策，为群众提供更加贴心、全面的服务，实现"党员多跑腿、群众少跑路"。

（二）深化村民自治实践，激发群众参与热情

推行"三红"工作法。推行以村党组织为领导核心的村级治理模式，设立"红色议事堂"，搭建议事平台，发挥参谋建议、示范带动、桥梁纽带作用，实现"村事民议、村事民治"；树"红榜"典型引领，通过张"红榜"、发喜报、颁牌匾、戴红花等形式，让先进典型有光彩、享荣耀、受尊崇；推行村民文明诚信积分制管理，将"积分"转化成群众的自治力和创造力，积分可在红色超市兑换小礼品，使群众参与村民自治更主动、更积极。瓦子坝村把"基层党建"与"村民自治"有机结合，引导村民自治组织和广大群众发挥民主权利、凸显主体作用，使公共事务管理全面加强。

（三）发挥法治保障作用，提升乡村治理能力

抓细法治保障关键点，就要加大普法覆盖。定期定点积极开展"法律进乡村""法律进机关"等系列"七进"活动的普法行为，并送法上门，发放宣传资料和小礼品，引导村民"知法、懂法、守法"。累计发放宣传资料800余份，接待群众法律咨询20余人次，播放LED普法宣传标语10余条。同时，对人民调解员进行业务培训，推动人民调解工作发挥更大作用，真正实现了"小事不出村，大事不出镇，矛盾不上交"的法治新农村。引导群众树立法治观念、提升法律意识、养成办事依法、遇事找法、解决问题用法、化解矛盾靠法的良好习惯。

（四）注重基层德治教育，厚植乡村文明之风

法安天下，德治人心。一是贴近群众挖选题，搭台唱戏促交流。挖掘新时代乡土文化力量——耕读传家精神，增强文明乡风号召力。培育文化服务队，编排表演《还是我的千佛好》三句半、《孝敬老》快板、《山河美》等节目，在春节、端午、中秋等传统节日开展文艺表演20余次。二是典型引路做样板，创新形式添活力。深入开展传家训、立家规、扬家风活动，以及最美庭院、星级文明户、好媳妇、好婆婆等评选活动30余次，引导群众崇德向善、见贤思齐，凝聚促进乡风文明，和谐共生正能量。

（五）激发村级发展能力，增强发展内生动力

一是藏粮于地"高标准"。民以食为天，食为粮为先，稳粮增收，粮食生产是第一要务。以土地平整为重要抓手，统一规划布局，拆闲拆旧拆废，集中资金建设农田基础设施，为机械化作业夯实基础。目前已完成高标准农田建设2.1万亩，优质水稻全程机械化示范区600亩，推广菜-粮—菜复合模式提高复种指数。节约种植成本约70%，土地亩产值净增10—15%左右，解决农村缺劳动力和土地撂荒问题。

二是提档升级"解愁盼"。深入开展宜机化改造，推动农田地开展小并大、短并长、陡变缓、弯变直改造，修建农机通行道路，实现"三通一平"基础建设，显著改善农机通行和作业条件，中大型农业机械地块通达率100%。大力实施"企业+集体+农户"生产模式，通过引进企业，合作社在瓦子坝村流转土地500亩，建成全县优质水稻全程机械化示范基地，绿色防控基地，粮经复合基地，比传统农业每年每亩节本增收800元以上，增加集体经济收入3.8万。

三是生态宜居"引凤来"。推动生态的振兴是焕发乡村新活力的重要支撑点。乡村生态振兴，就是要实现农业农村绿色发展，打造山清水秀的乡村风光，建设生态宜居的农村环境。在瓦子坝村示范点人居环境提升整治300余户，四园建设85余户，厕污共治180余户，开展"四清四拆"、垃圾分类设施的增设等项目，努力推进美丽乡村的可持续发展。

（六）扎实推进平安建设，全力打造平安家园

加强平安法制乡村建设，切实维护农村社会平安稳定。持续巩固农村扫黑除恶专项斗争成果，形成持续打击的高压态势。用好现代信息技术，雪亮工程实现全村覆盖点位10处，有效震慑了不法分子，维护了社会稳定；细化治安防范工作，扎实开展治安巡逻"红袖标"行动，巡逻队伍瓦子坝村队伍40余人，针对疫情防控、森林防火、安全生产等进行巡防，累计发现安全隐患10余次；通过微信、广播、法治长廊等多渠道多方式，大力宣传法治乡村，切实提高人民群众安全感和幸福感。

农业产业"多点开花"绘就乡村多彩画卷

四川省井研县千佛镇人民政府

瓦子坝粮油基地作为全省首批"五良"融合产业宜机化改造项目的实施地,大力发展现代浅丘陵高效农业产业。

坚持走龙头带动之路,在富农增收上迈上了新台阶。以粮食加工省级龙头企业——奇能米业为支撑,机械作业为导向,规范管理为手段,土地流转为途径的现代化种植生产模式。并推行"园区+龙头企业+业主+农户"的经营模式,带动核心区内农民就业500人,人均可支配收入达到3.2万元,已成为带动农民增收的重要主体。

20220818—丰收节—机械化收割水稻

坚持走复合发展之路,在扩面稳产上实现了新局面。采用稻药、稻菜粮经复合的模式,提高复种指数。山上玉米+大豆+榨菜,山下采用水稻+泽泻,土地产值较一般土地净产出多50%,激发农民种粮积极性。核心区能实现水稻、玉米等粮油作物净增产20万公斤,年增收52.5万元;泽泻、榨菜等经济作物每亩能实现净增收2000元,年增收380万元。

玉米大豆带状种植

坚持走科技兴业之路，在成果转化上开创了新突破。新技术基地1200亩，展示水稻新品种27个。坚持与中国农业科学院、四川省农业科学院、四川农业大学等合作，搭建农业产业标准化、农业科技创新推广、农业产业综合服务的"一院三平台"。实行智慧化监测、精细化管理、数据化共享，推动科技成果与产业、企业有效对接，确保农业科研成果尽快落地见效。

水稻新品种种植示范基地

助力巩固脱贫 助推乡村振兴

四川省井研县千佛镇人民政府

脱贫摘帽不是终点，而是新生活、新奋斗的起点。打赢脱贫攻坚战、全面建成小康社会后，要在巩固拓展脱贫攻坚成果的基础上，做好乡村振兴这篇大文章。在艰苦卓绝的脱贫攻坚中，千佛镇始终注重扶贫与扶志、扶智相结合，坚持脱真贫、真脱贫，提高脱贫质量和成色，推动脱贫攻坚与乡村振兴有机衔接。

一、脱贫攻坚是实施乡村振兴战略的前提和基础

建立监测帮扶机制，筑牢防止返贫致贫"防线"。面对新冠肺炎疫情带来新的困难和挑战，实施有针对性预防措施，制定《千佛镇防返贫监测和帮扶机制工作实施方案》。聚焦"一达标两不愁三保障"主要指标，坚持严格执行现行扶贫标准，筑牢防止返贫致贫"防线"，全力巩固脱贫攻坚成果。以家庭为单位开展"一对一"结对帮扶活动、乡村走访排查、动态管理等方式累计70余次。做到防止返贫致贫监测和帮扶对象精准，因地制宜从实际出发帮扶救助，确保不漏一户一人，解决脱贫人口返贫和边缘人口致贫的隐患。

因人施策分类帮扶，扎紧预防返贫致贫"篱笆"。对有劳动能力的监测对象，通过采取农民夜校、送学上门、网络直播等多种形式，确保掌握一门以上技能，惠及360余人。对外出意愿不高的监测对象，优先推荐到政府公益岗位、瓦子坝粮油园区和博裕鞋业等就业，鼓励参与千佛镇基础设施建设，惠及180余人。对有创业意愿并有一定创业条件的监测对象，提供小额扶贫信贷金融政策支持。实现"就业一人、全家脱贫"的目标，促使385名贫困劳动力就业，就业率达到95%，促进了贫困群众增收致富。

大数据赋能精准扶贫，建起贫困发生的"拦水坝"。大数据扶贫系统的基础上，建成防返贫监测信息覆盖全镇1800余人的动态监测数据库。利用信息化手段精准掌握意外致贫人员，及时追踪脱贫人员的后续发展情况，最大限度早发现具有潜在返贫致贫风险人口。目前，认真研判，严控把关，并因户提出防贫措施，研判是否列入预警帮扶对象，确保监测精准。2022年以来，共研判列入预警帮扶对象3户，采取医疗救助、就业援助、低保兜底等保障措施20余条。帮助他们及时消除了返贫风险。

二、脱贫攻坚是实施乡村振兴战略的重要内容

"产业扶贫"做实发展底盘。脱贫要长效，长效在产业。产业扶贫是脱贫攻坚的根本出路，利用已建成的高标准农田，采用集体土地入股分红模式，形成"集体经济+业主+农户"利益链条，建成1500余亩休闲采摘、生态垂钓体验区，经营项目主产台柚、柚香羊、柑橘等，通过产业发展，带动周边200余人务工增收，单项为集体经济增收4.5万。

"教育扶贫"浇灌希望之花。治贫先治愚，扶贫先扶智。教育扶贫是阻断贫困代际传递的治本之策。坚持摸清底数，建档立卡，精准实施教育资助政策。抓好报名注册与失学劝返工作，加强课余和假期家访，准确掌握学生动向及其家庭情况变化。2022年以来，千佛镇无适龄儿童辍学，帮助贫困学生享受"雨露计划"学生人数20余人，每生每年3000元。

"派驻帮扶"形成引领带动。充分发挥各类帮扶力量作用，累计有200余名帮扶责任人参与联系帮扶贫困户。提升基层党组织能力，选优配强村级班子，村党组织书记平均年龄下降到45岁，驻村工作队8人，增加35岁以下到村顶岗锻炼15人，为打赢脱贫攻坚战和推进乡村振兴提供智力支撑。举办了三期脱贫攻坚专题培训班，培训400余人次。

三、乡村振兴为脱贫攻坚提供新的动力和保障

乡村振兴战略为脱贫攻坚提供新目标。脱贫不是终点，脱贫攻坚的目标在新形势下又有了新的内涵，即确保贫困人口实现脱贫，另一方面，脱贫攻坚的终极任务、长远目标是要实现乡村的全面振兴。千佛镇不断完善村容村貌，提升农村公路、通村道路，公路安保工程建设与公路养护，便于群众交通出行。深入开展宜居环境整治680户，全乡村容村貌得到有效改善。开启乡村振兴的新征程，朝着乡村振兴目标不断前进。

乡村振兴战略为脱贫攻坚增添新动能。推广推行"龙头企业+合作社+农户"的模式，奇能米业、绿源农业等龙头农业企业带动周边1200余人务工增收，梅家湾台柚国家级合作社为集体经济增收35余万。完善土地承包流转机制，盘活农村集体资产、多种途径发展壮大集体经济，推动农业发展跳出传统模式，开启市场化、企业化、工业化的新模式。这些措施都将极大地激发贫困农民脱贫致富的内生动力、外在活力，为脱贫攻坚提供新的动能。

乡村振兴战略为持久脱贫提供新保障。夯实乡村基层法治，抓细法治保障关键点，就要加大普法覆盖。在宣传活动中，普法小分队、党员志愿者入集市、入村组为老百姓发放相关宣传资料发放宣传资料800余份，接待群众法律咨询20余人次，播放LED普法宣传标语10余条。将法治元素融入法治文化宣传阵地，引导群众树立法治观念、提升法律意识、养成办事依法、遇事找法、解决问题用法、化解矛盾靠法的良好习惯，为巩固脱贫攻坚的成果提供法治保障。

多元化发展农村特色产业

广西壮族自治区金秀瑶族自治县六巷乡人民政府乡长　李　波

在习近平新时代中国特色社会主义思想指导下，六巷乡全面贯彻落实党的十九大、中央农村工作会议和县乡村振兴战略指挥部工作会议精神，党的十九大以来，六巷乡着力推进农村特色产业发展，以点带面分区域因地制宜，利用得天独厚的气候条件，大力推进适合六巷乡发展的特色产业集群。

一、区域条件优势

六巷乡有5个村49个自然屯，按地理条件划分，属于山内乡镇，有林地面积1.5万公顷，林木蓄积量113万立方米，森林覆盖率90.4%，有国家森林乡村2个，自治区森林乡村3个，自治区生态文化村1个，自治区乡村振兴林业示范村2个。在实施乡村振兴战略过程中，认真贯彻"绿水青山就是金山银山"的"两山"理论，做好山水文章，统筹森林资源保护和林农业产业发展，积极推进农业经济发展，用绿色发展为生态建设、农民增收、乡村振兴提供支撑，实现乡村振兴与生态改善良性结合。六巷乡山多地少，多以林地为主，林下中药材种植优势突出，现有林下中药材种植基地4个，种植面积12000多亩，估序年产值500多万元，促进全乡500多户群众增产增收。

二、多元化条件优势

全乡五个村委，受气候条件影响，位于政府所在地的六巷村委，早晚温差大，气温偏低，非常适合野生茶和八角种植，全村现有野生茶面积2000多亩年产量10000多斤成品红茶；八角年产量30万斤；六巷村紧跟自治县"生态立县、旅游强县"发展战略，发展壮大村集体经济（如竹器厂、民宿宾馆、商店经营等），村里成立有经济合作社，六巷村的经济发展具有一定的规模，旅游产业初步形成，目前正在创建的五指山风景区和圣堂山自然风景区，承担着部分的旅游集散和接待职能。

青山村委与平原地带相交接，气温偏高，非常适合生姜、油茶产业发展，每年生姜产量1000万斤左右；油茶产出成品油10万斤。现青山村已建成生姜精深加工厂一个，油茶加工厂正紧张施工中。

大岭村委依靠独特的气候条件和地理优势，以创建全域旅游为抓手，大力发展以森林公园、风景名胜区、森林乡村为依托的森林旅游和康养产业，建立以森林康养为核心、文化旅游为支撑、互联网服务为手段的产业体系。结合农文旅游发展规划，充分利用山水、森林村庄、生态乡村等资源，利用文化宣传载体开展生态游活动，实现"四季有花、四季有景、四季有客"的用绿特色。大岭村瑶岭天下民宿已成为附近区域"网红打卡"地，旅游人气十分火爆，盘活了本地旅游市场，深受游客们的青睐。依托大岭上宾旅游公司带动，全村已发展民宿25家，五星级乡村民宿旅游示范点一个，有效带动旅游业的发展。

门头村委地势较陡，气候多变，是我乡重点国家储备林产业地，年产出量10000立方米；依托花蓝瑶民族特色，建设有花蓝瑶博物馆，费孝通瑶族人文调查旧址等，民族特色旅游已逐步进入规模化。门头村在乡村文化建设中，分利用文明乡风中的优秀传统文化，如家风、家训、村规民约、道德示范等，强化道德教化作用，引导农民向上向善、孝老爱亲、重义守信、勤俭持家。例如，六巷乡门头村利用"石碑律"建立道德约束机制，引导群众自我管理、自我教育、自我服务、自我提高，做到家庭和睦、邻里和谐、干群融洽，实现乡村社会充满活力、安定有序，为乡村振兴提供和谐稳定的社会环境。

王钳村委利用金秀县首个高速公路出口便利优势，充分发挥自身能动性，依托传统产业带动新兴产业发展，现已发展有国家储备林20万立方米量，新发展油茶种植1000多亩，传统八角产业稳步提升。

三、点面联动

党的十九大以来，六巷乡上下联动，充分利用区域优势和地理条件，发挥基层党组织领导作用。

1、以党员带头群众参与的方式，着准出发点，明确方向。充分调动群众积极性，以发展全域旅游为导向，利用特有资源优势，以大岭村民宿旅游为抓手，着为发展林下中药材种植，同时带动生态养殖，特色水果种植的发展。

2、利用大岭自驾游的优势，辐射六巷村、门头村民族特色瑶寨观光游发展，促进六巷乡野生茶发展，衍生了独具特色的本地野生红茶加工产业，带动300多户1700多人增收。

通过多年来的努力，现六巷乡已形成了以党委、政府为基准点，向多方面辐射发展的局面。形成了象州—六巷青山，生姜、油茶种植重点村；象州—青山—大岭，休闲、观光、住宿为一体的生态旅游带；梧柳高速六巷出口—王钳—门头—六巷—古陈—圣堂山，边片民族特色瑶寨、民族特色风俗，野生种植加工传统手工艺展示等独具特别的旅游观光带。

六巷乡地势复杂独具特色，在生态旅游推动下，引领出具有六巷特色的产业结构。各村着准优势多面开花，利用天然条件发展独具一品的产业，以青山生姜、油茶种植；大岭生态旅游；六巷中药材、野生茶种植；门头、六巷民族特色产业；王钳交通便利等为出发点，重点推进全域旅游发展，在未来五年内，在党委、政府的大力推动下，六巷乡产业发展将得到显著的成效。

鲁布格镇"四重"推动乡村振兴发展

贵州省兴义市鲁布格镇人民政府镇长　宴　彬

为贯彻落实党的十九大及十九届历次全会精神，学习贯彻习近平总书记视察贵州重要讲话精神和关于"实施乡村振兴战略、加快农村农业现代化建设"的重要讲话精神，自脱贫攻坚收官以来，鲁布格镇党委、政府在市委、市政府的坚强领导下在，结合镇情实际，在助农增收和产业转化、培育新发展动能上下功夫，力促调整全镇经济结构和发展方式，确立了"产业强镇、文旅兴镇、乡村振兴"的发展战略，以"瞄准罗平——兴义"县域旅游发展重要枢纽为目标，推动脱贫攻坚和乡村振兴有效衔接。

鲁布格镇下辖四个行政村，鲁布格镇依托毗邻罗平、广西的区位优势，以发玉乡村振兴示范点建为契机，锚定打造田园乡村振兴高质量发展示范点目标，采取上下结合、竞争择优的方式，重视"点面结合"，既整体提质，又培育"特色"，规划建设和重点培育特色乡村和产业布局，着力抓好发玉乡村振兴示范点的打造，并充分发挥示范点带动辐射作用，同步推进发玉、中寨、坪上、新土界四个村镇级示范点打造，以点带面推动全镇乡村振兴全面实施。

（一）发玉重"城"。

发玉村是镇人民政府所在地，位于全镇中心位置，交通运输便利，是全镇社会、经济、文化、教育中心，基础设施较为完善，人口居住较为集中，区位优势较为明显，是鲁布格镇小城镇规划建设区，重点推进下发玉乡村振兴示范点建设，提高城镇接待能力。依托发玉坝区因地制宜，精准选择产业的现代农业产业园区建设示范带动点，继续巩固"烤烟+N"产业发展模式，完善股份制改革，推进蔬菜深加工，初步实现了产、供、销一体化的闭环经营模式；借助区位、交通优势，建设鲁布格镇乡村振兴中转交流中心，拟打造发玉——坪上——新土界——中寨镇内循环纽带和贵州——云南——广西省外循环纽带。

（二）坪上重"产"。

一是在坪上村积极探索土地流转村级股份制改革试点的基础上，下好"五子棋"推进土地流转村级股份制经济改革（调优结构"强班子"、找准痛点"谋路子"、整合资源"搭台子"、明确产业"定调子"、鼓起多重"钱袋子"），通过构建土地流转平台盘活村民零散土地进行连片长期流转，从而节省流转成本、避免出租纠纷、降低后期管理成本，成功带动农业产业节约化、规模化发展，实现村集体和群众双赢。

二是为巩固和拓展坪上村股份制经济改革试点工作，通过招商引资，引进贵州广助农业发展有限公司与坪上村股份制改革合作社联合成立"贵州广助禾生源农业发展有限公司"，在坪上村建立570㎡农特产品冷链分拣中心，在坪上、发玉建立万亩花供港蔬菜种植基地，延长农业产业链条，推进助农增收。

三是加大部门蹲点帮扶联络，依托市农业农村局帮扶为契机，整合项目和资金，在坪上村打造千亩高效油菜种植基地和加工厂，推进农业发展全程机械化，提高全镇农业发展效率。

（三）新土界重"景"。

新土界村是鲁布格镇海拔最高的自然村，境内山高云低、资源丰富，登高可眺望俯瞰云南、广西，观云海、看日出的绝佳景点。镇人民政府加大招商引资力度，按照

"文旅兴镇"的战略目标，争取文体广旅局大力支持，申报文旅项目，在大庆组打造镇级乡村振兴示范点，建设登山步道2.3公里和观光露营基地，休闲娱乐平台。此外，新土界村还将依托地理优势，引进乌江能源集团，拟建设总装机容量48万kw/h的风力发电项目，开辟"风电景观"露营基地，成为新兴网红打卡胜地。项目建成后，新土界村将成为鲁布格镇乃至南部乡镇观光露营制高点，也将成为鲁布格镇"经济结构调整试点村"。

（四）中寨重"文"。

镇人民政府拟结合鲁布革电站发展历程和悠久历史以及少数民族文化，在中寨村云湖山打造"鲁布格电力小镇"，充分挖掘中国水利水电发展历史和电站建设峥嵘岁月，保护性恢复电站建设时期剪影，打造中国"水电建设博物馆"，同时布局电力发展原理和科普研学基地，为青少年儿童介绍我国电力发展历史和科技知识。同时，利用鲁毗少数民族村寨打造电力专家康养基地，将乡村振兴和康养休闲结合起来，成为"学、研、养"一体的发展示范。

下步工作打算

下一步，鲁布格镇党委、政府将持续转变工作作风，继续巩固拓展脱贫攻坚成果向乡村振兴有机衔接，以作风建设年为契机，着力把握"国发二号"文件赋予贵州的发展机遇，以市"四化"专班为平台，以"项目建设为统领"，推进产业发展"内外双循环力度"，加大招商引资力度，强化"外争内引"，同时，推进移风易俗，充分发挥群众原生动力和发展意愿，争取项目和资金落地推进乡村振兴工作良性互动。

（一）紧盯五大振兴。

以组织振兴为保障，产业振兴为基石，推动人才振兴、生态振兴、文化振兴深度融合。依托下发玉乡村振兴示范点，深度挖掘地方文化元素，按照修旧如旧的原则，走出一条"以农业为载体，以文化为内核，以旅游为引擎"的农文旅联动开发的产业振兴之路，实现文旅兴农的目标。同时以新时代文明实践阵地建设为抓手，深入推进文化惠民工程，深入开展志愿服务活动，广泛开展爱国主义主题教育活动，强化公民道德建设和青少年思想道德教育，培育和践行社会主义核心价值观，提升农民精神风貌和乡村社会文明程度，推进移风易俗，树立文明乡风。真正实现"田园变公园、产品变商品、离乡变返乡、村民变股民、农房变客房、土话变文化、生活变生态"。

（二）整合四个要素。

把文化作为最好的旅游资源，坚持政策推动、项目带动、品牌拉动、上下齐动、城乡互动，通过整合"政策配套、规划设计、优势资源、服务功能"四要素，推动全业态旅游"一业兴百业"。整合政策配套要素：积极争取上级各部门大力支持及配套政策完善基础设施建设，打造兼容并蓄的营商环境，广泛争取社会资金进驻创业，集智聚力打造下发玉乡村振兴示范点成为全市示范点之一，以点带面推进全面振兴。整合规划设计要素：参照原有居民原生态民房风格，进行复古改造，既要能保持乡村的田园景观、自然风貌和农居特色，又要有现代生活的基础设施和服务体系，达到宜居、宜业、宜游、宜文的特色景区。整合优势资源要素：鲁布格镇是"鸡鸣三省"交叉点，有悠久的彝族文化，是兴义市彝族人口居住最多的地方；是省级达标样板坝区示范点。按照"立足兴义市、面向云南省、辐射三省区"为目标，以下发玉乡村振兴示范点民宿为核心，整合云湖山景区、鲁毗彝族特色村寨、新土界云顶阁观光台、坪上田湾康养民宿四个点优势资源，组点成线、连线成面，开辟打造一批"网红"景点，建立以民宿和餐饮示范点为核引擎的"公社制度"，吸引云南、广西资源填补我镇旅游市场空白。整合服务功能要素：示范点建设以农业乡镇向农、文、旅结合的乡镇转型，让小朋友能留得住童年，年轻人感受到时尚，老年人留得住乡愁。以民宿、露天烧烤、露营基地为基础，提升旅游团接待能力，成为村民幸福生活的家园和市民休闲旅游的乐园。

（三）构建三大体系。

通过转变工作作风，搭建项目发展平台和整合资源要素保障，拟在鲁布格镇走出一条可复制的一二三产融合发展又结构优化的"产业发展体系"；产业兴旺又内生动力十足的"社会治理体系"；自治高效又发展有序的乡村治理体系。实现"田园变公园、离乡变返乡、村民变股民、农房变客房、土话变文化、生活变生态"的发展目标。

以"三基"为载体开创区域全产业链
高质量发展新格局

重庆奉节县吐祥镇党委书记　杨　华

吐祥镇位于重庆市奉节县西南部，东连青龙，南接太和，西邻利川，北望云阳，距离县城44.6千米，辖区面积252平方公里，现辖3个社区、18个行政村，户籍人口5.3万，常住人口3.7万，是首批国家部级小城镇、市级中心镇和重庆市商贸强镇，是一个"口吐祥云，吉祥纳瑞"之地。近年来，吐祥镇坚持"在全局中谋一域、以一域服务全局"，按照县委、县政府决策部署，抓重点，补短板，强弱项，以"三基"为载体奋力开创全产业链发展新格局。

一、"设基金"完善产业发展金融支持体系

实施乡村振兴战略，加快推进农业农村现代化的首要环节就是克服制约农村经济发展的瓶颈，要以金融、基金为抓手实施乡村振兴策略，转变以往的财政扶贫政策，从扶持到市场化运作，强化可持续性培育，推动乡村产业振兴，为农业农村现代化奠定根基。

（一）统筹财政基金，实行梯度管理

对全镇财政涉及产业的资金，除专用资金外，划分 ABC 类分别占50%、30%、20%，根据产业规模划分一二三等级分别占10%、30%、60%，一一对应资金，A 类大力发展龙头企业，B 类稳定市场主体培育，C 类由龙头企业带动全产业链发展。

（二）协调金融机构，强化资金保障

基层农业发展银行业务范围狭窄，支持农业发展地位不明显，作用不突出。全镇利用股权投资工具整合银行、保险、基金等金融资本，按一定比例向金融资本让利，实现"双赢"，已协调融资34笔，融资金额达到800万元。

（三）整合产业资金，发展集体经济

通过集体经济组织领办企业，带领群众二次创业，壮大集体经济实力，增加群众增收渠道，让群众对村级组织更支持。吐祥镇燕子荷博园接待中心、阳和和双河大棚、白蜡冻库、响水和纸坊生猪养殖场、石笋葡萄等集体经济项目蓬勃发展，21个新型农业经营主体全覆盖利益联结，每个村（社区）都实现集体经济分红。

二、"建基地"搭建资源集聚服务管理平台

平台建设对于产业的发展具有协助和促进作用，全镇打造以引进、保障、赋能、引领等功能于一体的人才基地，以返乡、引资、扩岗、就业等功能于一体的创业基地，以消费、休闲、娱乐、养生等功能于一体的服务基地，打造资源集聚服务管理平台，打造区域全产业链高质量发展的中转站、加油站和后勤服务基地。

（一）强化筑巢引凤，打造人才基地

搭建全镇人才信息库，建立"三表一册一台账"，准确掌握全镇人才基本情况，实行靶向人才输送，推动人才资源互动流通，充分展示人才价值，全面激发人才活力。培育本土人才，培育"农民工匠""土专家"，激发农民素质提升动力。加强与高校、科研院所合作，组建科研智囊团驻村挂职、兼职，实现校地合作乡村振兴智库新的人才支撑模式，推动专家与农民、农业企业"结对子"。回引在外人才，通过乡亲发展座谈会、提供就业岗位等开展"凤归吐祥"活动，优化本土人才创业就业环境，解决乡村振兴人才缺乏问题。

（二）强化返乡入乡，打造创业基地

通过建设返乡入乡创业园和就业帮扶车间，作为承接产业转移、促进产业合理布局的重要依托，打造加快乡村振兴、推进城乡融合发展的重要平台。全镇正在新建两栋3F框架结构厂房，总建筑面积3200㎡，规划容纳招商引资企业5家，解决就业200人以上。规划建设就业帮扶车间6家，已建成5家，总建筑面积3000平方米，协议总投资额达1.1亿元，达产后可实现产值8000万元，税收1100万元。

（三）强化场镇功能，打造服务基地

坚持"补短板、排隐患、提品质"，以项目为主导持续完善场镇功能，通过实施污水管网提升、滨河公园提质、环境整治、街面景观改造、道路升级、老街改造等项

目，切实提升人民群众生活质量。全镇拥有中心卫生院1所、村卫生室21所，中学2所，小学7所，幼儿园2所，敬老院3个，医疗、教育、养老事业态势良好发展。

三、"兴基业"筑牢区域经济稳定增长基石

全镇始终坚持贯彻中央、市、县决策部署，立足资源禀赋和产业基础，充分发掘特色资源优势，以农业为基础，以商贸业为主导，以旅游业为抓手，推动区域全产业链高质量发展。

（一）提质增产，谱写农业发展"新篇章"

全镇坚持养好"一条虫"、喂好"一头猪"、种好"一片田"的特色农业发展思路，协调发展其他农业资源。全镇桑园面积超3000亩，已建成标准化供育室1个、室外共育大棚30个，去年养蚕1200余张，产茧50余吨，年产值260万元。全镇发展共畜牧养殖农业专业合作社2家，生猪养殖场35家，其中存栏300头以上规模养殖场15家，养殖大户78户，其中存栏100头以上规模养殖大户25家，家庭农场19家，现生猪存栏28000头。全镇水稻栽种面积9958亩，玉米播种19950亩，土豆3256亩，辣椒1000亩，红薯种植14720亩，其他32067.33亩。通过优化品质、提升土质，引导粮食种植从"多产"到转变为"好产"。

（二）激活动能，打造商贸发展"新引擎"

全镇场镇规划控制面积4平方公里，建成面积3平方公里，区域商贸规模大、辐射面积广，去年新增市场主体268家，新增注册资金5000余万元，全镇市场主体达到3504家，其中规上企业2家，限上企业52家，企业174家，一二三产业占比为13.6：17.8：68.6，主要集中在批零业和服务业。全镇现有大型超市5家，星级宾馆3家，去年新增住宿床位80余张、餐饮餐位200余张、50平方米以上超市5家，汽车销售1300余台，销售资金1.3亿元。

（三）生态优先，实现旅游发展"新突破"

全镇正在以打造石笋河AAAA级景区为契机，推动全域旅游发展。石笋河以"一道一漂""两片两区""三园"的规划打造石笋河葡萄特色小镇。"一道一漂"即对402省道石笋村辖区进行油化彩化，沿途修建四个观景平台和一个驿站，在石笋峡谷（下段）修建漂流项目，吸引游客游玩；"两片两区"即对原石笋和黄林片区房屋进行风貌改造，建设和打造石笋峡谷生态体验区和肖家坪梦工场生态康养区。"三园"即建设与提升葡萄采摘体验园、葡萄观光采摘园、葡萄标准化种植园，通过对得天独厚的旅游资源进行整合，石笋河景区极具旅游和观赏价值。除石笋河景区外，燕子荷博园已申创AA级景区，年均游客超8000人次、综合收入超100万元。

下一步，全镇将围绕区域全产业链高质量发展重点做好以下工作。一是严格落实巩固拓展脱贫攻坚成果各项要求，确保不出现"两不愁三保障"底线问题；二是以"规范秩序、完善管理、促进发展"为重点，集中精力打造场镇，增强集镇的积聚和服务功能；三是以石笋为试点，以点带面，探索农旅商文融合发展之路；四是深化"三变改革"，发展集体经济，积极破解乡村振兴的要素障碍；五是巩固培育本土企业，大力引进外地企业，深化"企业+集体经济组织+农户"利益链接机制，探索农业产业现代化发展之路；六是以新时代文明实践活动为抓手，提升基层社会治理水平；七是以农村"三改""点亮乡村"为抓手，改善村容村貌，建设美丽乡村。

凝心聚力绘蓝图　砥砺奋进助振兴

——竹溪县泉溪镇乡村振兴工作综述

湖北省竹溪县泉溪镇人民政府镇长　李金峰

南山中心镇，休闲养生地。竹溪县泉溪镇位于竹溪南部山区中心地带，地处鄂渝陕三省交界的大巴山脉中心腹地，是竹溪南部山区的交通要道和中心镇。全镇版图面积210平方公里，下辖13个行政村，2021年统计年报农业人口2896户10318人。镇域平均海拔近千米，年均气温19℃，每年7-8月平均气温在26℃，年均降雨量约1000mm，气候高寒，雨量充沛，昼夜温差大，无霜期较短，其独特的地理环境使其成为高山蔬菜、烟叶、魔芋、药材、洋芋等经济作物的优质生产基地，亦是不可多得的休闲养生旅游避暑胜地。

近年来，泉溪镇始终以乡村振兴为总揽，以"产业兴旺、生态宜居、乡风文明、治理有效、生活富裕"为结果导向，积极探索推进脱贫攻坚与乡村振兴在规划、政策、产业、组织和人才等方面有效衔接，以乡村振兴统领"三农"工作。

强化组织领导，助推乡村全面振兴。压实主体责任，通过党委中心组理论学习、支部主题党日等形式，深入学习习近平总书记关于乡村振兴工作的重要论述，认真贯彻落实中央、省市县各级党委政府关于乡村振兴工作的会议精神，组织召开党委会议、指挥长会议，专题研究乡村振兴工作，主要领导坚持每周到村调研指导工作。成立以镇党委书记任组长，镇长任第一副组长，分管副书记任副组长，其他党委班子成员为成员的乡村振兴工作领导小组，并设立乡村振兴办公室，安排4名优秀干部专职负责办公室日常工作。统筹安排部署，每月组织召开乡村振兴指挥长会议，研究、部署、推进巩固拓展脱贫攻坚成果同乡村振兴有效衔接重点工作，每月组织镇村干部开展户户走到和农户摸排工作，重点关注过渡期间农户家庭收入变化情况以及监测户、边缘户、突发困难户等群体的"一有两不愁三保障"和收入大幅度波动的风险情况。

狠抓产业发展，促进农户稳定增收。依托南部中心乡镇的区位优势以及独特的自然环境优势，紧紧咬定"两叶两芋"（高山蔬菜、烟叶、洋芋、魔芋）主导产业目标不放松，坚持"新旧产业一起抓，长短结合两手抓，一村一品持续抓，百花齐放户户抓"，借助十堰盈天蔬菜公司、东申土豆种植合作社、坝溪味道蜂蜜养殖合作社、张晓莲家庭农场等市场主体，采取"公司+合作社+村委会+农户"产业发展模式，引导农户发展露地和设施蔬菜3000亩、烟叶3555亩、洋芋1.5万亩、魔芋1.2万亩，"两叶两芋"四大产业已成为泉溪农户增收致富的主导产业。同时畜禽养殖产业也有了长足发展，全镇现有山羊存栏7600头、肉牛存栏3400余头、牲猪存栏4636头，家禽存笼11.97万余羽，蜜蜂养殖5000多箱。

注重预警监测，认真落实帮扶机制。今年以来，在全镇范围内组织开展3次"全员普查保成果"及农户收入测算工作，主要聚焦低收入、低保、五保、因病因灾等突发严重困难农户，结合县级行业部门预警信息，对符合纳入监测户条件的对象实现应纳尽纳，杜绝体外循环，对计划纳入监测户的对象按照"民主评议、公示公开、镇级审核、县级批复"程序及时申报纳入，因户因人制定切实可行的帮扶措施，明确帮扶责任人，真正做到真帮实扶。

加强规范管理，提升项目资金效益。认真谋划乡村振兴项目建设。对照"十四五"规划目标定位，谋深谋实乡村振兴项目建设，围绕泉溪镇"两叶两芋"产业发展目标、人居环境整治、基础设施建设、公共服务提升，精心谋划申报项目136个，计划总投资1.98亿元。扎实做好扶贫项目资产清理登记确权工作。对2013年以来所有投入扶贫资金且已实施的项目开展扶贫项目资产信息摸底登记，上报审批，公示公告，系统录入。制定了详细的实施方案，组织开展了业务培训，成立专班开展摸排清理，共摸排登记各类扶贫项目2393个，其中经营性项目9个，公益性项目317个，到户类2067个。

坚持扶志扶智，夯实乡村治理成效。以抓党建促乡村振兴为主线，持续深化支部规范化建设，全面实施乡村治理能力强化提升行动，深入开展支部"主题党日""一诺双好"活动，不断擦亮"村书说变化"党建引领品牌，各村以院坝会、小组会、村民会等多种形式，开展"书记说变化"宣讲活动400多场次，参与群众11000多人次，收集意见建议510多条，为群众解决实际问题270多件，干群关系全面增强，基层党支部战斗堡垒作用得到有效发挥。"书记说变化"宣讲活动被市委组织部报送到中组部，将作为经验典型在全国推广。大力开展产业技能培训，组织开展了土豆种植、服装加工、食用菌种植、烟叶种植、蜜蜂养殖等各类技术培训20多场次，覆盖脱贫户2658人，贫困群众致富水平进一步巩固。

坚决落实"四个不摘"，压实驻村帮扶责任。强化驻村帮扶管理，认真实行驻村帮扶工作队"日签周结月评季查年考"管理机制，坚决落实驻村干部"五天四夜"在村开展帮扶工作制度，上级党委政府为我镇配备了5支乡村振兴工作队，其中省级1支，县级4支，实现了全镇13个村"村村有驻村帮扶工作队"，确保了派驻力量、帮扶投入、驻村时间、管理力度"四个不减"。

凝心聚力、久久为功，努力谱写乡村振兴新篇章

甘肃省卓尼县喀尔钦镇党委书记　雍学智

光阴似箭，日月如梭。不知不觉中，我在喀尔钦镇工作已经6年，这六年，亲历了脱贫攻坚的全面胜利，见证了小康社会的全面建成，我深感幸运，回想起工作的点点滴滴，犹如昨日般历历在目。而今，作为乡村振兴战略的参与者、建设者和推动者，我又倍感荣幸！下面，我就围绕党建引领、社会治理和产业发展三个方面浅谈一下个人感受。

（一）乡村振兴中，基层党建起着引航标、指示灯的作用。

新形势下，喀尔钦镇党委立足党建引领这一根本，以"一承诺四服务双评议"为载体，以"民事村办"服务实践为抓手，常态化开展"四抓两整治"，抓细抓实年度基层组织建设重点任务，村级党组织战斗堡垒不断建强，村组干部履职服务能力得到了进一步提升，农牧村基层组织建设得到全面进步，在抓关键补短板中夯实了乡村振兴的基础。

（二）乡村振兴中，社会治理起着小支点、大能量的作用。

我们坚持把"三抓"攻坚行动作为抓基层社会治理的"纲"，把"8+"基层社会治理作为抓政策措施落实的"魂"，将全镇划分为62个网格103个联防组，州县乡三级党政干部、

两代表一委员、民兵、网格长、村两委等610人入格联户，切实加大"十个坚决不允许"和"十个讲清楚"的宣传力度，协调开展安全生产、疫情防控、法制宣传、环境卫生整治、矛盾纠纷排查等各项工作，截至目前我镇各类矛盾纠纷均已清零。

（三）乡村振兴中，产业发展起着顶梁柱、提质点的作用。

今年来，全镇上下深入推进县委"11358"发展战略，协同推进"五个万亩"培育行动，创新推进"一村一品"特色产业，种植中藏药材1.44万亩，青稞等粮食作物1.33万亩，油菜0.37万亩，羊肚菌种植示范棚100座，第一茬羊肚菌已采摘；种植地摆黑木耳30亩，预计7月底开始采摘。持续发展壮大村集体经济，2021年底，全镇12个村年收益均达2万元以上，7个村年收益达5万元以上。坚持把劳务输转和技能培训作为重点工作来抓，上半年劳务输转2418人次，开展烹饪、电焊实用技能培训240余人次，参加山东蓝翔技校培训30人次，形成了全面摸底建库、逐户逐人动员、点对点输转、面对面宣传一套成熟有效的工作经验。

县委"11358"发展战略绘就了乡村振兴的宏伟蓝图，"五个万亩"培育行动吹响了产业振兴的冲锋号角。实现全镇产业全面发展，下一步，我们将：

第一，转型特色产业势在必行。

针对我镇耕地面积大的现状和12个行政村区位优势，划分为沿河、卡车、北山三个片区，着力打造卓尼县产业发展"微缩版"。持续推进"五个万亩"培育行动，在保持粮食种植面积的基础上，将沿河片区打造成食用菌种植区，2023年计划种植羊肚菌、黑木耳等食用菌1000亩以上，全力打造食用菌示范基地和种植基地；继续与州科技局合作，深入开展青稞产业化良种繁育体系建设，将卡车片区打造成青稞新品种及原原种种植基地；北山片区的四个村适度打造成中藏药材种苗育苗区和油菜种植基地。我镇林间草原生态环境完全适合天祝白牦牛养殖，因此将拉力沟、卡车沟适度打造成白牦牛、藏牛、藏羊养殖区。

第二，发展劳务产业一往无前。

据调查统计，我镇农牧民群众人均可支配收入中的60%以上来源于劳务收入，为此在持续推进实用技能培训的基础上，将食用菌种植技术培训、劳务经纪人培训等摆上更加突出的位置，积极动员农牧村富余劳动力参与实用技术培训中来，从而进一步拓宽他们的增收渠道。

第三，强化基层治理破立并举。

目前，"8+"社会基层治理模式已经深入人心，而所有政策的执行，所有工作的推动，基层是末端，我们要在干部管理、群众思想转变、培养村组干部带富能力等方面下功夫、做文章，真正让乡、村、组三股力量成为乡村振兴战略的实施者、推动者、参与者，切实做到诉求合理的解决到位、诉求无理的教育到位、生活困难的救助到位、行为违法的处理到位，为社会和谐稳定、产业全面振兴提供良好的发展环境。

第四，促进乡村旅游未来可期。

乡村旅游，可以充分利用区域丰富的旅游资源，有利于生态环境保护，宁静致远、田园丹青的乡村振兴因其特有的魅力成为人们新的选择。镇域内九天石门风景毓秀、如诗如画，是一块未开发的"处女地"，我们要在九天石门的开发上做文章，从而推动实现生态环境美、特色产业美、村容村貌美、村民生活美、社会和谐美的五美乡镇目标。

风正扬帆正当时，重任千钧再出发。我相信，在县委县政府的正确领导下，在大家的共同努力下，只要我们用真心真情真诚服务群众，终将成为乡村振兴的促进者、推动者，使我们的理想之花在基层末端中尽情绽放，使我们的希望之光在振兴道路上熠熠生辉！

四措并举促乡村振兴

贵州省长顺县白云山镇人民政府镇长　陈　玺

近年来，白云山镇四措并举，全面抓实"四化"战略在白云山落地落实，开创跨越发展新局面，助推乡村振兴。

一、多元支撑，重点突破，有效推进农业现代化高质量发展

一是大力发展现代特色高效农业。以"321"思路为主抓手，进一步优化农业产业结构和区域布局，做大特色优势产业。大力发展林下经济和林特产业与生态畜牧业，以坝区为重点，建设一批高标准种植基地和农业现代化示范点。

二是提高农业质量效益和竞争力。一方面建立和完善农业支持保护制度，强化资金支持、科技服务、农业设施等保障。另一方面树立全产业链发展思路，加快推动农产品集散中心等项目建设，加大畜禽粪污处理力度，建设完善规模养殖场粪污处理设备。加快补齐储藏、保鲜、包装、物流配送短板，提高农产品加工转化率和在贵阳市场占有率。

三是推动一二三产业融合发展。大力培育龙头企业、合作社、家庭农场等新型经营主体，壮大流通型企业、农村经纪人队伍、农村电商三大销售主力，拓展省内外市场，推动农业与文化、旅游、康养等深度融合。截至目前，新建高标准农田1.5

万亩，猛昌蔬菜种植基地、凉水村高钙苹果种植基地、思京村中药材种植基地等一批现代农业产业基地相继建成。长顺县云山领创农业开发有限公司、但家食品等一批农业企业相继落地发展，年均农业总产值2.09亿元。

二、再接再厉，持续发力，全力构建高质量镇村发展体系

坚持以人为本的新型城镇化发展思路，奋力推进"镇村大提升"。

一是优化城镇功能布局。按照"功能完善、集约高效、突出特色"的理念，积极争取项目资金开展文体休闲、停车场、智能监控和道路亮化等工程建设，进一步完善基础设施，优化发展功能布局。科学进行城镇开发，切实打造宜居宜业的康养小镇、幸福小镇、文化小镇。

二是全面提升城镇品质。改善居住环境和品质、不断完善基本公共服务和社会治理体系。加强历史文化建筑的保护和利用，深入推进"智慧村居"建设，提高镇村综合治理水平。

三是统筹镇村区域协调发展。统筹镇村规划建设，建立健全促进镇村融合发展的体制机制和政策体系，推动人才、资金等要素，在镇村间双向流动和平等交换，形成工农互促、镇村互补、全面融合、共同繁荣的新型镇村发展格局。近年来，投入资金4755万元建成农贸市场、山体公园、口袋公园、商贸风情街、街道绿化亮化、外立面改造等项目，镇区经济、文化中心地位得到进一步巩固和提升，镇区聚集和承载能力明显增强。建成通组路82公里，串户路172.8公里、安装节能路灯2900盏、建成活动广场43个、农村垃圾收集池150个、污水处理站6座，农村面貌大幅改观，美丽乡村魅力更加彰显。

三、找准定位，创新载体，全力推进旅游产业化建设

一是加快形成全域旅游发展新格局。围绕长顺县建设贵阳中心城市近郊农文旅居融合发展先行区目标，立足镇域资源特色优势，加快旅游产品培育，着力推进旅游业提质增效、融合发展。充分利用陈大嫂故居、中院布依族民族风情文化、翁贵古法造纸、白云寺佛教圣地等历史文化，力争建成集农耕体验、文化创作、民族文化、健康养生一体的精品旅游线路。

二是提升旅游产业发展质量和效益。鼓励引导社会资本参与开发建设管理，围绕吃、住、行、游、购、娱培育一批特色餐饮、精品民宿、亲子乐园等"精而特"

的旅游产品，延伸旅游产业链。投入资金295万元建成中院村布依民族水上舞台、陈大嫂水碾房、附属设施观光步道、风雨桥、观光长廊、游客接待中心，修复了翁贵造纸坊及中正亭等旅游配套服务设施，将白云山镇生态人文景点串联成线，吃、住、行、游、购、娱一体化的旅游服务业态初步形成。

四、立足起点，谋划未来，力争新型工业化建设成效大幅提升

一是强化招商引资。把招商引资作为"第一要务"，主动作为，坚持"走出去"与"请进来"相结合，全力以赴抓招商，进一步提升和增强镇域经济发展活力。

二是用活现有资源。依托丰富的石灰石、青石等矿产资源，主动出击引进一批成长性好、引领性强的新型建材企业落地。同时围绕樱桃谷鸭、肉兔、辣椒等主要产业，引进和培育生态特色食品深加工企业，延伸农业产业链，提升农产品附加值。

三是积极帮助现有企业不断发展壮大。积极整合项目资金、不断引进民间资本、完善服务措施，不断帮助但家香酥鸭等企业发展壮大。

坚持和发展新时代"枫桥经验"
全面构建矛盾纠纷多元化解工作新格局

宁夏回族自治区海原县史店乡

2022年以来，海原县史店乡党委、政府坚持以习近平新时代中国特色社会主义思想为指导，进一步增强忧患意识，树牢底线思维，坚持改革创新，发扬斗争精神，大力弘扬和发展新时代"枫桥经验"，积极探索基层综合治理"1134"新模式，通过党建工作引领，加大网格队伍建设，完善三级联动体系，建立四项工作机制，多方发力推动矛盾纠纷多元化解，全年处理县信访局转办件、"12345"转交事项完成率100%，主动摸排化解矛盾纠纷化解率100%，治安案件"零目标"，基本构筑了横向到边、纵向到底、上下联动、齐抓共管的综合治理新格局，为史店乡社会事业高质量发展奠定了坚实的基础。

一、强化党建工作引领力度

按照"党委领导、综治协调、部门联动、各方参与"的工作原则，成立了由党委、政府主要负责同志任"双组长"、分管负责同志任副组长，其他班子成员、各村支书、

主任、派出所、司法所、卫生院、学区、五办四中心负责人为成员的史店乡综合治理工作领导小组，有效整合资源和力量，积极发挥各自作用，根据实际情况开展研判部署，解决困难问题。落实网格化排查化解体系，由各村党组织书记任本村矛盾纠纷排查化解工作负责人，及时收集矛盾纠纷信息和潜在风险点，组织人员对排查的矛盾纠纷上门开展初步调解，形成了一级抓一级、一级对一级负责、层层抓落实的工作新格局。

同时，史店乡田拐村发挥四星级党组织优势，积极探索"1231"乡村治理体系。"1"党建引领。配强配优了村"两委"班子成员，搭建基层便民综合服务平台。"2"抓产业、便民生。打造了万亩红梅杏基地、千头肉牛草畜产业、交通运输业和铁杆劳务"四大产业"，促进农民稳就业、保增收、提素质。打造村级便民服务大厅实现村级网络信息化办公，实现服务群众"零距离"，增强了群众获得感、幸福感。"3"三治融合。整治村级环境卫生，提升村级公共服务能力；创新建立了"345"矛盾纠纷排查化解模式；强化教育引导，深化移风易俗，深化新时代文明实践活动。"1"数字化治理。着力打造全县乡村数字化治理示范点。

二、加大网格队伍建设力度

按照"合理划分、网格管理、定人定责、层层监督"的工作原则，压紧压实综治维稳治理责任，努力打造和谐稳定的社会秩序。

一是合理划分治理网格。史店乡严格落实三级网格管理体系通过发挥层层包联作用，全面抓好全乡信访维稳、平安建设、防贫监测、安全隐患排查、文明城市创建、民生服务代办等工作，建立起层级有序、标准明确、全域覆盖的农村综治维稳网格化管理体系，营造"事事有人管、人人都有责"的全新工作格局。

二是明确网格人员职责。明确网格长和网格员的具体职责，保障网格高效运转。有计划地对各级网格员进行业务培训，努力建设一支政治素质优、业务水平高、工作能力强的农村综治整治网格化基层管理队伍。

三是积极强化网格作用。为落实网格责任，确保网格化管理体系有效运行，乡村建立各级工作群加强联络和管理，按照包联责任对乡党委、政府下达的各项任务层层分解细化，落实到户到人，确保在规定时间内圆满完成工作任务。同时，加强乡村两级督查，对体系作用发挥中存在的问题进行立查立纠，修正补位，保证体系网格健全，结构巩固，作用正常得到发挥。通过宣传，让网格长、网格员及群众知晓自己在体系中的位置和作用，使每项工作都能迅速落实，信息上情下达、下情上报畅通高效，确保工作无遗漏、无死角。

三、完善三级联动工作体系

一是整合力量联动调。通过签发交办单的方式明确包案领导、责任单位、责任人，全面落实化解包干制，做到"件件有人包、个个有人管"。同时发挥信访联席会议作用，定期召开疑难纠纷分析研判会，形成挂钩联系村委领导牵头、分村干部包干、村干部具体落实的体系，并落实专人反馈平台处置进度，切实将矛盾纠纷化解在萌芽状态，确保大事不出乡、小事不出村。

二是集中攻坚重点调。大力开展"攻坚有我"行动，始终坚持将矛盾纠纷化解作为重中之重，针对重点时间节点，加大摸排化解力度，及时完善工作领导小组，制定工作方案，对重点人员实行五定责任，确保相关责任压实到人，充分发扬斗争精神，紧盯不放，逐个攻破。

三是辅助力量配合调。充分发挥各村网格员作用，发挥他们对农村各种矛盾掐得准脉、找得到根、摸得着门的优势，在遵守法律法规前提下，从乡情亲情入手，用春风化雨的方式化解矛盾，促进和谐。积极发挥新时代文明站点作用，及时为信访群众提供义务调解、结对帮扶等志愿服务活动，用爱心关怀、暖心服务来拉近与信访重点人员的距离，让信访案件平稳可控。

四、建立健全四项工作机制

一是建立群众来访一站受理机制。选优配强一线接待人员，将政治素质好、群众观念强、政策法规熟、工作经验丰富、善做思想工作的人员充实到综治中心。乡领导每日轮流坐班接访，及时就地解决群众问题。定期邀请经验丰富的调解员、司法工作者、信访工作人员充实到接待一线，发挥专业人才在预防和化解矛盾纠纷中的职业优势，有效提高了群众初信初访处置力度。

二是建立矛盾信访"见底清仓"机制。围绕问题牢牢吸附在当地，化解在基层的原则，坚持矛盾纠纷、信访案件乡每月全面排查一次、村居每周排查一次、小组随时排查的常态机制，重点时节，坚持"日排查、零报告"制度，确保问题及时发现，做到预防在先。

三是建立预警联调机制。实行矛盾纠纷"红黄蓝三色预警",逐件明确化解责任人。对容易激化升级或者引起群访越级访的矛盾纠纷,进行"红色"预警,由一名党政领导包案,建立一个工作组联合化解;对于村调解2次未成功可能再次爆发的矛盾纠纷实行黄色预警,由乡综治中心和涉及职能部门联合化解;对于经调处可以及时化解的一般性矛盾纠纷实行蓝色预警,由属地村委或者排查部门化解。同时推动公调对接、诉调对接、检调对接,让矛盾纠纷化解的重点更"聚"。

四是建立矛盾纠纷化解回头看机制。在保证高调解率的同时,史店乡党委、政府还不定期开展"回头看"工作,将回访调处情况登记备案,以动态回访形式,形成闭环式调处流程,建立起矛盾纠纷化解长效机制。

打好"四张牌"大力发展乡村旅游产业
为乡村振兴注入源头活水

河北省香河县蒋辛屯镇党委政府

蒋辛屯镇地处省级乡村振兴示范区(香河锦绣潮白生态休闲示范区)核心区,是协同发展规划的四个"新市镇"之一,得天时而占地利。近年来,面对历史性发展机遇,我们坚持以打造潮白精品民宿走廊为目标,以美丽乡村建设为切入,大力发展乡村旅游产业,呈现出多点开花、蓬勃向上的良好态势。我镇作为农村新型社区、现代产业园区、生态功能区"三区"同建的示范典型,被评为"省级美丽乡村精品片区",2021年,蒋辛屯镇被评选为第一批全国重点旅游乡镇。具体工作中,我们坚持打好"四张牌":

第一张"环境牌",让美丽乡村变成农旅产业发展的坚实平台。

过去的蒋辛屯镇实际上没什么旅游产业基础。工作中,我们另辟蹊径、无中生有,把旅游产业发展纳入美丽乡村建设之中,一体规划、同步推进,努力把建设美丽乡村的过程变成农旅产业发展筑巢引凤的过程。

(一)基础不扎实,我们就夯实基础。修路跟着产业走,累计建设道路125公里,高标准打造滨河绿道、蒋北路等一批景观道路,以路为景、以路串景,让大道通衢,让小径通幽,把全镇农村公路打造成为风景线、发展线。

（二）特色不鲜明，我们就打造特色。杜绝千村一面，我们保古树、栽果树，清坑塘、建广场，种乡愁、留乡韵，赋予村街灵气，实现一村一品、一村一韵。

（三）底蕴不突显，我们就深挖底蕴。最大限度保留历史文化元素、保护民俗文化遗迹，修葺真武古庙，改造王店子百年渡口，建设李家大院农耕文化展厅，打造水岸潮白景泰蓝匠心广场，真正让文化底蕴显出来、让传统工艺活起来，助力旅游产业发展。

第二张"调整牌"，让传统农业变成农旅产业发展的亮点卖点。

鼓励村街调整升级传统农业，发展新型农业旅游产业，提升品质、创造价值。

一是定方向，让区域发展有规划、可持续。按照"能摘果、能观花、能赏景"的思路，引入集种植、采摘、观光于一体的农业旅游项目12个。

二是抓理念，让农旅产业上档次、有品质。按照"生态涵养、康养结合、宜居宜游、活化体验"的理念，整体布局农旅产业发展。如水岸潮白，康养+民宿+休闲+文化；绿野农庄，林果+观光+采摘；原野佳特色种植基地，农林+科普+教育+体验等。

三是强功能，让旅游项目有活力、吸引人。依托改造提升后的堤顶路和滨河绿道，形成景区旅游闭环，先后举办健跑、骑行、冰雪嘉年华等多次主题活动，吸引游客参加。2021年，累计接待北京周边游客近8万人，收入达到700万元。

第三张"转型牌"，让闲置房宅变成农旅产业发展的优质资源。

近年来，民宿旅游很火。我们积极引进社会资本和先进理念、品牌、渠道，让闲置民宅转型为休闲旅游者的"体验屋"、农民增收的"黄金屋"。

一是探索"多方参与"的运营模式。成立"企业+村街+农户"的农宅合作社，把闲置资源进行整合，统一打包给企业经营管理。目前，北李庄、北吴村等6个村街均与旅游企业签订协议。

二是突出"传统传承"的文化内涵。坚持"一院一主题，一院一世界"，打造精品特色民宿，融入中医、手工艺等文化元素，既保留田园生活，又赋予文化内涵。目前，已建成精品民宿品牌2个，建成余舍、醋客等主题院落87家，节假日入住率达90%以上。

三是健全"人人受益"的分配机制。合作社按企业在本村经营收入的5%提取管理费，用于村街公益事项和群众年底分红。2021年，北李庄仅靠民宿产业集体收入就增加8万元，今年初实现分红近20万元。

第四张"众创牌"，让百姓从跟跑变成农旅产业发展的主体主角。

发展农旅产业最终目的是惠及百姓。我们在引资、引智、引流的同时，大力引导群众作为创业者、经营者参与进来，让百姓从跟着跑变成主力军。

一方面企业搭台，百姓唱戏。引导村民采取自营联营方式融入农旅产业，针对个人经营的民宿、餐饮等项目，可自愿进入企业运营平台，借助企业品牌渠道经营，由企业提供免费设计、指导、监管等，通过建立共建共享的收入分配机制，让企业蹚路子，让百姓赚稳当钱。

另一方面企业牵线，百姓借力。旅游企业开设农业大集和线上平台，广大种养殖户借船出海、合作共赢，共同开发特色农产品销售渠道。悠然庄园、百蔬园等7家企业，以及32家种养殖大户实现农产品联营，通过线上线下有机结合，进一步打开市场，让特色农产品销路越来越宽，实现销售收入、增值收益650余万元。

发展乡村旅游，振兴乡村，个中工作艰辛，冷暖自知。但有一点体会，我们是最深的，推动农业现代化，首先，必须要有一颗红心，干事业要有情怀，站在党和人民事业的高度，勤勤恳恳、任劳任怨，不图名、不图利，专心致志、心无旁骛去研究、去谋划、去落实，才能真正践行初心和使命；其次，必须要绘好一张蓝图，要坚持规划先行，规划是高质量发展的前提，是高标准建设的基础，推动产业发展只有抓住"牛鼻子"，在规划上下真功夫，才能少走弯路；第三，必须要有一颗恒心，就是一以贯之，一抓到底，要有"功成不必在我"的精神境界和"功成必定有我"的历史担当，发扬钉钉子精神，一张蓝图绘到底，一任接着一任干，才能见到真正成效。也正是因为有这样的认知，我们才有勇气、有信心在零点起步发展乡村旅游产业。

加快高原特色农业产业发展，促进农民增收

云南省兰坪白族普米族自治县通甸镇人民政府镇长　张子繁

通甸镇位于怒江、丽江、大理三个地州的交界处，是怒江州的东大门。全镇下辖13个村、2个社区，有88个自然村，6020户24767人。通甸的特点大概可以概括为"冷、平、贫"：平均海拔2400米，昼夜温差大，国土面积有521.33平方公里，耕地面积为113391亩。脱贫攻坚时期，通甸有建档立卡户2898户11903人，贫困发生率达到51.51%。2019年底，通甸在全州范围内率先实现了脱贫摘帽。进入"十四五"，通甸镇在州、县各级党委、政府的领导和支持下，正向着"全省一流乡村振兴示范乡镇"的目标阔步前行。

一、产业发展取得的成果

（一）高原特色浆果产业

2015年至今，通甸镇充分总结经验教训，打破传统、分散的种养殖模式，走组织化、规模化、现代化、科学化的发展道路。

引进实施了5000亩海升浆果现代农业产业园、2588亩海兰蔬菜种植示范基地、"一心堂"医药产业园、万吨榨菜厂等重大产业项目。2020年，通甸镇被农业农村部列入全国农业产业强镇建设名单。

这其中，最具代表性的，就是以车厘子为主的乡村振兴现代农业产业园。通甸镇立足自身优势，通过积极向上协商，决定在坝区发展现代化设施农业，经过多方考察评估，2018年12月，县政府最终确定与陕西海升果业发展股份有限公司合作，共同打造以车厘子为主的乡村振兴现代农业产业园。

第一阶段，流转土地5000亩，整合全球最前沿的现代农业技术系统，打造以车厘子为主，蓝莓、草莓为辅的综合农业产业种植园。第二阶段，建设现代化浆果分拣加工工厂。

（二）盘活"三块地"发展新型光伏产业

1、光伏项目东明一期：东明一期项目已完成所有场址土地流转1648亩（包含升压站永久征地12.003亩），涉及农户116户，分别为东明村委会639.403亩（涉及88户），箐头村委会235.881亩（涉及44户），弩弓村委会761.277亩（涉及53户），已兑付头三年土地流转租金及经济林木一次性补偿费用144.7万元；征（租）地工作经费40万元；被征地农民养老保障金24万元。

2、光伏项目二期：东明二期、箐头水树坪、下甸飘雪岩3个项目施工单位已入场，已在通甸镇成立EPC总承包项目部3个。目前正在开展总平面布置图设计、前期专题及征租地等工作。已完成土地流转约4700亩，分别为东明二期500亩、箐头水树坪2400亩，下甸飘雪岩1800亩。

（三）特色中药材种植

通甸虽然有坝区的连片土地，但山区面积依然占有绝对高的比值。在严守耕地红线的基础上，如何提高山区大片土地的种植产出比，对于提高通甸居民整体收入水平至关重要。经过调研考察，通甸山区农户有种植中药材的产业基础，但碍于山区缺少水源及水利灌溉设施，且中药材种植对技术要求高，对环境控制要求严，普通农户对药材市场信息的获取相对滞后甚至缺乏等现实问题的制约，山区中药材种植呈现零星种植、分散种植的特点，难以形成规模。为此，通甸镇经多方努力，引进了药材销售领域的龙头企业一心堂药业集团入驻成立云中药业有限公司，以带动通甸中药材种植产业发展。同时，通甸为盘活易地搬迁迁出地土地资源，切实帮助搬迁群众增收致富，在东明、箐头、弩弓三个行政村引进光伏项目，通过林下、光伏下中药材种植推进"光伏+"产业。目前全镇中药材种植面积为6369亩，其中各类经营主体（专业合作社）种植2726亩，农户自己种植约3643亩。一心堂的种植加工厂、中药材种子种苗生产基地正在有序建设中。

经过三年的探索发展，通甸初步建立了相对完善的利益联结机制。投入产业园的产业帮扶资金形成资产，资产变产权，产权量化到受益村，受益村统一委托县平台公司管理经营资产产权，由海升公司负责生产管理、运维、销售。县平台公司每年按协定比例向海升公司收取承包经营费用返回受益村，受益村按"积分制"进行二次分配。

截至目前，共投入产业帮扶资金1.91亿元，带动周边群众总体增收4424.75万元，其中建档立卡贫困户增收1748.34万元。本地农民也通过参与生产，成长为了懂技术、会管理的新型农民。当前，全镇范围内完成种植车厘子3450亩，蓝莓2000亩，草莓1500亩，项目建设也进入第二阶段。

就目前的运营情况来看，2021年已实现530万元的销售收入，2022年预计将超2000万元，2023年超5000万元，经济效益十分可观。

去年12月，州委农办印发了《兰坪县高原特色现代农业示范园建设规划》，将以通甸镇为核心，打造中国最大夏秋车厘子集中连片种植区。

二、当前影响和制约产业助推农民持续增收的卡点、堵点、难点问题

（一）群众参与度较低。

由于本地群众对现代农业缺乏足够的认识，思想还停留在小农思想阶段。加之文化水平普遍较低，不容易在短时间内接受新事物。这导致农户普遍对于土地流转的热情不高，项目落地困难。面对这样的局面，通甸镇党委、政府坚决扛起了主体责任，结合美丽乡村开辟房前屋后"微菜园"，以满足村民日常生活需求，协调周边村落撂荒土地转借耕种满足养殖需求。

（二）同集体经济组织发展联系不足。

尽管我镇镇域范围内有134家农民专业合作社，但实际参与村集体经济发展的只有65家，大部分的农民合作社处于自给自足的状态。没有参与到本村的集体经济的发展，处于小规模社员之间发展的状态。

（三）缺乏整体规划，发展空间不足。

目前各类产业发展存在追求规模、地区特色、短时间效益等情况，导致各级在进行规划时更多的考虑主打产业，地区主打产业往往是拥有雄厚实力的经营主体来运营，因此为了配合产业的落地更多的空间规划等资源要素向这些大的经营主体来倾斜，导致大部分的农村经营主体在前期的规划中没有引起足够的重视。另外，近年来国家严格审批耕地、林地的使用。导致很多原本不在规划区的农民专业合作社无法正常的运营。前期规划的不重视，加上国家严格审批林地、耕地的使用，导致农村经营主体发展空间受限，无法与实力雄厚的经营主体竞争。农村经营主体处于空间受限，无法形成规模、地区特色的状态。

三、下一步探索实践方向

当前通甸的产业发展已初具雏形，但离"产业兴旺"的要求还有不小差距。接下来如何提高产业活力和发展动能，推进产业发展提质增效，实现产业现代化，是将通甸打造为"全省一流乡村振兴示范乡镇"的重要课题。

一是不断延长产业链条。

立足我镇资源禀赋，以高原特色农业产业园建设为契机，以内培外引培育壮大农业龙头企业为抓手，重点推进中药材、牛羊养殖为主的产地初加工，引导加工产能向农产品主产区、优势产区、加工示范园和物流节点集聚，打造专用原料、加工转化、现代物流、便捷营销融合发展的产业集群，加快形成生产与加工、科研与产业、企业与农户相衔接的上下游产业融合格局，实现由"原料输出型"向"产品输出型"的突破性转变。

二是补齐农业基础设施短板。

加快实施高标准农田、耕地提质改造、山区"小水网"和重点产业配套基础设施工程。加强督导协调，分工协作，做到三个结合（农业基础设施与发展现代农业、巩固拓展脱贫攻坚成果、产业结构调整相结合）。

三是建立健全标准化体系。

建立覆盖农产品种养加工、检验检测、质量分级、标识包装、冷链物流、批发零售等环节的全过程、全产业链标准体系，开展标准化生产创建行动，打造果蔬标准园，引导农民和新型经营主体推行标准化生产。

四是打造做优产业品牌。

健全通甸果品品牌培育、保护、发展和评价机制，支持农产品区域公用品牌建设。加大通甸果品品牌的宣传力度，增强品牌知名度与影响力。发展冷链物流、深加工等电商配套产业。

五是大力发展农村电商。

推动通甸农产品交易中心建设，引进项目运营商。大力培育新型经营主体，充分利用镇级电商服务中心，全力推进物流体系建设，引进仓储物流项目落户，逐步构建起适应当地电商发展的物流配送体系。

党建引领产业振兴　推动村集体经济发展壮大

全力打造"溪水灵动活力都拉"

贵州省贵阳市白云区都拉布依族乡党委书记　陈　鹏

2022年，都拉乡坚持以习近平新时代中国特色社会主义思想为指导，认真学习贯彻党的十九大、十九届历次全会和党的二十大精神，全面贯彻党的基本理论、基本路线、基本方略，深入学习贯彻习近平总书记视察贵州重要讲话精神，坚持稳中求进工作总基调，抢抓国发〔2022〕2号文件重大机遇，始终围绕"四新"主攻"四化"，深入践行"12345"白云"强省会"奋战路径，高效统筹疫情防控和经济社会发展，团结带领全乡广大党员干部群众积极有效应对了疫情防控、抗旱救灾、护航二十大、巩固脱贫攻坚成果"后评估"等一系列大战大考，乡域经济运行平稳，产业格局逐步优化，民生福祉不断增进，文化建设成果丰硕，生态文明持续向好，社会大局和谐稳定，党的建设坚强有力，较好地完成了年初确定的目标任务，全乡各项事业欣欣向荣、蓬勃发展。

一、基本概况

都拉布依族乡是白云区两个民族乡之一，东邻乌当区，南至火车北站与观山湖区、云岩区相接，西抵黔灵山脉长坡岭森林公园，北至北郊水库与白云区牛场乡接壤，地形东低西高，山势起伏，圈层围合，林地占比大。现辖7个行政村31个村民组；常住人口4503户15932人，聚居着布依、苗、土家等13个民族，少数民族约占人口总数的53%。辖区内贵广、沪昆、渝黔、成贵、贵开、白龙线等六条铁路穿境而过；贵阳北站、第一动车所、第二动车所建在我乡。近年来，都拉乡荣获全国文明乡镇，都拉乡上水村荣获全国文明村镇，都拉乡冷水村荣获全省文明村镇和"贵州省第一批少数民族特色村寨"等荣誉称号。

二、工作开展情况

为切实推进抓党建促乡村振兴工作，都拉乡聚焦做好"六抓"，推动村集体经济发展壮大。

（一）聚焦抓好基层组织

都拉乡坚持"筑固工程""为统揽，以"五个一"行动为抓手不断助力村集体经济发展。

一是配强"一个支书"。都拉乡7个村"一肩挑"比例达到100%，党支部书记平均年龄46岁，同比下降2.2岁；大专及以上学历5人，其中致富带头人4名，"兵支书"3名。同时，开展村党支部书记上讲台"擂台比武"活动，让村书记上台比思路、比干劲、比特色，通过比拼，有比较、立标杆、定目标，树立勇争前列的决心。

二是建好"一支队伍"。坚持公正选拔、培训实践、监督管理和关爱保障"四个到位"，推进村党组织带头人队伍整体优化提升，重点在培养、锻炼、储备等关键环节上探索和实践，新一届"两委"成员平均年龄44岁，其中大专及以上学历19人，培养后备干部23名。推荐19名"两委"干部到高校提升学历。同时，坚持"严、细、实"推进党员发展工作，共发展11名积极分子、6名预备党员和转正4名。

三是打造"一个中心"。全乡6个行政村村级综合楼已按要求建设完毕，都拉乡小河村正建设之中。完成乡党群服务中心和7个村"党群服务中心"挂牌，有效整合党务、政务、村务、社会服务等职能，不断夯实党建为民服务阵地，全面提升基层党组织为民服务的能力和水平。

四是健全"一个机制"。积极探索党员积分制和垃圾分类积分将等,创新完善评定标准,以年度为周期对党员进行积分评优,通过"积分管理",不断激发党员参与基层治理的积极性和主动性,旗帜鲜明地树立为民服务"风向标"。同时,指导各村完善"四议两公开"制度,从制度上规范工作的流程。

五是找准"一条路子"。抓好综合保税区划拨的40亩产业用地,由平台公司牵头,拟打造容积率2.5、房源1100套、解决2000人员的人才保租房;指导7个村共同出资成立都拉城乡服务有限公司,整合辖区各类资源,如,租车、洗车等。同时,充分按照强强联合、大小结合、以强带弱等工作方式组建"水溪石"和"活力都拉"两个联村党委,统筹区域的党建、乡村振兴、产业发展、基础设施改善等工作,把都拉乡打造成组织强、人才优、产业旺、治理好、乡风新的乡村振兴示范乡。

(二)聚焦抓好产业振兴

都拉乡通过促"稳粮"、促"强菌"、促"优菜"、促"精果"四个方面,加快一二三产业融合发展。

一是千方百计促"稳粮"。通过粮食任务分解到村到户,建立粮食任务台账,落实乡、村干部包保督促、党政领导领办高产示范责任田机制聚焦粮食生产,确保粮食安全。2022年全乡粮食生产目标任务数1850亩、产量517吨,实际完成种植面积2217亩、产量643吨超出目标任务的18.8%。

二是强基育新促"强菌"。大力发展食用菌种植,在夯实现有种植规模的基础上不断发展壮大种植规模,帮扶培育种植大户,做强做优食用菌产业。全乡共有在生产的食用菌种植基地5个(上水村2个,黑石头村1个,都溪村1个,都溪林场林下种植食用菌基地1个)。今年以来引进新建设食用菌基地2个,亿创食用菌基地(上水村殷家山)和高荣昌食用菌种植园(奔土村后坝),目前亿创食用菌基地已完成食用菌种植98万棒。

三是强化管理促"优菜"。抓好蔬菜种植,做好蔬菜保供,加大对蔬菜种植户的扶持,培育优质蔬菜生产基地。根据蔬菜生产特性及市场需求,做好春夏秋冬蔬菜种植指导和在土菜管理,确保四季蔬菜供给。争取上级政策支持和技术指导,扶持蔬菜种植大户,培育蔬菜生产基地。目前建成有都溪花菜种植基地一个,在建冷水微菜园一个。完成蔬菜种植面积4214亩次,产量3907吨,完成产值2602万元,完成率100.3%。

四是优化服务促"精果"。为提高水果产量和品质，我乡组织农户进行果树种植培训，通过整形修剪，除草施肥，疏花疏果等加强管护，同时聘请第三方公司进行"病虫害防治"社会化服务，有效防治果树、玉米、水稻等农作物病虫害面积约400余亩，推动了已栽果树提质增效。加强新建草莓基地的扶持，协调新建草莓园手续的办理。2022年全乡水果任务600吨，全年累计完成水果产量626.8吨，完成率104.6%。

同时，我乡积极推进畜禽业发展，目前共有生猪养殖户155户，存栏748头，出栏850头；牛存栏99头；禽类存栏6728羽，出栏10128羽。

（三）聚焦抓好经营主体

都拉乡在产业发展模式、培育种植大户、招商引业上持续发力，发展特色产业，不断壮大村集体经济创收、农户增收。

一是在产业发展模式上持续发力。结合都拉乡7个村的实际情况，按照"一村一品，一村一规划"的产业发展模式，分类指导各村集体经济发展。如，都溪村以"农村集体股份经济+其他经济主体"联结为发展模式；上水村、冷水村以乡村旅游、生态养生等为发展模式；都拉村、黑石头村以出租、招租混合制经济为发展模式；小河村、奔土村以服务企业需求为发展模式。

二是在培育种植大户上持续发力。培育都溪50亩花菜种植基地，已获批四星级家庭农场；培育新建上水村草莓种植基地40亩；培育新建上水村殷家山食用菌种植基地40亩；新建都溪"红久久草莓种植园"30亩；白云区百顺花木园艺场种植面积已达70亩，每年支付土地流转经费7万元，每年支付周边村民务工工资30余万，带动周边村民100余人农闲时节临时务工，为村民增收起到积极作用。

三是在招商引业上持续发力。积极对接联系具备实力、具有情怀的农业公司参与我乡现代农业发展。与"十里庄园农业发展有限公司"就辖区闲置土地承包利用已达成初步意向，企业已筹集资金300余万元，用于交付土地流转资金和前期经营投入。

（四）聚焦抓好土地经营。

都拉乡有序做好土地出让、开发建设，全面推进土地资源高效开发、综合运用、集约利用，不断提升都拉经营的本领。

一是强力推进撂荒地治理。 积极联系辖区内平台公司、铁路、公路建设征而未用的土地业主方，同时摸清农户撂荒底数，协调资金开展撂荒地治理。今年已累计完成治理近500余亩。

二是严格落实耕地保护政策。 严防耕地"非农化""非粮化"，在区、乡、村动态巡查的基础上，结合卫片执法图斑、绿盾行动、中央环保督查，全力抓好整改。在整改过程中边整边疏，边整边引，边整边扶，积极协助整改对象转型发展，杜绝"一刀切"。如鑫强科技有限公司完成白云区"绿盾"点位整改后转型建设都溪草莓园，目前建成草莓大棚30亩，栽种树苗内环境整治20亩，我乡派专人指导协助企业完善园区规划；上水殷家山原王克虎倒土场完成中央环保督查整改后转型建设食用菌种植大棚30亩，积极发展现代高效农业。

三是积极推进土地合法流转。 以各村成立的合作社为主体，采取农户土地入股，合作社引进农业企业入驻的方式，确保土地产生最大的经济效益，目前各类型的流转土地约有665.4亩。

（五）聚焦抓好资金整合

都拉乡整合财政、信贷和社会资金，集中力量高效使用，在招商安商上更加主动，积极协助符合企业的申报补贴。如，食用菌大棚建设补助，草莓种植园优惠政策宣传等。整合都拉财政、信贷和社会资金，集中力量高效使用。整合资金110余万元，用于辖区内的食用菌种植建设补助；整合40余万元资金用于"四子微园"建设；整合400余万元用于果树种植补助；整合26余万元用于水利设施建设；整合110余万元用于基层设施建设。同时，积极申报69余万元用于食用菌补助。

（六）聚焦抓好美丽乡村

都拉乡以农村"五治"为抓手，全力抓好美丽乡村建设。

在"治房"方面。 全乡老旧危房共计108户，其中试点村危房4栋已拆除；签订家庭"门前三包"责任书1300余份；开展"两违"动态巡查836次，出动车辆1827台次，人员4759人次，拆除"两违"建筑43处24000平方米。

在"治水"方面。 全乡7个行政村31个村民组自来水已全部覆盖，覆盖率达100%；建成污水处理站15座、铺设污水管网15公里，惠及1800余户5000人；整沟水塘29处，黑臭水体2处，维修污水管网2公里；拟在冷水村大寨组新建大三格化粪池1座，解决周边10余户未能接入污水管网的粪污，道路边沟走雨水，实现雨污分流。

在"治垃圾"方面。在"治垃圾"方面，建有垃圾收集点124个，已建成垃圾分类分拣间7座，改装喷涂垃圾斗221个。同时，拟在上水村、冷水村建设非经营性厨余垃圾沤肥点及农家乐厨余垃圾沤肥点，上水村已完成建设，冷水村正在建设中。

在"治厕"方面。严格实施无害化卫生厕所建设标准、实施首厕过关制、实施逐户逐厕验收制，完善农村公厕运维管护，实现卫生厕所全覆盖，形成农村"厕所革命"强大合力，真正解决好"小厕所、大民生"问题。截至目前，治厕开工建设168户、完工168户、验收168户，封填旱厕72个。

在"治风"方面。全面落实"两书一约一会一榜"制度，充分发挥村规民约作用，畅通监督举报机制，实行全民监督，推动"婚事新办、丧事简办、其他不办"新风尚，推进移风易俗树立文明新风，不断提升乡村文明程度，增强广大农民群众的获得感、幸福感、安全感。截至目前，全乡红白事报备办理酒席共丧事 65起，红事57起，全乡签订承诺书1000余份，发放倡议书20000余份，发放宣传资料1500余份，无一列其他乱办酒席。同时，在乡政府及各村重要、显目位置进行"五治"宣传内容，共拍摄"五治"宣传视频10余个，设立景观小品8余处，张贴海报喷绘100余幅。

三、存在问题和困难

虽然我乡在抓党建促乡村振兴上取得了一些成效，但是仍然存在一些不足：

一是整体谋划和定位有所欠缺。虽然都拉积极克服地面积少，土地贫瘠、零星分散主要劳动力大量外出等问题，但在整体系统布局上还有所欠缺，缺乏党建引领的思考谋划和定位。

二是资源利用和发挥有所欠缺。虽然都拉是蓬莱仙界蘑力小镇的大门，辖区内也有蓬莱仙酒店、圆梦艺术学院等，资源非常丰富，但在资源体系上怎么样利用和发挥，整个文章的打造还有所欠缺。

三是参与带动和主动有所欠缺。都拉在前期积极引进了果蔬种植基地、花卉苗木种植和食用菌基地，但在党建促乡村振兴还缺乏系统的参与带动，如何链接村集体经济还缺乏谋划和创新。

四、下一步工作打算

在下步工作中，都拉乡坚持党建为引领发展村集体经济，全力打造溪水灵动活力都拉。

一是坚持党建引领，推行集体经济"1+1"发展。以都拉乡都溪村为试点村，在2023年完成股份公司组建，完成公司章程的编制，明确收益分配机制，力争带动都溪村集体经营性收入达到30万元以上。

二是实现科学谋划，找准都拉产业发展定位。整合都拉优势，梳理清基础资源体系、资源状况，着力建立闲置农房台账、闲置土地台账、农产品种类及产量产地台账、乡村人才台账，统筹考虑、整体布局，将资源形成集成性、"一二三产"形成联动性，将"小而精、小而特"做到"小而强"。

二是发挥资源优势，打造溪水灵动活力都拉。立足都拉实际，大力发展观光式、休闲式、生态式、循环式、订制式农业，积极推进草莓、脆红李、羊肚菌等采摘、体验项目。以推进建设"四子微园""家庭农场"为抓手，积极培育农业产业项目，推进传统农业升级发展，以龙头企业+合作社+村集体模式提速解决"茶花世界"遗留问题，提升冷水·香山示范效应、推动辖区农文旅、观光农业、采摘农业、研学农业、循环农业项目逐步成型、迭代升级。同时，充分整合现有的林业资源，在不触碰红线范围，将都溪林场、冷水和上水等形成联动，打造出具有溪水灵动活力都拉的特色经营性项目。

田拐村：万亩红梅杏映着笑脸庞

宁夏回族自治区海原县史店乡

宁夏中卫市海原县史店乡田拐村，曾被当地称为脱贫攻坚的"铁疙瘩"。近年来，该村突出万亩红梅杏的带动作用，强化传统优势，走上振兴之路，先后荣获自治区民族团结创建示范村、闽宁示范村、自治区级乡村治理示范村。

一、改村容更要兴产业

以前，提起田拐村，无论是县、乡两级干部，还是邻村群众无不咂舌。全村贫困户数多、村庄面貌差，贫困程度深，产业结构单一。

脱贫攻坚阶段，田拐村拆旧建新，同步新建了公园、停车场、文体广场、农村社区、党员活动室、文化服务中心、卫生室和民俗展厅。一个依山而建、错落有致、村道宽敞、绿树成荫、村容整洁的靓丽村庄"破茧而出、羽化成蝶"。

实施村容村貌改造之际，田拐村开始寻找适合自身发展的增收产业，在县有关部门的支持下，投入资金2350万元，在村庄后面的一大块山地实施旱作节水"坡改梯"工程，建成1万亩红梅杏基地，辐射8个自然村670户2560人，其中建档立卡户236户826人，户均14.9亩，人均3.9亩，配套建设了3眼机井、5个5000立方米以上的水池，林下

间作种植景观油菜3000亩，亩均收入300元，红梅杏基地5年内每亩享受1200元退耕还林补助，挂果后年产值将达1亿元，该产业为建档立卡户人均增收1100元。

二、有基地更要强管护

对已经建成的万亩红梅杏基地，田拐村探索实施"支部+合作社+农户"模式，加强红梅杏基地的管护。

他们积极争取县自然资源部门支持，对万亩红梅杏进行修剪、早春冻害防治、做果期病虫害防治；先后多年发动全乡群众开展万人农田水利大会战，对红梅杏基地内的杂草、垃圾等进行清理，对林下土地进行深翻，确保红梅杏逐年健康生长。

万亩红梅杏基地的建设，让田拐村许我村民发展庭院经济时，也选择种植红梅杏树。李沟自然村的李得全，是土生土长的田拐村人，也是村发展的见证人。李得全原是乡村公交车司机，家庭的支出全部靠着他的工资。村里引进红梅杏种植时，一心想要增加收入的他，也开始在自家的院子就开始试种，刚开始时种了32棵，成活了22棵。到了去年，这第一批种的红梅杏树已经开始挂果，靠着这20棵红梅杏树，李得全增收18000元，他高兴地说："没想到我们农村的杏子也能帮助我们致富"！

三、依托基地发展"乡村旅游"

有了万亩红梅杏，田拐村就开始打起旅游牌。首先，该村打响"春赏花、夏摘果、秋赏叶"乡村文化旅游品牌，先后举办了海原县三届乡村文化旅游节、红梅杏"采摘节"等活动，培育农家乐7家，农家小吃院16家，带动农户增收450余万元。一些山庄在这在过程中逐步壮大，桃杏院山庄就是其中的代表。

现在，占地920平方米的桃杏院山庄的基础设施及配套功能已经相当完备，能为不同消费者提供不同类型的农家乐休闲旅游活动，包括欣赏乡野自然景观，品尝农家特色饭菜，参与农事趣味活动，体验农家淳朴生活，领略农村民俗风情等活动等。此外，还有采摘瓜果蔬菜、红梅杏及漫花儿等特色的农家乐休闲旅游项目。桃杏院山庄去年待游客人数5000多人次，服务经营总收入13万元。

为拓展乡村文化旅游节的内容和形式，田拐村还设计了河道越野、篝火晚会、文艺演出、篮球邀请赛等子活动，吸引了一大批周边市县群众到田拐观光旅游，积极争取中卫市旅游发展委员会和县文化旅游部门先后支持，对旅游基础设施进行了配套完善，增加了观光车，扩大了观景台，完善了标识牌等等，不断探索乡村旅游新路，持续打响乡村旅游品牌。

四、基地以外的传统优势稳步推进

在做好万亩红梅杏的强链、延链同时，田拐村还立足海原县大力发展肉牛主导产业和养殖传统优势稳步扩大基础母牛存栏数量，肉牛出栏量逐年增多。该村紧紧围绕华润公司"基础母牛银行"模式，村民以赊销（华润公司垫付赊销款6000元，政府对建档立卡户每头牛补贴2000元，农户只需自筹2000余元就可赊销1头基础母牛。养殖3年后，农户无息偿还每头赊销牛款6000元）华润基础母牛300余头，持续扩大肉牛养殖规模，同时全面加强饲草料科学化配比、健全疫病防治体系、依托规模户和合作社，全面提升肉牛养殖科技化水平和市场营销能力。

村里养牛大户马德国开始时养了30多头牛，因饲养方法不当，造成7头牛的死亡。到华润集团学习先进的养殖技术后，他又参加了乡政府举办的养牛技术培训，养殖技术大幅提升，再也没有出过死牛问题，2019年实现毛利润超过10万元。

此外，田拐村立足提升劳动技能，推进劳务产业由数量型向质量型转变，劳务收入稳稳占据群众收入半壁江山。通过强化劳务技能培训，他们先后举办砖瓦工、烹饪、钢筋工、电焊等培训班8个，培训400余人，拥有驾驶证B照以上的260余人，外出务工持证率达到45%，有300余人拥有2-3项技能，切切实实推进了劳务输出从数量向质量转变，从劳力性向技能性转变。在劳务输出上田兴财是代表人物，田兴财才开始时通过联系亲戚、好友以及邻居组织劳务输出，第一次出去打工和其他工人同吃同住，到最后还亏损了3000多元，经过由县就创局举办多次劳务经纪人培训后，田兴财充实了管理经验和专业知识，以后他带人出去务工总是能赚钱。

2021年，田兴财组织了43人在甘肃庆阳务工，其中脱贫户20人，工人们年平均纯收入5万元。他带的43人中，有驾照的劳动力有28人，正组织工人们考取爆破证（前后意思不对），如果爆破证拿到手这批工人月均收入8000元，大大地提高了农民工的收入水平。

建设和美驿站　助推乡村振兴

四川省万源市白果镇人民政府镇长　肖钟伟

2022年以来，白果镇党委、政府在市委、市政府的正确领导下，坚持以习近平新时代中国特色社会主义思想为指导，围绕贯彻落实市第七次党代会、市委七届二次全委会精神，聚焦"功能完备、办事高效、环境温馨、人气提升"目标，对照"4+6+N"模式（即：红色阵地、精神祠堂、服务中心、共享空间四大版块，便民服务站、党群议事厅、卫生健康室（角）、共享应急处、文化清风苑、和美小广场六个必备功能室，村史馆等N项特色功能），在我镇分批分类建成"和美驿站"，助推我镇的乡村振兴发展。

一、动员部署，走好第一步。我镇及时召开全镇职工大会组织学习文件精神，动员部署我镇"和美驿站"建设工作，各村以支部为单位通过组织宣传延伸到镇辖单位、商户、村民中去。

二、出台方案，走实第二步。制定《白果镇政府机关及村"和美驿站"建设实施方案》，成立了由主要领导任组长，班子成员为副组长，相关办所负责人和村书记为成员的和美驿站工作领导小组及其办公室，领导亲自抓，各办所合力抓，村具体抓，为建设和美驿站奠定了基础。

三、在"听"字上下功夫。全体班子成员下沉基层，通过走访调研座谈等方式广泛征求离退休老同志、两代表一委员、群众等广泛群体的意见建议，同时以书面形式征求市级有关部门、镇辖各单位的建设意见，为和美驿站建设提供宝贵思路。

四、在"细"字上做文章。坚持以村为重点、试点先行，按照村级组织办公、经济组织和社会组织发展、党员群众活动"三个三分之一"原则，按照"4+6+N"模式，因地制宜、整合功能、一室多用，高质量推进"和美驿站"建设。

（一）突出"四大版块"

1.红色阵地。聚力党的建设，按规定设置党建功能室，定期开展党内组织生活，发挥对党员群众教育培训功能，担负教育党员、管理党员、监督党员、引导党员发挥先锋模范作用，增强组织群众、发动群众、凝聚群众、服务群众能力。

2.精神祠堂。扎实开展党员理想信念教育，充分发挥精神寄托功能，充分挖掘村史，以乡愁记忆、村史村志提升党员群众思想认同感，以好人好事光荣榜、乡贤名人事迹录提升党员群众内心自豪感，以心愿墙、投递筒增强党员群众对本村建设参与感，不断凝聚乡村振兴推动力。

3.服务中心。充分履行便民服务职能，按照"群众有什么需求，中心就提供什么服务"的原则，优化便民服务空间和时间，合理整合场所、调配人员，科学设置服务事项，坚持集中办公和便民代办相结合，推动便民服务标准化、规范化、便民化。

4.共享空间。坚持共享理念，推动资源共享共建。建设信息共享空间，共享网络、惠民政策、劳务招聘信息等；建设生产共有空间，设置农资储备间、农产品晾晒场，引进经济组织和社会组织共建乡村振兴车间和创客空间；建设生活共享区，主要开展生活用具、坝坝宴场所等共享；建设和美小广场、共享大院，根据群众需求配备健身器材，放大共享效应，提升资产资源利用率。

（二）设置六个必备功能室

1.便民服务站。在现钟停坝村党群服务中心一楼设置服务站，实施亲民化改造升级，建设开放式办事大厅，整合各类中心（站、点）作用，村干部轮流值班办公，公开村干部职责分工、联系电话，健全便民代办、日常管理等制度。配置档案柜，建立健全归档、查阅、保管等制度。配套建设群众休息吧，配备茶杯、椅子、饮水机等，提供温馨便民服务。

2.党群议事厅。利用原三角丘村委会，完善党员群众活动室等功能，设置和事厅和"两代表一委员"联络站等，建立健全"三会一课""党员活动日"、组织生活会、民主评议党员等制度。定期开展组织生活、村（居）民说事会、农技培训等活动，全面提升"和美驿站"人气指数。

3.卫生健康角。利用本村钟停卫生院，在本村原三角丘村委会设置卫生健康角，配备测量身高、体重、血压等仪器，编印保健、防疫、急救指南等宣传单，为群众提供自助健康服务。

4.文化清风苑。参照脱贫攻坚文化站建设标准，配备精神文化、农业知识等实用图书，健全借阅登记管理等制度，积极发挥新时代文明实践站（所）等功能。结合党风廉政建设要求，设置清风苑，切实加强村级监督。设立小喇叭站，常态开展疫情防控、惠民政策等内容宣传。配套设置老年活动室、课后加油站、妇女儿童之家等功能，可配置笔墨纸砚"文房四宝"、"吹拉弹唱"乐器和棋牌、茶具等必要设施，为群众提供娱乐休闲服务。

5.共享应急处。配备防水沙袋、灭火器、发电机、强光手电筒等必备应急物资，应对防洪抢险、地质灾害、森林防灭火等应急需要。根据产业需要，配备旋耕机、茶树修剪机、抽水机等农用生产工具，满足群众农业生产需要。可配备成套桌椅板凳、炊具等生活用具出租，既满足大型文体活动、红白喜事宴席举办和应急救灾安置群众需要，又可作为集体经济收入来源之一。

6.和美小广场。坚持开门办公、优化服务，在显眼位置设置村级公示栏，及时公开党务、村务、财务、监务。优化功能布局，配备体育设施设备，将村党群服务中心广场打造成群众的运动区、农作物的晾晒区、宴席的举办区。

（三）结合实际配套 N 项特色功能

围绕"四大版块"，在设置上述六个必备功能室的基础上，根据本地实际需求，通过单设或共用等方式，因地制宜选择配套建设下列 N 项特色功能。

1.村史馆。设置村史馆，展示村史、乡贤名人事迹等，全方位呈现村落历史变迁，传承乡土文化和民俗风情。

2.创客空间。设置创客空间，为村上技术能手、致富带头人提供技术交流、产业孵化场所。

3.调解室（议事茶室）。整合党群议事厅，解决村（居）民之间的矛盾，促进村（村）内部和谐。

4.红白喜事办席点。在院坝设置集中办宴点，配备座椅、必要的餐具等，结合院坝共享，为群众提供办宴点。

5.小超市。选择显眼位置设置小超市，置办日常生活用品，并为村上的农副产品提供购销服务。对于集体经济收益较好的村，从村集体经济收益中拿出部分资金，为积分高的群众提供奖励。

6.免费公厕。在"和美驿站"旁设置免费公厕，方便过往行人、游客等，做好公厕的清扫保洁。

7.快递服务点。设置快递收发服务点，为群众提供快递收发，方便群众网上购物。

8.儿童乐园。在"和美驿站"旁打造儿童活动中心，配备滑管、彩虹桥转马等玩具，方便儿童游玩，提升人气。

9.停车场。在村委会外设停车场，为群众停车提供便利场所。

10.党员荣誉墙。在党群议事厅设置党员荣誉墙，摆放党组织所获得的表彰、奖励、党员获得的荣誉证书、奖牌，宣传党组织和党员荣誉。

11.健身场所。利用较大空地设置健身场所，因地制宜配置羽毛球、篮球、足球、乒乓球、网球等场所及设备，为群众提供健身场所。

12.学生课后辅导（网课）室。在文化苑设置课后辅导（网课）室，整合村小教师、驻村"第一书记"等为学生辅导功课，也可帮助家长解决按时接送学生困难。

13.休息室。在文化清风苑设置休息室，配备休闲设施，为路人、游客、司机提供休息场所。

14.新乡贤馆。建立乡贤馆，收集当地名人、能人事迹，展示乡贤风采，营造"知乡贤、颂乡贤、学乡贤"的良好氛围。

15.小喇叭站。设置小喇叭站，村干部实时宣传播报国家政策，让群众及时了解各项惠民政策，也可在空闲时间播放歌曲，增强"和美驿站"活力。

16.临时应急安置点。设置临时应急安置点，配备应急避难生活服务设施，为群众提供紧急疏散、临时生活的安全场所。

17.**直播间。** 设立直播间，利用"直播带货"平台销售农副产品，并宣传推广本村产业、旅游资源、人文等。

为有效激发乡村活力，进一步夯实建设"生态福地　和美白果"底部支撑，我镇将在后续工作中全面推广建设"和美驿站"，凝聚和美之力，推动基层堡垒更加牢固、服务群众更加便捷、人气指数更加提升、基层治理更加高效、社会发展更加强劲，为建设"生态福地·和美万源"提供更加坚强有力的支撑。

立足现代化农牧业发展，推动农村乡村振兴建设

内蒙古自治区科尔沁左翼后旗甘旗卡镇人民政府

2021年中央一号文件指出，新发展阶段"三农"工作依然极端重要，须臾不可放松，要把加快农业农村现代化作为实现中华民族伟大复兴的一项重大任务。在新的历史起点上，要立足于乡村振兴战略，以农业农村现代化面临的主要矛盾为依据、面临的基本问题为导向，开辟一条具有中国特色的农业农村现代化道路，找准乡村振兴与农业农村的现代化发展的有效路径，促进农业高质高效发展，保障农民生活富裕富足。党中央在理论的高度，为我们指明了乡村振兴工作的主要出路，也阐述了农业农村现代化在乡村振兴战略中的重要意义。

一、农业农村现代化是乡村振兴的基础和保障。

乡村振兴战略对于全面建设社会主义现代化国家、实现第二个百年奋斗目标具有全局性和历史性意义。要做到乡村振兴，产业发展是基础，而在广大基层乡镇农村，农牧业作为第一产业，在大多数乡镇农村中收入占比达到80%以上，可以说，没有农牧业的科学有效的发展，就没有农村的产业振兴，也无法进一步推动乡村振兴。但目前农村的农业产业基础薄弱、科学水平较低、远远没有达到产业振兴的要求。我们要推进乡村振兴战略，就不可避免地要在现代科学基础上的建立新的农业框架，依靠社会经济发展和科学技术进步，利用现代化的科学技术与设备进行农业生产，从而实现由传统农业向现代农业的转变。也只有农业农村发展实现现代化，才能真正激发乡村振兴的内生动力，只有城乡实现真正的有机互动，才能实现整个乡村社会的持久振兴。乡村振兴的"产业兴旺"精准对标农业产业现代化发展，农村现代化也对应了"生态宜居、乡风文明、治理有效、生活富裕"等其他维度的发展。同时，乡村振兴战略为

新时代农业农村现代化提供了新的发展契机。因此，乡村振兴与农业农村现代化发展两者间的关系是相融与共，同存同生的。

二、农业农村现代化发展主要要素。

农村产业结构调整、产业技术升级和人力资本提高是乡村振兴和农业农村现代化发展不可或缺的三大要素。

一是农业产业结构调整。农业农村现代化对应了乡村振兴中的"产业兴旺"内核，是乡村振兴得以顺利实施的前提和基础。实施乡村振兴与农业治理现代化融合发展，需因地制宜，挖掘自身优势，聚焦特色产业，在甘旗卡镇推动农业农村现代化工作中，牢牢把握科左后旗黄牛之乡的优势条件，引导广大农牧民转变产业结构，为养而种、种养结合，大力推动青贮玉米等饲草料建立，加大黄牛品种改良和全年舍饲科学化养殖技术，大力推动"牛出院、树进院"政策落实，适度推进土地流转，培养一批种养殖大户、家庭农牧场，引导农牧民在转变产业结构，改变传统种养殖方法中获得收益，带动增收。进一步提高了农业生产产业化水平，提高农村建设水平和发展质量。

二是技术升级。农业农村现代化的核心在于农业生产力水平的提高，而农业生产力水平提高的根本还是在于科技创新，没有科技支撑，乡村振兴和农业农村现代化便失去了其根本。加快技术升级，将农村原有种养殖模式进行系统化升级，通过与现代化信息化技术相结合，推动云计算、大数据等在基层一线的结合应用，进一步推进农业生产力水平持续提高。

三是人才引入。通过"走出去、引进来"相结合的形式，致力于培养一批知农爱农的新型人才，结合本地实际情况，引导种养殖大户外出学习，吸引年轻人才回乡、返乡创业，提高农业从业人员的综合人力资本素质。引入新型人才领办、创办、助办家庭农场、农民合作社、龙头企业等各类新型经营主体，使各类新型经营主体逐步成为推动乡村振兴和发展现代农业的主导力量。

三、加快乡村振兴与农业农村现代化发展的对策

传统农业遗留下诸多问题。如农村发展停滞、农业产业人才流失、农村老龄化和空心化现象严重等，阻碍了乡村振兴及农业农村现代化发展步伐。为进一步加快加快乡村振兴与农业农村现代化发展，建议从四个方面着手。

一是充分发挥乡村振兴战略对农业农村现代化的引领带动作用。按照产业兴旺、生态宜居、乡风文明、治理有效、生活富裕的总要求，建立健全城乡融合发展体制机制和政策体系，加快推进农业农村现代化。并以农业农村现代化所取得的成果来反馈，反过来促进乡村振兴。

二是从农民利益出发，完善农民利益联结政策。乡村振兴和农业农村现代化最终的目标还是在农民，在致力于实现农民富裕。在保障农民利益原则下，引导各类主体与农户建立利益联结机制，形成利益共享、风险共担的命运共同体，使农民真正享受到乡村振兴和农业农村现代化发展过程中的利益，让更多农民愿意重新回归到农业生产中。

三是要拓展乡村产业，促进农村一二三产业融合发展。乡村振兴强调产业兴旺，农业现代化也不能是一个封闭的体系，必须与乡村产业发展融为一体。促进乡村产业发展，就是要依托当地特色优势资源禀赋打造主导产业，并以之为核心形成有机的组合，提升核心竞争力，以拓宽小农户进入现代经济体系的渠道。

四是要建立农业农村绿色发展长效机制，发展绿色农业。无论是乡村振兴的要求还是农业农村现代化的目标里，都必须要求农业朝着绿色的方向发展。依靠科技创新探索推进农业绿色化的有效途径，构建以绿色为导向的农业科技体系。

二十大报告中提到，全面推进乡村振兴，坚持农业农村优先发展，巩固拓展脱贫攻坚成果，加快建设农业强国，扎实推动乡村产业、人才、文化、生态、组织振兴，全方位夯实粮食安全根基，牢牢守住十八亿亩耕地红线，确保中国人的饭碗牢牢端在自己手中。作为一名基层领导干部，我深刻领会党中央对农业农村工作的看重，也深刻明白工作的责任，只有在每一个基层做好本职工作，切实带动身边乡镇农村在实现现代化的道路上一路前行，才能汇聚成全国农业现代化的潮流，才能建设起真正的农业强国。

为群众谋福祉 为民生发好声

定西市第五届人大代表 通渭县平襄镇党委书记　王国帅

"为而不恃，功成而弗居。夫唯弗居是以不去。"中国古代哲学家老子在《道德经》中留下的这段至理名言告诉人们：一个人有所作为而不居功，才会永远留在人们心中。

——题记

人民选我当代表，我当代表为人民是现任平襄镇党委书记王国帅在日常工作中的行动指南，也是他履行工作职责、践行岗位誓言的准则。王国帅是定西市第五届人大代表、通渭县第十九届人大代表。作为一名市县人大代表，他将落实市委提出的将代表监督任务落实在全市保障追赶发展的"人大说质"这一"定西方案"上来，为群众谋福祉、为民生发好声，是他作为代表时刻装在心中的神圣职责，把"人民满意"体现在"回应关切""解决问题""发展变化"上、聚焦在与老百姓切身利益相关的一些政策落实上，尽心尽力解决好一批农业农村中的急难愁盼问题是他为民生发声的具体体现，竭力为建设幸福美好新平襄积极建言献策是他代表职责与岗位职责的神圣交融。

着力打造通渭川河经济的"烫金名片"

今年以来，以王国帅为党委书记的平襄镇党委政府抢抓市委"七川五河"川河经济带建设机遇，按照"地域相邻、川河相通、产业相近、要素相聚"的原则，立足全镇地域特色、区域条件和产业基础，着力打造了平襄镇域川河区域经济示范带，在旧店子村实施川河经济带无公害蔬菜种植项目，建设高标准日光温室、搭建塑料大棚，发展露天高原夏菜和大棚蔬菜生产，在店子村打造千亩玉米种植基地1处，有效拓展农业的潜力和功能；山区以主粮和中药材种植为发展重点，在曹坡、河南村建成大豆玉米带状复合种植基地1000亩、春小麦种植基地500亩、黄芪种植基地500亩；在团庄、中林等村建设马铃薯种植基地3个3000亩，逐步形成"连村成片、跨村成带、集群成链"的平襄产业发展新格局，确保川河经济总量实现质的提升。王国帅经常说："作为一名乡镇党委书记，市县人大代表，产业是一定要耕好的责任田。"

今年，平襄镇党委政府向旧店子村配发268座大棚，累计建成塑料大棚508座、改造提升日光温室60座,发展露天蔬菜800亩，建设气调库1座，进一步推动旧店子村的蔬菜产业发展。这一批蔬菜大棚和配套项目的落地，锦上添花、推波助澜，扩大了种植规模，壮大了蔬菜产业，保证了可持续发展势头。露天蔬菜和设施蔬菜相结合，雨水和滴灌相结合，育苗和栽植相结合，旧店子村已经形成了一条育、产、销的完整产业链条。镇村两级书记苦抓，党员和群众齐干，人大代表"扎根"产业链，使得旧店子村的蔬菜种植走出了一条属于自己的"平襄道路"。王国帅说："平襄镇尊重客观规律，在现有的基础上，加大投入，科学种植，提高群众收益，着力将旧店子村打造成通渭川河经济的'烫金名片'"。

努力开创美丽城镇建设的"华丽篇章"

"平襄镇地处县委县政府驻地，有别与其他乡镇的工作模式，城市征迁是很大一块难啃的骨头，我们一定要牢固树立'和谐征迁、阳光征迁'的工作理念，坚持公平、公正的原则搞好这项工作"王国帅说。2022年，镇征迁办在镇党委、政府的坚强领导下，完成签订通渭书画小镇建设项目征迁协议10户、华川路建设项目征迁协议8户、G247线会宁至通渭段升级改造项目征迁协议4户、通渭县东城路建设项目征迁协议2户。完成土地丈量469.09亩。

王国帅根据平襄镇城市建设拆迁任务重、难度大、拆迁点分散的实际情况，成立了以他负总责、分管领导带队伍、老中青干部分组入户的工作机制，对每宗地制定切实可行的工作方案。靠实工作责任，实行"包块到组、包户到人、细化措施"的征地拆迁工作责任制。同时采取"两个换取"的工作法，坚持以干部的诚心，换取被拆迁对象支持各种的真心，以干部的真情，换取被拆迁对象支持各种的热情，实现了政策宣传清楚、情况掌握仔细、服务群众到位，有效保证了征地拆迁工作落到实处。针对征拆迁任务繁重的实际问题，重新调整配备干部队伍，抽调业务能力强、综合素质高的老干部专职从事征地拆迁工作，并细分了入户组、谈判组、报账组，做到了组织机构健全，人员到位，确保了工作的力度和实效。王国帅说"镇征迁办要继续写好人民至上的'民生账本'，阳光操作，公平、公开，让'和谐'征迁成为最强音"。

倾力整治人居环境提升的"靓丽风景"

古人言:最美不过家乡景，最甜不过家乡水，最浓不过家乡情。生活在平襄这方热土上的人民日出而做，日落而息，读书耕田，其乐融融，人们对所处的环境似乎已深入骨髓，对随着因生活富裕变化而悄然带来的污染毫无知觉，美好环境已遭破坏。心怀"国之大者"，必将成为"国之大器"，始终将人民利益放在首位。人居环境整治提升，当之要务是"怎么治、如何提、谁来管"的问题，市县人大代表，平襄镇党委书记王国帅给予了最好的诠释。

人居环境卫生"怎么治、如何提、谁来管"为了探索这一课题，王国帅俯下身子，问计于九旬老翁，拜乡贤长者为师。事事想在先，干在前，他常常教育镇村干部："为群众服务不是施舍，而是初心使命的召唤。把老百姓的事务必要办好，办优，不能有水份，才能得到群众的信任，才能和群众做知心朋友，才能团结一心办大事。"自到平襄镇任职的三年来，王国帅始终将人居环境整治工作抓在手上，将责任扛在肩上，亲力亲为奔波在最前沿，哪里最脏，哪里最吃紧，哪里就有他的身影。他常常告诫村干部，农村人居环境提升非朝夕之功，需要我们以身作则，干部干给群众看，更要干部带着群众干。今年以来全镇实施面山绿化270亩、栽植行道树65公里，完成卫生厕所建设950座，农村卫生厕所普及率、生活垃圾处理率大幅提高，实现乡村"颜值"更高、生态环境更美。久久为功，他常常说"人居环境美化没有局外人，更没有旁观者，是全社会的课题，需大家齐心协力方可事半功倍的事业"。

全力守牢巩固脱贫成果的"战略底线"

王国帅先后主持召开党委会、党政联席会议、镇村两级干部会议18次，专题安排部署和推进防返贫监测工作，确保坚决守牢规模性返贫底线。他经常说防止返贫监测帮扶工作是一项良心工作，我们作为一名乡镇干部不能将自己的良心坏了。今年以来对全镇7892户35749人进行网格化监测预警，对280户1250人"三类户"（其中新纳入14户67人）完善制定"一户一策"帮扶计划，申报牛羊奖补56户52万元，发放劳务奖补208人11.7万元，申请雨露计划402人66.15万元，落实小额信贷143户595万元，完成抗震农房98户，落实兜底保障501户1753人，完成城市脱困解困新纳入219户822人。

为坚决扛起粮食安全政治责任，保障耕地面积、播种面积、粮食产量"三个不减"目标，他围绕全镇3大粮种植和2大特色产业，进一步优化产业结构布局。完成玉米种植5万亩、马铃薯种植3.7万亩、小麦种植3.3万亩、油料作物种植1.3万亩、金银花1.1万亩、超额完成农业保险保费收缴，形成了以川菜山粮和草畜养殖业为主导产业的"一周两带"发展格局。通过"三整一兜"创新模式，即引进新型经营主体整治、专业合作社流转整治、农户自行整治和政府农机服务队兜底整治，完成全镇全部撂荒地整治面积5000亩。

为坚持将产业发展作为农民稳定增收的主引擎，积极引导群众劳务输转，劳务上半年点对点输出44人，分别是福清11人、新疆5人、青岛28人，劳务奖补已上报208人11.7万元，其中省外182人10.92万元，省内26人0.78万元。依托光伏电站带动收益、集体资产补偿、合作社入股分红等不同模式，持续增加村集体经济收入。今年以来，累计产生光伏电站带动收益资金200.69万元，获得集体资产补偿收益18.38万元，合作社入股带动已脱贫户492户2181人、分红资金25.22万元。

王国帅能够随时随地开展民意调查，在平时的工作和生活中，把群众的所思所想、急难愁盼记在自己的"民情日记"上，带领党政班子把群众需求落到实处。积极发挥人大代表"想干事、主动干，能干事、干实事"的工作意识，作为一名乡镇党委书记，面对忙碌而繁杂的工作，他总是利用下班时间加班加点。他脚踏实地，任劳任怨，从不计较个人得失，努力将工作压力转变为工作动力，确保群众关心、关注的事件件有回音，真正提升"人大说质"的能力和水平。

环抱大海 幸福花开

——钦州市钦南区犀牛脚镇大环社区

广西壮族自治区钦州市钦南区犀牛脚镇人民政府镇长　黄家乾

一、大环社区简介及乡村振兴工作情况

钦州市钦南区犀牛脚镇位于钦州市最南端，是一座风景秀丽、资源丰富的滨海城镇，是远近闻名的"中华白海豚之乡"。近年来，该镇将"宜商宜居滨海旅游名镇"建设，作为实施乡村振兴战略的重要抓手，集中力量，整合资源，全力推进三娘湾滨海风光示范带建设，取得初步成效。大环社区是已建成的2个精品示范村庄之一，全社区面积3.2平方公里，沿海防护林1000多亩，下辖3个居民小组，共335户1585人，党员61名，社区是以海洋捕捞业为主，以海上观光、沙滩休闲为特色的美丽渔村，居民人均年收入约2万元。

着力乡村风貌提升，建设生态宜居新渔村。突出党组织领导核心作用，在社区党支部书记带领下，以"滨海大环·宜居豚乡"为形象定位，科学规划村容布局，充分发动党员群众积极参与基础设施建设，从开展农村人居环境整治实现村貌美丽起步，积极打造高质量乡村振兴示范点。2019年以来，累计投入资金565万元，其中上级奖补资金560万元，群众自筹资金5万元，群众投工投劳200多人次，深入开展"三清三拆"整治，配备了4个公厕，其中2个为星级公厕，完成污水管网接入户238户，实现"厕所革命"。完成道路硬化3千米，建成标准海堤约2千米，果化绿化路段约1.2千米，沿途均安装了太阳能路灯，实现道路"村村通""条条亮"，社区党群服务中心配套了农家书屋、舞台、篮球场、健身设施等，充分满足群众学习、文化生活需求，把社区建设成为居民、游客滨海观光休闲的好去处。

立足"海"的文章，做大做强特色产业。社区党支部结合滨海村情，组织党员、示范户外出参观学习，科学谋划发展本地优势特色产业。引进金蚌水产养殖有限公司，以"公司+基地+农户"的模式发展大规模近海滩涂养殖，每年生产蚝苗600万串，可以满足1200亩蚝排进行养殖，养殖面积约1万亩，带动周边大蚝养殖200多户，年产值可达1000多万元。大力发展海洋捕捞产业，社区现有捕捞船只101艘，带动社区居民就业700多人。依托三娘湾、犀丽湾旅游景区开发，找准大环滨海渔村核心卖点，盘活闲置沙滩、滩涂资源，发展餐饮、民宿、海产品等旅游经济，现有旅游民宿13家、特色餐饮9家，繁荣滨海旅游经济，进一步壮大村级集体经济。

抓实乡风文明建设，打造和谐文明新大环。以党支部标准化规范化建设为抓手，实行社区干部集中办公，做到开门服务与上门服务有机融合，严格落实"四议两公开"民主议事制度，促进决策规范，实现村民自治共治，健全乡村治理体系。利用社区党校、新时代文明实践站等载体，通过"一事一议"、村民大会、村组微信群、广播、板报、海寮歌等形式，深入开展群众文艺节目、读书看报、知识培训等活动，提振社区群众的精气神。充分发挥村民理事会作用，建立理事会成员分片包户、乡贤带头、群众参与的方式，引导社区居民深入开展"门前三包"，发展特色产业，激发群众参与乡村振兴的热情，形成党委搭台、理事会伴奏、群众唱戏的良好工作格局。

二、乡村振兴让我的家乡变了样

9月28日中午，在钦南区犀牛脚镇大环社区，刚放学的四年级学生周子嵋和陈思燕，途经村里的大荷塘，情不自禁停下脚步欣赏起美景来。

周子嵋说："我的家乡变化太大了！"

不仅小孩有这种想法，上了年纪的人感触更深。70岁的黄耀光刚从虾塘干活回来，洗干净身上的泥后，就拉着94岁的老母亲，到家门口院子的荔枝树下乘凉。

在乡村风貌提升过程中，社区将他家的老房子进行改造，还修好了围栏、花坛等。原本杂草丛生的荒地俨然成了一个小型公园。

黄耀光说："我们住在这里幸福哦。道路修得笔直平坦，环境又好，周末很多游客来玩。我们群众很满意。"

黄耀光靠养虾为生，家里有虾塘0.4公顷，年收入超过十万元。他家在2015年的时候就盖起了占地160多平方米的三层楼房。

大环社区支书、主任吴绍宪介绍，社区有62个党员。为了做好社区的风貌提升工作，社区成立理事会，理事会成员有一半以上都是党员。对那些不接受改造的群众，理事会成员会有针对性地上门做工作。经过动员，有个裴姓居民，他把自家的猪圈拆了，捐出了围墙用地，用来建设社区的风貌提升点。这样的例子比比皆是。

据悉，该社区争取300万元的专项资金，目前建设污水管网和污水处理池。该社区的所有污水全部接入管网。

吴绍宪说，社区三面环海，毗邻犀丽湾，风景秀丽，为了更好发展滨海乡村游，提升居民收入，社区已经着手将20多间房子进行改旧，改造成民宿。

美民富产业旺，群众幸福感获得感节节攀升。

这是犀牛村镇党委充分发挥党建的引领作用，持续加强党的建设，促进乡村风貌提升，推动乡村振兴的一个缩影。

犀牛脚镇党委政府根据本镇许多村庄分布在滨海公路沿线的实际，以滨海公路为线，打造滨海公路长廊党建示范长廊。近几年，该镇加大对大灶村委、大环社区、船厂村委、岭脚村委、西寮村委的基础设施建设力度，投入资金超过1000万元。接下来，将以建设"六个好"党组织为目标，结合乡风文明建设和乡村振兴的具体需要，组织党员和群众代表到示范点参观学习，更好地实现产业振兴、人才振兴、文化振兴、生态振兴、组织振兴。

坚持"三足发力"驱动数字花卉项目高速建设

云南省墨江县联珠镇人民政府镇长　文世昌

一、党建引领、组织撬动、抱团合作凝聚集体经济发展合力

探索"龙头企业+联村公司+基层党组织"发展模式，采取党建引领、公司运营、村集体参与、市场化运作的村集体经济创收方式，36个村（社区）于2022年3月29日成立墨江金诚联村实业发展有限公司，构建"1+36"集体经济协作发展新格局，整合联珠镇36个村（社区）资金、资产和资源，通过项目联做、村企联建等方式，帮助村合作社找项目、投资金、搞经营、抓生产，"一盘棋"统筹谋划，实现跨村抱团发展，形成了发展壮大村级集体经济的强大合力。据预测，村集体经济组织将上海帮扶资金1500万元入股龙头企业，每年按8%收股金分红，农户每交售一枝鲜花返利集体经济公司0.1元，村集体经济每年增加150万元以上；通过自有平台公司以800元/亩的价格从农户手中将流转土地至联村公司，再以1000元/亩租赁供给龙头企业，将提取的200元/亩作为集体经济发展资金，租金以1000元/亩保持三年不变，从第四年起以每年10%递增的方式进行土地流转，第一年，村集体收入5.36万元。

二、规划引领 投资撬动 招商引资凝聚乡村产业发展合力

依托沪滇东西部协作平台，联珠镇党政主要领导亲自挂帅、亲力服务、扎根基地、一线对接，于2022年5月与上海分尚网络科技有限公司签订墨江数字花卉项目合作协议，

协议包括数字花卉种植基地、花卉精深加工基地、花卉文旅综合体及相关配套产业等，成为当年签约、当年落地、当年投产、当年见效的东西部协作发展示范性建设项目。按照整体规划、分步实施、逐渐扩大的工作思路，数字花卉项目分三期推进建设，项目计划总投资约10亿元。

其中，一期计划投资1.5亿元，主要建设花卉新品种研发、育苗基地，其中葵能村核心基地占地268亩，无土栽培数字花卉种植基地500亩，订单种植3500亩；二期计划投资6亿元，主要建设永生花、鲜切花、精油加工生产线100条，2023年底前完成投资0.9亿元，投入使用生产线15条，后期视产业发展情况逐步拓展，最终实现生产线投入100条；三期计划投资2.5亿元，主要建设花卉文旅综合体、研学基地和冷链仓储设施，打造一二三产融合发展的产业链。截至目前，葵能村核心基地已完成基地土地平整268亩、挡墙支砌600立方米、温室大棚主体钢架搭设35亩、基地道路基础垫层铺设1500米，完成计划工程量的45%，完成投资6700万元，年内计划完成投资1亿元（其中东西部协作投入1500万元，已到位1170万元），并计划于12月31日完工并产出第一批25万株向日葵，产值可达112.5万元。

三、资源引领、利益撬动、拓宽渠道凝聚群众致富发展合力

以"龙头企业+联村公司+个体农户"为发展构架，坚持"资源引领、利益撬动"发展方式，公司与乡村振兴、农业、水务、规划、林业等多个涉农部门定期召开联席会议，深入研究上级方针政策，积极申报项目立项，村（社区）全力协助配合，实行

统一谋划、统一经营、统一实施、专人负责，形成龙头企业、联村公司、村集体经济和群众互利共赢工作格局，促进群众增收致富。

据预测，通过自有平台公司将农户手中的土地流转出来，农户可获得800元/亩土地流转金，租金以800元/亩保持三年不变，从第四年起以每年10%递增的方式进行土地流转，第一年，群众获得"租金"收入达21.44万元；企业投入运营后，园区预计固定用工300人以上，采收期用工量为600人以上，按照日常用工300人/月/3000元，采收期用工两个月600人/月/3000元进行测算，每年可为群众带来"薪金"收入约1260万元；通过数字花卉示范带动引领，按照"订单回购、公司提供种苗、种植技术"的模式，带动当地群众种植露天花卉，一期计划订单种植3500亩，按照5000元/亩测算，每年至少可以为群众带来1750万元"经营"收入；依托火车站区位优势，有效整合周边土地、村庄资源，规划建设一批独具哈尼土掌房风貌构筑物的商贸街区，依托露天花卉种植、紫米种植，合理布局观光体验区、农耕文化展示区，打造集餐饮、观光、游乐为一体的琉璃花海，将墨江火车站站前广场打造成为中老铁路沿线上的网红打卡点，当地群众通过开办农家乐、茶水吧、民宿等可获得更多"营业"收入。

打造一乡一品 以产业振兴带动乡村振兴

云南省泸水市古登乡人民政府乡长 欧海山

2021年以来，古登乡党委聚焦发挥党建引领作用，着力以农业产业振兴带动乡村振兴，立足新发展格局，按照中共中央国务院，省、州、市党委政府关于"支持特色农产品优势区建设标准化生产基地""实施产业强县行动""培育农业产业强镇"政策文件，通过产业组织化、利益联结机制和盘活农村"三资"，强化推动村集体经济和特色产业发展，探索出了以党建为驱动夯实乡村振兴产业发展基础的有效路径，规划建设被列为怒江州十大庄园之一的古登乡香橼庄园。

一、乡情简介

古登乡位于泸水市中北部，东至碧罗雪山顶峰与兰坪县分界，西至高黎贡山中缅分界线，南与称杆乡相连，北与洛本卓乡接壤。

处于怒江大峡谷腹地的最窄地段，怒江两岸两山对峙，境内高山耸立，岩石裸露，江河纵横，没有一片足球场大的平地，一直以来，呈现出"环境恶、基础弱、居住散、整体困、资源富"的特点。全乡森林、林地面积39.97万亩，森林覆盖率60%，东西宽约12.8公里，南北长约23.6公里，国土面积328平方公里，林地面积39.97万亩，退耕还

林面积3.47万亩，耕地面积6.19万亩，2016年农村常住居民人均可支配收入3748元，人均有粮368公斤。

自脱贫攻坚战打响以来，古登乡严格贯彻落实《脱贫攻坚三年行动方案》，按照"五个逐一"工作方法，发动"春、夏、冬"三季攻势和"四个百日"专项行动，聚焦"两不愁、三保障""五+七"脱贫指标，动员乡、村、组干部，驻村扶贫工作队员、背包队员力量，全力攻坚。2021年2月25日，古登乡3019户12786人建档立卡人口实现"两不愁三保障"，11个贫困村退出7项指标全部达标，与全国一起取得了脱贫攻坚战的全面胜利，完成了消除绝对贫困的艰巨任务。

二、产业布局

2018年古登乡干本村与贵萍种养殖农民专业合作社合作开展香橼种植项目，采取"村党支部+基地（合作社）+贫困户"的模式。

项目总投资55万元，种植香橼137.5亩，2021年1月开始挂果销售，实现产值35万元，在集体经济的带动下，古登乡干本村村民人均收入达15748元。这为古登乡香橼产业的发展提供了基础，也使干部群众坚定了信心决心。

2021年以来，以习近平同志为核心的党中央坚持和加强党对"三农"工作的全面领导，每年召开中央农村工作会议，用中央一号文件部署"三农"工作，重锤响鼓，持续发出重农信号，强农惠农富农力度不断增强。古登乡立足"产业弱、基础薄"的实际，抓住国家、省、州、市关于农业产业现代化发展的利好政策，在州市的全力支持下，根据《怒江大峡谷乡村振兴产业示范园总体规划》及怒江州州委、州政府关于打造怒江州十大庄园的要求，结合"两区一胜地"发展定位，以打造一乡一品为中心、以香橼产业为重点，坚持党支部引领，规划建设集现代农业特色采摘园、农产品加工基地、农业观光旅游开发、香橼基地半山车友帐篷酒店和农家乐为一体的香橼庄园，通过引进企业租赁经营的方式，推动庄园建成一二三产融合发展的现代化有机绿色农业。

三、发展措施

（一）深化党建引领。火车跑得快全靠车头带，班子强则万事强，在乡党委的坚强引领下，干本村充分发挥党组织的领导作用，把党组织推到农村经济发展最前沿，在带领群众致富中让群众感党恩、听党话、跟党走。同时注重发挥党员干部示范作用，引导党员干部带头参加合作社，在产业发展、素质提升、服务群众中冲在前、作表率，引导党员和群众主动转变观念经受历练、增长才干，逐步成长为产业发展的领跑者、乡村振兴的推动者、致富增收的引领者。近年来，干本村村干部队伍逐步趋向年轻化知识化，村"两委"班子配备7人，平均年龄只有30岁，学历在大专以上的就有4人。村党支部先后荣获2018年度优秀基层党组织、2020年度先进基层党组织、2021年度泸水市经济社会发展突出贡献先进集体等荣誉称号。

（二）坚持抱团发展。坚持强村富民相统一，整合盘活农村分散的土地、资金、资源，变群众一家一户"单打独斗"为"抱团发展"。2022年，我乡积极争取各级各部门投资540万元，通过流转农户分散的土地，完成香橼种植710.5亩，正在规划投资800多万用于种植500亩香橼，预计到2023年香橼种植面积将接近1400亩，每年社员通过流转土地和务工户均增收3.5万元以上。

（三）着力沟通协作。团结一致，通力协作，想干事、能干事、干成事是壮大村级集体经济、农业产业现代化的基础。2022年，古登乡香橼庄园项目被纳入怒江州"十大庄园"，州农业农村局牵头高位推动谋发展；市委市政府高度重视，切实把庄园建设作为一把手工程、头号工程来抓，多措并举，强力推动香橼庄园建设；乡党委政府多次深入古登乡干本村香橼种植基地调研指导，现场安排部署推动庄园建设工作；干本村支部书记桑波益带头开展香橼庄园建设、挂果销售；群众积极配合，全力支持土地流转，香橼庄园的发展推进离不开州、市、乡、村、民五级的配合和支持。

（四）强化创新举措。面对销售渠道窄、产品销售瓶颈等问题，在乡党委政府、水电十四局的大力支持下，村两委班子主动学习电商、直播、新媒体、新经济等方面的知识内容，不断创新拓宽销售渠道。一是发展线上直播带货。积极探索省定点消费扶贫平台销售模式，引入来自云南省青年创业协会的直播电商团队，重点聚焦抖音直播带货模式，开展短视频拍摄、抖音店铺运营、销售渠道对接等多维度人员培训，并顺利打造孵化了"怒江阿桑"抖音账号，账号粉丝超过1.5万人，逐步探索电商助力乡村振兴的发展道路。2021年通过抖音直播带货，香橼销量达36.5吨，销售额突破10万余元，2022年在泸水市组织的泸水"星主播"直播大赛中还荣获了冠军。二是开展线下直销活动。积极对接协调市级相关部门，先后多次在泸水市六库街道中央大街、怒江心岸、向阳桥进行线下推广，开展香橼线下直销活动，共实现香橼销售15吨左右，销售额高达11万元。三是倡导果树认养行动。围绕2021年香橼销售的困境和难题，2022年，我乡坚持问题导向，提前谋划，大力开展香橼树认养活动（认养方式：认养资金为99.99元／年/棵，保证认养的果树每棵产量不低于15斤，果实归认养人所有），目前已经有1800多颗香橼树被认养。

香橼庄园的打造，增加了干本村村集体经济收益，从2021年至今，137.5亩挂果的香橼共实现产值70多万元，同时据不完全统计，年内在香橼种植基地务工人员不低于20人，年均收入在0.6万元左右，带动了群众就业，实现了群众的持续增收。

目前，香橼庄园现已形成一二三产业融合发展的初步规划，并具备了基本发展要素。一产方面，现种有香橼840亩，已挂果137.5亩（年产35吨），带动种植户200户1120人。下一步将在现有的基础上进行提升，完成土地平整及土地改良400亩，覆盖灌溉设施400亩，配套水肥一体化设施，为发展现代农业特色采摘奠定基础。二产方面，现已开发出香橼酒、香橼精油、香橼果脯、香橼鸡、香橼饺子等系列产品。今年，已统筹3867.1万元衔接资金，用于香橼产品加工基地建设（建筑面积4260.8平方米），其中包括冷库、生产车间、办公楼、包装车间、值班室、综合处理池，以及配套的附属设施、室内外电气、给排水工程等，目前已经完成招标，10月份将进行开工建设。三产方面，香橼采摘种植基地距美丽公路7公里，开车约15分钟，并配有停车场及观景台，目前已基本具备采摘条件。

香橼庄园的建设，是古登乡结合"十四五"发展纲要，围绕怒江州"两区一胜地"发展定位，盘活"三块"资源，深化农业农村改革的重要尝试，下一步我乡将继续巩固产业帮扶成果，结合打造怒江州"十大庄园"为契机，根据《怒江大峡谷乡村振兴产业示范园总体规划》，以一村一品、农业产业强镇（乡）、特色产业集群等项目为抓手，强化企业、村、乡与市直部门之间的衔接沟通，坚持市乡联手、部门联动、形成合力，切实推进香橼庄园建设。

党建引领"五治融合"整装再出发　乡村展新姿

甘肃省靖远县平堡镇党委书记　张　镇

亮点一：始终高度重视　精心谋划统筹安排

2022年是乡村建设的关键之年，平堡镇作为靖远县乡村建设示范点乡镇，将金峡村、金园村生态文明小康村示范点建设工作列入"十四五"期间重要工作进行部署安排。县住建、发改、文化、财政、乡村振兴等部门积极参与，各司其职，密切配合，统筹全镇乡村振兴和乡村建设示范村建设工作，将金园村、金峡村示范点建设发展纳入全镇发展的"大盘子"。

亮点二：坚持规划先行　多措并举提升实效

一是科学规划布局。立足镇情实际，多维度考虑自然条件、资源禀赋、民俗差异、文化积淀，根据全镇乡村建设、土地利用、生态旅游发展三大规划，充分借助上级项目支持，通过以桥带片、以路带线、以沿黄带全域，进一步优化镇域空间布局、人口布局和产业布局，制定了金峡村、金园村创建生态文明小康示范村建设方案。

二是坚持生态优先。牢固树立"尊重自然、顺应自然、保护自然"的理念，画好山水画、打好山水牌，依山傍水，让"生态文明小康村"真正实现"天蓝、水清、山绿、花香、气新"的原色，努力打造"宜居、宜业、宜游"魅力古镇。

三是突出文化内涵。重点彰显区位优势，自然禀赋、文化特色、民风民俗等特点，以文化为根、农业为基、人民为本，坚持生态环保和开发利用并重，借助"天下黄河农民第一桥"的平堡吊桥名片效应，传承发扬平堡人民薪火相传的"艰苦奋斗、自力更生，迎难而上、敢为人先"平堡吊桥精神，广泛发动平堡社会贤达、能人志士、在外知名人士等本土力量，积极参与乡村建设与传统村落保护发展中来，绘就古镇平堡未来发展蓝图。

亮点三：树牢"项目为王"理念　增强发展韧性潜力

镇党委、政府按照"统筹安排、集中投入、各负其责、凝聚合力"的原则，大力整合涉农惠农及乡村建设项目、政策、资金，坚持多点发力，优化各类资源要素集中向"生态文明小康示范点"上倾斜配置。

一是示范带动，率先振兴。选取榆中县青城古镇、白银区云客小镇、靖远县东湾镇等作为乡村建设发展标杆来全力打造，以探索出可借鉴、能复制的发展样板。力争通过未来三年精心打造，使金峡村、金园村示范点建设工作取得明显成效，取得宝贵的经验后，总结示范村建设的成功经验，以点带面示范带动全镇全面发展。

二是凝练项目，厚积薄发。重点实施道路硬化、农村道路改排水、通村主干道风貌改造、主干道两侧小景观建设、平堡吊桥美化亮化、文化长廊建设等项目，按照建设时间节点有序推进"生态文明小康示范点"建设。

三是发挥优势，乘势而上。深入挖掘全镇发展生态农业以及生态观光旅游巨大潜力。以"古镇神韵"为题，融合平堡传统文化，传承和发扬半个世纪来不断升华的平堡吊桥精神，打造以砖雕为特色的标志性建筑，展示平堡镇的历史变迁和文化渊源，既融入了新时代村庄的特色又满足了村民对审美和文化的追求，又可以昭示美丽乡村的精神面貌，在环境美、产业美、精神美、生态美的背景下，以平堡书画优势打好古镇文化特色牌。

亮点四：加强宣传引导　营造全民共建共享良好氛围

充分运用线上线下各种宣传形式，利用魅力平堡公众号积极推送"村史馆征集启事"，面向社会全面征集反映平堡历史变迁、展现见人、见物、见生活的地域风情，通过宣传、走访等形式收集民间老旧物件，更好地发掘、整理、研究和传承这些具有鲜明平堡特色的文化瑰宝，积极打造具有文化古镇平堡特色的村史馆。

立足新起点　勇担新使命

奋力谱写共同富裕青山精彩篇章

宁夏回族自治区盐池县青山乡

今年以来，乡党委、政府坚持以习近平新时代中国特色社会主义思想为指导，深入贯彻党的十九大和十九届历次全会精神，全面贯彻落实习近平总书记视察宁夏重要讲话精神，把基层党建融入乡村振兴各环节、全链条，以党建高质量迈进助力乡村振兴高质量发展，全乡各项社会事业稳步推进，乡域经济取得了长足发展呈现出聚精会神抓落实，一心一意谋发展的良好工作局面。

一、奋力创"造"美丽青山新业绩

（一）以党的建设为引领，塑造魅力青山

1.党的建设全面深化。坚持高位统筹，突出细谋划、强调度、促实效"三位一体"，突出党建工作项目化、清单化、责任化，深入推进"一抓两整"示范创建工作，将抓基层党建作为第一责任，全面提高理论武装水平，以乡党委会为统领，党委会"第一议题"筑根培魂，严格落实理论学习中心组学习制度，把学习习近平新时代中国特色社会主义思想摆在第一位，广泛开展习近平总书记视察宁夏重要讲话和重要指示批示精神"大学习、大讨论、大宣传、大实践"活动，扎实开展"导师帮带制"，全乡20名帮带责任人结对帮带28人，全面增强解决实际问题能力，传递压力、激发动力、增强活力。组织党员干部及基干民兵40余人前往将台堡红军会师纪念园，开展红色教育暨产业观摩，缅怀革命先烈，追寻红色记忆，学习先进经验。采取"墙根宣讲""暖炉宣讲""炕头宣讲"等形式，深入学习十九届六中全会、自治区第十三次党代会以及市县党代会精神，积极开展送学上门活动50场次，结合迎接党的二十大召开，融合推进"我为群众办实事"实践活动，累计办实事68件，解决群众反映强烈的"急难愁盼"事项6个，人民群众实实在在感受到了党的温暖和关怀。持续强化基层武装工作，坚持党管武装，抓实基层武装队伍建设，圆满完成年度整组点验、野营拉练、分队训练、征兵、政治教育等武装工作任务，完成兵役登记96人，新征入伍4名大学生。

2.从严治党全面加强。制定完善《青山乡2022年全面从严治党责任清单》，明确乡党委主体责任清单23项、纪委监督责任清单25项，逐项分解责任，班子成员一人一单、精准履职、清单明责。开展巩固拓展脱贫攻坚成果同乡村振兴有效衔接专项督查6次，约谈15人次。全面排查廉政风险隐患，聚焦"关键少数"，源头强化监督管理，排查各办公室、中心涉及财务、工程项目、产业发展等关键岗位风险点，排查风险点22项，涉及责任干部16人，责任领导5人，健全完善关键岗位风险防控长效机制。高质量完成县委巡察反馈问题整改工作，县委第一巡察组向青山乡党委反馈4个方面11类31条问题，制定整改措施92项，修订完善制度2项，谈话提醒14人，收缴违纪资金8000元。

3.村集体经济不断壮大。坚持把党组织建在产业链上、党员聚在产业链上、群众富在产业链上，引导各村党组织根据自身特色优势，探索多途径、多模式、多元化的村集体经济发展模式，拓宽村集体经济发展途径，激发村集体经济新动能，2022年全乡投入项目资金700余万元，新建了青山村养牛场、方山村育苗棚项目及方山村村集体经济大拱棚产业后续巩固3个村集体经济项目，8个村村集体经济项目均在2个以上，2022年村集体经营性收入村均超过20万元。村集体经济不断壮大，基层组织的凝聚力和向心力不断提升。

4.特色产业持续增长。建立完善绿色化产、供、销一条龙经营模式，从提品质、保品牌和促销路三方面，抓好以芝麻香瓜为主的拱棚果蔬种植产业，与县职业中学合作，改良种植土壤和水质，推行芝麻香瓜"倒茬"二次种植，提升果蔬品质；借助青山芝麻香瓜商标申请成功的东风，加强芝麻香瓜品牌保护，扎实推进品牌强农发展战略，成功举办第三届青山芝麻香瓜节暨农旅文化节，推动形成"以文促旅，以旅兴农，农旅文互融"的发展模式。2022年，种植以芝麻香瓜为主的瓜果蔬菜拱棚836座，芝麻香瓜产量达60万斤，实现年产值800余万元，带动瓜农户均增收5万元以上，小小芝麻香瓜已然成为百姓的致富"金瓜"。

（二）以项目建设为抓手，建造实力青山

5.乡村建设稳步推进。坚持把基础设施建设作为加快发展的根本动力，继续加大基础设施建设投入力度。严格按照《盐池县2022年农村改厕工作实施方案》要求，完成改厕2022年度改厕任务量100户，累计完成农户厕所改造948户，整改2013—2021年户厕问题325户。完成乡农贸市场、古峰庄村社区服务站、青山村农民文化广场、青山乡文化综合服务站和8个行政村的村文化活动室以及文化舞台等农村基础设施建设，农村公共服务水平得到明显提高。201省道提标改造项目开工建设。旺四滩村、郝记台村2个乡村振兴示范村建设、旺四滩村污水收集处理和养殖园区建设、方山村防洪护坡、闽宁协作村庄环境整治、青山村肉牛养殖场、方山村育苗大棚等13个重点项目全面建设完成。

（三）以乡村振兴为重心，打造活力青山

6.巩固拓展脱贫攻坚成果同乡村振兴有效衔接考核评估问题整改有力有效。切实在思想上警醒警觉、政治上对标对表、行动上立行立改，把问题整改作为乡党委、政府重要的政治任务来抓，召开乡党委会议、全乡整改工作部署会等会议20余次，通过党委理论学习中心组学习会、专题民主生活会，专题学习贯彻习近平总书记在中央政治局常委会会议听取2021年度巩固拓展脱贫攻坚成果同乡村振兴有效衔接考核评估情况汇报时的重要讲话精神以及区市县党委、政府有关工作要求，提高思想认识，全力抓好问题整改，打好翻身仗。对标对表14个方面57个问题，全面认领、全面整改，制定整改措施100项，先后组织召开调度会议8次，乡党委专题研究整改工作9次，采取交叉检查推动整改机制，落实措施100项。扎实开展"大排查"工作，累计排查4971户12854人，共发现问题138个，整改完成138个，整改完成率100%。全乡共有脱贫户1115户3607人，监测户68户162人（未消除风险16户44人，其中今年新纳入监测户10户27人）。严格落实"四个不摘"要求，组织乡村干部、帮扶责任人、网格员每月逐村逐户排查，重点关注脱贫户和监测对象，排查规模性返贫风险隐患，核实核准脱贫户和监测对象信息，严格落实"双帮扶"工作机制，制定"一户一策"，确保监测对象致贫返贫风险及时消除。2022年脱贫户人均纯收入17137.14元，增长22.38%。

7.富民产业不断夯实。积极探索推广旺四滩村"支部+龙头企业+农户"联农带农发展新模式，切实发挥龙头企业带动产业能力强的作用，着力形成"种养+"和规模化引领的发展格局，以培育经营主体、家庭农场的形式，提高土地利用率，带动农户发展产业，想方设法拓宽群众收入渠道，确保实现脱贫户收入增速高于农民收入增速，农民收入增速高于全县居民平均水平。紧盯盐池滩羊"一号"产业发展，培育"300"家庭牧场10个、滩羊养殖示范村1个、生态牧场5个，累计培育规模养殖场27个，滩羊饲养量达25.6万只。全面落实消费扶贫，组织我乡帮扶部门干部职工264人购买脱贫户滩羊肉2982.9公斤，累计消费191874.5元，有效推动滩羊产业市场稳定发展。改造节水滴灌耕地12000亩以上，全乡节水滴灌改造耕地达到4.6万亩以上，全力做好玉米、小杂粮耕种，种植玉米4.9万亩、小杂粮8万亩以上，筑牢群众增收基础。

8.就业水平稳步提高。积极组织农村劳动力参加"春风行动"招聘服务活动，与乡域内农业、油气、石膏等相关企业建立协作机制，结合全乡村庄绿化、林木抚育、农村人居环境整治等工作，优化提升乡村就业服务能力，积极培育石膏矿区为乡镇级返乡创业示范园区（企业），帮助农村劳动力实现就近就地家门口务工，目前农村劳动力转移就业4398人，完成任务目标110.6%，其中脱贫人口外出务工1529人，完成任务目标100%。完成148人次雨露计划申报，兑付资金13.2万元。为法定劳动年龄内农村外出务工人员购买"铁杆庄稼保"人身意外伤害保险3180人。持续加强技能培训力度，实施就业技能培训150人，安置农村公益性岗位180人。

9.民生保障不断加强。进一步完善社会保障制度和社会救助体系，对符合社会救助条件的生活困难家庭，及时纳入兜底保障范围，做到应保尽保。全面完成低保核查工作，做到应保尽保，应退必退，目前最低生活保障360户603人，2022年新增低保21人，取消低保40人，为全乡困难户、大病户发放临时救助金40.9万元。切实保障全乡185名高龄老人生活，为672名残疾人发放残疾补贴728020元，办理准生证74个（一孩37个，二孩25个，三12个），办理养老保险人员定期领取等民生事项450余件。退役军人服务站设立实现全覆盖，切实做好双拥工作，为全乡158名退役军人、5名"三属"烈士遗属等人员做好生活关怀保障工作，不断增强困难群众获得感、幸福感和安全感。

10.人居环境治理有效。统筹山水林田湖草沙系统治理，按照"2234"工作要求，以旺四滩、郝记台村乡村振兴示范村建设为切入点，通过以点带面、全面提质，采取"五清两建四化一改一提升"工作举措，深入推进农村环境卫生整治，特别是以"十百千"示范创建为抓手大力推进村庄清洁行动，建立健全乡、村、组三级环境卫生监督责任制，实行每月一巡查、每周一督查、每日一调度，定期开展爱国卫生活动，针对房前屋后、农药包装废弃物、白色污染及家禽粪便进行集中清扫，推进农村人居环境治理常态化、体系化、持续化、精细化。全面完成安装清洁能源任务1503户，清理农村生活垃圾1635吨、畜禽养殖粪污等农业生产废弃物7655吨、乱堆乱建158座、残垣断壁69处、开展进村入户宣传教育86场次、发放宣传资料1600余份、张贴宣传标语160条；打造人居环境整治示范村1个、示范组8个、示范户80户。

（四）以生态环境为基础，构造动力青山

11.生态环境优化提升。深入推动"一村万树"工程，总结推广刘窑头村绿化成功经验，坚持"成熟一个、完成一个"的原则，坚持规划引领，2022年村庄绿化涉及14个村落（示范村6个，非示范村8个），造林1350亩，自主造林500亩，种植碳汇林400亩，绿化美化乡村环境，发展乡村庭院经济，全面实施雷记沟流域生态综合保护和修复工程，保护全长19.01公里生态环境，种植经果林、生态修复等3万亩，全面推进国土绿化，流域草原修复1.7万亩，柠条平茬4万亩，补植补造造林1.28万亩，种植柠条1万亩，提升乡村颜值，擦亮振兴"底色"。

12.疫情防控坚决有力。严格落实人员排查监测机制，扎实做好人员管控，实行每日"零报告"制度，全面加强疫情防控宣传，利用电子显示屏、乡村小喇叭、发送短信、横幅悬挂等方式全方位宣传疫情防控，悬挂横幅12条，印发宣传小册子800余份，微信群宣传信息1万余条，实现了疫情防控宣传工作全覆盖，确保风险地区返乡人员宣传不漏一人，排查不漏一人，管控不漏一人。持续接种新冠肺炎疫苗，全力打赢疫苗接种攻坚战，3周岁以上第一剂累计完成接种4501人，第二剂累计完成接种4362人，第三剂累计完成接种3674人。面对"9.20"中宁县突发疫情，第一时间设立疫情防控查验点9处，教育引导广大党员在大战大考中勇挑重担、挺身而出，全乡134名党员勇挑重担、冲锋在前，全程参与重点人群摸排、卡点值守，确保疫情零感染、零输入，党旗始终高高飘扬在基层一线。

13.环境保护重拳出击。严格落实路长制、河长制，健全完善乡村组三级路长、河长（巡河员）管理体系，管护129.799千米（其中乡道41.2千米，村道88.599千米）、5条沟系长约56.84公里，涉及6个行政村17个自然村，安装主要河沟河长信息公示牌7处，认真贯彻落实乡级河长每月巡河2次、村级河长每月巡河4次、保洁员每月保洁4次以上的长效巡河保洁制度，不断推进路长制、河长制工作常态化、长效化。大力开展生态环保问题排查，禁烧秸秆，充分利用日常巡查、突击检查、随机抽查等措施，对排查出的问题建立台账并进行跟踪销号，配合相关部门全面抓好青山石膏矿区环保问题整改，推进矿山绿色开采和达标初加工，促进矿区归并整合，提高资源利用效率，中央环保督察反馈问题全面整改。

（五）以社会综合治理为根本，营造合力青山

14.矛盾化解高质高效。全面提高社会治理水平，坚持发挥基层调解的第一道防线作用，积极做好事前防范和预警机制建设工作，持续开展矛盾纠纷"大走访、大排查、大化解"，以源头发现、采集建档、分流交办、检查督促、结果反馈"五步闭环"工作法为抓手，全面推进矛盾纠纷"一站式接收、一揽子调处、全链条解决"，将不稳定因素消除在萌芽状态，排查调处各项矛盾纠纷111起，调解成功111起，成功率100%，受理各类信访件35件，已办结33件，办结率、反馈率94%。持续推进乡村治理六级网格化管理机制，织密一张网络，让乡村管理由"有空白"到"无盲区"，成功创建自治区级乡村治理示范乡。强化基层社会治理信息化建设，对辖区内户籍信息、房屋信息、流动人口、特殊人员、重点场所、矛盾纠纷等信息及时进行更新录入，做到线上线下

工作相融合，数据无遗漏，录入人口信息12363条、房屋信息6335条、重点场所41条、录入事件487件。

15.社会治安持续深化。坚持"打防结合，预防为主"工作目标，持续强化电信诈骗和养老诈骗防范，严厉打击各类违法犯罪行为，针对涉及群众切身利益的电信诈骗和养老诈骗侵财案件，积极开展打击整治专项行动，在集中开展防骗反诈宣传工作同时，全面铺开"国家反诈中心"APP推广安装工作，最大限度挤压行骗空间，累计注册5544人。充分利用群防力量，强化社会治安防范，对重点时段、重点地域、重点部位的提高管控力度，接待群众报警196起，其中受理治安案件11起，查处9起，行政拘留1人。对全乡29名刑满释放人员、1名社区矫正对象、63名在册吸毒人员等特殊群体的服务管理工作，及时准确掌握帮教人员思想和生活现状，把帮教工作落到实处。为33名严重精神障碍患者购买保险，通过保险机制化解严重精神障碍患者肇事肇祸带来的安全隐患及不稳定因素。

16.安全生产不断巩固。注重安全生产防范，通过开展"安全生产月"等活动，对辖区内非煤矿山、石膏加工企业、商铺等重点行业、地区进行安全隐患排查整治，向企业广泛宣传安全生产有关知识，加大职工群众安全意识教育和监督管理力度，通过开展交通、消防、卫生、食品安全等领域的安全隐患排查活动，加强企业管理人员安全生产培训，增强企业安全生产管理水平。

17.移风易俗成效显著。以弘扬社会主义核心价值观为重点，建立健全8个新时代文明实践站，探索开展"1369+X"的文明实践工作机制，启动实施精神文明建设"六微"工程，每周五定期组织开展各类志愿活动，充分利用村级道德讲堂活动，开展以倡导社会公德、职业道德等为主要内容的宣讲活动，村里人讲村里事，通过身边看得见、学得到的平凡英雄和凡人善举，宣扬见义勇为、创业致富、诚实守信、文明示范、孝老敬亲的先进典型。通过炕头宣讲、墙根宣讲等方式，开展移风易俗宣传活动24场次、印发宣传单600余份。评选移风易俗先进村2个，优秀红白理事会2个，移风易俗示范户2户，最美家庭9户、美丽庭院100户、文明家庭2户、健康家庭15户、"六个先锋"示范户85户。

二、存在问题

2022年，虽然我乡各项工作都取得了一定的成绩，但与县委、政府和广大人民群众的期盼相比还有一定的差距，工作中还存在许多不足之处。主要表现为：

一是乡域经济结构单一，抵制风险能力弱，创新动力不足，经济可持续增长的压力不断加大，可持续性差，产业优势发挥不明显，乡域企业多为粗加工企业，循环链条短，没有深加工企业，精细化管理水平低。

二是一二三产业融合发展程度低，特别是农业产业层次低，规模化、组织化、集约化发展程度低，群众对惠农政策的依赖性较大。

三是乡村振兴战略刚刚起步，整体发展空间规划还未落实，需要尽快构建现代农业产业融合发展体系，全面促进村集体经济高质量发展。四是生态文明建设还需不断加强，部分村民环保意识淡薄，农村环境整治的理念还需再新、支持还需再强、力度还需再大。

三、踔厉奋发勇担新使命

2023年，我们将深入学习贯彻落实习近平新时代中国特色社会主义思想和党的二十大精神，坚持全乡"2111"总体发展思路，以农业农村优先发展为统领，扎实推动乡村产业、人才、文化、生态、组织振兴，紧紧围绕县委、政府中心工作，狠抓产业发展、人居环境整治、惠民政策落实、社会稳定治理、基层组织建设五项工作，踔厉奋发、勇毅前行，奋力开创青山乡经济社会高质量发展新局面。

（一）坚定不移抓好基层党组织建设。

认真贯彻落实新时代党的建设总要求和新时代党的组织路线，深刻学习领会新时代党的创新理论，坚定不移用党的创新理论武装头脑、指导实践、推动工作。始终坚持勤学细悟。通过党委理论学习中心组学习、集中轮训、专题研讨等形式，进一步完善述学、评学、考学制度，全面系统学、及时跟进学、联系实际学，引导广大党员干部从中找方向、找思路、找方法，真正做到内化于心、外化于行。扎实组织开展培训。把习近平新时代中国特色社会主义思想作为党员干部教育培训的必修课，扎实开展党的二十大精神学习贯彻。组织开展"基层党建质量提升年"活动，不断深化党支部建设标准化和"一抓两整"重点措施，持续开展学标用标，推动基层党建工作提质增效。

（二）以五大提升行动为牵引，推动高质量发展实现新突破。

一是实施乡村产业提升行动。坚持把滩羊、香瓜、肉牛、生猪、小杂粮、牧草产业作为调整优化种植结构、增加农民收入的优势主导产业，打造"产业联合、资源联通、效益联享"模式，紧盯盐池滩羊"一号"产业发展，培育发展"300"家庭牧场、滩羊养殖示范村、生态牧场，实现年羊只存栏量稳定在13万只以上。扎实推进品牌强农发展战略，充分发挥青山芝麻香瓜品牌优势，争取资金1000余万元，实施方山村育苗大棚、拱棚产业后续巩固建设，建设新型自动化育苗种植一体化暖棚、新型四季蔬菜大棚，持续壮大青山芝麻香瓜产业发展基础。持续举办青山芝麻香瓜节暨农旅文化节，推动形成"以文促旅，以旅兴农，农旅文互融"的发展模式。

二是实施生态环境提升行动。2023年规划实施村庄绿化、自主造林、种植碳汇林2800余亩，平茬柠条2万亩以上。实施雷记沟流域生态综合保护和修复提升工程，建设生态美丽乡村，大力推广屋顶光伏、燃气取暖等清洁能源利用，提高群众环保意识，争取欧投行继续开展生态修复、打造桃花谷，保护全长19.01公里生态环境，补植补造造林1.28万亩，提升乡村颜值，建设生态型美丽乡村，助力盐池争创全国绿水青山就是金山银山实践创新基地。

三是实施集体经济提升行动。在每村都有2个以上村集体经济产业基础上，以项目建设为抓手，全面推广村集体经济发展党政企"三位一体"模式，建立"支部+村集体+村干部+农民"的发展模式，整合资源，跨村联合，抱团发展，支持营盘台村在猫头梁、方山村联合生猪场继续投资实施三期建设项目，发展生猪养殖产业。青山、古峰庄、月儿泉村新建肉牛养殖场，发展肉牛养殖产业，方山村发展四季暖棚、羊肚菌一年两茬产业，提高大棚项目效益，不断提高村集体经济发展带动能力和公共服务能力，推动村集体经济差异互补、发展壮大，形成村集体经济多元引领发展格局。

四是实施乡村建设提升行动。争取各类项目资金，提升基础设施水平，新修入户路、生产路、巷道硬化40余公里，争取常山子200万方水库项目落地建设，大力推广肥水一体化，发展高效节水滴灌3000余亩，打造高标准节水灌溉示范区。争取资金450万元，实施南梁、常山子、库团等自然村高质量美丽村庄建设项目。争取青山乡污水处理厂项目开工建设，有效助力我乡人居环境全面改善，提升居民生活质量。争取实施方山、旺四滩两个移民搬迁点300余户群众天然气入户项目。突出抓好乡村振兴示范村建设，以基础设施建设、人居环境整治和绿色产业发展为重点，投入1400余万元，全面推动月儿泉村、古峰庄村乡村振兴示范村建设，进一步提升村级文化服务水平，提高群众幸福感。依托乡政府所在地的区位优势，争取小城镇改造提升项目，对乡驻地街道两边房屋进行改造提升，提高驻地服务能力，发展马路经济第三产业。

五是实施农旅融合提升行动。依托北马坊浅层水资源优势，规划实施北马坊乡村旅游示范村建设项目，争取资金2000万元，重点围绕村庄水库及周边区域进行旅游开发打造，盘活现有特色水域资源，撬动北马坊村乡村旅游发展，以美丽村庄建设、乡村振兴示范村建设和人居环境整治为基础，深入挖掘月儿泉村红色文化，借助青山乡传承红色文化展示馆和雷记沟四区政府旧址，新建党建工作站与红色展馆并进行布置，打造陈旭文化大院—二道湖—刘窑头—青山乡传承文化展示馆—雷记沟回汉支队旧址—灵应山石窟—北马坊—红石峡谷集垂钓、采摘、观光、餐饮和体验民俗风情为一体的乡村文化休闲、生态观光旅游带，将青山乡打造成全县区域性生态休闲度假旅游目的地。

（三）全面加强和创新乡村治理。

一是增强为民办事能力，常态化开展我为群众办实事活动，以农村人居环境整治、智慧助老、医疗健康、科学普及、疫情防控等志愿服务活动和春节、中秋等"我们的节日"为主题，发挥乡实践所9支志愿队伍、村实践站24支志愿队伍作用，每月开展至少3次以上志愿服务活动，推动新时代文明实践工作走深走实。用心用情服务保障群众，完善疫情时期的群众基本生活、物资供应等保障机制，广泛开展爱国卫生运动，同步提升精准防控和服务保障水平，组织干部群众同心抗疫，构筑防疫全民防线。

二是扩大移风易俗成果，切实提升乡风文明水平，坚持把培育文明乡风、良好家风、淳朴民风作为重大工程，总结提升精神文明建设"六微"工程经验，常态化开展，推动群众性精神文明创建活动向纵深发展，推动创建更高质量文明单位。

三是提高基层治理能力，巩固提升基层治理体系和治理能力现代化水平，推动自治、法治、德治有机融合，结合全县数字乡村平台建设，建立完善农村基层信息平台，推动乡村党政财"三务"信息公开，提高村民参与度，构建起"党建引领、多方参与、村民自治"的共治新模式，坚持领导干部"五访"制度，积极化解信访矛盾，全面提高依法行政服务能力，推进政务公开与政务服务融为一体，推行乡村治理中心"一站式"办理服务，切实提升群众办事质效和满意度。

真抓实干转作风 求真务实促发展

全面激发乡村振兴新动能

宁夏回族自治区盐池县青山乡

青山乡政府驻地距离县城34公里，全乡总面积706.2平方公里，耕地13.3万亩，草原55.54万亩，林地37.3万亩。辖8个行政村54个村民小组，总人口4971户12854人，共有脱贫户1143户3681人，监测户累计68户162人。全乡收入主要来自于种养殖业和外出务工。今年以来，青山乡认真贯彻落实习近平总书记关于巩固拓展脱贫攻坚成果同乡村振兴有效衔接的重要指示和视察宁夏重要讲话精神，聚焦反馈问题整改工作，在思想上警醒警觉、政治上对标对表、行动上立行立改，狠抓产业发展、就业创业、重点帮扶、兜底保障等措施，严格落实"四个不摘"要求，持续开展"四查四补"，各项衔接工作任务全面落实。2022年脱贫群众人均纯收入达16363.99元，增长16.68%。

一、提高站位，工作机制有力有效。

准确把握过渡期整体政策要求，进一步强化组织领导，压实工作责任，坚持把挂牌督办和考核评估问题整改作为乡党委、政府重大政治任务来抓，对标对表14个方面57个问题，全面认领、全面整改，制定整改措施100项，已落实措施100项，确保挂牌督办抓实抓细，问题整改落实落细。

一是强化责任链条机制。乡党委、政府高度重视挂牌督办和考核评估问题整改工作，定期召开乡党委会议、党委理论学习中心组学习会、干部例会，听取工作汇报、研究解决问题、落实重点任务，先后组织召开调度会议8次，乡党委专题研究整改工作9次。特别是在收到全县被国家挂牌督办后，第一时间召开专题民主生活会，深入学习贯彻落实习近平总书记关于巩固拓展脱贫攻坚成果同乡村振兴有效衔接和做好考核评估工作的重要讲话、重要指示批示精神，深刻剖析问题根源，认真梳理解决问题办法，全面提高思想认识。结合工作实际，及时成立乡党委书记和乡镇长任双组长的领导小组，持续强化"六抓"机制（即党政主要领导亲自抓、分管领导具体抓、包村领导直接抓、帮扶单位包村抓、帮扶责任人到户抓、驻村工作队（第一书记）蹲点抓），做到思想上不松，措施上扎实，压茬推进，一抓到底，确保问题整改清仓见底。

二是完善问题排查整改机制。聚焦收入下降明显、务工不稳定、新识别和新申请低保、因病因灾因意外事故等刚性支出较大或收入大幅缩减导致基本生活出现严重困难等农户，积极组织乡村两级干部、驻村工作队、帮扶责任人和乡村网格员逐村逐户逐人开展两轮防止返贫监测帮扶大排查工作，重点排查"三保障"及饮水安全是否稳定实现，动态新问题是否即增即改，"八必访"重点对象是否逐户核实、逐户研判，是否做到应纳尽纳，帮扶措施是否落实到位，已消除风险监测对象是否仍然存在返贫风险，符合条件农户是否做到"应纳尽纳""应消尽消"，是否存在体外循环等问题，确保监测对象应纳尽纳、应帮尽帮，坚决守住不发生规模性返贫的底线。第一轮大排查累计排查4971户12854人，共发现问题138个，整改完成138个，整改完成率100%；第二轮大排查正在排查过程中，计划11月底前完成。

三是建立严督实查机制。坚持把问题整改情况作为全乡效能目标责任制考核重要指标，对问题整改迟缓、未按要求整改的中心、办公室和行政村，年底取消评优选先资格。同时，专门成立由乡纪委书记任组长的督导检查组，定期对各村开展工作情况进行督查和"回头看"，及时反馈、及时整改，对整改不到位的村，对村"两委"主要负责人和驻村第一书记进行约谈提醒。特别是建立包村领导交叉检查工作机制，全乡成立8支交叉检查工作组，交叉督导各村户内信息、群众满意度、问题整改等工作，在推动各项工作落实的基础上，相互学习、取长补短，查漏补缺，有力推动了巩固拓展脱贫攻坚成果同乡村振兴有效衔接考核评估反馈问题整改。

二、凝心聚力，反馈问题高效整改。

坚持把反馈问题整改作为全乡今年工作的重中之重，统领全乡经济社会发展全局。整改工作开展以来，我们结合全乡工作实际，制定整改方案，明确整改任务和措施，建立整改方案细化分工表，倒排工期、挂图作战，逐条对账、限期销号。

一是动态监测精准帮扶。严格落实"四个不摘"要求，常态化开展"四查四补"，组织乡村干部、帮扶责任人、网格员每月逐村逐户排查监测，动态监测预警，为精准施策助力群众增收提供科学依据。深入分析低收入群众致贫风险，严格落实"双帮扶"工作机制，制定"一户一策"，采取产业帮扶、就业扶持、公益岗位安置、企业托管代养、低保政策兜底等方式分类扶持增加收入，持续做到防止返贫动态监测帮扶常态化。目前全乡未消除风险监测对象16户44人，其中今年新纳入监测对象10户27人。

二是"两不愁三保障"有效巩固。实施安全饮水改造提升工程，改造支管、入村巷道等公共供水管网，对排查出冬季冻管需改造维修和返乡户需通自来水共41户全部整改完成。加强义务教育阶段适龄学生摸排力度，全面摸排县内、县外就学学生和辍学生，未发现辍学生，对乡中心小学学生开展未成年人思想教育1次，确保适龄儿童按时完成九年义务教育。完成148人次雨露计划申报，兑付补助13.2万元。加大医保政策宣传力度，全面完成脱贫户家庭医生签约工作，督促群众参加基本医疗保险，做到脱贫户和监测对象基本医疗保险、大病保险全覆盖。不断完善社会保障制度和社会救助体系，对符合社会救助条件的生活困难家庭，及时纳入兜底保障范围，做到应保尽保，截至2022年10月，最低生活保障360户602人，2022年新增低保17户21人，取消低保41人，为全乡困难户、大病户发放临时救助金46.63万元，切实保障全乡187名高龄老人生活，为672名残疾人发放残疾补贴81万余元。扎实开展农村自建房安全隐患排查整治工作，针对排查出的2户有安全隐患的自建房，结合实际，一户一策，及时进行维修加固。针对排查出2户需新建房屋农户，严格落实危房危窑改造补助政策，目前已完成建设。

三是就业水平稳步提高。积极组织农村劳动力参加"春风行动"招聘服务活动，与乡域内农业、油气、石膏等相关企业建立协作机制，结合全乡村庄绿化、林木抚育、农村人居环境整治等工作，优化提升乡村就业服务能力。广泛宣传稳岗就业扶持政策，及时跟踪核实外出务工劳动力岗位落实情况，建立专门台账，"一对一"跟踪服务，帮助农村劳动力实现就近就地家门口务工，目前农村劳动力转移就业4398人，完成任务目标110.6%，其中脱贫人口外出务工1485人，完成任务目标100%。为法定劳动年龄内农村外出务工人员购买"铁杆庄稼保"人身意外伤害保险3180人。持续加强技能培训力度，实施就业技能培训200人，安置农村公益性岗位145人。

三、靶向施策，乡村振兴稳步推进。

坚持把实施乡村振兴战略作为新时代做好"三农"工作的总抓手，全面用力、精准施策，全方位加快巩固拓展脱贫攻坚成果同乡村振兴有效衔接步伐。

一是富民产业不断夯实。坚持抓产业发展，促农民增收，想方设法拓宽群众收入渠道，力促农村居民收入稳步提升。按照"1+4+X"特色农业产业发展方向，采取"企业+农户""合作社+农户""协会+农户"等发展模式，重点扶持以滩羊、小杂粮、中药材、优质牧草为主的特色产业发展。坚持把滩羊产业作为全乡"一号"产业发展，全面落实消费扶贫，积极组织全乡帮扶部门干部职工264人购买脱贫户滩羊肉2982.9公斤，累计消费191874.5元，有效推动滩羊产业市场稳定发展，主导产业优势不断厚植。今年，全乡培育"300"家庭牧场8个、滩羊养殖示范村4个、生态牧场3个，累计培育规模养殖场27个，滩羊饲养量达15万只。精准推动"一村一品"特色产业发展，扎实推进品牌强农发展战略，发挥盐池县芝麻香瓜产业发展协会统筹作用，打造"青山芝麻香瓜"品牌，在青山乡东四村扶持发展以"芝麻香瓜"为主的瓜果蔬菜类大拱棚，成功举办青山乡第三届芝麻香瓜节系列活动，持续为青山芝麻香瓜品牌宣传造势，确保一座拱棚纯收入稳定在1万元以上，销售芝麻香瓜60万斤以上，实现产值约800万元，带动瓜农户均增收5万元以上，约占其年收入的50%，"青山芝麻香瓜"已成为名副其实的群众"致富金瓜"，特色产业实现规模化发展、高效益推进。全力推动农业结构调整，改造节水滴灌耕地12000亩以上，全乡节水滴灌改造耕地达到4.6万亩以上，今年种植玉米4.9万亩、小杂粮8万亩以上，群众增收基础不断夯实。预计今年农民人均可支配收入可达16700元。

二是人居环境焕然一新。统筹山水林田湖草沙系统治理，结合创建全国文明城市，以旺四滩、郝记台村乡村振兴示范村建设为切入点，通过以点带面、全面提质，采取"五清两建四化一改一提升"工作举措，深入推进农村环境卫生整治，特别是以"十百千"示范创建为抓手大力推进村庄清洁行动，清理农村生活垃圾1635吨、畜禽养殖粪污等农业生产废弃物7655吨、乱堆乱建158座、残垣断壁69处、开展进村入户宣传教育86场次、发放宣传资料5600余份、张贴宣传标语160条，今年打造人居环境整治示范村1个、示范组8个、示范户80户。严格按照《盐池县2022年农村改厕工作实施方案》要求，完成2022年度改厕任务量100户，累计完成农户厕所改造948户，整改2013—2021年户厕问题325户。深入推动"一村万树"工程，总结推广刘窑头村绿化成功经验，村庄绿化覆盖14个村落，造林1850亩，全面推进国土绿化，流域草原修复1.7万亩，柠条平茬2万亩，种植碳汇林400亩，提升乡村颜值，擦亮振兴"底色"。

三是村集体经济持续壮大。坚持把党组织建在产业链上、党员聚在产业链上、群众富在产业链上，引导各村党组织根据自身特色优势，探索多途径、多模式、多元化的村集体经济发展模式，拓宽村集体经济发展途径，激发村集体经济新动能，大力构建"党支部+村集体+村干部+农户"的村集体经济发展模式。采取"产业带动、土地流转、抱团互补"方式，因地制宜，在东四村借助沟坝水资源相对丰富的特点，重点发展以芝麻香瓜为主的瓜果蔬菜种植业；在西四村借助扬黄灌区等有利条件，重点实施集约化牧草种植、滩羊产业效益提升、饲草料加工的全产业链条式发展。2022年全乡投入项目资金700余万元，新建了青山村养牛场、方山村育苗棚项目等村集体经济项目，全乡各村村集体经济实现多元化、规模化、引领化发展，既联合抱团，也差异互补，形成了干部敢于干、群众跟着干的创业干事氛围，2022年村集体经营性收入村均超过20万元。

四是乡村和谐稳定。充分利用微信公众号、新时代文明实践站（所）等思想理论与新闻舆论阵地，定期开展习近平新时代中国特色社会主义思想等理论宣传宣讲，不断提升基层群众奋斗信心。今年以来，共开展各项政策理论宣传宣讲80余场次，升国旗唱国歌、表白祖国等活动18场次，关爱妇女儿童、敬老爱老、医疗健康等便捷有效的特色志愿服务活动80场次。聚焦农村精神文明建设，广泛开展"拒绝高价彩礼 推动移风易俗""移风易俗入民心 文明乡风沐乡野""移风易俗进万家"等各类宣传活动，以及"六个先锋""美丽庭院"等评选活动，在全乡逐步形成向上向善的淳朴民风。今年以来，共评选"六个先锋"63户，"美丽庭院"示范户100户，"身边好人"5名，移风易俗先进村2个，优秀红白理事会2个，移风易俗示范户2户。深入开展送戏下乡、文化大篷车下基层等活动，不断丰富群众精神文化生活。目前，开展送戏下乡、曲艺剧、综合文艺演出等活动12场次，播放电影、科教片96场次。以源头发现、采集建档、分流交办、检查督促、结果反馈"五步闭环"工作法为抓手，推行"党格+群格+警格+网格"四格融合模式，全力打通基层治理"神经末梢"和为民服务"最后一公里"，实现"小事不出村、大事不出乡、矛盾不上交"的工作目标。截至目前，在盐池县社会治理服务创新工作系统和吴忠市市域社会治理信息系统录入事件232件，已全部办结；矛盾纠纷排查调处系统录入25件，已全部办结。

四、存在问题和下一步工作打算

虽然我乡在巩固拓展脱贫攻坚成果同乡村振兴有效衔接方面做了一些工作，取得了一定成效，但仍然有产业发展层次不够高，城乡基础设施和基本公共服务均等化水平需要优化，部分群众自我发展能力不足等问题。

下一步，我们将深入贯彻落实党的二十大精神，聚焦巩固拓展脱贫攻坚成果同乡村振兴有效衔接，强化组织领导，狠抓责任落实，组织全体乡村干部将经济社会发展各项工作落实落细，以实实在在的整改成效实现群众增收目标。

一要确保问题整改落实落细。对照区市历次督导检查和自查验收反馈问题，举一反三、查漏补缺，逐项盯住整改，确保问题清仓见底、全部清零。紧盯低收入、低保、大病、残疾、单双老户等重点人群，认真组织开展第二轮大排查工作，对排查发现的低收入人口，应纳尽纳、因户施策、因人施策，提高监测户帮扶力度，确保稳定消除返贫致贫风险。

二要突出抓好特色产业发展。大力发展现代农业，持续调整优化农业产业结构、品种结构、品质结构和产品层次，在发展"1+4+X"特色优势产业基础上，扎实推进品牌强农发展战略，打响"青山芝麻香瓜"品牌，打造产销联合体，持续增强青山芝麻香瓜产业发展后劲。

三要持续改善生态环境。积极践行"绿水青山就是金山银山"的理念，深化"山林权"改革，持续实施一批村庄绿化、自主造林工程，不断改善生态环境，提高森林覆盖率。持续开展农村人居环境整治"十百千"创建行动，深入开展农村环境卫生整治，建立"积分制"长效机制，努力让人居环境再改善、生活条件再提高、美丽乡村再升级。

四要全力抓好重点项目建设。要以基础设施建设、人居环境整治和绿色产业发展为重点，集中优势资源，全面谋划一批打基础、利长远的重点项目，同时要抓好郝记台村舔砖厂、猫头梁村养猪场、青山村牛场等村集体项目正常运营，全力推动村集体经济不断差异互补、发展壮大。

多措并举推进乡村振兴我们基层这样干！

四川省苍溪县鸳溪镇人民政府镇长　文　波

鸳溪镇隶属四川省苍溪县，位于四川盆地北缘、秦巴山脉南麓、嘉陵江中游。它是红军强渡嘉陵江战役地，是四川省环境优美示范镇，是苍溪县大学生之乡。

今年以来，鸳溪镇以高度的政治责任感和历史使命感，以2022年中央一号文件精神为指导，稳住农业基本盘、做好"三农"工作，接续全面推进乡村振兴，确保农业稳产增产、农民稳步增收、农村稳定安宁。在牢牢守住保障国家粮食安全和不发生规模性返贫这两条底线的同时，推进三方面重点工作：乡村发展、乡村建设、乡村治理，实现"两新"：乡村振兴取得新进展、农业农村现代化迈出新步伐。

一、聚焦"农业稳定增产"，确保农村群众"饭碗端得牢"

一是全面稳定粮食播种面积和产量。在现有粮食种植面积基础上，通过流转耕种、代耕代种等方式，全力推动复耕复种。有效利用边角地，粮经套作，做到应种尽种、种满种尽。大力推广良种良法，加强技术指导和培训，全年共开展各类农业生产技术培训30余场次，参与人数达1520余人次。大力发展优质水稻、大豆、双低油菜、高芥酸专用油菜等优质特色粮油作物，建设100亩以上的粮油高产示范片2个以上。切实加强小春田管，严防"倒春寒"灾害发生，做足做细农业防灾减灾预防工作。落实好小麦、油菜追肥灌溉、病虫防治等关键措施，有效地提高了小春作物单产，确保了我镇小春生产"开门红"。

二是积极扩大大豆玉米套作和油料生产。努力推广复合种植，开发撂荒地复耕，抢抓时节，以玉米大豆复合种植为重点，全面推行大豆玉米复合种植6900余亩。成立了"大豆玉米带状复合种植"工作领导小组，召开专题会，大力宣传惠农惠民补贴政策，全面摸排做细做实规划，规划到村、到组、到农户、到田块地块、到园区。扩大大豆、油料、玉米、小麦、水稻种植面积，做到应栽尽栽。规范种植方式，坚决杜绝粗放式种植，全面推进果蔬、果药、猕药、猕蔬、猕油、粮油套种、复种模式，提高土地单产，真正实现群众增产增收增效。

三是努力保持生猪生产稳定。推动生猪产业转型发展，稳固生猪基础生产能力。推广生猪标准化养殖，加大已建养殖场、圈舍改造提升力度。按照养殖户自愿原则，将部分养殖场纳入国家、省、市生猪产能调控基地，并按照国家、省市要求和政策执行产能调控。常态化抓好动物疫病防控，重点关注非洲猪瘟、口蹄疫、高致病性猪蓝耳病等重大动物疫病防控工作，确保不发生区域性重大动物疫情。严格落实监测排查、消毒灭源、调运监管、引种审批、落地报告等防控举措，落实了生猪保险政策，实现种猪、能繁母猪保险全覆盖，确保育肥猪保险覆盖率80%以上。

四是坚决落实"长牙齿"耕地保护措施。借助县、乡、村"三级"网格化监管体系，推行"田长制"管理办法，按照耕地保护党政同责工作考评细则开展考核，凡是出现问题的地方，在各类工作实绩考核中实行一票否决，对责任人进行追责问责。坚决遏制住了耕地"非农化""非粮化"。同时，对全镇耕地"非农化""非粮化"

情况进行摸排并建立台账，摸清存量问题底数，持续推进撂荒地整治利用，严厉查处乱占耕地建房行为，坚决遏制耕地"非农化"、严格管控"非粮化"。

二、聚焦"农民稳定增收"，确保农村群众"坚决不返贫"

一是持续巩固好脱贫攻坚成果。组建"镇有责任人、村有监测员、组有核查员"的防返贫动态监测队伍。并于今年5月和10月共两次，集中对全镇的582户，1916人脱贫人口、边缘易致贫户、其他低保户、特困户、因灾因病困难户进行逐户走访摸排。两次摸排中，我镇均无符合新增监测户条件的对象。制定了《鸳溪镇脱贫人口稳定增收"百日行动"工作方案》，组建了百日增收行动工作专班，对全镇2021年度因外部客观因素，造成人均纯收入下降的136户脱贫户进行逐户分析研判，落实了增收责任人，一户一策制定了增收补短措施，确保了2022年度脱贫人口人均纯收入收入持续稳增长。严格驻村帮扶力量履职到位。聚焦驻村帮扶工作管理，始终坚持严肃驻村帮扶工作纪律，出台了《鸳溪镇驻村帮扶工作队管理办法》，建立"一人一档"，实行"打卡+签到+暗访"的管理方式，定期调阅驻村工作日志，不定期深入群众了解掌握帮扶成效，每月开展谈心谈话，确保驻村工作队"驻村"又"驻心"。

二是抓好农业园区建管并重。推动村集体园区扩面提质、整合提升，协调推进园区基础设施和生活服务等相关配套设施建设，提升园区服务保障综合能力。今年以来我们多方整合项目、资金，巩固提升新三园区1100亩、龙回湾园区400亩、清石园区300亩猕猴桃和梨产业，累计建成黄金梨产业园2500余亩、中药材产业园2000余亩。实施农业"品种培优、品质提升、品牌打造和标准化生产"提升行动，组织技术人员跟踪指导关键性技术，加快完善猕猴桃园基础配套设施，严格落实农业投入品管理制度，促进鸳溪产猕猴桃优质优价。

三是大力发展新型农村集体经济。有序推进合并村集体经济融合发展，巩固提升脱贫村产业扶持基金发展项目。创新发展思路，抢抓发展机遇，横向探究集体经济发展新途径，统筹四凤村、古楼村集体经济发展项目资金各100万元，建设鸳溪镇社会化康养服务中心。建成后，预计村级年集体经济收益达到6万元以上。加强风险管控，对农村集体经济组织的投资规模和经营性债务规模加强监控、指导和管理，严格扶贫项目资产管理，合理控制投资规模，控制经营风险，确保集体资产保值增值、集体经济组织只赚不赔。

三、聚焦"农村稳定安宁",确保农村群众"生活更安乐"

一是加快建设美丽宜居乡村。开展农村人居环境整治提升行动,实施农村厕所革命,2013年至今,我镇共改造农村户厕412户,2022年后拟改造农村户厕517户。健全农村生活垃圾"户分类、村收集、乡镇转运、市县处理"的收运处置体系,因地制宜推进农村生活垃圾分类减量和就地资源化利用。深入实施村庄清洁行动,推动农村厕所、生活污水、垃圾处理设施设备和村庄保洁等一体化运行管护。加大亭子湖生态环境保护,全面实行林长制、强化河湖长制,持续巩固"长江十年禁渔"成果。

二是提高乡村治理能力。印发了《鸳溪镇"积分制+清单制"管理工作方案》《鸳溪镇"积分制+清单制"管理工作细则》等相关文件,完善了组织架构,加强了农村党组织建设,全面落实"四议两公开"机制,充分发挥农村基层党组织战斗堡垒作用,强化抓乡促村的力量。积极推广运村民道德"积分制",解决村组织负担重、运行不规范等问题。建设平安法治乡村,用好用活新时代"枫桥经验",深化"六无"(无黑恶、无毒害、无邪教、无命案、无重大安全事故、无群体性事件)平安村(社区)建设,巩固农村精神文明阵地,形成乡村治理新格局。

三是常态化防范化解风险隐患。抓好农村基层地区疫情防控,严格落实农村地区常态化精准防控"十二条"措施,聚焦流入人员管理、重点人群排查、重点场所管控、农村坝坝宴管理、就诊流程规范等关键重点,规范外防输入、内防反弹、人物同防和疫情应急处置。健全动植物疫病预警和应急处置体系,加强红火蚁等外来物种防治、监测和检疫,确保了2022年度全镇未发生一起区域性重大动植物疫情。切实抓牢安全生产和森林防灭火工作,定期开展农业机械、农村能源、畜禽粪污化粪池、农药、渔(兽)药、饲料、农业在建工程、农事用火管控等重点行业领域安全生产隐患排查整治,从源头上防范事故发生。集中开展农村道路交通安全管理和农村家庭用火安全教育,做好防汛抗旱各项工作,确保群众生命和财产安全。

四、下一步工作打算

民族要复兴,乡村必振兴。在接下来的工作中,鸳溪镇将持续革新社会生态、政治生态和干部精神状态,为乡村振兴高质量发展提供坚强保障。

一是提高思想认识。党的二十大报告指出"全面推进乡村振兴,全面建设社会主义现代化国家,最艰巨最繁重的任务仍然在农村。"鸳溪镇将以此为契机,坚定地把思想和行动统一到党的二十大精神上来,统一到党中央对乡村振兴的决策部署和工作要求上来，在思想上深刻地认识到乡村振兴工作的重要性和紧迫性，确保党中央的各项决策部署在基层落地见效。

二是加强组织领导。持续强化组织建设，突出政治标准，加大对村"两委"干部的培训教育力度，提升"两委"干部的工作能力。另一方面，下硬茬整治基层党组织中存在的责任缺失、工作散漫、纪律松弛等软弱涣散问题，有效发挥驻村第一书记和工作队抓党建促振兴的作用，与村"两委"班子成员一道形成干事创业合力，共绘乡村振兴"同心圆"。

三是强化工作部署。围绕国家和省、市、县对乡村振兴工作的安排部署，建立重点工作倒排工期，清单式管理，项目式推进制度，激发干部真抓实干内生力、创先争优源动力，进一步巩固脱贫成果，夯实乡村振兴根基，为推动乡村振兴高质量发展再上新台阶贡献出鸳溪力量。

2022年清江镇巩固拓展脱贫攻坚成果
同乡村振兴有效衔接汇报

湖南省资兴市清江镇人民政府镇长　金轩磊

2022年，在市委、市政府的坚强领导下，在乡村振兴局和各市直行业部门的大力关心下，我镇全面落实党中央和省委省政府决策部署，严格落实"四个不摘"要求，压实工作责任，牢牢守住不发生规模性返贫底线，扎实做好巩固拓展脱贫攻坚成果同乡村振兴有效衔接各项工作。现将情况汇报如下：

一、基本情况

清江镇地处资兴市西南部美丽的东江湖畔，全镇辖11个行政村、1个居委会，138个村民小组，总人口约1.3万人。清江镇现有建档立卡脱贫户256户652人（含监测户26户，38人），其中未消除风险监测户15户21人，已消除风险监测户11户17人。2022年新纳入监测户4户10人，市委派驻2个驻村工作队长，共6名工作队员。

二、工作开展情况

（一）责任落实方面。

一是镇党委政府高度重视巩固拓展脱贫攻坚成果同乡村振兴有效衔接工作，抓实主体责任的落实，每月至少召开一次乡村振兴工作研判推进会，学习政策、安排工作、解决问题、落实任务，乡镇领导班子成员以驻村为单位做到包村联户。

二是抓实问题整改。聚焦中省郴反馈问题及资兴二十类问题，全面排查，对标对表，举一反三，共排查出65个问题。坚持拉条挂账，统一建立台账，倒排工期。针对性地完善整改措施，全镇65个问题，现均已整改到位。

三是对黄嘉村、远和村按要求派驻工作队，严格工作队考核。严格实行请销假制度，不定期督查工作队员在岗在位情况，并于每季度组织对驻村工作队考核，重点了解德、能、勤、绩、廉等方面日常表现，落实"八个推动"情况、工作队日常管理情况、帮扶责任单位和派出单位支持情况，包括争取帮扶责任单位和派出单位领导重视、工作队保障、项目和资金投入情况等。

四是及时安排调整结对帮扶干部。全面梳理调离资兴或者退休的结对帮扶人，同时对新增纳入的监测户及时安排帮扶人，召开帮扶业务知识培训会。

（二）政策落实方面。一是实现参保全覆盖。全镇脱贫户及监测户652人全部参加了2022年度城乡居民医保；二是控辍保学资助落实无遗漏。今年雨露计划春季补助22人，共33000元，秋季拟补助17人，共25500元；三是住房保障无死角。通过房屋安全隐患排查，对新纳入监测开展鉴定，再次确保了全镇256户脱贫户、监测户住房无安全隐患；四是安全饮水无盲区。通过镇区集中供水工程的实施，解决了安全饮水最后一公里问题。

（三）工作落实方面。

一是加强安置点后续帮扶管理。对易地搬迁户进行就业及产业技能培训，合理安排公益性岗位，组织消防演练，不断完善安置点配套设施。

二是开展防防贫监测全面排查。加持农户自主申请，全面排查，部门预警相结合，共排查出98户。通过全面核实，今年共纳入监测户4户，10人。

三是推进脱贫户监测户持续稳定增收。积极进行小额信贷政策宣传，共有贷款意愿的107户享受政策。今年新增32户参与小额贷款，贷款金额160万元。建立完善了脱贫户产业利益联结工作机制，全镇共有164户有产业发展能力和意愿的脱贫户与合作社建立了柑橘销售协议，帮助脱贫户销售柑橘稳定增收。

四是积极开发公益性岗位，截至10月，我镇共开发公益性岗位71个，其中乡村振兴局31个，交通局4个，林业13个，水利5个，亚行办2个，光伏16个。五是严格项目推进、资金资产管理。2022年，清江镇涉省财政衔接推进乡村振兴补助资金项目共6个，已全部完工。

（四）成效巩固拓展。

一是对2013年以来各级财政支持改造的农村户用厕所583户进行全面摸底，未发现问题厕所。2022年改厕任务35个，已完成任务。

二是实施环境大提质行动。先后下发了《清江镇2022年农村人居环境整治提升工作实施方案》《清江镇东清公路沿线村组农村人居环境整治大提质专项行动方案》，坚持每季度一评比，并下发督查通报，开展"护湖净湖"行动，大力开展拆危拆旧，全年共拆除1.1万平方米。

三是加强乡村治理，开展乡村治理示范创建，黄嘉村新建"家风馆"，积极开展新时代文明实践站建设，完善村规民约或自治章程，坚持司法审查和备案程序。四是要坚持规划先行，配合市自然资源局做好国土空间编制规划，根据各村的差异性，规划布局乡村生产生活生态等空间。全镇11个村空间规划正在审批中。

三、特色亮点工作（保产业）

柑橘产业是我镇的支柱产业，全镇约200户脱贫户都有柑橘产业，柑橘产业也是脱贫户增收致富的主要渠道。而今年，我镇经历了近60年来最严重的干旱。为保障脱贫户的支柱产业稳产，镇党委迅速响应。

一是高度重视，超前谋划。成立了抗旱指挥部，由镇长任总指挥，其他党政领导分片包村，一般干部包村到组的工作机制。把抗旱减灾工作作为当前的重中之重，先后组织召开班子成员会议、全体镇村干部职工会议，村干部全员下沉，以驻村为单位，深入一线村组召开了户主会议，科学统筹，合理安排水资源，形成了众志成城抗旱减灾的工作局面。

二是分类指导，攻坚克难。大力协调配合电力部门安装抗旱电表5000余块，架设抗旱用电线路。狠抓小水利基础设施。积极组织群众投工投劳疏通恢复水利基础设施，引导群众引水抗旱，如青草、黄嘉、枫联、羊场等村对圳渠进行了恢复。

三是强化保障，加大投入。镇党委政府采购2台柴油抽水机、23台大功率潜水泵，另向市水利局申请5台潜水泵免费借给群众抽水抗旱。协调电力部门并由镇财政出资2.4万元恢复大垅村塘湾组湖对面山头的抗旱用电线路改造，出资3.4万元解决非移民组（羊场下水组）生产抗旱电网建设，发动群众自筹完成了玭珠、枫联等村6个村民小组抗旱用电线路改造。一期安排10.85万元资金解决洒水车为无水源抗旱的果农运水抗旱，送水310车次。向上争取60万元，建设了一批抗旱水利项目工程。投资47万元建设的黄桥五组喷灌系统业，以及投入13万余元建设的卧式烟炉（碘化银）人工增雨设施均已投入使用，实施了人工增雨4次，燃放焰条16根。四是强化营销，助农增收。

上海的真情援助让恰曲纳村彻底蜕变

青海省甘德县江千乡党委书记　谢热扎西

自2020年至2022年，在第四批上海援青干部联络组的决策部署下，连续三年时间，上海对青海省果洛藏族自治州甘德县江千乡恰曲纳村进行整村援建，按照"产业兴旺、生态宜居、乡风文明、治理有效、生活富裕"的总要求，全方位打造乡村振兴示范村，取得了实实在在的成效。

一、提高思想政治站位，接续加大资金投入。

坚持把上海援建资金用在民生最需要的地方，用在发展最落后、牧民最贫穷、民生最艰难的地方，多做雪中送炭，不搞锦上添花，切实把钱花在"刀刃"上，并且做到不撒"胡椒面"，集中财力办大事，拿出了改天换地的力度和勇气全方位整治一个村，两年多以来真正把一个长期破败的"差劲"村变成乡村振兴的示范村。在资金投向上，突出产业、人才、文化、生态、基层组织，重视基础设施、公共服务和综合治理，进行了详细的规划设计，共分三期投入，2020年第一期投入1200万元，2021年第二期投入980万元，2022年第三期投入300万元，共计投入2480万元。上海资金的接续大量投入，引起了当地各级党委政府的关注，产生了良好的财力集聚效应，青海省、州先后投入配套资金600余万元，村民积极参与建设美好家园的热情高涨，全村自发捐款50万元，合力助推乡村振兴。

二、发挥牧民主体作用,调动群众自建积极性。

一是恰曲纳村及时召开村民大会经过村民的反复讨论、反复修改,结合实际制定了村规民约,全面完善乡村治理模式,深化移风易俗、人居环境整治、志愿服务等内容,引领了乡村新风尚,不断巩固乡村振兴示范村建设成果;

二是恰曲纳村"两委"班子高度重视乡村振兴工作,经过村委会研究讨论,利用村集体经济,每年支付7200元,率先在恰曲纳村试点先行全面建成"数字乡村",依托"数字中心"平台,使村民及时了解"三议两公开"内容,同时打造便民服务一体化,部分业务可在村内办理,缩短了干群与基层党组织的距离;

三是在乡村振兴二期项目房屋改造中,42户恰曲纳村村民自发每户筹资10000万元,共自筹42万元用于房屋改造升级,展示了广大牧民群众为构建幸福家园积极进取的精神风貌。

三、突出产业帮扶重点,增强乡村振兴动力。

每期项目建设中都有产业扶持,形成了龙头企业引领、村有集体产业、户有增收项目的产业发展格局,辐射带动了以特色文化产业加工、扶贫加油站、火锅店、千亩饲草基地等为主的多种产业融合发展。比如,利用扶贫资金120万元,建设恰曲纳村扶贫加油站,年纯收益10万元;利用产业到户资金176.64万元,购置果洛君念火锅商铺,每年分红资金为11.02万元;饲草基地建设项目投资200万元,年生产效益为20万元;投资18万元,新建蘑菇加工车间。今年,恰曲纳村奇石加工厂已建设完成,准备投入运行。2018年之前,恰曲纳村外出务工经商的人数只有8人,目前这一数字已经增长到了300多人,占全村青年人口的90%。从2014年村民人均可支配收入不到4000元,到现在的过万,从过去没有一个产业、没有一个就业岗位到现在100多个公益性岗位和6个产业,牧民群众在村里有就业、能致富。

四、瞄准生活美好目标,全面提高援建质量。

组织全村召开对口帮扶"感恩宣讲"大会,群众感恩意识越来越高,自愿在村口建立了感恩墙。积极探索创立并实行"四级联户制",使党委政府与群众建立起直接联系,党群关系明显改善。研究制定《恰曲纳村村规民约》,对听党话跟党走、民族团结、生态环保、婚丧嫁娶等方面明文规定,引导村民自觉做好自己。对全村公共性活动、各户门前环境卫生、集体财产的保护等事项,逐项明确具体的负责人,把工作落实到每家每户人的身上，做到乡村振兴人人有责，全村治理人人参与。牧民群众自身素质得到提升，恰曲纳村在脱贫攻坚工作中涌现出一批先进典型，2021年，该村村民旦正被评为"全国脱贫攻坚先进个人"，荣获"全国脱贫攻坚奋进奖"。

在项目实施过程中，逐家逐户地进行了庭院整治，把院内绿化、亮化、硬化、透化有机结合起来，实行不打围墙、不搞封闭的美化工程。参照上海的做法，积极推行垃圾分类，把预先分类过的垃圾通过村低温热解厂按日处理。每月开展"全域无垃圾"卫生整治活动，村中环境面貌得到明显改善。整修总长9公里的硬化道路，解决了村庄内道路体系不完整、道路宽度不达标、公共停车位不满足等问题。安装百盏太阳能路灯，以"取之不竭、用之不尽"的光能，让村民们告别了抹黑夜行的历史；安装适应零下十多摄氏度零上六十摄氏度的监控探头，遍布在整个村子的各个路口，24小时监控保护着村民的生活。建成卫生室、幼儿园、体育文化、休闲娱乐等设施，真正让恰曲纳村实现了美丽宜居。2021年，恰曲纳村被青海省妇联评为"美丽家园"示范村称号。

过去的恰曲纳村封闭、贫困、落后，交通闭塞，基础设施薄弱，村庄破败不堪，没有村集体产业，牧民收入微薄，住的都是土房和彩钢板房，村间道路也是自然形成的羊肠小道，亮化工程为零。如今走进恰曲纳村，展现在眼前的是宽阔而整洁的硬化水泥马路，太阳能路灯沿途竖立，一幢幢崭新的藏式花园"洋房"映入眼帘，新建的卫生室、幼儿园、党组织活动室、露天文化体育广场等一应俱全，垃圾热解处理厂、农牧土特产烘干加工厂、千亩饲草基地、民族特色奇石加工厂等产业就创办在村子里，民族团结的大幅标语、"感恩碑"、《恰曲纳村村规民约》等都在醒目的位置展现着，曾经贫困落后的恰曲纳村，现在发生了翻天覆地的大变化，村民的幸福感、获得感得到了极大提升。

江千乡恰曲纳乡村振兴示范村简介

青海省甘德县江千乡党委书记　谢热扎西

一、基本情况

恰曲纳村辖四个社，位于甘德县江千乡东北部，东与下藏科乡为邻，南与本乡叶合青牧委会为界，北与州军牧场相邻。中心组距县乡公路7公里，距乡政府所在地19公里。草场面积29.87万亩，占全乡草场面积的29.3%。全村共有297户1041人，党支部现有党员20名。

二、示范村建设情况

江千乡恰曲纳村乡村振兴示范村建设项目总投资3190万元，其中：一期建设项目总投资为1330万元（包括1200万元上海援建资金，130万省级配套资金）。主要建设内容为：道路整治、维修桥梁、主干道街面及沿街庭院整治、新建低温热解设施及附属设施1座，村级标识牌1座；二期建设项目于2021年开始实施，总投资为1560万元（包括960万元上海援建资金，600万元乡村振兴资金）主要建设内容为：老旧房屋的拆除、新建、民居民房改造、道路整治、周边绿化等；三期项目于2022年建设总投资为300万元的乡村振兴巩固提升项目，为上海援建资金，主要建设内容为：配套设施。

三、取得的成效

江千乡近年来，紧紧围绕省州县委关于乡村振兴战略的总体要求和战略部署，并严格按照"产业兴旺、生态宜居、乡风文明、治理有效、生活富裕"的二十四字方针，通过援建单位、行业主管部门的大力支持下，重点以"五大振兴"为中心，全力打造了乡村振兴示范村，取得了显著成效。

（一）组织振兴。发挥好基层党组织的战斗堡垒和典型先锋的作用，引领乡村振兴不断推进。按照州委抓党建促落实"四联三卷"、县委"155党建链"工作机制为载体，进一步探索提升基层党组织的引领发挥作用，以"数字乡村"建设为抓手，率先在恰曲纳村试点先行全面建成"数字乡村"利用手机终端随时随地观看村内党务政务及"四议两公开"情况，村内主巷道安装20个智慧探头社会治理得到提升，充分利用音响设备随时宣传党的各项惠民政策。2021年恰曲纳村建设完成全州首个党群服务中心，加大村"两委"坐班制，帮助群众办理部分业务，使群众"少跑路"，打通服务群众"最后一公里"。

（二）产业振兴。恰曲纳村投入719.31万元，投资完成了恰曲纳村加油站、入股雪山牧业、光伏电站、打印店、购买果洛州美丽雪域发展投资公司商铺（君念火锅）、特色文化车间共计6个产业年产生效益为54.5万元。其中：特色文化加工车间为了更好地践行习近平总书记生态文明建设理念，将传统的经幡印制改变为新型的石刻加工厂，既保护了生态环境又增加了群众收入，加工车间目前运行情况良好，预计年产生效益20余万元，主要供货范围为本县域内寺院及邻近的周边县城，并可提供15人的就业岗位，每年为全乡的易地搬迁户分红8万元，户均304元。

（三）人才振兴。自脱贫攻坚以来，我乡多措并举引才、育才、留才，重点对村内"领头雁"、村"两委"成员进行培训，使恰曲纳村在脱贫攻坚工作中涌现出一批典范，2021年恰曲纳村旦正被评为"全国脱贫攻坚先进个人"和"全国脱贫攻坚奋进奖"。创业致富带头人、无职党员曲叁利用乡村振兴契机，主动学习石刻技术，承接恰曲纳村石刻加工厂，带动盘活产业，得到群众一致好评。

（四）生态振兴。为加快人居环境改善，加大生态振兴，我乡，江千乡采取"网格管理、定人定责、区域到人、层层落实"工作模式，以"定人员、定职责、定地段、定时段"的"四定"卫生整治责任制为抓手，建立"驻村干部+村'两委'+环卫工+党员+村民"的工作机制，将责任落实到村庄每一个人，并定期进行常态化督促检查，以"红黑榜"的形式进行公开，加大群众荣辱观，推进生态环境保护工作落实落细。

（五）文化振兴。根据乡村文化资源不同特点，我乡因地制宜采取保护措施加强格萨尔文化传承的保护，阿吾尕洛：男，1945年生于果洛藏族自治州甘德县江千乡。熟练掌握佛画艺术的基本知识和技能秘诀。1987受到青海省文联等单位联合表彰，被与会专家誉为画不完的格萨尔艺人，2013年因病去世，大量《格萨尔》绘画作品留世，现我乡重点对留世的格萨尔作品进行保护，并挖掘传承艺人。

产村相融铸发展　文创点靓新乡村

——蒲江县明月村美丽宜居乡村建设案例
四川省蒲江县甘溪镇人民政府

近年来，蒲江县甘溪镇明月村依托邛窑文化资源和茶、竹产业基础，坚持农商文旅融合发展，推动文化传承与新村建设结合，邛窑旧址与文创项目联姻，生态农业与文旅商贸融合，激发了农村发展新活力。这个2009年以前的市级贫困村发生了翻天覆地的变化，变身为文创陶艺新圣地，美丽宜居新乡村。

一、基本情况

明月村位于四川省成都市蒲江县甘溪镇，辖区面积11.38平方公里，辖25个村民小组，1383户，总人口4086人，拥有雷竹8000亩，茶园3000亩，4口古窑。2009年被确定为成都市级发展缓慢村，全村农民人均可支配收入不足5000元。为加快明月村发展，从2013年开始，明月村以安居、乐业、家园为目标，按照以陶艺手工艺为主的文化创意聚落与文化创客集群，新老村民共创共享的幸福美丽新乡村的定位，先后引入陶艺、篆刻、草木染等50个文创项目及100余位艺术家、文化创客。其中明月窑、蜀山窑陶瓷艺术博物馆、远远的阳光房草木染工房、火痕柴窑工坊、呆住堂艺术酒店等30个文创项目已建成并开放，走出了一条农商文旅融合发展振兴乡村之路，2021年全村农民人均可支配收入达28254元。

二、主要做法

（一）党建引领，构建共同美好愿景。

明月村党委以阵地建设、班子提升、党员示范带动为突破，创新"党性教育+文创产业"双培训、"新村民+原住民"双融合、"组织引领+党员带头"双保障的"三双"党建机制，明确党建核心引领作用，将新老村民凝聚在一起，形成共商共建共治共享的发展格局。在全村所有 80名党员家门口实施"亮身份、亮承诺"挂牌活动，在经营户门前实施"诚信经营"挂牌活动，以实际行动带动群众、引领民风乡风。村党委牵头的村旅游专业合作社党支部，构建了集体、村民、财政产业扶持各出资1/3、财政资金不分红的运行机制，组织专业人士免费对农户开展旅游、种植、销售等指导，带动本村1200多户、4000余人参与项目、150多名在外打工人员回村创业就业，让全体村民始终团结在党组织周围、共同创造美好生活。

（二）规划先行，打造优美人居环境。

聘请专业人士制定了高质量的建设发展规划，确定了以陶为本、以文创兴村的发展之路。按照"景观化、可进入、可参与"和"原生态+新风尚"理念，实施院落改造和川西林盘整治项目30余个，带动村民改造家庭庭院景观、净化周边环境，促进村庄整体环境更加优美。构建生活垃圾"户分类、村收集、镇转运、县处理"模式，引入奥北环保组织垃圾回收，与每户家庭签订"门前三包"、垃圾分类处理责任书。组织开展"四改六治理"十大行动和"爱我家园"主题志愿服务活动，推动新老村民共建共享美丽新家园。

（三）文创带动，丰富群众文化生活。

引进50余个乡村文创项目及100余位艺术家、文旅创客，形成以陶艺手工艺为特色的文创项目聚落和文化创客集群，提升了村庄的文化品位、营造了浓郁的文化文创气息。30多名村民随之创业，掀起了文化建设发展的热潮。建成2300余平方米的文化广场、1000平方米的村文化中心，设置"明月书馆""明月画室""陶艺博物馆"等个性化空间，成为村民、游客常去之地。在文化专干、志愿者、新村民的指导下，孵化培育了特色队伍6支200余人，带动群众性文化活动蓬勃开展。着力打造"明月讲堂""明月夜校"等品牌，请知名专家学者和成功人士定期开展乡村建设、陶艺、篆刻、国学、创业系列讲座和公益培训，年培训约1.5万人次。连续举办11届春笋艺术节（2012—2022）、6届"月是故乡明"中秋诗歌音乐会（2016—2021），常态化开展民谣音乐会、皮影戏、田园音乐会等明月村特色节庆文化活动，丰富了群众精神文化生活，厚植了乡土文化根脉。

（四）规矩引导，抓实抓细村民自治。

按照有威望、有品德、有见识、有担当的原则，及时吸纳退休村干部、老党员、德高望重老人、新村民、返乡创业青年、道德模范等进入五老调解会、乡贤理事会、道德理事会、村民议事会"四会"组织，制定配套制度16个，细化"四会"的职责范围、程序流程，推进工作有序有效开展，近年来村内无上访、无刑事治安案件、社会和谐稳定。另一方面，根据村民建议，经民主讨论，村两委制定了14条200余字、管用实在的村规民约，对老村民真正起到了教育、警示、约束、提高的作用，适应了村内文创、旅游发展的现实需要。通过征集新村民建议，制定新村民权利与义务条约，让新村民真正融入村级发展中。

（五）典型示范，强化家庭主体作用。

广泛开展"立家规、传家训、树家风、扬家誉"活动，组织举行"传承好家风 弘扬正能量"主题系列演讲比赛活动，评选表彰张氏家族家规、罗氏家族家规等好家规12个。常态化开展"好儿媳、好公婆、好邻居""道德之星""文明之星""清洁之家""三美示范户"等创建活动，以道德讲堂、友善优雅市民文明大讲堂等载体功能，设立"好人榜""文明行为红榜""好家风好家训"等展示板（栏）、网页专栏，开展先进事迹宣传，用身边事教育和感染群众，引导村民自觉践行社会主义核心价值观，推动形成农村文明新风尚。

三、主要成效

明月村坚持不懈抓幸福美丽新村建设，推动了村风民风向善向美、发展态势向上向好，基本实现了产业兴旺、生态宜居、乡风文明、治理有效、生活富裕，先后获评全国文明村、全国乡村产业高质量发展"十大典型"、全国民主法治示范村、全国乡村旅游重点村、全国乡村治理示范村等50余个国家、省、市级殊荣，并入选联合国第二届国际可持续发展试点社区。

（一）抓出了光明新前景。

2009年前，明月村是成都市挂名的贫困村。如今，明月村有雷竹8000亩、茶园3000亩，产业项目越来越多，年均接待游客近30万人，人均收入达2.8万余元。组织新老村民代表参加国内展会、论坛、交流等活动四十余场，赴摩洛哥、韩国、日本和国内省市进行文化展示和交流。明月村成了名副其实的理想村，也因此成了广为人知的网红村。目前，明月村星级民宿、酒店节假日一房难求，平日参观体验的游客络绎不绝。

（二）抓出了合格新农民。

以李清、宁远、李南书为代表的新村民，定期为村民开设陶艺、植物染、篆刻、书画等"明月+"系列公益培训，实现"新村民常驻、工作室常态化开放、公益培训常年开展"，新老村民在共同生活中，传统农耕文明与现代文明思想相互激荡交融，造就了农民新风貌。中国工美行业艺术大师李清从2016年开展陶艺培训，村内12岁小女孩创作的陶艺作品被带到韩国展出。新村民入驻后，老村民成为房东、员工、学徒或创业者，在实际参与中逐渐变得有文化、懂技术、会经营、讲文明、守法纪，孵化培育出罗丹、江维、王光俊等30多名创新创业老村民、20名新型职业农民、38名农村职业经理人，成为明月村发展的主力军。

（三）抓出了美丽新家园。

在规划的引领和新村民的指导带动下，村民新建房屋、改建的老屋既保留了乡村味道，又注入了现代文明文化内涵，延续保留了原生态川西林盘韵味。整个村落散发出古朴、自然、宁静又不失现代时尚的浓郁气息。明月村人居环境整治总结出来的"七改七化"（七改：改水、改厨、改厕、改圈、改院、改线、改习惯，七化：硬化、绿化、美化、亮化、净化、文化、保洁员专职化）也成为生态振兴的典型经验，并在全省进行推广。

（四）抓出了美好新风尚。

新老村民频繁交往中，有效传播了文明风尚、法治意识、开放合作、互利共赢等新观念，正能量、好风尚处处可见、蔚然成风。涌现出"新乡贤""道德模范""身边好人"等先进典型400余人，"文明户""文明院落"600余个。新老村民共同推出了《明月甘溪》《茶山情》《明月之蓝》等原创歌舞，以及诗集《明月集》，2期村刊《明月村》等作品。广泛开展文明风尚、文化旅游、儿童教育、环保安全、关心关爱等丰富多样的志愿服务活动。通过示范引领、活动参与，引导新老村民自觉践行社会主义核心价值观，诸如晨跑捡垃圾活动等许多文明风尚已成为村民的日常习惯。

（五）抓出了文化新品味。

用鹅卵石材料建成的村特色文化中心，以传承发展陶艺为主题的明月国际陶艺村园区，体现农村"精神高地"、被文创者盘活的老旧土胚房，以明月讲堂为代表的高质量培训交流平台，蓬勃开展的志愿服务活动、群众文化活动等，顺应当地历史、人和自然的需求，形成"竹海茶山明月窑"有机融合的生态、形态、业态和文态，使文化文艺深度介入乡村建设，实现文化传承、生态保护、产业发展、农民增收的和谐统一，让明月村真正"看得见山、望得见水、记得住乡愁"。

四、经验启示

明月村着眼乡村振兴战略，聚焦满足农民群众美好生活需要，以发展文创产业为切入口，推动美丽宜居乡村建设，得到社会各界的普遍认可，中央电视台、人民日报等进行了专题报道，美丽宜居乡村建设经验在全国分享40余次，也带给我们几点启示。

（一）要注重把握物质文明与精神文明的辩证关系。

明月村文创产业的蓬勃发展，不仅激发了精神文化、生态资源活力，抓出了经济效益，更重要的是提升了农民精神风貌，激发了干事创业的巨大动力。要准确把握乡风文明在乡村振兴战略中的重要地位、特点规律和功能作用，更加积极主动地把乡风文明建设抓在手上、扛在肩上，推动两个文明同频共振、协调发展。

（二）要坚持兼收并蓄与博采众长的深度融合。

明月村以其特色历史文化、良好乡风民风吸引大批外来人才、游客和资源，村民在开放合作、传承发展中坚定了文化自信，形成向上向好的发展态势。必须树立高度的文化自信，坚持不忘本来、吸收外来、面向未来，大力弘扬社会主义核心价值观，大力推进文化小康建设、繁荣发展乡村文化、构建农民共同精神家园，才能使乡风文明建设始终保持旺盛生机活力。

（三）要抓好统筹推进和示范带动的协同发展。

明月村把乡风文明建设纳入村发展总体规划，以细胞典型建设示范带动、整体推进，实现了乡风文明、乡村振兴同步、协调发展。要紧紧围绕实施乡村振兴战略，通过打造亮点、强化示范来提升整体效益，推动乡风文明建设不断展现新气象、实现新作为。

（四）要充分发挥党组织主导和群众主体两个作用。

明月村近年来在幸福美丽新村建设中取得的成效，关键在于基层党组织善于因地制宜、求真务实，尊重群众的主体地位和作用，以美好生活愿景团结和组织群众，推动各项任务落实落地。加强乡风文明建设，党组织既要当好领导者、发动者和指挥者，又要充分尊重农民意愿、激发其主动性和创造性，才能形成共建美好家园、共享美好生活的生动格局。

（五）要善于运用有社会影响的工作持续影响社会。

"明月讲堂"的培训内容均贴近村民实际需求、社会热点问题，教师均是在社会上有较大知名度、影响力的专家学者、创业人士，讲座受到明月村及周边区县农民群众的热捧，潜移默化地教育和提升了农民群众。必须坚持以人民为中心的工作导向，用好有社会影响的项目、抓手和载体，不断推出群众认可度高、参与性强的工作品牌，坚持不懈、久久为功，才能有效提升村民思想道德素质和社会文明程度，更好地吸引村民参与幸福美丽宜居乡村的建设。

下一步，明月村将坚定践行"两山"理论，坚持以"安居、乐业、家园"为目标，依托"茶山""竹海""松林"等良好生态条件和"明月窑"等古窑历史文化资源，积极推动明月村在产业发展，生态保护，文化传承，乡风文明方面提档升级，打造可推广、可借鉴、可复制的美丽宜居乡村建设新典范。

发挥基层协商优势　助力乡村振兴发展

广西壮族自治区象州县百丈乡党委书记　覃彩群

今年以来，百丈乡聚焦全乡中心工作和群众关切的热点难点问题，通过采取"基层党建+政协委员+N"模式，建立民生议事厅示范点，组织政协委员开展调查研究，积极建言献策，实现委员履职全员化、聚智汇力常态化，"四线"联动推进协商议事向基层延伸。

一、紧绕"主线"，办好民生实事

今年7月，百丈乡组织政协委员实地调研

农村道路，召开专题座谈会商讨实施办法。通过了解，大多数委员均表示我乡村屯道路存在通行不畅现象，尤其农忙季节和蔬果采摘高峰时段，极易发生交通事故，每年乡党委、政府需调配大量人力进行疏导。乡民生议事厅高度重视该民生问题，将其题列入议事流程，并报乡党委、政府研究解决。当月，乡党政主要负责同志会同驻乡政协代表，共同探讨协商解决交通安全隐患问题及道路管理使用办法。8月份，实现大满村委至新寨村委农村道路安全隐患治理项目竣工投入使用，通过在大满、新寨、练石村两侧修建会车道，解决道路宽度不足问题，缓解通行压力。沿线4个村委10000余人对此均表满意。

二、决战"前线"，助推乡村振兴

百丈乡将乡村振兴工作作为协商议事的重点，组织政协委员对乡村振兴重点项目进行民主监督，听取专项报告，开展跟踪调研。全程监督练石村党群服务中心、大满村木耳种植示范基地、农村巷道亮化工程、财政衔接资金工程等项目，近两年30余个项目均在政协委员的有效监督下推进落实。今年8月，百丈乡民生议事厅组织委员，围绕群众热议的产业路工程开展验收监督活动，并召开民生实事意见征求会。委员们积极对全乡重大项目建设、村集体经济产业和粮食收购等工作开展专题调研，提出实质性意见建议，推动各项"前线"工作落地见效。

三、坚守"火线",助力乡村治理

积极推行"网格+警格"治理模式,通过将惠民服务纳入政协民生议事厅基础性工作,协商解决民生问题,弘扬公序良俗,破解基层治理的末梢梗阻难题。如在"阳光司法"行动中,发动政协委员参与群众矛盾纠纷案件的调解工作。今年7月以来,县政协委员共走访群众2000多人次、收集基层社会治理相关意见建议60多条,并及时整合反馈群众意见,提出建设性意见,有效解决群众反映问题85%以上。如为四级微网格员配发民法典,提高网格员法治思维和法治方式,当好群众学法"培训员";如积极参与普法、禁毒、防范邪教知识宣传,让"法律进村屯""法律进家庭"成为新常态。

四、融入"一线",促进文化振兴

坚持常态化学习机制,组织政协委员在民生议事厅中开展读书分享活动,努力把学习成果转化为工作成效。通过多次开展"读书+议事"委员读书实践活动,以及群众性文体活动、爱心公益活动,将"书香"通过开用文艺演出、阅读分享、书本捐赠等活动传播给广大群众。充分发挥政协委员的企业家作用,组织参与各类协商在基层文化、体育活动;部分政协委员更是化身"土专家",为农户开展农业技能培训。此外,积极助力乡文化广场、红色教育基地、篮球场、"农家书屋"等乡村基础设施建设,提出建设性意见并踊跃捐款5万余元,助力乡村文化事业发展。

奏响基层治理"四部曲"谱写平安百丈"新乐章"

广西壮族自治区象州县百丈乡党委书记　覃彩群

百丈乡在推进乡村振兴工作中,坚持以习近平新时代中国特色社会主义思想为指导,认真贯彻落实习近平总书记在广西考察时的讲话精神,通过将基层党建、平安建设、民生服务等有机融合,奏响基层治理"四部曲",推进共建共治共享的社会治理新格局,全乡社会治安环境明显优化,人民群众幸福感、获得感、安全感显著提升。2022年以来,全乡群众安全感满意度获良好成绩,在全市市域社会治理现代化试点工作现场推进会暨平安建设工作会上作经验典型发言。

一、坚持党建引领，锻造社会治理"主心骨"。

积极探索"党建+社会治理"模式，以提升村党总支部凝聚力、战斗力为抓手，创新开展"榕树下的微党课"活动，构建"四榕"促"四力"治理格局，提升了基层政权治理能力。

一是固"榕根"吸精华，凝聚群众"向心力"。深化"群众是土壤""党委是榕根"的理念，推动"百丈微党课"引领平安建设，开展平安建设微党课90余场，深受广大党员群众好评。

二是强"榕干"传营养，提升骨干"执行力"。构建"三级书记抓平安建设"模式，发挥乡、村、屯党组织书记"榕干"作用，定期下沉村屯、田间地头、榕树脚下，讲授平安建设党课知识，培育平安使者，提高骨干执行力。

三是茂"榕叶"促成长，增强组织"战斗力"。以"微党课+社会治理"形式，推进乡风文明、村民议事等社会治理工作开枝散叶，2018~2020年，群众安全感满意度测评连续8个季度获得100分，2021年第一、三、四季度再获100分，全年排名全市第四。

四是结"榕果"出品牌，打造基层"创新力"。通过党建带动、整乡推进，形成人人参与平安建设良好局面，全乡4个行政村获评为自治区"星级"党组织，推动基层社会治理提质增效。2018年以来，百丈乡先后荣获自治区文明村镇、自治区级"生态乡镇"。

二、构建网格管理，织密社会治理"安全网"。

围绕搭好基层治理大骨架，建立"大、中、小、微"四级网格，对网格内风险挂"图"研判，进行"五色"监控，变"事后管控"为"事前预防"的"一图四格"微治理模式。

一是织密网格。构建纵向到底、横向到边的立体网格，设置"大"网格1个、"中"网格7个、"小"网格49个、"微"网格297个，实现全乡6341户包户到人，落实微网格员待遇补贴。

二是明确职责。制定网格服务事项清单，明确各级网格员职责，实现从"末端管理"到"源头把控"转变。今年以来，各网格走访排查率、矛盾纠纷调解完成率均达100%；民生诉求问题、意见建议问题办复率分别达92.3%和98.5%。

三是建群连心。通过建立网格微信群，开展政策宣传、业务咨询、民声收集、风险治理、矛盾化解、疫情防控等工作，畅通群众沟通渠道，达到信息全覆盖、服务精准化。今年以来，四级网格排查风险隐患共423个，均能妥善化解到位，有效防范各类风险隐患，网格管理已成为守护全乡和谐稳定的坚实屏障。

三、凝聚干群合力，撑起社会治理"顶梁柱"

培塑村、屯干部队伍，凝聚各级骨干力量，持续开展风险隐患排查化解，健全矛盾纠纷联动化解机制，提升"三调联动"规范化、制度化水平。

一是预警联排机制。将派出所、司法所和各级网格纳入基层"大调解"联合体，形成综合预警排查合力。2022年开展矛盾纠纷联合排查97件，实现"小事不出格、大事不出村、重大疑难纠纷不出乡"的目标。

二是对接联动机制。以乡综治中心为枢纽，联合8中心，采取交叉推荐、联合调解等方式，互相支持、互相借力，有效提升调处水平。遇到重大矛盾纠纷，能第一时间启动扁平化联动处置机制。

三是引分联调机制。针对不能立即调解的矛盾纠纷，根据案件形式进行科学分流，及时导入行政复议、行政裁决、仲裁或提起诉讼等程序。2020年以来，先后化解中央交办信访积案4件，诉前调解率由73%提高到100%。近年来，2018~2019年度平安来宾活动"先进乡镇"、2021年自治区群防群治工作"突出集体"等荣誉。

四、推动三治融合，树立社会治理"新理念"。

坚持自治、德治、法治"三治"融合理念，提升乡村治理效能。

一是做实自治强基。通过党建带动，激发"乡贤""四会"等自治组织的主人翁意识，带领群众开展民情恳谈、村民说事等协商活动，推动民事民议、民事民办，形成多方参与、共同治理的新时代社会治理体系。

二是坚持德治教化。充分发挥德治示范引领作用，培育挖掘群众身边的榜样人物。2020年以来，共评选出"好邻居""好家婆""新乡贤"等典型193名，传递乡风文明正能量；打造"壮族三月三""三八妇女节"、重阳节等"微活动"品牌，展示乡风文明新风尚；对留守老人、儿童、五保户走访慰问，向群众传递热情和尊重，拉近干群距离。

三是完善法治保障。为每一位四级微网格员配发民法典，提高网格员法治思维和法治方式，当好群众学法"培训员"；建设一村一法治广场、一屯一法治长廊进行普法、禁毒、防范邪教知识宣传，让"法律进村屯""法律进家庭"成为新常态。近10年吸毒在册人员占辖区总人口数不足千分之五；2019~2021年，全乡历年治安案件发案数呈逐年下降趋势。此外，百丈乡大力加强基层智慧治理能力建设，从乡村治理的难点和重点着手，在重点部分重点路段架设监控头213个，接入百姓天网278路，着力夯实基层基础工作、提升防范风险基本能力。

发挥"党建+"作用，凝聚巾帼"她"力量

广西壮族自治区象州县百丈乡党委书记　覃彩群

象州县百丈乡紧紧围绕"党建带妇建、妇建促党建"工作思路，探索创新"党建+"模式，将党建引领和妇女"半边天"作用有机结合，进一步增强了基层妇联组织的凝聚力、战斗力及号召力，为打造"生态百丈.宜居之乡"贡献了巾帼力量。

一、党建+队伍建设，妇联组织水平不断提高

百丈乡积极推进村妇联换届工作，推动妇女进村"两委"班子，选优配强妇联班子，为进一步夯实妇女参与基层民主管理，在基层社会治理中充分发挥妇女"半边天"作用奠定坚实基础。据悉，2022年各行政村"桂姐姐"巾帼志愿宣讲服务队，充分利用"妇女之家""儿童之家""新时代文明实践站""农家书屋"等阵地，开展新时代文明实践志愿服务300余次，留守儿童课程辅导100余次，文艺培训80余场，慰问"三留守"群体5次，充分发挥了妇女"半边天"作用，切实将党的温暖送到群众身边。

二、党建+宣传教育，妇女法治素养不断提升

百丈乡充分发挥妇联主席、执委、"桂姐姐"巾帼志愿宣讲服务队作用，线上线下齐发力，让维权与爱同行。线上通过在微信群、朋友圈转发妇女的相关法律法规、宣传片、等内容；线下通过发放宣传资料、走村入户宣传讲解方式开展《民法典》《妇女权益保障法》、《反家庭暴力法》等与妇女群众生产生活密切相关的法律法规，提高广大妇女群众的依法维权意识和法律知识水平，促进社会和谐稳定。据悉，2022年妇联组织走村入户宣传2000余户，面对面发放宣传资料2000余份，悬挂宣传横幅50条。

三、党建+评优树贤，社会风尚不断迈上新台阶

百丈乡深入开展"好媳妇"、"好婆婆"、"十佳文明户"等等先进典型评选活动。2022年共评选表彰"好媳妇"11位、"好婆婆"11位、文明户20家，并在"三八"国际妇女劳动节期间举办文艺晚会给获奖人员颁发奖品，宣传他们的先进事迹。切实引领广大妇女和家庭弘扬传统美德，以优良家风带动民风乡风向上向善，树立现代家庭文明新风尚，发挥社会标杆作用，不断焕发文明新气象。

四、党建+就业创业，引领妇女就业助力乡村振兴

百丈乡通过党建引领，开展妇女素质提升培训，"月嫂、烹饪"等家政培训和电商直播培训等课程，提升妇女群众创业干事能力，拓宽妇女就业渠道，促进群众增收致富，撑起乡村振兴"半边天"。据悉，年内妇联组织联合教育机构、家政中心、电商中心在各村共开展家政培训7场次，电商直播培训2场次，主要培训婴幼儿护理、蛋糕制作、小手工制作、及电商直播技能等课程。

下一步，百丈乡将持续深入践行"党建引领妇建、妇建促进党建"的工作理念，持续强化党建引领力，加强妇联基层组织建设，团结和带领百丈乡广大妇女为建设生态新百丈贡献巾帼力量。

文旅结合、产业富民、治理有序，张家镇
打造"四宜四文化"特色旅游名镇

广西壮族自治区平乐县张家镇党委书记　　胡　韦

近年来，张家镇党委政府持续按照产业兴旺、生态宜居、乡风文明、治理有效、生活富裕的总要求，以"文旅结合、产业富民、治理有序"的思路，推动乡村振兴高质量发展。

一、生态引领，文旅结合，激活乡村旅游新动能

张家镇全力打造"四宜四文化"（四宜指宜居、宜业、宜商、宜游，四文化指红色文化、桂剧文化、崇榕文化、妈祖文化）特色旅游名镇，通过文旅融合发展，丰富群众的文化生活，吸引游客游玩，增加村民收入。

一是挖掘红色文化。张家镇青草塘自然村先后作为抗日战争广西省工委重要地下交通站、平恭工委机关、平恭钟解放大队等指挥部所在地,目前还保留有多处重要红色遗存。张家镇整合资源资金,不断完善青草塘红色革命教育基地,于2019年成为桂林市党员干部学习红色历史、传承红色基因的重要课堂之一,在增强党性教育、弘扬革命精神等方面发挥了积极作用。每年接待参观的党员干部和红色旅游人员2万余人。

二是宣传崇榕文化。榕津村是一个拥有千年历史的文化古镇,村内有潺潺流动的小河,独木成林的古榕,青砖黛瓦的建筑,古人将其美景总结为"十榕八桂九井十三塘、两河一渡三上岸"。当地村民十分崇敬榕树,形成了独具特色的包容、和睦、友善的崇榕文化,每年接待游客近10万人。旅游业也促进了当地农业产业发展,如:"阳光玫瑰""夏黑"等优质葡萄特色产业,目前已形成近1000亩的规模,成为村民增收致富的重要渠道。

三是传承桂剧文化。桂剧是张家镇的传统文化,榕津村内还保存着一座建于北宋时期的古戏台和一个古锣,古锣音色开朗、浑厚苍凉、回音悠远,被桂剧行家奉为"广西第一锣"。张家镇通过在传统节日组织演员上古戏台演出,对青少年开展桂剧培训等方式传承和发扬传统文化,同时也吸引了不少桂剧爱好者前来游玩和学习。

四是弘扬妈祖文化。妈祖文化在200多年前由福建、广东等地的客商到榕津古镇经商而流传至此,并在榕津的粤东会馆内修建了天后宫。榕津天后宫为桂北地区规模最大的妈祖文化信仰场所。榕津村通过成立妈祖理事会组织举办妈祖文化节,每年一小庆,三年一大庆。农历三月二十二妈祖诞辰日,榕津人将妈祖像从天后宫中请出,抬上街游拜,以示纪念,称为"太婆出游",届时,来自附近省份的妈祖信徒及各地游客齐聚于此,近5万余人,十分热闹,极大程度提升了榕津村的知名度。此外,妈祖理事会利用善款用于表彰村内好人好事、大学优秀学子,营造了良好的村风民俗。

二、联农带农,产业富民,启动农民增收新引擎

张家镇是劳务输出大镇,大量青壮年外出广东务工,外出人口约占全镇人口30%,导致不少农田闲置。张家镇党委、政府结合实际,以市场供需为导向,积极协调村民流转土地,整合闲置土地,引凤筑巢吸引外来客商和致富带头人发展种植产业,带动农业产业发展。老埠村通过整合、盘活1000多亩闲置土地资源,通过"企业+合作社+农户"模式,形成"春香瓜、秋梅菜"两季轮作产业发展模式,年销售额达到750万元,

日均提供50个工作岗位。此外张家镇还培育了10多家新型农业主体、合作社，每年帮助村民代购代销农产品9000余吨、提供就业岗位120余个、流转土地600余亩，带动300多户农户发展产业、增收创收，人均收入增长5000余元，极大的促进了农户和脱贫人口的持续增收。

三、五治融合，三防并举，全力构建乡村治理新格局

张家镇深入推进政治、法治、德治、自治、智治"五治"融合，构建人防、物防、技防"三防"并举的乡村治理体系，社会治理成效显著，群众安全感和满意度显著提升。其中张家镇榕津村荣获全国文明村镇、自治区五星级基层党组织、全区法治建设先进集体、桂林市"法律明白人"试点村、基层立法联系点等称号，工作经验《主动作为！桂林市张家镇探索多元主体共治共管基层治理之路》在《长安评论》刊登，并在全国推广。同时荣获第九批全国民主法治示范村。

一是突出政治引领，夯实治理"压舱石"。将乡村治理纳入重要议事议程，统筹推进乡村治理工作。组建乡村治理党员志愿者工作队伍，通过党员带动群众积极支持、参与乡村治理工作。依托党群服务中心，每个月开展"书记大接访"活动，邀请法律专业人士列席指导，为群众提供法律咨询服务，答疑解惑。

二是夯实自治强基，发挥治理"内生力"。依托村民会议，鼓励开展民主协商活动，激发群众参与协商、讨论、表决等环节，凡是涉及群众切身利益的重大事项，按照"四议两公开"程序进行决策，提高全体村民自我管理、自我服务能力。

三是强化法治保障，创新治理"助推器"。定期对村"两委"干部进行乡村治理、法律法规等业务培训，村"两委"干部的法治意识得到明显提高；以大榕树法治大讲堂为载体，定期开展"以案说法进村屯"等活动，引导和鼓励群众自编自演法治文艺节目，用群众身边事宣传法律知识和法治理念；创新培养一批"法律明白人"，实现先让一批人学法，再带动一批人用法，让广大乡村群众逐步形成依法办事的浓厚氛围。全镇共培养96名"法律明白人"，实现所有村屯全覆盖。

四是深耕德治教化，引领道德"风向标"。大力开展文明家庭、身边好人等选树活动，每年各村的理事会对村内考上重点大学学生、见义勇为人士等进行奖励，形成良好的村风民俗。

五是加强智能支撑，激活善治"一池春水"。各村建立了"法律明白人交流平台"，利用微信交流平台定期向广大群众推送普法微视频，扩大法治宣传教育影响力；发动广大村民积极参与"百姓天网"建设，村民将自家安装的监控探头进入村委的"百姓天网"监控终端，实现了村委监控室对全村重点路段、重点区域情况的实时掌握，对违规违法等行为做到及时处置，村民的安全感、幸福感显著提高。

振兴乡村，促生态长须，祥和贡玛

四川省石渠县长须贡玛乡人民政府乡长　达瓦泽仁

石渠县长须贡玛乡位于石渠县东部，属扎麦片区，辖区面积802.17平方公里，可利用草场面积870413.97亩，平均海拔4000米，距县城140余公里，全乡干部22人，辖六个行政村，共有947户，4140人，有畜牧24333头、只、匹，（其中牛20860头，羊2760只，马713匹）。

一、产业振兴

农村经济发展是全国乡村振兴战略最关键的点，在较大程度上会影响到全面实现乡村振兴的历史进程。一直以来，乡村振兴战略是为解决眼前农村经济发展的瓶颈问题，推进城乡一体化发展的重要举措。全面实施乡村振兴战略，就要坚持以农村农业产业为主要发展内容，对产业结构做出合理调整及科学规划，打造"产业兴旺、生态宜居、乡风文明、治理有效、生活富裕"新农村发展的和谐局面。我乡紧跟战略政策，着力发展我乡一、二、三村特色育肥基地。我乡牦牛育肥基地总体目标买活畜225头，两个牲畜暖棚，储草厂房等，解决30余人就业渠道。我乡乡党委政府以牦牛育肥基地建设为基础，加快发展现代畜牧产业，下一步利用我乡哈伟村旺嘉利合作社积极发展奶制品加工厂，适应新形势、新要求，切实减轻牧户负担，为牧业提质增效提供保障。

绿水青山既是自然财富，又是经济财富，我乡并依托高产优质牧场种草基地（从传统人工种草到现代化科学种草，种草4500亩，亩产1600斤左右），即修复了生态，又治理了"三化"，有效解决了牲畜越冬度春草料，切实将畜牧产业发展向标准化→规范化→规模化→生态化→科学化→经济化方向发展，并通过扩大培育、全面保护，辖区草原、湿地资源不断增加，生态功能及价值明显提升，区域生态容量和生态承载力明显提升，进一步夯实了经济增长和可持续发展的生态基础。推动高产优质牧场向规模化、机械化、经济化发展，乡党委书记其麦邓珠同志指出饲草产业不仅提高了抗灾保畜能力，还肩负着生态保护与高质量协同发展的重任，长须贡玛乡千亩饲草料基地要为全乡抗灾保畜和推进生态保护和畜牧业高质量发展作出积极的贡献，扎实做好牲畜越冬饲草料储备工作，是牲畜现代化养殖牲畜以及产业健康安全发展必不可少的保障。

二、生态振兴

乡村振兴战略为乡村生态文明建设提供理论指导，同时生态建设也为持续推进乡村振兴战略提供了自然基础和未来发展的动力。故此大力实施乡村振兴，并提高到战略高度，是党中央实现城乡一体化、加快农业农村现代化和全面建成小康社会做出的重大战略决策，为新时期农业农村改革发展明确了重点，指明了方向。乡村振兴不仅要求农民富，农业强，更要求农村美，其关键在于加强乡村生态文明建设。按照环保工作目标任务，我乡采取各种积极有效措施，较好完成各项指标任务。一是认真建设项目环境管理工作，在建设项目的同时做好生态恢复工作。二是加强污染防治工作，每月开展一次"全域无垃圾"活动，解决了生活垃圾乱堆滥放问题。三是全力做好环境信访工作。按照"属地管理"的原则，通过努力，我乡没有发生越级环境信访事件。切实把"全域无垃圾"环境整治责任落到实处。乡村振兴既是乡村和乡村产业的振兴，也更是应是乡村生态文明的振兴。我乡也就具体形成绿色的生活方式和人居空间而开展各项工作，县委县政府的帮助和支持下，实行厕所革命（农牧农村项目），发放180个垃圾桶、一个大型垃圾车、两个小型垃圾车，修建垃圾焚烧池等，贯彻落实农村人居环境治理。实现人与自然和谐共生，实现经济与环境携手共进，切实让乡村人居环境美起来、人民生活富起来。乡村生态文明建设是乡村振兴战略的基础性工程。乡党委书记其麦邓珠同志指出："走向社会主义生态文明新时代，以建设生态长须～祥和贡玛为出发点，实现我乡从站起来到草原生态好起来再到富起来的重大转变。

三、人才振兴

人才振兴带动乡村振兴就是让源头之水变得生机盎然。选优配强领头雁是建立乡村振兴班子的基石。火车跑得快，全靠车头带。要抓好基层党组织书记这个最为根本、最为关键的人才，坚持选优配强基层党组织带头人。要优化班子结构，着力推动整体优化提升。持续深入开展农村领头雁；培育工程,坚持凡进必审，坚持把政治素质高、业务能力强、群众信得过的人选拔到村两委班子，把好乡村振兴的正确方向。着眼村两委换届设立专职岗位，建立联系培养制度。建立村后备干部人备案培养制度，实行动态管理及时推优汰劣。我乡建立村后背干部18人，乡土人才是宝贵的人才资源，是巩固脱贫攻坚、全面推进乡村振兴不可或缺的重要力量。乡村没有人才，再好的政策也难以实施，再好的资源也难以利用。通过政策宣传、选聘下派、组织引导、前景引领等途径，以乡情乡愁为纽带，吸引外出乡贤、务工人员、毕业生、退役军人等群体返乡做创客。大力培养基层全科医生3人、农技人员6人、按照考试+面试的形式招聘应届毕业生招考村干部，培育扶持理念新、素质高、懂技术、会经营、有热情、有责任心的农村经纪人队伍。建立培养乡土人才的长效机制，挖掘有一技之长的种养殖能手、致富能人、能工巧匠、民间艺人、非物质文化传承人等开展技能培训，带动当地牧民就业渠道。发展壮大先锋队。实现乡村振兴，绝不能离开广大农村党员的参与和奉献。我乡有126人牧民党员，其中文化程度在初中以上的12人，初中的7人，年轻党员78人，占总人数的62%，我乡积极鼓励大学毕业生参与入党积极分子培训，发展党员和党员教育、管理、监督长效机制，严把发展党员入口关，建立基层党员干部队伍联审联查机制，推进发展党员违规违纪问题排查整顿，全面推行党员积分制管理、设岗定责、承诺践诺、志愿服务等，激活农村党员细胞。扎实开展党员冬春训。

四、远景规划

加大生态扶贫，生态惠民富民能力明显增强

长须贡玛乡坚持以党的二十大精神为指导，深入推进生态建设，认真践行绿水青山就是金山银山理念，坚持生态优先、绿色发展，生态为民、科学利用，生态服务功能明显增强，绿色发展的生态基础更加稳固，惠民富民成效日益显现，"三化"区域实现了由绿到富的巨变，并坚持在保护中发展、在发展中保护，把生态治理与发展特色畜牧产业有机结合起来，以乡村振兴为契机，依托乡集体牧场等优势，分类推进绿色生态、有机产品、功能性畜产品同发展共进步，形成产销一体化，加上地理标志类以及功能型、高值、高质产品，打造具有高原特色品牌，用品牌支撑畜牧业生产实现转型升级、优质高效。

人不负青山，青山定不负人。全面践行"两山"理念，沿着绿色发展道路砥砺奋进、开拓前行，新时代美丽长须贡玛的生态画卷必将更加壮美。

担当作为破瓶颈，乡村振兴显身手

四川省青川县骑马乡党委书记　卫晓松

一条条崭新、宽阔的公路在山间蜿蜒，千亩白茶基地宏伟壮观，立体茶菌采摘园内喜笑颜开……

现在的骑马已彻底摘掉贫穷落后，基础配套设施不完善，乡村面貌差的帽子，换上新颜，正奋力逐梦前行。

地处秦巴山区深处、白龙湖尾水区的青川县骑马乡，在经历了大型移民搬迁、5·12地震考验后，全域1/3户籍人口外流，基础设施受损严重，经济社会发展明显滞后。党的十八大以来，在精准扶贫政策的带动下，全乡部分基础设施得以改善，茶叶产业得以发展，绝对贫困人口全部消除，但距离"产业兴旺、生态宜居、乡风文明、治理有效、生活富裕"的要求差距甚大。如何快速追赶、后发赶超，如何向党中央、向全乡百姓交出一份满意答卷这一历史性课题摆在了我们面前。不甘落后、不甘贫穷、不躺平、不摆烂的骑马乡党委、政府迅速行动，研判政策，独具骑马特色的"城市周边慢生活聚集地、县域经济发展补充极、三产融合发展示范乡"已初具雏形。

找差距、明目标，紧盯奋进主战场，推进重点事业跨越发展。在新时代全面推进乡村振兴战略的要求下，坚持人民至上，紧盯骑马存在的产业不兴、基础设施落后、人气不足等问题，锚定全域乡村振兴高质量发展目标，明确了"工业破局、园区带动、文旅兴乡、实干快干"的发展战略，确定了"招商引资、项目投资、产业发展、乡村振兴"的奋进主战场，提出了"全面发展、重点突破、后发赶超"的发展路径。为全域乡村振兴高质量发展划定了框架，明确了方向。

兴基础、搞建设，推动配套功能完善人居环境提升。"要想富先修路"这是千年不变之真理。全县共有村社道路83.6公里，截至2020底，全乡共硬化村社道路33.4公里，尚有53.2公里未硬化。未硬化道路主要集中在非贫困村，覆盖群众2000余人，且覆盖区域林地和耕地资源丰富，但受制于道路条件，农产品产而滞、耕地多而荒的现象尤为严重。2021年，该乡积极引进3家中药材种植企业，考察过程中均因道路瓶颈问题而搁浅。乡党委、政府积极向上争取项目资金，动员群众积极投工投劳开挖路基等方式，仅两年内完成全乡9条39.2公里村社道路硬化，修建便民桥2座，拓宽道路2条15公里。一条条长龙盘踞于崇山峻岭中，一车车产品顺利外运、一路路人马山中穿行。彻底解决了全乡境内出行难、外运难、进驻难的问题。

虽然道路是提升环境质量的法宝，但是要全面提升村容村貌，提升群众的生活品质，必须从便从农户居住条件和公共设施两个大方面入手。一是大力推动住房环境提升，引导群众良好生活习惯。确定了"一核两轴六副"整治方式，即：以场镇整治为核心，以通乡公路一板白路、"白叶一号"基地沿线通村路为轴，6村共同推进，大力开展"拆乱搭、整乱堆、改厨、改厕、改圈"。共计拆棚棚114处、清乱推 314处、拆圈舍34个，改建圈舍77个，改厨24户、改厕228户。同时，设立户办环境红黑榜，每月开展家庭环境评比，引导群众除陋习、换新风。二是补足公共短板，完善配套功能。兴建了综合运动广场和文化娱乐广场，改扩建河堤1.5公里，翻新场镇主街道1.3公里，修建停车场2处。对过境场镇河道进行了全面规划，地处主场镇街道沿线荒废10年、占地10亩的广甘高速指挥部整治启用，成功招引综合民宿项目，橡皮坝壅水工程成功落地。一户户干净整洁的院落、一处处生机傲然的场景，为旅游项目开发、人气回流聚集创造了先决条件，城市周边慢生活聚集地、生态康养目的地不再是"别人家的娃"。

一村一品谋发展，产业多元促兴旺，提升增收韧劲。产业兴旺是乡村振兴的首要任务，也是根本动力。该乡立足独特的自然条件、现有资源和传统种植优势，统筹考虑，系统规划，确定了以茶叶、食用菌为主导，牛羊、核桃、中药材为特色的农业产业发展架构，以文化石链条化加工、农产品初加工为基础的工业发展模式，以观光旅游、休闲体验、文创产品开发为主体的服务业发展方向，推进"双2双3"三产融合助力乡村振兴。

骑马乡境内最低海拔560m，最高海拔1722m，7个行政村地势地貌差距较大，适宜发展经济作物不尽相同。于是根据地势、土壤、水文等条件，在1000米以上高山地带主导发展天麻、茯苓等中药材，700—1000米半坡地带主导发展茶叶种植，700米以下的河谷地带主导发展木耳、竹荪、羊肚菌等食用菌，"高中低"立体农业架构初步形成。今年，全乡新栽白茶1017亩，茶叶种植总面积已达7500亩；发展羊肚菌、竹荪等700余亩，占全乡食用菌总量的80%；新建年出栏6000只羊的养殖场1个；建成700余亩的核桃园一个。"一村一品、一村一园"发展模式基本形成。同时将依托茶叶和食用菌产业，进行农产品深加工，拟以村集体经济组织牵头兴建综合生产加工车间，推动农产品就地加工销售。该项目建成后茶叶及食用菌产业可实现增收30余万元，带动150余户，户均增收2000元以上。

立足工业破局，充分利用荒废10余年，面积100余亩的原广甘高速弃碴场，先后引进文化石初加工、精加工企业两家，预计2025年完成企业进规工作。截至目前，石材初加工厂已经建成投产，精加工厂正在建设。企业入驻后，仅土地租赁费可带动当地群众年均增收5万余元，解决了闲置劳动力就业难问题，年均可实现总收入60余万元。届时，两家石材加工厂年均可实现上交利税超500万元。无人问津的"荒沟沟"摇身一变成了遍地财富的"金窝窝"。

保民生、兜底线，大幅提升群众获得感、幸福感、安全感。

江山就是人民，人民就是江山。保障好、维护好群众的基本利益，让劳动人民充分就业，创造价值，是我们得民心、促发展的根本任务。建立健全"乡、村、组、网格"4级社会保障体系，今年一年时间，仅今年一年时间，我乡完成了5户五保户集中供养，解决孤寡老人老无所依问题；完成医疗救助7户，7人，救助资金3万余元；发放轮椅、助听器、盲杖等物资20余套，改善残疾人生活；解决90余户贫困学生就学问题，解决资金7万余元；针对大病、生活困难、失业等农户，临时救助50余户，救助资金10余万元，设立疫情影响专项救助基金15万元，救助因疫情失业、生活困难群体100余户，帮扶2名社区戒毒人员康复。

成立劳务专合社，保障全乡劳动力充分就业。以村为单位成立劳务专合社7个，通过劳动力及劳动力性质摸排登记、对接用工需求、发布用工信息、推荐用工人员等，充分发挥专合社桥梁作用。在我乡招商引资企业快速入驻、项目建设如火如荼的基础上，今年7社完成派工438人，人均务工时间超10天，务工收入达到44.805万元。"外出打不到工，打工挣不到钱，回家坐吃山空"的抱怨消匿于坊间，"明年不出门了，在家挣钱还能照顾到家""明年我们也种点菌子、养几头牛、把咱家茶叶种好"等普遍成为谈资。

树乡风、善治理，织密基层社会治理一张网。多形式开展法治教育，让知法、懂法、守法、用法成为现代新型农民生产生活的标尺。今年，通过100余场坝坝会、300余人次入户讲解、50余次现场断案，解决信访积案难案10余起、邻里纠纷40余起、家庭矛盾25余起，惩戒违法捕猎、乱采砂石等违法行为8起，群众法律意识快速提高、公平公正。村规民约户户皆知、人人遵守，道德积分户户评比、人人参与，随着红黑榜和积分制的常态化公示运用，邻里和睦、家庭团结、文明和谐氛围在全乡铺开。

乡贤、智者组成的矛盾调处委员会，产业大户、技术能人组建的产业协会、知克、厨师组建的红白理事会等自治组织各司其职，从矛盾难题的最前沿入手，最快速满足群众需求。确定新民社区为新型集体经济示范村，推动集体经济在盘活闲置土地、闲置资产、劳务承包、劳务派遣、入股企业等方式上着手，实现了集体经济收入30万元。在第一桶金的刺激带动下，新民社区将根植旅游产业、工程承包、公共服务，确保集体经济雪球变大，群众受益明显。

团结一心、目标明确、方略得当，骑马乡党委、政府将用功成不必在我、功成必定有我的决心，紧紧围绕产业兴旺、生活富裕、生态宜居、乡风文明、治理有效五大课题，克服重重障碍和困难，全面推进现代化农村建设。乡村振兴美丽画卷正在骑马乡娓娓展开，也将成为边缘山区乡镇转型的样板，定会向党中央、全乡百姓交出一份满意的答卷。

多贡麻乡 2022年乡村振兴工作总结

青海省班玛县多贡麻乡党委书记 艾 旺

在县委、县政府的正确领导下，多贡麻乡党政领导班子始终坚持以习近平新时代中国特色社会主义思想为指导，全面贯彻党的十九大和十九届历次全会精神，深入贯彻落实习近平总书记重要讲话精神和中央及省州县工作部署，团结和带领全乡干部群众，以州委"一统领四推进"和县委"123479"总体思路为指引，全面深化"四联三卷"工作机制，统筹推进安全生产和经济社会发展，保持了全乡经济社会持续健康发展，现就2022年的工作简要总结如下。

一、聚焦乡村振兴，发展活力有效激发

（一）坚定不移发展畜牧业经济。

截至2021年底，全乡存栏各类牲畜25326头（只、匹），牲畜总增率为22%，母畜比例为48%；繁活率为54.84%，成活率为89.88%，出栏率为23.3%，成畜损亡率1.72%，牲畜商品率为18%。牲畜出栏率、商品率逐年增加。切实做好牦牛保险购买工作，2021年承保牦牛22382头，截至2021年12月31日赔付1541头，赔付金额2768500元；2022年

承保牦牛23322头，截至2022年5月15日赔付969头，赔付金额1569000元，确保了畜牧业经济发展安全。年初以来，动物防疫安排部署会议共2次，民间兽医动物防疫开展业务培训1次，县动物疫病防控中心开展技术培训1次；春季发放疫苗口蹄疫125箱、牛出败170箱、炭疽疫苗75箱、布病疫苗5箱，疫苗注射率均达到100%。

（二）坚定不移推进生态保护与建设。

一是召开生态保护突出问题集中整治专项行动警示教育会，现场视频学习木里矿区以及祁连山南麓青海片区生态环境综合整治三年行动动员部署会和现场启动会精神，深入贯彻习近平总书记对青海生态环保工作的重要指示批示精神，坚决落实党中央关于生态环境保护决策部署，坚决扛起青海生态环境保护政治责任，坚决筑牢国家生态安全屏障。

二是持续开展两轮中央环保督查"回头看"，整改落实国务院两轮环保大督查反馈的问题，扎实开展河湖长制、人居环治理及长江流域十年禁捕工作。按照河道治理"清四乱"的要求，开展"保护母亲河"净滩行动，累计开展巡河33次，总长度180多公里。

三是大力开展道路沿线交通安全专项整治暨环境卫生综合治理工作，累计开展春季环境卫生集中治理专项行动14次，投入人力250人次，共清除建筑垃圾10处，清理拉运垃圾60余吨。

四是大力实施"三江源"生态保护，在满掌村、玛当吾村共施行黑土滩种草5000亩。按照打造区域生态文明"七个新高地"要求，切实开展长江流域禁捕工作，成立领导小组，制定工作方案，加强宣传引导，签订《长江流域十年禁捕承诺书》290余份，开展宣传教育6次，发放宣传资料3000多份，营造全民参与长江禁捕的良好社会氛围。

（三）坚定不移推进乡村振兴取得新突破。

一是全力做好巩固脱贫攻坚与乡村振兴有效衔接。扎实推进防止返贫动态监测帮扶工作，集中力量排查家庭人均可支配收入6700元以下，且存在因病、因学、因灾、因突发事件等致贫风险的牧户，符合条件的及时纳入监测范围。建立监测帮扶台账，制定一对一帮扶措施，履行监测户识别程序，完善监测户相关档案资料，加大监测户技能培训和务工就业力度，提升就业能力和内生动力，积极同民政局、就业局、医保局等相关部门衔接，落实针对性帮扶措施。开展结对帮扶活动，持续加大帮扶力度，截至目前，往年识别的13户63人监测户全部实现风险消除。

二是加快扶贫项目库建设。在玛当吾村犏牛养殖基地、满掌村有机肥厂、多贡麻村高原牦牛养殖基地、多贡麻村石刻加工厂等产业发展的基础上，按照因地制宜、充分利用现有资源的原则，精准规划产业项目。截至目前全乡储备2022项目39个，涉及产业提升、基础设施、乡村建设等。期间，州委常委、县委书记刘正伟多次现场办公，指导我乡产业发展；县委常委、组织部长刘卫国主持召开产业发展座谈会，与干部群众共商产业发展大计。

三是项目建设坚实迈进。道路交通方面：实施多贡麻乡道路提升工程，投资500万元（中央预算内投资400万元，地方预算内投资100万元），改造道路0.4公里及相关附属设施，目前已完成工程总量的30%。教育方面：实施班玛县多贡麻乡幼儿园建设项目，总投资390万元，主要建设幼儿活动用房、服务用房及附属用房1100平方米，购置必备的玩教具、室外生活器材和生活设施设备，目前完成70%工程量；班玛县多贡麻乡寄宿制小学1200平方米生活用房项目，总投资385万元，目前已完成工程量的70%。危房改造方面：实施21户危房改造工程，每户2—4万元不等，总投资60余万元，目前已完成验收；干部周转房：投资24万元，实施乡政府11套干部周转房维修，不断改善干部职工居住环境。村集体经济发展方面：利用2022年中央扶持村集体经济50万元用于多贡麻村便民超市项目建设，主要经销食品和日用品为主，经营生鲜蔬菜水果、日杂用品、米面油等，由村"两委"班子进行管理，带动本村2名贫困人员就业。项目于今年9月底建成，预计每年产生3.5万元的经济效益。生态畜牧业方面：立足畜牧业主导地位不动摇，大力发展集约化养殖。充分利用我乡3个村各150万元资金发展生态畜牧业及其合作社建设，大力引进牦牛养殖。目前，三个合作社购牛工作已完成，共购买母畜619头，种公牛13头，并购买牲畜保险，通过承包模式或代养模式运营，预计各合作社每年收益10.5万元。

四是全力推进脱贫人口和边缘易致贫户稳定就业。积极对接就业部门，做好农牧民实用技术培训报名审核等工作，主要培训石刻、汽车驾驶等技术，计划培训100人次。积极拓展就业渠道，通过安排生态管护员、光伏岗位、扶贫车间岗位以及牧户自主就业、临时就业等，目前已完成我乡就业任务的60%，通过虫草采挖等季节性务工，6月底可以超额完成346人的脱贫劳动力和边缘易致贫人口就业任务目标。

五是强化易地搬迁后续扶持，确保搬迁户搬得出、稳得住。通过格萨尔酒店、农贸市场、藏茶等产业带动451人搬迁户收益，通过到户资金购牛等产业带动112人收益，民政低保兜底96人，实现全乡104户易地搬迁户中有劳动力的家庭每户最少一人就业目标，易地搬迁后续扶持力度明显，确保搬迁户稳得住、能致富。

六是开展清查行动，强化扶贫资金项目管理和规范运行。坚持高标准、严要求，全方位推进的工作原则，紧紧围绕资金、项目、收益三个环节，对2016年以来扶贫资金投资形成的项目收益资金及2021年以来中央、省、州各级下达的乡村振兴有效衔接资金进行了专项清查。主要对资金到位拨付结余情况、资金使用管理情况、财务管理制度建立完善情况等对照自身工作，举一反三，全面自查自纠，认真查摆问题，及时整改，建章立制，巩固成效。

二、聚焦民生福祉，幸福指数不断提升

（一）不断提高牧民群众健康水平。

1—6月，乡卫生院接待门诊患者197人次，门诊收10478.14元。完善居民健康档案2704人，其中电子健康档案1080人；开展健康知识宣传教育18次，参与2437人次，发放各类资料5012册。将65岁以上老年人、儿童、妇女、重型精神疾病患者等特殊人群纳入管理，建立档案，定期开展随访和免费健康体检，免费发放各类药品87盒，其他药品87盒，家庭医生履约896次。家庭医生签约663户、2704人，其中建档立卡贫困户193户、909人。开展以包虫病为主的地方病传染宣传教育活动2次，累计发放宣传图片资料1000余份。截至目前，全乡包虫病现管患者140人，对符合手术治疗条件的19名包虫病患者施行了手术，实际施行手术21人，超额完成了包虫病手术"清零"任务。全乡已婚育龄妇女数682人，共出生 20人，死亡人数0人，出生率为6.2‰，计划生育率为100%。加强村级卫生室管理，配送药品并零差率销售，各村卫生室平均储存药品达到85种以上，有效缓解群众看病难问题。

（二）精准落实社会救助政策。

深入开展低保问题专项整治，完成上半年社会救助人员复核任务，着力开展事实无人抚养儿童认定工作，切实做到"应保尽保""应退尽退"。加大困难群体保障力度，对全乡131名高龄老人、9名特困老人、 97名残疾人、5名孤儿、30名困境儿童及低保户167户 622人按时发放保障资金97.93万元。加大民政临时救助力度，开展"寒冬送温暖"临时救助10人，共发放救济金5万元。开展低收入贫困家庭和支出型困难家庭排查

认证工作，对低收入贫困家庭111户549人实行动态调整管理。完善乡敬老院建设，实现制度上墙，同时规范配套设施，尝试对老年人照料的社会化运营服务。

（三）全面开展控辍保学工作。

2022年全县下达控辍保学名单317名，我乡59名，其中多贡麻乡寄校34名，县藏文中学7名，藏文学校4名；双重户籍7名，双学籍 2名，已注销户口1名，已死亡注销1名，县民族中学1名，在外就读2名。截至目前，劝返入校58名，其中1人未劝返。户籍及学籍问题正在核减中，2个双学籍未核减，3个双重户籍未核减。

多措并举　巩固拓展脱贫攻坚成果
全力推进乡村振兴

青海省班玛县多贡麻乡党委书记　艾　旺

为深入贯彻党中央、国务院、省、州关于实施乡村振兴战略的重大决策部署要求，落实州委"一统领四推进"、县委"123479"总体思路，2022年以来，多贡麻乡党委、政府始终把巩固拓展脱贫攻坚成果，全力推进乡村振兴作为当前一项政治任务，严格落实"四个不摘"要求，扎实开展乡村振兴各项工作，多措并举持续巩固拓展脱贫攻坚成果，推进乡村全面振兴。

扎实推进防止返贫动态监测帮扶工作。

乡党委、政府严格落实"四个不摘"要求，高度重视防返贫动态监测工作，持续巩固"两不愁、三保障"成果。

一是开展摸底排查。排查家庭人均可支配收入6700元以下，且存在因病、因学、因灾、因突发事件等致贫风险的牧户，符合条件的及时纳入监测范围。

二是建立监测帮扶台账，制定一对一帮扶措施，履行监测户识别程序，完善监测户相关档案资料。

三是积极衔接实施针对性帮扶。积极同民政局、就业局、医保局等相关部门衔接，落实针对性帮扶措施。

四是加大监测户技能培训和务工就业力度，提升就业能力和内生动力。

五是开展结对帮扶活动，持续加大帮扶力度。截至目前，往年识别的13户63人监测户，全部实现风险消除。

开展清查行动，强化扶贫资金项目管理和规范运行。坚持高标准、严要求，全方位推进的工作原则，紧紧围绕资金、项目、收益三个环节，对2016年以来扶贫资金投资形成的项目收益资金及2021年以来中央、省、州各级下达的乡村振兴有效衔接资金进行了专项清查。主要对资金到位拨付结余情况、资金使用管理情况、财务管理制度建立完善情况等对照自身工作，举一反三，全面自查自纠，认真查摆问题，及时整改，建章立制，巩固成效。

稳岗就业，全力推进脱贫人口和边缘易致贫户稳定就业。积极对接就业部门，做好农牧民实用技术培训报名审核等工作，主要培训石刻、汽车驾驶等技术，计划培训100人次。积极拓展就业渠道，通过安排生态管护员、光伏岗位、扶贫车间岗位以及牧户自主就业、临时就业等，目前已完成我乡就业任务的60%，通过虫草采挖等季节性务工，6月底可以超额完成346人的脱贫劳动力和边缘易致贫人口就业任务目标。

强化易地搬迁后续扶持，确保搬迁户搬得出、稳得住。通过格萨尔酒店、农贸市场、藏茶等产业带动451人搬迁户收益，通过到户资金购牛等产业带动112人收益，民政低保兜底96人，实现全乡104户易地搬迁户中有劳动力的家庭每户最少一人就业目标，易地搬迁后续扶持力度明显，确保搬迁户稳得住、能致富。

多措并举细致谋划，加快项目库建设。在统筹全乡总体发展规划基础上，按照群众参与、村级申报等项目库建设程序，早谋划、早安排、早落实，多举措积极谋划2022年至2025年扶贫项目库建设工作。按照因地制宜、充分利用现有资源的原则，精准规划产业项目。截至目前全乡储备2022项目39个，涉及产业提升、基础设施、乡村建设等。

实施多贡麻村便民超市，壮大村集体经济。利用2022年中央扶持村集体经济50万元用于多贡麻村便民超市项目建设，主要经销食品和日用品为主，经营生鲜蔬菜水果、日杂用品、米面油等，由村"两委"班子进行管理，带动本村2名贫困人员就业。项目于今年9月底建成，预计每年产生3.5万元的经济效益。

立足畜牧业主导地位不动摇，大力发展集约化养殖。充分利用我乡3个村各150万元资金发展生态畜牧业及其合作社建设，大力引进牦牛养殖。目前，三个合作社购牛工作已完成，共购买母蓄619头，种公牛13头，并购买牲畜保险，通过承包模式或代养模式运营，预计各合作社每年收益10.5万元。

下一阶段，我乡将认真按照县委、县政府关于实施乡村振兴战略的决策部署，围绕《青海省2022年推进乡村振兴八大行动方案》确立的目标，久久为功、扎实推动乡村振兴工作不断深入、取得实效。

战旗片区软件硬件两手抓　片区建设取得初步成效

四川省成都市郫都区唐昌镇党委政府

牢记总书记"走在前列，起好示范"嘱托，认真落实区委乡村振兴集成示范片建设工作部署，按照"一年打基础、两年见成效、三年出示范"目标，奋力推进片区开发建设，全力打造乡村振兴高地。

一、以机制建设为保障，片区建设快速启动

专班建立健全工作制度，先后召开30余次工作例会，适时召开碰头会，片区各项工作实现统筹和全速推进。

一是建立健全了专班组织架构和工作制度。成立了以郑志部长为总指挥长，区规自局、区住建局、西盛集团等单位为成员的建设指挥部；下设规划编制组、基础调研组、投资促进组、综合协调组4个工作组，建立了会议会务、考勤考核等5方面管理制度，保障专班实体化、高效率运行。

二是完成了资源摸底和社情民意调查。会同规划设计单位进行了全覆盖踏勘摸底，与村（社区）干部、重点企业座谈交流50余次，了解核心发展诉求，发放入户问卷2000余份，摸清了村民需求和资源特征，为顶层设计奠定了数据和资料基础。

三是形成了"国有公司+镇村"协同建设机制。西盛集团（郫建司）在战旗村成立了项目建设办公室，唐昌镇和战旗村落实专人负责，全力协调服务项目建设，形成了"现场督促、现场协调、快速解决"的协同工作机制，及时解决涉及村民、商家等相关问题，切实保障良好的项目建设环境。

二、以规划编制为基础，绘就片区美好蓝图。

战旗专班按照"先策划后规划"理念，遴选了策划、国土空间规划和首开区空间营造设计单位，"三位一体"开展并完成了顶层设计，形成了《战旗片区红色文旅目的地策划》《战旗村级片区国土空间规划》和《战旗村修建性详细规划设计》等成果并应用到实际建设开发中。

一是凝练提出了总体定位和发展思路。片区以"红色战旗、绿色乡村、幸福家园"为形象定位,重点以"追寻领袖足迹、讲好战旗故事"为核心打造红色研学地，以"走在前列、起好示范"为奋斗目标建设振兴先行区，以"生态价值转化"为探索重点建设公园城市乡村示范片；形成了红色研学与绿色产业、绿色生态"红绿交融发展"的总体思路。

二是谋划形成了产业空间布局。确立了"一核强牵引、五园融红绿、环带串珠链"产业空间结构，"一核"即突出战旗村核心区带动，完善红色研学载体，筑强教培核心功能，塑造红色品牌；"五园"即以红绿交融发展为导向，建设爱国主义拓展园、红色农耕体验园、丘林康养休闲园、农创科技园、乐活宜居田园5个功能区；"环带"即沿锦江绿道构筑红色研学带，串联3村构建一条乡村振兴示范环线。

三是规划构建了"三大地景"和"5+N"居住空间。统筹地形条件、现状耕地林地分布，按照宜耕则耕、应保则保原则，构筑起"水岸生态片区、沃野平坝片区、浅丘台地片区"三大地景单元；结合村民意愿、生产生活需要、林盘院落等情况，布局5个集中居住点，同时保留一些优质散居林盘院落，聚集度达95%。

三、以产业项目为重点，片区发展提质推进。

战旗专班坚持"大抓项目、抓大项目"，聚焦现代农业、乡村旅游和研学培训三大产业，切实做好项目招引促建和服，完成战旗片区核心区空间营造。

一是完成核心区空间营造。投资4900余万元,完成五季香境、唐宝路沿线建筑风貌、景区入口改造提升，建成400平方米初心馆、十八坊门前小游园和水景景观，打造7个重要节点，完成党群广场升级改造。加速社会投资项目聚集。

二是大力加强招商引资力度。招引台丽庄园、天府战旗酒店等项目8个，投资总额约26500万元。其中，骑士驿站、天府战旗酒店2个项目已建成运营，台丽庄园、西蜀竹林2个项目已落地建设，旗剑农庄、运动横山、四季顺鑫、稻语花香4个项目正加紧推进。

三是推进片区二期建设。深化西盛集团与战旗村合作，开展战旗村修建性详细规划设计，逐步启动战旗新村、大田美宿等项目建设，进一步打造新消费场景，丰富区域业态。四是加强耕地保护。推进战旗粮经现代农业产业园区建设，严格落实"非农化、非粮化"政策，开展腾退低端花卉苗木近700亩，实施高标准农田提升600亩，大春完成粮食生产1200亩，大田景观初具形态。

四、以后半篇文章为抓手，区域发展动能日趋增强。

战旗专班认真落实两项改革"后半篇文章"工作要求，推动片区基层党建和村庄治理，促进区域均衡发展，不断补齐功能短板，增强内生发展动能。

一是基层党建持续创新发展。在延续"三问三亮六带头""支部建在产业链上"等经验做法基础上，在实践中再创新出"三诺三办两评议"工作法。通过党员三分类，组织发动划分为"长期在家类党员"与身边10～20户群众建立包户联系机制，强化"党员包户"工作，切实当好勤务员、信息员和宣传员。

二是服务功能持续发展提升。实施了村党群服务中心"三化"建设，切实增强村级党建引领便民服务能力；全面开展"微网实格"建设，片区共划分和建成77个微网格，确定并开展微网格长培训，整合"防疫、文明劝导、困难帮扶、矛盾化解、项目服务"等多种功能进网格，基本实现"小事不出格，大事不出村"。

三是片区发展探索出新模式。促进了西盛集团与战旗村达成了"村集体出地出资源、西盛集团投资建设"的互惠共赢合作模式，以前期成立的蜀源战旗公司为平台，统一运营管理双方资源资产，在进一步做大做强基础上，实现西盛集团投资回报和村级资源经济价值转换，共建共享共赢。

陆川县清湖镇永平村乡村振兴经验做法

广西壮族自治区陆川县清湖镇党委政府

清湖镇永平村位于清湖镇的西北部，东与本镇旺山村相接，南与本镇塘榄村为邻，西与良田镇接壤，北与乌石镇交界。全村6个自然片，39个村民小组，2213户8960人，永平村行政区域面积13.5平方公里。

清湖镇永平村大力发展特色产业，以产业促脱贫。按照"一村一品"的要求，积极抓好永平村特色产业的发展。永平村根据自身实际情况，紧紧围绕相关产业扶持政策导向，并结合市场需求变化，精心制定产业发展规划。目前，永平村紧紧围绕"三大模式"（"支部+党员+农户"的示范带动模式、"政府+协会+农户"的帮扶模式、"经济能人+合作社+农户"的合作模式），充分调动、发挥农村科技产业指导员的积极指导作用，积极打造"三大主导产业"：种植优质水稻、油茶、橘红、百香果、沃柑产业以及饲养陆川猪产业，促进贫困户增产增收。充分发挥陆川县民富葡萄种植专业合作社，永平村村民合作社、永平村扶贫产业发展合作社的作用，引导带动村民更好地脱贫致富。永平村现有优质水稻2970亩、橘红种植500亩，油茶种植120亩。

永平村全部村民小组已通水泥硬化道路。全村覆盖通讯信号，宽带通每个村民小组。为进一步推进美丽乡村建设，全面提升永平村庄整治、改善永平村生态环境面貌，建设了清湖镇永平村老屋堂美丽乡村建设项目。新建面积2000平方米休闲文化广场，新建60平方米文化舞台1座，新建150平方米村民活动中心，新建凉亭1座，新建长20米村规民约宣传栏1个，居民庭院环境整治、村内步道铺装、村内雨水污水沟改造硬化，垃圾分类收集点1座，建设微菜园、微果园、微田园面积280平方米，安装健身器材1批，安装太阳能路灯30盏。进一步提升了人居环境条件，进一步提升了群众的获得感。

门巴乡乡村振兴工作经验总结

西藏自治区墨竹工卡县门巴乡党委书记　土登次仁

门巴乡坚持以习近平新时代中国特色社会主义思想为指导，深入贯彻落实党的十九大和党的二十大精神，认真贯彻落实党中央、国务院及区市县党委、政府关于巩固拓展脱贫攻坚成果同乡村振兴有效衔接的决策部署，以乡村振兴为引领，全面推进乡村各项事业健康有效发展。

一、基本情况

门巴乡位于墨竹工卡县东北角，距离县城约63公里，东南紧靠工布江达县，北邻嘉黎县，西接尼玛江热乡，区域面积为1648.9平方公里，平均海拔约4500米，墨竹工卡县的主要牧业乡之一。牲畜以牦牛为主；辖区内盛产虫草、贝母等藏药材；有德仲温泉、直孔替寺（藏传佛教四大派之一的直孔嘎举派主寺）等著名旅游景点。辖五座寺庙（直孔替寺、德仲寺、丁杰寺、查吴松多寺、查布寺。

辖区各村实现了通路、通水、通电、通网、通广播电视、通班车；建有中心小学1座，各村均建有幼儿园；建有文化站1座，新时代文明实践所1座，各村均有图书室、新时代文明实践站；建有营业所1座；建有乡卫生院1座，村卫生室5座，各村都有村医，农牧民基本实现了小病不出乡的目标；建有兽医站1座。

二、乡村振兴工作经验总结

（一）落实主体责任，强化组织领导。

一是完善乡村振兴队伍建设，成立由乡党委书记任组长、乡长及人大主席任副组长、乡其他党政班子成员及各村第一书记、书记、主任，乡直各单位主要负责人为成员的农村工作领导小组，按照干部分工，统筹全乡干部参与巩固拓展脱贫攻坚成果同乡村振兴有效衔接工作，建立一支统一指挥、分工明确、团结互助的乡村振兴干部队伍。

二是选优配强村领导班子，结合村级换届工作，把坚持党的领导、充分发扬民主与严格依法办事有机地统一起来，选出一批工作能力强、群众认可度高的村"两委"干部。

三是深入学习贯彻习近平总书记关于"三农"工作的重要论述和巩固拓展脱贫攻坚成果同乡村振兴有效衔接的重要讲话、重要指示批示精神，学习贯彻党中央和自治区党委、政府关于巩固拓展脱贫攻坚成果同乡村振兴有效衔接的重要会议、文件精神等，同时开展乡村干部政策理论知识培训，积极组织乡村两级党员干部积极参与各类乡村振兴培训，强化思想认识、提高理论水平，打造一支政治过硬、本领过硬、作风过硬的党员干部队伍。

（二）推进精神文明建设，营造文明和谐氛围。

一是围绕精神文明创建工作，采取张贴悬挂宣传横幅、标语，集中宣讲、入户宣讲、文艺演出、新闻媒体等多种方式，用通俗易懂的语言，开展民族团结、环保、普法、安全知识、乡村振兴、惠民政策等宣传，让精神文明建设深入牧区草场、田间地头、群众家中，进一步提高群众核心意识、民族团结意识、环保意识、法律意识、安全意识等。

二是强化新时代文明实践所、文化站、农家书屋等文化阵地的建设使用，充分发挥阵地作用，组织引导群众参与各类文化活动、读书活动等，推进"戏曲进乡村"活动，各村文艺队结合实际自主编排舞蹈、歌曲等文艺节目，结合传统节日、重要时间节点等每月至少演出1次，群众文化水平进一步提高，群众文娱生活更加丰富。

三是完善村规民约，进一步为群众文明健康生活提供依据和遵循，有效规范群众的生产生活。

（三）强化人才队伍建设，培养乡村振兴主力。

一是选优配强村级干部队伍，各村均配齐第一书记、驻村工作队，协助村两委开展各项工作，同时广泛招录毕业大学生到村任乡村振兴专干、科技专干、合作专干、农牧专干等，不断补充完善村级人才力量。

二是推重点关注大学生就业创业，积极做好高校毕业生就业核实、就业引导等工作，通过入户、微信、电话等多种形式开展应届毕业生思想观念转变、政策宣传等引导工作，配合上级组织大学生参加"格桑花开"大学生就业创业特训营、各类招聘会等。

三是结合实际，组织开展种养技术、水电工、厨师、机械驾驶等各类技能培训，为乡村建设培养专业技术人才。

（四）落实监测帮扶机制，防止返贫情况出现。

一是建立健全防返贫监测帮扶机制，每半年深入开展入户全覆盖排查工作，结合农户申请、与部门协同预警等有效方式，及时发现本乡有返贫风险的群众并纳入监测，采取针对性帮扶措施，有效杜绝规模性返贫情况发生。

二是密切关注脱贫户生产生活，实施动态监测，定期开展脱贫户信息采集工作，及时掌握脱贫户基础信息、收入情况、生产生活情况等，确保对脱贫户底数清、情况明。

三是深入开展结对帮扶认亲活动，全乡所有在职干部结对帮扶我乡脱贫群众，定期不定期开展帮扶慰问工作，了解脱贫户生产生活情况，为脱贫群众送去物资、宣传党的政策，力所能及解决群众实际困难，为脱贫群众追求更加美好幸福的生活出谋划策，做群众的知心人、好朋友，树立公务员良好形象。

四是确保各项兜底保障及惠民政策落实落地，严格落实医保、以补岗位、低保、养老保险、残疾人补助、教育补助报销等各项惠民政策，及时开展符合条件群众筛查建档工作，确保各项惠民政策及惠民资金落到实处，全乡老有所养、幼有所教、病有所医。

（五）加快产业发展步伐，保持稳定增收势态。

一是稳步推进牧业健康发展，有序开展牲畜防疫、抗灾饲草储备发放、草畜平衡、棚圈建设等工作，提高牲畜存活率、出栏率。

二是加大农村富余劳动力转移就业力度，着力解决群众就业能力不足问题，积极开展农牧民群众就业及培训意愿统计宣传引导工作，协调本乡辖区项目施工方、入驻企业帮助解决群众稳定就业和临时就业。

三是统筹强基惠民资金，实施产业项目发展壮大村集体经济，相继实施机械租赁、土地入股加油站建设等盘活各村集体经济。

四是继承和发扬直孔藏香制作技艺、普堆巴宣舞等非物质文化遗产，扶持手工艺人、文化传承人等设立藏药香加工合作社、宣舞队等。

五是依托天然地热温泉及寺庙等旅游资源，结合牧区特色文化，做好景区相关配套服务设施建设，突出直孔文化游、温泉康复游、牧区风情游，推进旅游业发展。

（六）守护群众生命安全，巩固社会治理成效。

一是严格按照区市县持续做好常态维稳工作要求，不折不扣落实区市县各项维稳措施，建立健全各类方案、预案等，形成维稳长效机制，严防各类事故发生。

二是围绕信访矛盾纠纷、社会治安隐患、安全生产隐患排查等，深入开展排查整治工作，努力维护门巴社会和谐稳定。

三是切实强化维稳督导，严格执行24小时领导带班、干部值班和日报告、零报告制度，确保一旦发生涉稳事件能够及时发现、及时应对处置。

四是推进扫黑除恶常态化，时刻保持高压态势，持续提升打击能力水平，筑起一道保护群众利益的屏障，让群众放心、安心。

（七）做好生态环境保护，爱护绿水青山环境。

一是深入开展"爱国卫生运动"环境卫生大整治活动，充分调动辖区内志愿服务队伍和干部职工的积极性，组织乡干部、党员、联户长、护林员等开展日常环境卫生集中整治工作，全乡环境保持干净卫生。

二是按照"组保洁、村收集、乡转运、县处理"的生活垃圾收运模式，对乡、村生活垃圾进行集中运送处理和垃圾定点、定片、定期清理，确保各类生活垃圾及时处置。

门巴乡乡村建设及乡村产业部分图片

乡村建设部分图片

天然牧场

整洁干净街道

天然草场

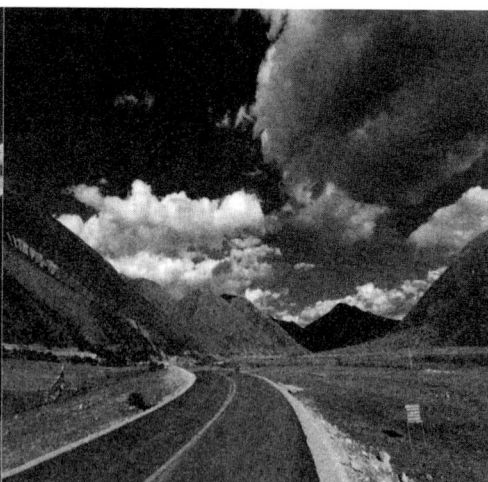

主要道路

乡村产业：特色旅游（德仲温泉）

德仲温泉位于墨竹工卡县县城东北方向约73公里处的门巴乡德仲村境内。海拔高为4590米，德仲温泉距今已有1400多年历史。

这里山清水秀，草木茂盛，空气新鲜，山石峭壁，加之清婉的百灵鸟构成了别具一格的旅游、药浴、朝圣的特殊环境。德仲温泉被众多西方国家专家称为"世界第一热泉"。

德仲上温泉图片

全貌　　　　　　　　　　　　地热温泉

根据分析，德仲温泉泉水中含有硫磺、寒水石、石沥青、款冬花、煤等多种对人体有益的矿物质，可以治疗胃溃疡、肾虚、浮肿、风湿性关节炎、类风湿、躯体僵硬、疮、痛、疥、疡症，还可疏通经络，调和气血，消除病症，强身减肥等疗效。

德仲下温泉图片

温泉依傍的溪流上横跨一座木桥，桥的一端有一处专治关节炎的温泉池，水温达50℃，不能全身浸泡。桥的另一端有泉口用碎石围成毗邻的大、小两泉塘。大泉塘直径5米，小泉塘直径3米，泉水深度约0.3米。也有称这是男女式温泉池各一座。两池中间还用木头隔出了意见温泉洗衣房。

泉塘底部有多处鼓泡涌水，水面温度41℃～42℃，流量约50升/秒。水色清澈无异味，适宜沐浴。泉塘南部有一偏东西走向的高大钙华墙，墙高约30米，长120米，底宽约50米。钙华墙底部受河水侵蚀穿透，形成天然桥梁。钙华墙脊部尚残存宽约0.5米的大裂缝，为泉水的出口。德仲温泉出露于深切峡谷的谷端与钙华墙之间。

如果是在冬天来此泡温泉，会感觉到全身血脉通畅，同时，欣赏对面的雪山，一种心旷神怡的惬意浪漫之感会由心而起。

德仲温泉是一个古老的温泉，有1300多年的历史。关于它的形成有很多传说，据说这里原来是一个死潭，莲花生大师路过此地，见风水不错便在山上修行，却苦于没有沐浴之地。一天，他来到潭边，将随身携带的"梅龙"（铜镜）抛到死潭里，死潭就变成了温泉，"梅龙"的柄在山上留下了一个洞，温泉水就从洞口流进了普工沟，成了可以流动的活水。从此，德仲温泉就成了人们沐浴的好去处。至今，这个温泉都还保持着天然原始的状态。

"睡眠"地变"粮"田　乡村振兴"丰"景如画

青海省乌兰县柯柯镇人民政府

二十四节气，在四季轮回流淌，不曾虚度。一景一色，映刻每一日的美与妙，不曾辜负……

喜看小麦千重浪，风吹麦浪穗飘香。八月的微风吹来，田间麦浪起伏向远处蔓延，"睡眠"已久的土地不断焕发出生机。

在柯柯镇各村的田间地头，沉甸甸的麦穗已经低下了头，空气中麦子的美味已透过麦芒，沁人心脾，饱满的颗粒预示着丰收的到来。正在地头查看小麦长势的镇党委副书记、镇长张庆元说："今年我们镇未耕地复垦复种6130亩小麦，从目前的长势来看，颗粒饱满、长势良好，亩产可达500斤左右，总产量预计将达到1532吨，今年是一个丰收年。"随风摇摆的小麦与蓝天白云、绿树等交相辉映，形成了一幅美丽的画卷。谁曾想，几个月以前，这里还是杂草丛生、乱石遍地的荒地。

随着城市化进程的加快，外出务工成为普通农村家庭的主要的收入来源，面对土地撂荒这一三农之痛，柯柯镇以问题为导向，高起点谋划，一步一个脚印走；高规格推进，一锤接着一锤敲；高效率落实；一棒接着一棒跑，实现耕地增产、农民增收、集体增资，描绘乡村振兴如画"丰"景。

万物土中生，有土斯有粮。"习近平总书记说了咱们中国人要把饭碗端在自己手里，而且要装自己的粮食，作为基层党支部，我们一定把党的政策落实好"西村党支部书记李永清说道。在县委、县政府的关心支持下，在相关职能部门的配合下，镇党委、政府统一部署下，各村认真落实"长牙齿"的耕地保护硬措施，大力实施"藏粮于地、藏粮于技"战略，认真排摸，心中有数；因地施策，灵活整治；完善设施，保障基础；资金扶持，强化保障；压实责任，效益优先……集中精力攻坚土地撂荒难题，盘活农村闲置土地资源，为乡村振兴注入强劲动力。

三月下旬，根据未耕地数据反馈图斑，用"脚板"丈量图斑中耕地实际使用情况，摸底未耕地6793亩，提出复耕计划和措施。

入春以来，柯柯镇中村、西村、新村、东村等相继进行复垦作业，田地上柴油机声声声入耳，一辆辆大型耕地拖拉机在杂草丛生的荒田里来回穿梭，随着一株株荒草的倒下，一块块新土被翻起，空气中充满了泥土的芬芳。

"小满"过后，正是春耕好时节。柯柯镇立足于"早"，机井通电保灌溉、"及时雨"润良田、发放农资促生产……在县委、县政府的关心支持下，拨付"非粮化""非农化"及未耕地整治资金202.9万元，发放种粮一次性补贴31.15万元，农机购置补贴45万元，春耕贷款38万余元；完成11眼灌溉机井配套电力设施改造，恢复通电并顺利出水；投资35万元维修旧蓄水池1座，新建蓄水池1座；投资4.5万元铺设管道20余米；协调解决尿素150吨，有机肥100吨。

整治现场，铁犁翻开肥沃的土地，群众捡起地里的石子，种子播入希望的田野……复垦复种现场，推土机、捡石机、耕地机轰鸣，原本的撂荒地呈现出一派热火朝天的耕作场景，一块块土地集中成片、平整成型，形成了一幅和谐的田园画卷。

最终，完成未耕地复耕复种6130亩，等秋来时、颗粒归仓，交上乡村振兴的丰收答卷！

群策群力绘就乡村振兴锦绣画卷

青海省乌兰县柯柯镇人民政府

盛夏时节，万亩良田里风吹麦浪，千亩枸杞结出一茬红果，百里牧区牛羊成群。蔚蓝的天空下，绿茵如许，乡间的小路上，阡陌纵横，行走在柯柯镇各村（社区），但见沃野良田，收获在望；村庄如画，治理有效；人文和谐，朝气蓬勃。"十四五"规划开局以来，柯柯镇始终按照产业兴旺、生态宜居、乡风文明，治理有效、生活富裕的总要求，积极抢抓机遇、锐意进取、攻坚克难，通过产业赋能、美化家园、文明创建、平安治理等工作同频共振，群策群力全面推进产业、人才、文化、生态、组织振兴，真抓实干，"农"墨重彩擘画出一幅美丽的乡村振兴新画卷。

组织"为纸"，铺开乡村振兴画卷。

始终坚持以基层党组织建设为抓手，突出党建引领在乡村振兴中强基础、明方向、增动力、促创新的作用，发挥镇党委'龙头'作用，以镇党委书记、支部书记抓基层党建述职评议考核为抓手，健全完善"三会一课"、组织生活、民主议事、民主监督、财务管理、服务群众、村规民约等党建工作机制，推动建网格，加速多网融合，激活治理动能，健全"轴网合一"的基层组织体系；着重拉后进，"一支一策"加强软弱后进村党组织整顿提升，重塑筋骨、锻强力量，争取与先进基层党组织缩小差距，齐头并进；镇村干部"下村社、察民情、听民意"，落实决策部署、共商发展大计、共话振兴之路，激发了干群斗志，提高了村级党组织的凝聚力、战斗力和向心力，以组织振兴引领乡村振兴。

人才"为笔"，共绘乡村振兴画卷。

始终坚持把人才作为第一资源，不断厚植发展沃土，打造高素质人才队伍，锻造振兴发展"主力军"。以2021年"两委"换届为契机，把年富力强、有文化、有致富经验的带头人选入村两委班子，有效带动村集体整体工作向上向好发展。深入开展村干部学历提升工程，积极引导"两委"成员参加学历教育，提升学历和综合素质。同时，加大对农村党组织班子成员培训力度，先后多次组织村两委成员、农村致富能手到集体经济发展较好的地区考察学习。先后选派优秀年轻干部，担任驻村工作队第一书记及队员，有力促进全村各项工作扎实有效开展。落实人才筛选、教育培训、联系帮带、试岗锻炼等机制，培育后备干部97人，让致富带头人、返乡创业人员、退伍军人、大学生村官、优秀党员成为村级干部的"后备梯队"。以南沙沟村农机服务队规范化建设为抓手，培育善经营、懂技术的"土专家""田秀才"，提供种养殖技术咨询服务。充分发挥乡土文艺人才的作用，通过"党委搭台、支部引领、群众唱戏"的模式，以"花儿""三句半"等形式宣传党的方针政策，中央、省州县历届历次党代会精神等内容，提升农牧民群众素质，激发广大群众内生动力。

文化"为线"，勾勒乡村振兴画卷。

始终坚持把乡风文明建设与乡村振兴结合起来，为经济增长、文化进步和美丽乡村建设提供动力和支撑。管好用好各类文化设施和健身设施，让农家书屋、健身广场、村史馆、乡村大舞台等资源真正发挥作用，推动乡村文化阵地建设提档升级。立足多民族聚居的实际，盘活地方特色传统文化资源，挖掘承续"花儿""德都蒙古""射箭"、秦腔等具有少数民族特色的乡土文化，以三八、建党百年等节日节点为契机，组织举办民俗展示、文体娱乐、旅游宣传为一体的花儿演唱及射箭比赛、"三句半"传唱、那达慕大会等文化活动。用既介绍中华文化，又有宣传社会主义核心价值观、惠民政策，且融入家风家训、中华传统美德等内容的宣传墙，宣传标语，在潜移默化、润物无声中将传统文化、文明乡风传递到农村的角角落落、村民的日常生活中，打通宣传群众、教育群众、服务群众的"最后一公里"。依托托海村秦腔业余剧团巡回演出《苏武牧羊》《铡美案》等群众耳熟能详的历史剧目，让广大群众感受传统文化的韵味和魅力。村级社火队接替演出，让社火文化在两千多年的传承、发展和创新中焕发新的光芒。同时，围绕工青妇各项重点工作，开展"最美庭院""好婆婆""好媳妇"等评选活动，让村民感受"家和"文化的历史渊源。通过文化认知、文化自信统一思想，引领行动，让乡村生活拥有"诗和远方"。截至目前，柯柯建成村史馆10个，农家书屋存放汉文图书1292册、蒙文图书414册，南柯柯村编纂发放《飘扬的党旗》89本，绘制文化墙2000平方米。

产业"为墨"，绘就乡村振兴画卷。

始终把发展壮大村集体经济作为农村牧区党建重点工程来抓，强化镇党委和村党组织引领作用，发挥集体经济组织功能，组织党员、群众因地制宜确定主导产业和经营模式，形成"支部抓产业、党员带农户、致富有门路"的发展格局，推进农村一、

二、三产业融合发展，匠心绘就产业画卷，提高村民、集体经济收入。在巩固拓展脱贫攻坚成果与推进乡村振兴过程中，在"撂荒地"上做活产业振兴大文章，完成未耕地及占补平衡耕地复耕复种10030亩，协调县级相关部门，争取项目支持、储备农资工作、发放惠农补贴，落实财政衔接乡村振兴补助资金项目7项，申请财政衔接乡村振兴补助资金778.8万元，少数民族产业扶持资金180万元，浙江援青资金70万元，推进柴达木双峰驼联村养殖、纳木哈村骆驼养殖，圆山村八宝盖碗茶生产，怀灿吉村特色农产品线下体验店，西沙沟村养殖小区建设，赛纳村蔬菜种植大棚改造等项目。发放种粮一次性补贴31.15万元，农机购置补贴45万元，春耕贷款38万余元。争取"非粮化""非农化"及未耕地整治资金202.9万元。协调完成11眼灌溉机井配套电力设施改造，恢复通电并顺利出水；投资35万元维修南柯柯查农地区旧蓄水池1座，新建蓄水池1座；投资4.5万元铺设赛纳村、东村管道20余米。解决尿素150吨，有机肥100吨。

生态"为色"，擦亮乡村振兴画卷。

始终牢固树立和自觉践行"绿水青山就是金山银山"的理念，依托省级卫生镇、生态村创建，各村（社区）立足实际，以主题党日为载体，通过支部带党员、党员带群众的"双带"形式，积极开展常态化环境卫生整治活动，清理村庄农户房前屋后和村巷道柴草杂物、积存垃圾、塑料袋等白色垃圾，组织镇村级两级河湖长、林草长和志愿者对河岸垃圾、沿村公路和村道沿线散落垃圾进行清理，解决生活垃圾乱堆乱放污染问题，引导村民做好门前"三包"……一个个实实在在的举措，让全镇乡村旧貌换新颜，实现"一处美"向"处处美"转变，以"环境指数"提升"幸福指数"。同时积极倡导广大群众厚植文明素养，通过"美丽庭院"评比，引导群众内化卫生习惯，告别"脏乱差"，迎来"家家美""生态美"，全面提升农村人居环境质量。

如今的柯柯镇，一个个带动农民增收致富的农牧业项目落地生根，一条条柏油路干净整洁，畅通了村头巷尾；一面面图文并茂的文化墙，给人美的享受；一排排错落有致的农家院落，房前屋后整洁有序……这些只是推动乡村振兴的一个缩影，站在新的历史节点，柯柯镇将继续铆足干劲，撸起袖子加油干，接续绘就乡村振兴新画卷。

支部引领强堡垒　产业带动促振兴

湖北省竹溪县新洲镇人民政府

新洲镇位于十堰市竹溪县东南部，距县城42公里，全镇版图面积196平方公里，辖19个行政村，79个村民小组，总人口5576户16050人。新洲镇是潘口水电站竹溪主库区，同时也是丹江口水库重要的水源地，素有"五水归一、楠木故里"之美誉。

作为农业大镇、移民大镇和生态大镇，面对大量土地被淹没，传统产业面临转型的实际，新洲镇党委深入贯彻落实习近平新时代中国特色社会主义思想，对标省党代会提出的"建设绿色低碳发展示范区"，市党代会提出的"三中心三城市"，县党代会提出的"乡村振兴先行区、绿色崛起示范县""'两山'实践创新示范区、水上旅游开发'金山角'"目标定位，结合新洲实际，将党建工作与中心工作紧密融合，坚持"党建引领、生态固本、产业富民、旅游活镇"发展思路，充分发挥基层党组织引领带动作用，在党建引领经济社会发展中联系服务群众，保护生态资源，提供绿色产品，优化营商环境，壮大集体经济，共同缔造"山上林果茶，水中鱼虾鸭，库区休闲度假"的产业发展新格局。

突出党建引领，精准定位发展方向。今年以来，新洲镇党委经过多方调查论证，以村党组织为核心，充分发挥党建引领作用，搭建"众人来商量"平台，广泛凝聚和发动群众、村组干部、乡土人才及在外成功人士参与到村级集体经济发展中来，广纳民意、集中民智，共同推动集体经济发展。在深入调查研究、广泛听取党员、人大代表、政协委员、干部群众意见的基础上，在集镇所在地新发村率先开展党建引领共同缔造美好家园示范村创建。为确保新发村共同缔造美好家园工作有序推进，该镇抽调58名镇村干部，成立了由镇党委书记任第一指挥长、镇党委副书记、镇长任指挥长、分管乡村振兴班子成员为常务副指挥长的"新发村共同缔造富美乡村指挥部"，镇党政领导班子成员联系重点项目和重点工程，积极引导和吸纳社会资本参与，提高群众参与积极性，营造了强大的创建工作氛围、气场和能量场。对创建工作中出现的重难点问题，采取"一月一调度，一周一会商"及时研究解决，全力服务示范村创建工作顺利实施，初步将集镇所在地新发村打造成为"共同缔造美好家园示范村"。

突出融合发展，整合项目同向发力。鼓励各村党支部带头领办合作社，大力开展招商引资，引进世茂农业、尊禾农业、百草园农业、青源菌业、金丝岭旅游、锦泰制衣6家市场主体。在新发村管护幼龄茶园3800亩、改造老茶园1000亩，打造茶药、茶蔬间作基地各500亩、茶果间作基地300亩，种植芍药500亩、黄桃300亩；新建制衣厂1家，吸收80余人在家门口就近务工就业；打造食用菌产业园200亩，引领全镇今年发展春栽菇250万棒，地栽木耳40亩，羊肚菌、竹荪、灵芝等珍稀菌类80亩；建成农特产品综合加工车间1600平方米，并搭建线上销售平台，累计外销时令蔬菜近10万公斤；依托库区优势打造楠木湖自然垂钓胜地；鼓励当地群众提档升级农家乐5家、乡村民宿78家。为使企业形成合力，产业形成凝聚力，产品更有影响力，新洲镇在新发村建成农特产品展销中心，企业进驻集中办公，农特产品进行集中展示，线上、线下同步集中销售。随着这些新项目的落地投产，农户通过"务工得薪金、入股得股金、流转得租金"的利益联结机制，今年可带动2000余劳动力人均增收3000元以上，村集体增收30余万元，增培税收120余万元。

突出效益发挥，成果共享惠及群众。通过严格组织生活、建强党员队伍、发展壮大村集体经济、深化党员干部下基层察民情暖民心解民忧暖民心和"我为群众办实事"实践活动、营造浓厚党建氛围等措施，进一步夯实党建根基，充分发挥基层党支部战斗堡垒作用，以党建引领基层社会治理为统领，积极探索基层党建、乡村振兴、清廉村居、乡风文明、家文化共建共创"共同缔造"机制，着力打造"决策共谋、发展共建、建设共管、效果共评、成果共享"的乡村振兴"五共"新模式。大力发动干部群众共创生态家园、共管宜居家园、共建人文家园、共造和谐家园、共享幸福家园。严守生态红线，当好"守井人"，深入开展农村人居环境整治，让环境更优美；通过志愿服务，树立身边典型，传颂"百姓家规"，让家风、民风更淳美；健全村级法治网络体系，落实党务、村务、财务进行公示公开，组织群众开展履职尽责评议，使群众参与感、信任感更强，幸福感、安全感更有保障，社会更和美。

楠木湖畔党旗红，明日新洲更富美。新洲镇党委将继续下大力气抓党建、壮产业、护生态、强治理，在探索"两山"实践中走在前列，建成"金山角"重要支点，谱写共同缔造富美乡村新篇章，实现由脱贫攻坚向乡村振兴的幸福跨越。

落实三个"聚焦" 促进"三农"发展

湖北恩施市新塘乡人民政府

2021年中央一号文件《中共中央 国务院关于全面推进乡村振兴加快农业农村现代化意见》指出，民族要复兴，乡村必振兴。"三农"问题始终是关系国计民生的最重要问题，在"两个一百年"交汇期，如何实现农业农村现代化，已经成为当前迫切需要解决的问题。自十九大、中央作出实施乡村振兴战略的重大决策部署以来，各级党委政府殚精竭虑将其作为重点中心工作。深入到中国广大农村，加快实现农业农村现代化，已成为时代发展潮流。各级部门要联动响应、积极配合，牢固树立以人民为中心的发展思想，立足新发展阶段，贯彻新发展理念，构建新发展格局，以乡村振兴统揽"三农"工作全局，不断落实三个"聚焦"，着力构建宜居宜业乡村、绿色美丽乡村、文明和谐乡村。

一是聚焦宜居宜业农村发展，促进生产向现代化转型。民为国基、谷为民命。产业兴旺是解决农村一切问题的前提，在任何时候，只有发展才是硬道理。落实到基层，对于党委政府，要精心画好乡村振兴的"规划图"，下好产业布局"一盘棋"，严守中央18亿亩耕地红线政策，坚决遏制耕地"非农化""非粮化"，保证农民端稳饭碗。其次是广泛凝聚社会力量、用好科技兴农的"动力源"。要大力推进智慧农业的发展升级，不断提升农机装备研发应用水平，深化推动"智能化生产、信息化管理、电商化销售"完整产业链的发展建设。同时要从制度上进行科学监管，深入推进落实"科技特派员"制度。在县市一级、充分发挥农业部门对基层农业的科学指导、选派农技部门专家到基层、培养农技人才回归乡村建设，动员指导群众不断转变农业发展理念、调整产业结构、优化农业生产要素的配置、提振群众对乡村振兴和农业发展的信心。当前正值恩施争创"两山"实践创建示范区的关键时期，各级党委政府更要一以贯之全面促进乡村振兴，推进农业农村现代化建设水平。

习近平总书记强调，要深入推进农业供给侧结构性改革，因地制宜培育壮大优势特色产业，推动农村一二三产业融合发展。"结合恩施人多地少、山地为主的实际，农业发展更要严格按照总书记要求走精细农业发展之路，更加注重精准定位、精细生产、精深加工、精明经营、精密组织，因地制宜发展农业生产，着力推进优势特色产业经营，促进农业供给侧结构性改革。恩施作为武陵山区，茶叶发展优势明显，近年来以茶增收成为不少群众发展致富的一大良好途径。恩施坚持以市场需求为导向，调整完善农业生产结构和产品结构，充分发挥资源和区位优势，坚持做到宜粮则粮、宜林则林、宜旅则旅。立足比较优势，优化区域结构，重点建设好粮食生产功能区、重要农产品生产保护区、特色农产品加工优势区。积极转变农业发展方式，切实转变拼资源、拼环境、拼消耗的传统发展模式，强化农业科技支撑作用，走内涵式发展道路。

二是聚焦绿色美丽乡村建设，打造优良生态环境。当前从中央到地方各级政府均强调要实现碳达峰、碳中和，这事关中华民族永续发展和构建人类命运共同体。对于基层如何实现乡村振兴伟大发展战略，加快建设绿色美丽乡村当之无愧成为重要一环。以绿色发展引领农业农村现代化是一场深刻的革命，既要解决好乡村生态的"面子"问题，也要在乡村"里子"上用心用力。从恩施大范围来看，以林地为主、清江穿流而过，一方面要做好对现有植被的保护工作，深化山水林田湖草沙系统治理。另一方面又要充分发挥"绿色氧吧"的地理优势，真正把恩施的"绿水青山"转型为持续输出的"金山银山"，立足不同基层政府的优势特色，不断深化农村农业现代化发展从零星分布到链条式、块状式布局发展思路。确保增加优良品种，培育优质安全农产品，实现标准化农业生产，畅通优质产品供销渠道，提升农业质量效益和竞争力，提升粮食综合生产能力。同时加大对农业发展的监管督导，以政策宣传、制度约束、下乡指导等方式，不断减少农业面源污染，强化绿色替代、循环利用，推进农业投入减量化、生产清洁化、废弃物资源化、产业模式生态化。

恩施作为全省旅游城市，既有典型的喀斯特地貌基础，又属于土家族、苗族文化聚居地，下辖不同乡镇要利用得天独厚的自然旅游资源和丰富的人文旅游资源，坚持扩大招商引资，重点打造乡村文化旅游业，以此吸引外来人群助力乡村振兴，刷新农业农村的"绿色底色"。党的十八大以来，农业农村发展发生了深刻变革，绿色兴农之路越走越宽广，绿色发展对乡村振兴的引领作用越来越强。在农村生活领域，生产生活方式发生转变，绿色理念深入人心，污水处理、垃圾转运等绿色基础设施水平不断提升，乡村文旅产业飞速发展，宜居宜业的美丽乡村成为广大农民的幸福家园。在农业生产领域，随着乡村旅游业的兴起，越来越多的农民意识到转变经济发展方式是紧跟当前农业农村现代化道路的不二选择。农业化肥的使用比例明显下降，不仅对土壤进行了合理保护，同时也保证了农副产品的绿色化、健康化。

三是聚焦健康文明乡风引领，提高现代化生活水平。加强乡村精神文明建设、构建文明和谐乡村，是不断满足群众日益增长的美好生活需要、实现共同富裕的必然要求。要推进乡村文化振兴，挖掘乡土文化特质，传承发展提升农耕文明，打造树立乡村文化品牌，推动形成文明乡风、良好家风、淳朴民风良好氛围。农村是我国传统文明的发源地，乡土文化的根不能断，农村不能成为荒芜的农村、留守的农村、记忆中的故园。要推进乡村组织振兴，加强以党组织为核心的村级组织建设，构建自治、德治、法治相结合的村级治理体系，不断释放共建、共治、共享的综合效能。要推进乡村人才振兴，把乡村人才开发放在首要位置，形成工作合力，为加快农业农村现代化提供有力人才支撑。乡村振兴，既要塑形又要铸魂。要将补文化短板、优文化供给、重文化传承有机统一起来，加强乡村文明建设，使公共文化体系更加健全，农民文化生活更加多彩。要让文明乡风吹到基层的广袤田野，涵养农村群众的良好精神风貌，让农村群众从文化中、精神上感到快乐和富足，共同奏响乡村文化振兴主旋律。

《意见》指出，全面建设社会主义现代化国家，实现中华民族伟大复兴，最艰巨最繁重的任务在农村，最广泛最深厚的基础在农村。当前，向第二个百年奋斗目标进军的号角已经吹响，让我们坚定不移贯彻新发展理念，加快农业农村现代化步伐，仅仅跟随时代发展，不断促进农业发展提质增效，进一步提高农民生活幸福感获得感，奋力谱写新时代农业农村现代化的新篇章。

新塘乡下坝村：发挥比较优势，破题乡村振兴

湖北恩施市新塘乡人民政府

党的十九大报告中指出农业农村农民问题是关系国计民生的根本性问题，要坚持农业、农村优先发展，加快推进农业农村现代化，按照"产业兴旺，生态宜居，乡风文明，治理有效，共同富裕"的总要求，实现农村美，农业强，农民富的新格局。恩施市新塘乡积极推进乡村振兴建设，发挥党建引领作用，抢抓市委市政府提出的"富硒康养示范带"发展机遇，依托气候、硒土资源及华中药园植物园科研优势等，探索

出了一条下坝村长岭岗"康硒风情园"的发展新路径，从整治人居环境，推动产业发展，构建乡风文明等方面着力，破题乡村振兴。

（一）把人居环境作为生态宜居的基础

实施乡村振兴战略，建设美丽乡村，需坚持走乡村绿色发展之路，坚决啃农村人居环境综合治理的硬骨头。恩施市新塘乡下坝村长岭岗平均海拔1600米，因得天独厚的气候资源条件，这里堪称避暑圣地、赏雪佳地。为进一步推进下坝村长岭岗的旅游经济的发展，新塘乡着力于改善当地生态环境，优化人居环境，建设美丽乡村。

破壁突围，改善人居环境。新塘乡党委政府围绕"五改三栽一带"，既改厨、改厕、改立面、改院子、改园子，栽树栽花栽菜，打造长岭岗庭院经济示范带，让长岭岗在一众凉乡中破壁突围。在"四清四整"专项行动中，重点整治乱搭乱建、红蓝屋顶、道路沿线和坟墓乱葬，将文明祭祀和全面禁鞭编进村规民约，强化宣传和引领，逐步形成了干部带头干，发动党员跟着干，影响群众一起干的干事劲头，掀起了大力开展"四清四整"的热潮。

优化配置，完善基础设施。长岭岗沿恩鹤公路，由于过往车辆的车速过快，给村民以及游客带来了极大的安全隐患，在多方调查了解以及走访后，各方支持沿途修建游步道，在步道护栏建设中，贯彻实施可持续发展战略，坚持就地取材，资源再利用，实现资源的优化配置，做到绿色低碳环保。

农村是自然资源的富集地，守好农村的自然生态资源，要树立生态红线意识，严守生态功能保障基线，环境质量安全底线，自然资源利用上线，让下坝村长岭岗在不断地建设中实现"美丽"与"富裕"共行。

（二）把产业发展作为颜值转换的途径

农村发展离不开特色产业的发展，立足新时代，要积极培育新型产业形态，让农村特色与当地产业融合，开拓产业振兴发展新格局，助力推;'动乡村振兴与农业农村现代化的伟大实践。下坝村主要围绕"一长两短"大力发展特色产业，其中"长"以贝母、厚朴等药材为主，"短"以烟叶、高山反季节蔬菜、养殖为主。

产销一体，以药兴农。中药材是新塘乡支柱产业之一。尤其是下坝村，拥有丰富的中药材品种，盛产黄连、贝母、天麻等优质名贵药材，中华紫油厚朴现存量达23500亩，并依托华中药用植物园优厚的资源优势，药材产业发展态势持续稳中向好。新塘乡党委政府通过招商引资，在武汉市东湖高新区对口帮扶单位的大力帮扶下，在下坝村栗子园组建设中药材加工园一个，项目总投资550万元，新建厂房4栋，建筑面积1967平方米，是集药材加工、电商销售、直播间、中药材展示、办公楼于一体的综合性加工园，即将投入生产运营，这一园区的建成对我乡尤其是我村药材产业发展将会带来质的飞跃。

因地制宜，以菜助农。下坝村充分利用海拔地理优势，种植高山反季节蔬菜，除以新双公路、双木公路沿线发展外，下坝坪集中发展约400亩，主要以种植莴苣、小白菜为主，自去年开始每年发展菊花约200亩。去年完成下坝坪1000亩土地排涝治理后，现土壤优良，年产量、总收入稳步提升，菜农种植积极性进一步提高。今年三月初，州农科院到下坝坪租地61亩，用于建设高山富硒蔬菜产业示范园，实施硒蛋白产业化关键技术研究与应用项目。经过前期村"尖刀班"与农户和州农科院三方精准对接协洽，顺利完成租地合同签订工作，当前州农科院已全面启动项目建设。未来10年，州农科院有望在下坝坪建设约500亩的高山富硒蔬菜产业示范园，届时不仅在颜值上、科技感上让人为之震撼，更为实际的是为当地老百姓带来实际收益。

一户一样，康养促农。近年来，新塘乡党委政府立足富硒的资源优势促发展，取得了阶段性成效，区域内共有民宿8家，可同时接待游客300人次，其中高端民宿云上花间、特色民宿长岭农家山庄深受欢迎。打造一户一样的康养小院，下坝村努力在"吃我所种、住我所居"中寻找商机。统一改造的小药圃和微菜园里的插牌上，标有户主姓名、种植的品种、联系方式和支付二维码，通过"自助下单"的方式，既美化乡村，又让农户得到"庭院经济"实实在在的收益。此外，为确保老百姓能够正确认识庭院经济的意义和价值，并指导其开展好庭院经济建设，新塘乡乡村两级干部对长岭岗庭院经济打造核心区域进行包户制度，积极开发天麻蒸鸡蛋、党参炖土鸡、清炒荜米芥、油炸厚朴花、手工蒲公英饼等特色药膳20余种，针对民宿、电商、厨师等开展培训，实现产品到商品的增值转化。

在未来，下坝村将进一步结合实际，补短板、强措施、抓落实、重成效，以乡土故情、文明新风为内核，不断强化基层治理、丰富文旅项目，做好脱贫攻坚与乡村振兴的有效衔接。

（四）把共同缔造作为乡风文明的手段

新时代中国特色社会主义乡村振兴，要坚持走乡村特色文化之路，以党建为引领，开展乡风文明传承活动。新塘乡党委政府树立为村民们"过上好日子，建设硒乡文明"的目标，始终以乡风文明的建设工作为重点，助力提升乡村文明程度。

精神文明，严党先行。新塘乡党委政府以党建为引领，推动各基层党组织精神文明建设。群众一线的党员干部以身作则，发挥引领作用。"村务公开活动你们都参与过吗，对村里的发展还满意吗？"开展新塘乡遍访工作的干部这样问到村民。今年以来新塘乡纪委针对部分村基层党组织存在的软弱涣散的情况开展了专项遍访工作，通过座谈干部群众、实地走访、查看资料等方式，促进基层党组织在思想上永葆清正廉洁，在行动上积极主动带头，稳步推进乡风文明建设。

以药明德、借药喻廉。长岭岗康养小院建设将中医药文化贯穿其中，打造"以药明德，借药喻廉"文化长廊。文化长廊中对每一种药材的药用部位、性味归经和功能主治进行介绍，让过往人群耳濡目染，了解药材的属性。并通过对各种药用植物的传说典故、生长环境、药用价值、炮制方式等细细品鉴，深入了解中药材文化精髓和内涵，对人们进行启迪和教育。

典型示范，共同缔造。乡风文明建设工作，要充分发挥群众的主观能动性。新塘乡下坝村作为共同缔造活动试点，开展"积分制"管理模式，并以此为依托开展乡风文明建设工作。下坝村的农户杨老师便是此次试点工作的优秀典范。"只要他们找我要，我不但免费给，还教他们怎么种。"这是杨老师常常挂在嘴边的话。在实践过程当中，杨老师不仅自己致力于发展农业，不断学习种子培育技术，还对同村的贫困户免费发放种子帮助其发展种植产业，帮助贫困户走上脱贫不返贫的道路。一户典型带动周边村民发展，在乡村振兴的发展战略中何尝不是群众精神文明的崛起呢？唯有党群合力，共同缔造，才能真正实现乡村精神文明振兴。

新塘乡党委政府在市委市政府的关心和指导下，将深入贯彻可持续发展战略，稳步推进农业农村现代化建设，坚持社会主义共同富裕原则，充分尊重农民意愿，引导农民发挥主体作用，矢志不渝地迈向新进程。让广大农民过上更加美好的生活，建设出一个又一个"望得见山，看得见水，留得住乡愁"的美丽乡村，以真抓实干，埋头苦干的精神，奋力开创推进乡村振兴新局面，以实际行动迎接党的二十大胜利召开！

完善"三个体系",推行"四化"治理新举措,铸牢中华民族共同体意识

广西壮族自治区金秀瑶族自治县县桐木镇人民政府

"金秀·幸福里"集中安置点位于金秀县桐木镇西环路,是金秀县重点打造的易地扶贫搬迁集中安置区,总投资11525.52万元,用地总面积为19211.90㎡(约28.82亩),总建筑面积为43736.92㎡,共搬迁安置263户856人,搬迁群众以5个支系的瑶族、壮族等少数民族为主。自小区建成以来,金秀县紧紧围绕"搬得出、住得下、能致富、可持续"的理念,积极探索完善"三个体系",推行安置区"四化"社会治理新举措,切实以党建为引领铸牢中华民族共同体意识,营造各族搬迁群众遵纪守法、团结互助、和谐相处的良好环境。

一、完善基层党建体系,加强党建引领促团结

为切实夯实社区基层党组织堡垒,金秀县于小区搬迁入住后立即成立了"幸福里"小区党支部,并由小区党支部书记担任小区综治中心主任,实现党务政务服务中心和综治中心"二合一"融合建设,并在此基础上相继成立了"一站九中心"(幸福里服务工作站;社区综合服务中心、新时代文明实践中心、就业社保服务中心、文体活动中心、老年服务中心、儿童之家中心、平价购场中心、社会治安综合治理中心、物业服务中心)。通过定期开展各类支部党员活动,并将民族团结工作纳入支部活动重要内容,积极发挥党员在信访、纠纷调处、就业等综合服务管理平台的作用,带领各族群众共同开展小区人居环境整治、困难群众走访、治安巡查等活动,通过党员直接联系搬迁群众的桥梁纽带和党支部引领作用,落实党建引领搬迁群众铸牢中华民族共同体意识,实现各族群众守望相助,和睦相处,切实解决搬迁难、融入难的问题。

二、完善公共服务体系 加强就业服务促稳定

针对小区异地人员多、特殊人群多、单身家庭多和民族习俗复杂等"三多一杂"的特点,探索推行安置区"设置科学化、管理网格化、治理多元化、服务多样化"的"四化"社会治理新举措。一是建立以楼栋为基础单元格(配备楼长1名、副楼长2名、

代表3名），以小区为独立网格的纵向服务管理层级。配备了专职网格员和服务人员，结合搬迁户的家庭情况，有针对性地开展跟踪服务管理。对老弱病残和特殊人员等群体家庭，实行小区管理员、行业服务人员和帮扶干部组成的适时管理帮扶机制；对留守儿童、留守老人、自身发展动力不足等群体家庭，实行社区管理员、帮扶干部组成的定期服务帮扶机制。全面落实包入住、包服务、包就业、包法治宣讲、包素质提升、包纠纷调解"六包"机制，有效排除小区社会隐患。二是充分发挥集体经济的公共服务作用。将2019年至2022年小区商铺、门面租出收入的47.98万元全部划归小区集体所有，作为小区办公运转、聘请服务人员、开展公益和公共服务等活动的资金保障，为小区的有序运行提供有力支持。三是全面加强就业服务。由社保就业部门和社区党支部牵头组织，为安置区劳动力外出务工提供从家门到厂门全程服务，积极组织小区劳动力到广东和东部发达省份等地务工增加收入；对因各种原因不能离家的劳动力、弱劳力或特殊群体，积极组织参与各类实用技能培训，组织就近务工，采取组建劳务队、安排至帮扶车间就业等方式多渠道、多样化分流就业。共开展了各类培训58场次，带动就业210人。实现有劳动力"零就业"家庭动态清零。

三、完善社区治理体系，加强社区管理促发展

着力营造安置点"办事依法、遇事找法、解决问题用法、化解矛盾靠法"的氛围，全面提升小区的法治化水平，推动社区治理提质增效。一是选派了第一书记、工作队员，充实社区管理力量。聘请了5名专职公益性工作站人员和安排多名在职党员、社区党员担任治安网格员，常态化参与社区治理工作。二是打造了以2021年被公安部授予"突出贡献民警"称号、个人一等功的桐木派出所副所长庞文贵同志姓名命名的"庞文贵工作室"，以工作室为依托，扎实开展"平安家访.平安问计"活动，加强幸福里小区及周边居民的走访服务，及时回应群众急盼解决的问题，深入各住户开展矛盾纠纷大起底大排查和化解活动，今年以来，受理报警7起，调解纠纷5起，帮助群众办实事3件，进一步提高群众安全感和满意度，基层治理成效初显。三是充分发挥少数民族良俗文化在基层治理中的作用。根据瑶族同胞喜欢跟与自己性格较"合拍"的人结拜为兄弟结交"老同"的风俗，成立了"瑶老同"党员调解队，切实用好"思源井"和瑶族维护社会和生产秩序的"石牌律"和壮族族老、头人调停等少数民族自治载体，化解小区各类矛盾纠纷和社会隐患，真正使每个党员都成为维护民族团结稳定、促进搬迁群众团结互助、和谐相处、共同富裕的一面旗帜。

产业项目建设专题报告

云南省香格里拉市虎跳峡镇人民政府

一、"十四五"开局以来虎跳峡镇产业项目建设现状与成效

"十四五"开局以来，虎跳峡镇党委、政府坚决贯彻落实新时代党的治藏方略，深入贯彻习近平总书记考察云南重要指示精神，紧紧围绕云南省打造世界一流"绿色食品牌"的决策部署，依托自然资源禀赋和良好的生态环境优势，一是重点发展优势特色产业。种植葡萄50亩、中药材16300亩、魔芋3000亩、木瓜5600亩、食用菌180亩、蔬菜600亩、白芸豆7800亩、木本油料200亩；养殖特色畜禽生猪20167头，牦（犏）牛14382头，黄牛5353头，藏系羊31452只，土鸡81179羽，林麝20只等。二是坚持产业化、设施化培育农业产业。在农业产业发展上坚持因地制宜、扬长避短，依托"二半山区"地理优势，紧紧围绕州、市提出的七大产业内容，调整农业结构，不断加大农业配套设施建设力度，扶持建设围栏286.997千米，机耕路56.25公里，修建灌溉水池535方，灌溉沟渠26.322公里，发放白云豆杆342.15万根。三是建设农副产品及中药材加工厂房，不断提升特色农产品商品化率和入市品级。截至目前，我镇已建成有一定规模化工厂6个，并持续推进相关企业、合作社"三品一标"认证工作，打造虎跳峡产业名片，持续推动一、二、三产业融合发展，不断提升产品市场竞争力。全镇特色农业正逐步向适度规模化迈进，特色产业发展质量效益不断提高，产业发展为脱贫攻坚提供了有力支撑。

二、2022年产业项目工作推进情况

2022年虎跳峡镇产业主要分为产业基地建设和产业基础设施建设两部分。其中产业基地建设11项，投入资金2651万元，产业基础设施建设5项，投入资金1149万元，两项合计总投资3800万元。目前我镇产业基地及产业基础设施项目均已开工且有些项目已建设完成。

特色产业基地方面：始终坚持产业化、规范化培育种植基地和坚持规模化、科学化发展养殖产业。一是已在红旗村、新仁村建成2个具有特色食用菌种植基地，分别种植具有高原特色反季节羊肚菌和姬松茸；二是依托以奖代补项目，在金星村、松鹤村、

东坡村、桥头村、礼仁村建设白芸豆种植基地，发放白芸豆种98125公斤，带动近1500户农户种植白芸豆7850亩，户均每亩增收近2000元。为完善配套设施，购买白芸豆杆199.95万根。其中：宝山村40万根；松鹤村50万根；金星村43.3万根；礼仁村6.97万根；桥头村9.68万根；东坡村50万根。三是根据"一村一品，一乡一特"产业发展思路，首先，在宝山村建成牦牛育肥基地一个，在永胜村建成生猪养殖基地一个。其次，为防止非洲猪瘟转播，我镇在镇域内和开发区分别开设两个能繁母猪猪精改良服务项目，免费为有需求农户提供猪精改良服务19889剂次以上，从源头上杜绝了非洲猪瘟发生，保障人民群众生猪安全，降低养殖风险，增加群众养殖收入。最后，在金星村建成蜜蜂初加工厂，加工厂采取以"党总支+合作社+农户"模式，通过党总支引领合作社、合作社发展产业、产业促进乡村振兴，将党组织的政治优势、组织优势同合作社的市场优势、生产优势双向融合，各级网格长和党员户积极带头响应，使分散经营的农户联合起来抱团发展，形成专业"蜜蜂养殖队"，进一步调整了农业产业结构，增强了村级集体经济的发展活力，有力促进农民增收、产业增效。蜂蜜深加工厂总投资达300万元，建设有9个标准车间，按照国家标准配置整套蜂蜜加工设备，已有5个品种投入市场，所有产品均已通过国家食品安全和绿色食品认证。2022年，村内养殖蜂蜜的农户达到320余户2500余桶，加工厂蜂蜜年产量达到8吨，实现产值120万元左右。

产业基础设施方面：坚持产业化、设施化培育农业产业。一是为完善耕地农作物保护措施、改善种植条件和区分种养殖界限，我镇在宝山村、松鹤村、永胜村建设围栏14.47千米。二是为完善农田产业配套基础设施，我镇在新仁村、礼仁村、社区居委会（松园上组）、东坡村、下桥头村、永胜村、长胜村、松鹤村建设灌溉三面光沟渠40公里，切实解决群众从事农业生产不便，增加群众从事农业信心，提高亩产收入。三是为解决中药材烘干问题，2022年我镇拟投入80万元在东坡村黄草坝组建设中药材加工厂房1个占地面积约270平方米及购置中药材烘干设备一套。切实解决群众中药材烘干问题，同时也能够集中中药材品种及销量，有利于下一步延伸产业链，招商引资，增加订单收入，打造赋有香格里拉特色中药材品牌，提高市场竞争力。

三、存在问题

（一）产业发展中"基础弱、产业弱、产品弱、主体弱的问题依然明显。一是农业基础设施建设滞后。全镇70%以上是坡耕地，水利化程度低，农业机械、农产品加工等设施装备配套不足，主要农作物耕种收综合机械化率低。二是农业产业化组织程度低。农业产业化经营主体薄弱、农业企业带动能力不强，应对自然灾害和抗御市场风险能力不强。仓储、物流、冷链等流通体系不完善。三是农村产业发展质量和水平不高。乡村产业链条短，农产品精深加工水平低，农业科技创新能力不强，生产经营主体用地难、融资难、融资贵等问题依然突出。

（二）"双绑"利益联结不紧密。龙头企业、合作社实力较弱，带动能力不足，加之自然灾害风险和市场风险的双重压力，持续增收的压力依然较大。

四、下步工作打算

（一）持续抓好产业帮扶工作。以农村居民和脱贫人口增收作为"三农"工作的鲜明导向，加快产业帮扶项目实施进度，完善巩固产业利益联结机制，增强联农带农效果，发展壮大农村集体经济，增强脱贫人口自我发展能力，全力以赴增加农民收入特别是脱贫群众收入。

（二）强化农业新型经营主体培育。加大实施家庭农场培育计划，完善家庭农场名录管理制度，把符合条件的种养大户、专业大户纳入家庭农场范围。深入开展农民合作社规范提升行动，积极开展示范家庭农场和农民合作社示范社评定。充分发挥国有农业龙头企业的平台作用，带动一批小微企业快速成长，培育一批具有行业竞争力、品牌影响力的领军企业。

（三）认真总结联农带农典型经验和推广。深入村组开展增收典型案例的挖掘、总结提炼，在全镇范围内推广运用，成为全镇农民增收的重要措施。

（四）深入打造"绿色食品牌"。围绕小众、特色、高端、精品、绿色、有机为方向，紧扣"四个一批"，深入打造绿色食品牌。

（五）推进一二三产业融合发展。立足做优一产、做强二产、做活三产，积极拓展农业多种功能，大力发展新产业新业态，实现乡村经济多元化。完善农产品冷链物流建设和农产品产地初加工设施建设，提升现代农业装备水平。健全农村一二三产业融合发展利益联结机制，让农民更多分享产业增值收益。坚持"多链融合"，扩大农村电子商务应用，建立适应农产品网络销售的供应链体系、运营服务体系和支撑保障体系，推进农商互联、产销衔接，实现全产业价值链增值。

（六）统筹抓好乡村振兴示范创建工作。紧紧围绕"产业兴旺、生态宜居、乡风文明、治理有效、生活富裕"20字方针，谋划推进一批示范乡镇、精品示范村、美丽村庄。同时加强村组的工作指导力度，加强统筹推进，确保乡村振兴示范创建取得实效。

心有所寄、情有所托、身有所栖

解决乡村振兴主体问题

重庆丰都县栗子乡人民政府

"邦之兴，由得人也；邦之亡，由失人也。"乡村振兴，关键在人。乡村振兴的主体就是农民，解决乡村振兴主体问题就是要充分保障农民的合法权益，提升乡村治理水平，推动产业经济发展，让乡村留得住人、干得成事。

一、心有所寄，保障好外出人员权宜

返乡人员中大部分为外出务工人员，他们也是最有可能返乡的人员，保障这部分人的合法权宜，就是维系外出人员与家乡的精神纽带，让他们对家乡有认同感、归属感。

（一）政治权利保障

我国宪法规定，公民依法享有参与国家政治生活的权利。能否保障好外出村民政治权利，不仅关系到个人合法利益，也关系到乡村的建设和发展。首先，要加强对村民的参政议政观念教育，引导他们依法有序理地参与政治生活，提高参政议政能力。其次，建立重大事项通报机制，设立重大事项清单，在决定涉及农民权益的重大事务或在进行民主选举等重大事项时，必须要告知外出的务工人员，采取返乡投票、委托亲友投票等途径行使权利，保障其依法享有民主政治权利。此外，要积极探索利用互联网等智慧平台保障村民享有政治权利的方式方法，最终实现与传统现场议政水平相当的工作办法。

（二）生活纾困保障

搭建外出人员信息统计平台，对确有困难的乡亲给予帮助，例如实施帮扶行动，帮助外出务工人员维权等。积极探索集体外出务工、集体外出创业方式方法，鼓励、

支持外出务工人员建立工会，通过集体的力量纾困解难。开展外出务工人员培训班，进行法律知识、职业道德和实用技能培训，切实提高外出人员生活生产能力水平。

（三）沟通交流保障

完善沟通交流机制，让外出人员清楚家乡的发展，让家乡知道外出人员的心声想法。如利用春节、中秋节等节日，在外人才集中返乡之际，举办乡村返乡人员恳谈会。畅通了解乡情渠道，利用互联网定期召开乡情大会，宣传家乡的发展，号召外出人员返乡创业。通过互联网、电话等方式，收集外出人员对家乡发展的意见建议，并建立解决机制，定期予以反馈，提升他们对家乡的认同感、归属感，用家乡的变化与发展留住他们的心。

二、情有所托，构建好宜居乡村生活

随着城镇化进程的推进，农村人口结构失衡，农村劳动力缺失，老人和孩子成了农村人口的大多数。他们不仅是乡村治理的主体，也是外出人员的牵挂，构建好宜居乡村生活不仅可以解决老人孩子的生活问题，也是吸引返乡回引人员的一张名片。

（一）幼有所育

农村留守儿童的教育成长已经成为家庭、学校、政府及社会共同关注的问题。一是建立农村留守儿童家长学校，成立家庭教育指导中心，强化对儿童家长、临时监护人的培训，提高监护人监护能力，引导家长"常回家看看"。二是建立农村留守儿童托管机构，由集体、个人开办留守儿童托教中心，组织丰富多彩的文体活动，让留守儿童享受集体生活的快乐。三是打造"代理家长"支援队伍，深入留守儿童家庭开展帮扶活动，解决孩子成长中的实际困难。四是大力发展农村寄宿制学校，发挥学校管理和教师指导作用，给予儿童呵护和关爱。

（二）老有所养

随着人口老龄化和城镇化进程的发展，农村老年人越来越受到社会各方面的关注。一是要大力弘扬尊老敬老的传统美德。大力开展敬老助老养老宣传教育，培育良好社会氛围，开展"文明户""五好家庭""敬老孝星"等评选活动，张贴"赡养红榜"，设立有关奖项，并对不养老的反面典型给予曝光、警示。二是大力发展养老产业。利用各种资源，兴办养老院、护理院、养老院、老年公寓、老年人活动中心等，为农村老年人提供生活护理、就医、健身等多方面服务。三是引导社会力量参与养老。大力支持社会组织开展各种公益活动，组织志愿者开展赡养老人道德教育；鼓励、支持成立农村老年人协会，作为老年人权宜维护、活动开展的重要平台。四是鼓励老年人继续发挥作用。把老有所为同老有所养结合起来，完善老年人就业、志愿服务、乡村治理等政策措施，发挥老年人余热；加强离退休干部基层党组织建设，鼓励老党员结合自身实际在乡村治理等方面发挥作用；设立老年人大学，增强老年人自我养老能力。

（三）民有所乐

首先，丰富村民文体活动。健全公共文化服务设置，加强综合文化服务中心建设，让文化服务中心成为村民生活娱乐的中心地；积极开展多种类型的文体活动，如"丰收节""乡村运动会"等；加强农村职业教育培训，开展"三农"专家教授、"土专家"和"田秀才"现身说法等活动，提升村民生产生活能力。其次，丰富村民政治生活。充分发挥村民的亲缘、人缘、地缘优势，积极引导村民参与乡村治理，提升村民主人翁意识。此外，要做好乡村生态保护，构建多层次生态空间网络，做好人居环境整治，加快推进绿色发展，让乡村成为高品质美丽宜居之地。

三、身有所栖，打造好返乡回引"磁场"

（一）强化返乡制度保障

加大金融政策的支持力度，探索建立返乡信用评价机制，解决抵押担保难问题，充分整合社会资本支持，切实解决返乡创业的资金缺口。创新服务方式，整合部门资源，建立统一的返乡创业审批窗口，打造就业推介平台，为返乡人员提供工商、税务、社保、就业等方面的便捷服务。建立健全政策评估考核机制，在政策制定和实施过程中，采取听证会、座谈会等方式广泛听取意见建议，充分论证政策可行性、有效性，并强化对政策实施过程的动态跟踪评估，及时制定政策、适时修改政策、不断完善政策。

（二）推动基础设施建设

农村生活工作环境差是阻碍村民返乡发展的重要因素。要加强乡村公共基础设施建设的资金投入和政策倾斜，完善乡村基础设施建设，缩小城乡二元不平衡社会结构，使乡村在教育、医疗、养老等方面与城市享有同样待遇；积极推动人居环境整治，加快推动绿色发展，将乡村打造为生态宜居的美丽乡村，激发返乡的原生动力。

（三）营造宜居宜业乡风

首先，构建"三治融合"的乡村治理体系。鼓励、支持村民自治，村"两委"定时召开联席会议，广泛征求村民意见建议，推动全过程人民民主落实，由村民对拟决策结果进行表决，并由村民全过程予以监督；加强基层法治基础建设，加大法治宣传力度，培养村民及基层干部法制意识，强化基层法治队伍；充分激发德治在乡村治理中的新活力，建立新时代农村价值体系，引导村民构建村规民约培育村民道德情怀，充分发挥乡贤引领村民道德实践的关键作用。其次，要发挥乡村文化的作用，让乡规民约、亲情乡情成为一条联系外出人员与家乡的文化纽带，加大对返乡发展的宣传力度，树立返乡创业典型，激发返乡创业热情，提升村民对返乡创业人员认可度，积极寻求家庭的情感认同，号召村民积极争取亲人返乡，借助情感文化，吸引更多的人返乡建设。此外，要积极培育乡村"领头雁"，鼓励返乡优秀创业人员加入党组织，并逐步培养成为村干部，让他们更好发挥示范带动效应。

（四）大力发展乡村产业

产业发展、经济提升是解决乡村发展问题的根本。要充分发挥农村区域优势，发展农村特色产业，借助本地特色农产品品牌产业优势，打造产业对人才的内在吸引力。深入推动产学研一体化，建立农产品发展研究交流中心、专家工作站和示范基地等平台，让产业能发展、人才愿留下、乡村得振兴。

（五）完善沟通协调机制

成立返乡回引工作站，建立在外优秀人才信息库，掌握外在人才的日常表现和技能特长，为农村优秀人才和家乡党组织搭建沟通平台。着力打造乡村振兴人才回引"服务站"，提供政策解答、信息咨询，细条联络等服务，定期为外出人员介绍家乡发展情况，鼓励返乡创业就业。招募"乡村振兴合伙人"，制作急需人才台账，建设牵线搭桥网络平台、乡村振兴论坛，举办乡村产业博览会，吸引更多的人共同参与到新农村的发展中。

2022年工作开展情况

贵州省石阡县花桥镇人民政府

一、花桥镇基本情况

花桥镇距县城19公里，是世界非物质文化遗产"说春"、国家级非物质文化遗产木偶戏的发源地。全镇辖16个行政村1个社区，人口1.8万余人。全镇国土面积97.25平方公里。G354国道、江瓮高速、石玉高速穿境而过，村级公路纵横交错。集镇所在地海拔600米，有连片肥沃田地1000多亩，水资源丰富，境内冷水坝、北坪坝是镇内少有的连片土地资源。2014年，识别贫困人口1637户6330人，贫困发生率31.48%，截至2019年底共实现贫困人口1637户6330人全部脱贫，贫困村全部出列。

辖区主要产业有茶叶、食用菌和中药材等，现有茶叶3000余亩、林下仿野生淫羊藿500余亩、苗木苗圃2000亩，拥有500亩以上坝区一个。引进重庆客商建设了一次性上架菌棒达30万棒的北坪食用菌现代产业园区，通过招商引资在坡背村建设了年产30万吨的高原清泉矿水厂，筹资建设了花桥菜油加工厂。

二、"十四五"期间发展定位及初步规划

为认真贯彻落实新国发2号文件精神、省第十三次党代会精神、市第三次党代会和中国共产党石阡县第十四次代表大会精神，深入推进"四化"建设战略部署，进一步抓实抓细抓好基层党建工作，优化调整和教育培养一支"敢打仗、能打仗、打胜仗"的干部队伍，立足"十三五"发展基础，充分利用花桥区位、资源等方面优势，围绕"坚持以高质量发展统揽全局，统筹发展和安全、发展和稳定关系，协调推进非遗文化小镇、商贸物流小镇、康养旅游小镇建设，牢牢抓住农旅一体化发展、非遗文化传承保护、同城化发展布局、凯峡河温泉深度开发平台载体，深化粮油轮作、茶叶、生态畜牧、食用菌、精品水果组团发展"的"一二三四五"工作思路，在"十四五"期间奋力推进"四化"建设，促进全镇经济社会高质量发展。

三、工作开展情况

（一）扎实抓好基层党建工作，进一步夯实党的执政根基。

一是切实加强干部职工队伍建设。全镇共有干部职工83人（含财政分局、自然资源所等上挂部门），平均年龄37.2岁。其中：35岁（含）以下44人，35岁（不含）至50岁（含）32人，50岁（不含）以上7人；高中（含）以下学历24人，大专（含）以上学历59人（其中：硕士1人，本科32人，专科26人）；行政编制29人（空编2人），事业编制53人（空编6人），副科经领导干部岗位空缺2个（行政副科岗位1个，为：乡镇社会治安综合管理办公室专职副主任；事业副科岗位1个，为：农业服务中心主任）。根据机构改革需要，我镇同步对中层干部进行了调整。其中：轮岗8人，新使用4人。

二是全面优化"两委"干部队伍结构。以第十一届村（社区）"两委"换届选举为契机，15个村（社区）实现支书、主任"一肩挑"，全面完成"一升一降"工作目标。目前，全镇村（社区）"两委"成员92名。17名支部书记中，35岁及以下8人，占比47.1%；36岁至50岁8人，占比47.1%；51岁至55岁1人，占比5.9%。初中及以下1人（已报名参加学历能力提升班），占比5.9%；高中（含中职、中专）5人，占比29.4%；大专及以上11人，占比64.7%；平均年龄38.6，同比降低10.5岁；大专及以上学历同比增加3人。

三是不断规范党员发展程序。大力督促各党支部书记履行好抓党建"第一责任人"责任，全面提升各基层党组织书记党建业务能力。通过开展党员档案集中审查、常态化到村开展督导，及时发现党员发展过程中存在问题，切实做到"及时纠错，尽早纠偏"。截至目前，全镇共有发展对象10名，入党积极分子44名，预备党员22名，新增入党申请人16名。切实把牢"入口"关，审核完善党员档案21份，不存在突击发展、人情党员、带病入党的情况，农村违规违纪发展党员排查整治工作得到切实巩固。

四是切实加强关心关爱。关注生活困难党员，帮助困难党员申请党内关怀基金，涉及因重病导致家庭困难党员4名；为表彰先进、激励干事创业，使用党费开展疫情防控慰问，涉及公安、卫生党支部党员5名，发放资金2500元；元旦春节期间组织党政班子成员、各党支部书记走访慰问党员28名，发放资金18000元。全面推行村干部缴纳城镇职工养老保险制度，按月为全镇56名享受县级财政报酬村干部缴纳城镇职工养老保险，切实解决基层村干部养老保障后顾之忧。

五是切实强化村干部管理。以干部职工大会、"三会一课"为契机，组织开展警示教育12次，切实增强党员干部先进性、纯洁性。由联系村领导不定期对村干部、驻村干部开展约谈，镇纪委到村督促检查工作进度、强调工作纪律，压紧压实工作责任，确保村干部、驻村干部旗帜鲜明讲政治，政治坚定顾大局，作风过硬强业绩。按时兑现村干部报酬，确保每月10号前将工资发到村干部手中。扎实做好村干部季度绩效考核工作，研究制定《花桥镇村（社区）干部绩效考核工作实施方案》，严格考核流程，切实起到担当作为的作用。

六是进一步规范党内组织生活制度。强化运用"铜仁指智慧党建云平台"，严格按照市县两级组织部门要求，组织党员干部学习贯彻习近平总书记系列讲话和重要论述精神，十九届六中全会精神，中央1号文件精神以及新国发2号文件精神。按时完成"三会一课"、主题党日活动等党内组织生活"线上""线下"操作，在县委组织部《关于铜仁智慧党建云平台2022年第一季度应用情况的通报》中，花桥镇党委综合评价分值位列全县第二。

（二）扎实做好巩固脱贫成果同乡村振兴有效衔接。

接续做好防贫预警动态监测工作，严格落实"四个不摘"责任。加强驻村帮扶干部管理力度，实行镇党政班子成员联系村制度，2022年1至5月到村督导工作150余次，召开专题会议7次专项研究部署防贫预警工作。

一是织密三级防贫预警监测网。严格按照省市县关于防贫预警监测工作的要求，充分发挥驻村工作队、帮扶干部和村干部作用，按月开展防贫预警监测工作。每月15日前将发现的可能存在返贫致贫风险的农户，由村级召开村民代表大会研判分析后报镇党委政府进行集中研究讨论，对可能存在风险的农户按照镇村研判机制采取措施予以保障，坚决防止返贫和新致贫现象发生。目前，共收到防贫预警线索354条，核查354条；纳入防贫预警监测1户。

二是牢筑"三保障"政策防线。紧紧围绕巩固拓展脱贫攻坚成果工作的重点和难点，对标对表巩固拓展脱贫攻坚成果目标要求，全面查找农户吃穿、教育、医疗、住房和饮水安全保障等方面的存在的问题，充分利用"3+1"保障、民政兜底、东西部协作以及产业扶持等的国家相关政策，全面补齐"学医房"以及"两不愁"方面的短板。

三是常抓项目工程建设进度调度。2022年下达我镇第一批财政衔接资金项目8个412.5万元，目前已全面完成项目的建设，完成报账200万元，其余正在组织验收报账。全力推动北坪片区饮水提升工程，明确联系村领导具体负责蹲点督导；全力协调推进花桥菜油加工厂建设，目前菜油加工厂主体建设基本竣工，已同有意向承包企业初步达成协议，正在开展后续水电保障项目建设，力争在2022年10月全面投产；投入"以工代赈"项目资金180万元建设的水尾村产业路，已于2022年5月10日经过镇级验收"合格"并申请县发改局验收。

（三）扎实做好产业发展工作。

一是扎实抓好粮油轮作示范点建设。引进贵州遵义市黔兴农业科技有限责任公司，采取公司+合作社+农户的发模式，在全镇发展种植高粱1100余亩，公司统一提供种苗和技术，实行订单收购，有序推进我镇高粱油菜轮作产业发展。其中：贵州遵义市黔兴农业科技有限责任公司在北坪村建设高粱示范基地200亩，各村（社区）集体经济发展种植800亩，大户种植200亩。

二是严格落实耕地保护政策。实行班子成员包村，驻村干部、村干部包组制度，全面开展农村乱占耕地建房排查整治工作，牢牢守住全镇4.5万亩耕地红线。针对排查发现的问题，由镇村管所、自然资源所、司法所、农业服务中心等部门联合建房所在村村干部上界开展制止工作，并下达停工通知书、限期拆除整改通知书等，同步宣传农村乱占耕地建房整治相关政策，如超过整改时限农户未进行整改的，我镇在向上级有关部门报告后，成立整治工作小组依法依规进行拆除。截至目前，核实上级反馈图斑23个，整治乱占耕地建房图斑11个，经核实符合办理设施农用地备案的图斑8个，并全部办理完毕。经开展整治工作，进一步提升了群众依法依规申请宅基地建房的意识，有效规范了乱建行为，达到了"拆出一批、震慑一片"的作用。

三是扎实抓好粮食安全。全镇种植水稻1.79万亩，全年预计种植油料作物1.22万亩。为确保完成种植任务，我镇切实开展撂荒地整治工作，经排查，前期因各种原因撂荒土地132.9亩，按照"动员农户复垦种植+大户流转复垦种植+村合作社兜底复垦种植"模式，已完成105.65亩撂荒地整治工作。按照县委、县政府统一安排部署，我镇建设300亩以上大豆玉米带状复合种植示范点3个，规划300亩以上粮油轮作示范点2个。

四是扎实抓好食用菌产业。石阡北坪食用菌产业园区，是围绕"一区两带三中心"（北坪食用菌产业园区，枫香一汤山一龙井一龙塘林下特色食用菌产业带，甘溪一国荣一青阳一大沙坝大宗食用菌产业带，研发中心、制袋中心、营销中心）发展目标建设的一个现代化食用菌产业园区，为全力以赴做好北坪年产菌棒3000万棒的现代食用菌产业园区后续建设工作。帮助协调原北坪牧业羊舍以租赁形式出租给绿秀公司发展食用菌，现已将原来的羊舍全部改造成为出菇房。为发挥大户种植带动作用，镇党委、政府积极协调县社投公司，将该公司在我镇冷水坝村建设的苗木苗圃基地现已闲置的4个大棚租赁给石阡县梁意食用菌产业农民专业合作社发展食用菌，有效盘活了闲置资源，壮大了食用菌规模。截至8月，共计生产菌棒96万棒，生产食用菌68万斤，产值290万元。

五是扎实抓好辣椒种植工作。由石阡县和记食品有限公司统一提供种苗和技术，实行订单收购，采取公司+合作社+农户的发展种植模式种植辣椒313亩，其中：村（社区）集体经济专业合作社种植200亩，大户113亩。

六是扎实抓好前期产业管护工作。扎实做好前期发展的2500余亩精品水果、3000余亩茶叶、500余亩淫羊藿等的后续管护工作。支持大户新种植水果（太秋甜柿）300余亩。

七是扎实做好畜牧养殖产业。积极支持辖区50余户畜牧养殖户发展生猪等养殖产业。其中：500头以上规模养殖场7家，1000头以上养殖场4家，2000头以上养殖场2家；500头以上的大户20家。在今后工作中，我镇将严格做好动物疫病防控、检疫、消毒等指导服务工作，保障我镇畜牧业健康发展，力争2022年全年生猪出栏15000头。

（四）扎实做好民生保障工作。

一是全力以赴做好城乡居民医疗保险收缴工作。依托驻村工作队、村干部力量，镇合管站每周通报一次收缴进度，压紧压实收缴责任。目前已缴纳16631人，参保比例97.66%。其中：脱贫人口6077人，缴纳金额109.386万元；一般户10554人，缴纳金额337.728万元。

二是扎实做好低保提标核查工作。对全镇各村（社区）干部和驻村干部80余人进行集中培训，确保提标核查政策说得清、程序把的准。经村民小组会议、村民代表大会通过，由镇级集中分析研判，我镇2022年低保提标提标核查工作中，取消低保户122户200人，新增30户82人，续保593户1270人。

三是扎实做好困难家庭救助工作。按照农户申请、村（社区）核实、镇公共管理办公室（原社会事务办）复核，经镇党委会议研究，为12户农户申请临时救资金1.72万元。为1200户农户申请自然灾害救助资金70.181万元。

四是扎实抓好民生项目建设工作。扎实做好第二幼儿园建设后期工作，确保2022年下半学期能够正常入住使用；积极对接G354国道（花桥段）提级改造项目，目前正在同施工方对接改造线路确定事宜。

（五）扎实做好疫情防控工作。

我镇始终把疫情防控摆在压倒一切的位置，持续构建联防联控、严防严控、群防群控机制，常态化推进疫苗接种工作，全面加强来（返）乡人员排查和重点人员包保跟踪工作。截至目前，我镇始终保持着自新冠肺炎疫情发生以来，确诊病例、疑似病例均为零的优异成绩。

一是扎实做好高速防疫接待服务站值班值守工作。于2021年12月26日起，将全镇干部职工、花桥派出所民警、花桥卫生院医护人员按照每天三班倒、每班人数不少于6人的要求安排到高速收费站防疫接访服务站参与疫情防控工作，全面对过往车辆进行排查。同时，由花桥派出所、镇疫情防控办组成联合工作组，对辖区麻将馆、KTV等重点场所开展突击检查，严防人员聚集。根据统一安排，高速防疫接待服务站于2022年7月暂停开展防疫监测工作。

二是扎实做好来（返）乡人员摸排和信息核实工作。由分管疫情防控的班子成员牵头抓总，联系村领导督促调度，驻村工作队、村（社区）干部具体负责，全面对来（返）乡人员进行排查，对排查发现的来（返）乡人员在核实清楚出发地、查看健康码（行程码）后按照要求上报到镇疫情防控办公室汇总报县社防组。截至8月，共排查发现来（返）乡人员1909人。同时，督促需落实"三天两检"人员按时采集核酸进行检测，目前已完成"三天两检"347人，正在进行"三天两检"10人。

三是扎实做好重点人员包保联系工作。针对在上海等中高风险地区务工人员，我镇实行联系村领导包村，驻村工作队员和村干部包保具体人员方式适时掌握活动轨迹、来（返）乡安排等情况，确保精准掌握此类人员来（返）乡时间、交通工具等情况，便于采取有效的防疫措施。

四是扎实做好疫苗接种和指令核实工作。目前我镇3至18岁人群接种1959人，18周岁以上人群接种10161人，接种加强针7947人。并安排专人专项负责上级派发的疫情防控指令的签收、核查、信息上报等工作。

（六）扎实做好安全生产工作。

由分管安全生产工作的班子成员牵头，镇应急管理站抓总，具体负责全镇安全生产工作的统筹调度。各班子成员按照安全生产"一岗双责"和"管行业必须管安全,管业务必须管安全,管生产必须管安全"原则，落实好分工分管领域安全生产工作责任，具体业务部门负责日常监督检查，扎实抓好分工分管领域安全生产工作。我镇切实开展打非治违工作。自安全生产"打非治违"工作开展以来，我镇开展各类监督检查30余次，排查发现问题2个，正在开展整治工作。

一是扎实抓好道路交通安全工作。由花桥派出所、镇纪委、镇安监站、镇交管站实行联合执法，严厉查处酒驾醉驾、无证驾驶、超载超速等行为，严格落实"四必查"要求，目前开展路检路查60余次。同时，由镇安监站、交管站对辖区道路开展安全隐患排查。

二是强化非煤矿山排查整治。镇村管所、国土所、安监站等部门联合花桥派出所对辖区非煤矿山、地质滑坡点、燃气配送站、建筑工地等开展日常巡查，针对地质滑坡隐患点举行逃生应急演练12次。

三是加强食品药品监管力度。花桥市场监管分局、镇食药站等部门联合对辖区经营户开展监督检查，确保辖区群众舌尖上的安全。

四是强化消防安全督促检查。由镇安监站牵头，花桥派出所、花桥市场监管分局等部门协助配合，对辖区超市、企业、学校等重点场所定期开展监督检查，发现的问题要求经营户限期整改并作为下次监督检查的重点内容。

五是有序推进自建房专项整治工作。自农村自建房屋安全隐患排查整治工作开展以来，我镇已排查自建房屋5415栋（其中经营性自建房193栋，其他自建房5222栋），完成贵州省房屋与市政调查系统图班录入7624个，完成率95%。

（七）扎实抓好平安建设工作。

一是扎实做好矛盾纠纷排查化解工作，促进社会和谐。充分发挥"一中心一张网十联户"机制作用，充分利用联户长力量，让网格员、联户长成为排查矛盾纠纷、报告隐患问题的报警器、侦察兵、情报员，确保矛盾纠纷、隐患问题上报及时、化解及时。针对排查发现问题，按照班子分工和部门职责，明确牵头领导、具体负责部门和化解时限，会同涉及村共同做好化解稳控工作，确保矛盾纠纷"小事不出村、大事不出镇"，全力营造良好的镇域社会环境。2022年以来，我镇共排查矛盾纠纷9起，成功调处化解9起。

二是扎实做好重点人群管控回访工作，保障社会平安。严格落实党政主要领导为一级责任人把方向、联系村领导为二级责任人抓监管和村支"两委"干部、网格员、联户长为三级责任人抓具体实施的"三级"管控回访制度，确保管控回访工作责任压紧压实、任务落地落实。以党政主要领导为一级责任人负责把握方向，联系村领导为二级责任人负责监管，村支"两委"干部、网格员、联户长为三级责任人负责具体实施。"三级"管控回访制度对所有重点人群包括易肇事肇祸精神病人、婚恋纠纷涉事家庭、刑事矫正人员、涉毒人员、重点缠访闹访人员等进行包保管控，确保不发生极端事件、恶性事件、命案事件。同时，组建由派出所、综治中心、司法所、妇联、卫生等职能部门组成的隐患排查和管控回访工作小组，在网格员、联户长的协助下，对全镇重点人群信息进行动态跟踪，确保信息更新及时、措施跟进及时、回访管控及时。

三是扎实推进综治网络平台实体运用，实现网络智能。将全镇网格辖区合理划分为17个网格，并对17名网格长、62名网格员开展了网格通 APP 使用培训，确保网格长、网格员能够熟练使用网格通 APP 进行打卡签到、登记事件、制定巡逻路线、撰写民情日志等功能，目前已有签到签退640次，规划巡逻路径158条，登记矛盾纠纷问题6条，化解5条。同时还通过铜仁综治平台将全镇人口、房屋等基础数据进行了录入，网格化管理初步形成，"一张网"功能初显成效。综治中心工作人员可以在后台查看网格员、联户长工作情况，初步实现工作智能化。

2022年我镇围绕基层党建、巩固脱贫攻坚成果同乡村振兴有效衔接、"四新"主攻"四化"、产业发展、基础设施建设、民生保障、安全稳定等方面做了大量工作，但对照组织要求、群众期盼，还有一定距离。在今后工作中，我们将以此次调研指导为契机，深入贯彻落实习近平总书记系列重要讲话精神和对贵州对铜仁工作批示指示精神，结合新国发2号文件和省第十三次党代会精神，进一步夯实党建基础，扎实抓好产业发展、城镇建设、项目建设、基层党建等各项工作，不断助力乡村振兴，推动镇域经济社会高质量发展，努力在新时代西部大开发上闯新路、在乡村振兴上开新局、在实施数字经济战略上抢新机、在生态文明建设上出新绩，在奋力书写百姓富生态美的多彩贵州石阡篇章中贡献花桥力量。

做实产业发展描绘乡村振兴美丽画卷

四川省宣汉县峰城镇人民政府

近年来，宣汉县峰城镇仁义村立足新发展阶段，树立新发展理念，牢牢抓住推动脱贫攻坚成果与乡村振兴有效衔接的有利时机，从发展特色产业入手，带领群众实干苦干，积极推进产业规模化、标准化、品牌化、市场化，走出了一条"党建强、产业兴、百姓富"的发展之路，描绘出了一幅特色产业发展与乡村振兴的美丽画卷。

"车厘子"铸就特色产业金字招牌

产业兴则乡村兴。为抓好巩固拓展脱贫攻坚成果与乡村振兴有效衔接，在帮扶单位中国华融资产管理股份有限公司的大力支持下，仁义村于2017年引进宣汉县果康源农业开发有限公司，成立了仁义村华义车厘子产业园，发展第一期车厘子园150亩。2018年发展第二期车厘子园500亩，2021年底发展第三期车厘子园200亩。产业园引进"红灯""美早""沙王""布鲁克斯""俄罗斯8号"等优质车厘子品种，投资近1000万元建设了园区主干道、采摘道、引水管道，搭建了避雨棚和喷水设施，配备了100吨的冻库以及自制酵素堆肥发酵场等设备。

仁义村车厘子产业园在2020年成功试花试果，成为宣汉县车厘子产业第一个大面积成功试花试果的试验区，为全县车厘子产业发展奠定了基础。2021年，该产业园挂果3万余斤，实现产值200余万元，成功承办了达州市车厘子产业发展交流会暨宣汉县首届车厘子采摘节。今年，仁义村车厘子红爆初夏，产业园接待游客1万人以上，车厘子产量达到8万斤，实现产值500余万元，被中央、省、市多家媒体宣传报道。仁义村车厘子产业已成为宣汉县特色产业的"金字招牌"。

党建引领发展壮大集体经济

2017年以来，仁义村采取"支部+公司+农户"的发展经营模式，坚持种养融合发展，推动产业振兴。全村已建成4个专业合作社、1个大米加工厂、2个车厘子示范园、1个养殖场，村集体经济不断壮大，群众收入不断增加。

集体经济不断壮大。2021年，仁义村集体经济收入共计34.8万元。其中：仁义村桃花精米加工厂年产值约70万元，每年为集体创收5万元，并带动12人（脱贫户8人）转移就业；车厘子产业850亩，从2021年起每年为集体创收25万元以上，带动40人就业；精准养殖场存栏肉牛70头，年创收1.2万元，带动2人就业。预计2022年下半年，仁义集体经济收益突破50万元。

农民收入不断增加。2021年，农民通过流转土地、就近务工等方式增加收入60万元以上。在车厘子正式投产后，仁义村集体经济收入的65%用于村集体发展，20%用于脱贫户、特困户、一二级残疾等社会公益救助，15%用于园区管理。2021年以来，仁义村发放脱贫户助学金1.2万元，脱贫户分红4.6万元，五保户慰问金0.32万元，老党员慰问金0.44万元，一二级残疾人慰问金0.6万元，重大困难家庭慰问金0.12万元，退休干部慰问金0.12万元，一般户物资分红3.48万元，切实让老百姓感受到了村集体经济组织的温暖与关怀。

电商搭台拓宽群众增收渠道

仁义村在大力发展特色产业的同时，紧盯市场发展规律与需求，将电商扶贫作为推动产业振兴的一项有效举措，既推动产业集聚发展，又拓宽群众增收渠道，实现了农产品优质优价，提升了农业产业附加值，在全县打响了电商营销招牌。自2016年建立农村淘宝网以来，帮助村民代销车厘子、青脆李、脆红李、蜂糖李、竹笋、土鸡蛋等农产品，年销售农产品10万斤、腊肉和香肠6000余斤，实现产值80余万元，带动脱贫户86户、320人发家致富。

仁义村党支部充分发挥战斗堡垒作用，通过几年的不断开拓，终于在大山深处绽放出了"幸福之花"。村集体经济不断壮大，实现了群众就近务工得薪资、流转土地得效益、发展产业得实惠，全村人民过上了幸福的小康生活。仁义村正在抢抓发展机遇，奋力开拓进取，不断壮大集体经济，正在为全面打造"奋进仁义""幸福仁义"而努力奋斗。

靠前谋划 主动出击 全面谱写鱼山乡村振兴新篇章

山东省东阿县鱼山镇人民政府

东阿县鱼山镇位于聊城市东阿县城南14.5公里处，人口2.7万仁，耕地面积5.4万亩，辖6个新村、54个自然村。鱼山镇沿黄12.5公里，涉及17个自然村，有范坡险工一处。辖区内鱼山曹植风景区为国家级重点文物保护单位，"鱼山梵呗"为国家级非物质文化遗产。近年来先后荣获"山东省旅游强乡镇""山东省绿色生态示范城镇""山东省楹联文化镇"等称号。

近年来，鱼山镇深入贯彻落实党中央关于乡村振兴的系列精神，聚焦"锚定争创一流，笃志走在前列，团结奋斗建设社会主义现代化新聊城"的目标要求，靠前谋划、主动出击、把握机遇，全面谱写鱼山乡村振兴新篇章。

一、擦亮党建红品牌。

按照习近平总书记提出的黄河流域生态保护和高质量发展战略，镇党委政府统筹谋划，主动作为。

一是成立由书记和镇长任组长、各相关单位为成员的领导小组和工作专班，将目标任务分成8个大项38个小项，划定任务清单、责任清单、问题清单。定期召开机关干部会议、党政联席会、调度会、工作专班会等，倒排工期，将责任明确到人到站所。

二是采用"党支部+村民合作社+农户"的发展模式，强化党建政治引领，充分发挥小店产业基地联合党支部"领头雁"的作用，带领农民致富增收。着力打造500亩高效集约蔬菜温室大棚、400亩高端绿化苗木产业园、330亩海棠园，引进先进技术，对现有品种进行改良，实现亩均增收15%以上。

三是结合鱼山新村标准化建设，打造500余平方米的高标准新村党群服务中心，着力提升新村"建、管、用"水平，完善服务功能，使党群服务中心真正成为党员干部服务群众的"主阵地"。

二、筑稳发展压舱石。

坚持一手抓双招双引，一手抓经济指标提升，双轮驱动，开创鱼山经济发展新局面。

一是借外力，培育农旅发展新产业。充分发掘曹植景区、曲山温泉和黄河资源优势，大力开展双招双引。与深圳华侨城对接鱼山景区和"十八湾"休闲公园综合开发，推动鱼山曹植墓风景区和"十八湾"休闲公园一体化发展。与四川图远集团洽谈创意民宿项目，依托当地丰富的文化自然资源禀赋，将特色民宿产品引入乡村，打造"网红"微度假目的地，实现村庄变驿站、农房变客房、农产变特产，形成完整的乡村振兴产业链，推动乡村经济发展。

二是激内力，培育壮大现有项目。依托鱼山现有钢球、阿胶产业，鼓励企业整合相应资源，延伸产业链条，实行抱团式招商、集聚式发展，投入科技资金1.5亿元，引进人才、升级设备，提升科技水平，引导现有项目做大做强。

三是聚合力，培育乡村振兴人才队伍。打造N+1工作团队，即N个能够助力乡村振兴的人才和群体，共同组成一支"懂农业、爱农村、爱农民"的"三农"工作队伍，制定实施"三农"干部培训计划，激发镇村干部活力。探索采用"专班+专项+土专家"总体思路，建立乡村振兴服务工作专班，围绕本镇特色攻克一批有带动力的项目，凝聚乡村振兴合力。

三、下好生态制胜棋。

一是按照"见缝插绿、提质优绿"的总体思路，持续实施绿化造林，动员群众调整种植结构，完成造林绿化1万余亩，17个沿黄村完成房旁路边绿化，种植经济林木2万余株，既优化了生态，又增加了收入；

二是以旧城干渠、巴公河等治理为重点，完成12.1公里的黄河灌区节水工程治理，严格落实"河长制""林长制"，开展"清河行动"，全面开展水污染治理；强化饮用水源地环境监管，确保河道清洁通畅。

三是乡村人居环境整治全面开展，推动了乡村整洁美丽、水清天蓝。深入推进大气环境综合整治，工作专班每周报告工作进行情况，发现问题立即整改，扎实做好扬尘治理和秸秆禁烧，环境质量持续改善，2022年4月空气环境监测综合指数跃居全市第八位，实现历史性突破。

四、做精文旅新业态。

以建设"养心圣地·魅力鱼山"为总目标、总遵循，做好三结合。

一是对外招商与宣传推介相结合。深挖鱼山梵呗、曲山温泉等文旅资源，通过抖音、公众号等新媒体平台，全方位推介鱼山旅游新热点，借助"小成本、大宣传""小乡镇、大招商"让更多的人认识鱼山、赞美鱼山、留恋鱼山，打响鱼山品牌，叫响鱼山知名度。

二是文化传承与创新发展相结合。对陈中妫大人故居、殷家大院、泰山行宫、孙秀珍烈士墓等历史文化古迹和"楹联文化"等进行深入调研、宣传，挖掘礼仪、风俗、文化背后的魅力和力量，打造文化传承创新高地，扩大文化影响力。

三是文化旅游与高效农业相结合。在保护和恢复基础上，挖掘民俗文化，内外联动，发展起精品民宿，丰富业态类型，形成吃、住、行、游、购、娱的完整产业链；用鱼北樱桃、周井草莓、小店西瓜、前曲石榴等特色采摘专业村串联起黄河沿岸和铜鱼路沿线特色村庄的文化、旅游和农业资源，全新打造 "黄河绿道"，倡导"慢生活，微度假"，为游客带来全新的游览体验。

众力并则万钧举，人心齐则泰山移。全面推进乡村振兴 建设社会主义现代化城镇是一项长期的历史性任务，需要持之以恒、久久为功。鱼山镇将紧密团结在以习近平同志为核心的党中央周围，坚持以习近平新时代中国特色社会主义思想为指导，坚定不移贯彻落实党中央各项决策、部署，踔厉奋发、笃行不怠，全力绘就鱼山美丽乡村新画卷。

立足优势 乡村振兴 深入推动文旅融合高质量发展

山东省东阿县鱼山镇人民政府

东阿县鱼山镇位于县城南14.5公里处，与东平县、平阴县隔河相望，总面积64.37平方公里，人口3.01万，耕地面积5.4万亩，辖6个新村党委、54个自然村，17个村庄沿黄12.5公里，为"山东省旅游强乡镇""山东省绿色生态示范城镇""山东省楹联文化镇"、"聊城市森林乡镇"。

产业发展是实施乡村振兴战略的首要任务，做大做强产业才能为乡村振兴赋能长远，为巩固脱贫攻坚成效提供强力支撑。近年来，鱼山镇紧抓黄河流域生态保护和高质量发展重大战略机遇，借助沿黄区位优势和旅游资源优势，深入发掘黄河文化、曹植文化和楹联文化，确定文化旅游为主导特色产业，通过开展旅游活动、发展采摘农业与电商经济，持续扩大旅游知名度与号召力。

一、紧抓机遇，鱼山曹植风景区提档升级

借助黄河流域生态保护和高质量发展重大战略，2021年以来，鱼山镇结合鲁森旅游公司，对鱼山曹植风景区进行提档升级，将鱼山曹植风景区、鱼山地质公园融合，开放北门，面积扩大至200余亩，东、南至黄河大堤道路，北至十八弯省级渔业休闲公园，西至铜渔路，包含整个鱼山山体、省级地质公园游览区、曹植墓本土保护区等区域，并开展"游在鱼山、梦回三国"研学实践、民俗表演等文化活动，延长游客停留时间，增强游览体验感受。

二、深挖优势，推动农旅深度融合发展

围绕果蔬种植，鱼山镇充分发掘资源优势，沿旅游路和黄河大堤发展休闲采摘农业，包括小店西瓜、王古庄黄金梨、周井草莓、姜韩蜜桃、鱼北樱桃、张庄甜柿等，采摘旺季为春夏秋季，同时王古庄黄金梨、张庄甜柿、小店2K西瓜实现对外定向销售，亩均收益可达到1万元至5万元，"以农促旅，以旅带农"深度融合格局日趋成熟。

三、人才回流，持续巩固脱贫攻坚成效

2016年以来，鱼山镇党委、政府累计筹措扶贫资金430万元，在小店村发展蔬菜温室大棚32座，建设扶贫产业基地，共产生扶贫收益120余万元，覆盖全镇45个村328户贫困户，确保稳定脱贫。为持续巩固脱贫攻坚成效，实现与乡村振兴有效衔接，鱼山镇将扶贫产业全部确权到45个村，作为村集体经济增收点。2020年，为破解扶贫大棚发展困局，经多方洽谈，招引在外经商人才乔绪华回乡创业，流转冬暖式大棚12座，引进寿光2K西瓜种植项目，同时带动西瓜种植能手丁吉高承包种植，并为村民提供瓜苗与技术指导，4月—6月西瓜成熟期小店西瓜可定向销售至北京，单个大棚年收益达到10万元以上，带动村民就业50余人。2022年，小店村继续扩大西瓜种植规模，带动附近村民增收致富，推动西瓜产业在鱼山发展壮大。

四、农村电商，赋能乡村产业振兴

走进东阿胶城阿胶生物技术有限公司生产车间，可以看到一幅幅热火朝天的繁忙景象，工人们分布在各个区域，有的忙加工、有的忙包装，正在加紧制作阿胶糕、阿胶口服液、芝麻丸等阿胶系列产品，并通过物流快递销售至全国各地。近年来，胶城阿胶生物技术有限公司在原有生产基础上，新建生产车间，推动产业升级，并通过线上销售、平台直播等方式发展电商经济，实现"引流增收"，目前已带动就业50余人，年产值突破2000万元，达到规模以上企业标准。同时，借助鱼山镇旅游资源优势，建设阿胶文化展厅，融入文化旅游融合发展格局，持续推动乡村振兴与镇域经济发展。

五、加大投入、继承发扬优秀传统文化

近年来，鱼山镇结合聊城市楹联学会、聊城大学文学院，在镇驻地单庄村、曹庙村开展楹联下乡活动，根据农户与沿街商铺家情店情，制作悬挂楹联500余幅，2019年被评为"山东省楹联文化镇"。同时，为充分发挥省市楹联文化镇品牌效应，鱼山镇成立诗词楹联学会，负责诗词楹联创作工作，结合主题组织开展党史学习教育专题书法活动、"写春联 送福字"新春文化活动和"颂黄河精神 展鱼山风采"专题书法活动，2021年被评为聊城市楹联文化建设先进单位。目前，镇诗词楹联学会已经成为鱼山文化建设的一张响亮名片，为鱼山文化旅游发展营造了良好的文化氛围。

抓党建促乡村振兴高质量发展

河北省昌黎县团林乡人民政府

团林乡位于昌黎县城东南部，距黄金海岸度假区5公里，与北戴河生命健康创新产业示范区无缝隙衔接。团林交通优势明显：228国道贯穿全乡，沿海公路、沿海高速、京秦高速北戴河支线将团林环抱，环渤海高铁昌黎东站与团林乡近邻。2011年12月，按照省市县的部署，团林乡下辖的15个村划归北戴河新区管理，现有8个行政村。全乡区域面积13.1平方公里，耕地面积13474亩。总户数2636户，总人口7139人。14个党支部，共有党员540人。

乡村振兴离不开农村基层党组织这个战斗堡垒。产业兴旺是乡村振兴的重头戏，坚持党建引领，提高农村基层党组织对产业统筹能力，把党组织建在产业上、建在基地上、建在经济组织里，指导农村产业提质增效，发挥出基层"火车头"的带动作用。

一、强化党建引领，夯实"学"的基础。

2021年是中国共产党建党100周年,也是"十四五"规划开局之年,团林乡紧紧围绕县委、县政府下达的目标任务,以习近平新时代中国特色社会主义思想及党的十九大和十九届历次全会精神为指导,坚持把学习教育放在首要位置贯穿始终,要求各支部建立"不忘初心、牢记使命"主题教育常态化、制度化、长效化,严格落实"三会一课""四议两公开"制度,认真开展党史学习教育、"团结就是力量"专题学习教育活动,组织党员干部线上培训400余人次。

在建党100周年之际,为传承"团结协作、无私奉献、吃苦耐劳"的刘坨沟精神,致敬建党百年,在冯庄子村红色教育驿站为"光荣在党50年"老党员颁发纪念章,组织全乡新党员进行入党宣誓活动,强化党性教育,筑牢思想基础。年初制定详实培训计划,通过以训代学、以训代干、以训代练等多种方式培训十余次,不断提高广大党员干部的政治素养和工作能力,为乡村振兴创新发展打好理论基础。

二、突出干字为先，拓宽"做"的途径。

一是出色完成村"两委"换届工作。全部实现村党支部书记、村委会主任为一人兼,且两委干部均从"四类人员"产生,年龄结构、学历结构均满足上级要求,为今后工作的开展打下了坚实的基础。新一届班子上任后,重点聚焦在老百姓最急迫、最关心的实际问题上,以"一刻不耽搁"的状态迅速进入"实干模式",努力办好"开门一件事",踏实迈好履职第一步。

二是夯实党员队伍建设。2021年我乡共发展党员22名,目前均已进入预备党员考察阶段,其中35岁以下党员20名;高中学历14名,中专学历3名,大学专科学历5名,目前没有3年以上不发展党员村。在排查2020、2021年农村违规违纪发展党员工作中,共排查党员36名,其中自发展30名,转入6名,经自查及县委组织部排查无一人存在问题。

三是办实事格局初步形成。全乡大力实施种、养殖并行可持续发展,按照"我为群众办实事"教育实践活动要求,我们对近万亩粮食功能区推进高标准农田建设,铺设道路20000米,增设变压器18台,高低压线路31000米,深入实施优质粮食工程。整治饮马河故道5000米,清理河道周边粪污垃圾,确保饮马河入海水质达标。

四是修缮刘坨沟旧址。为传承红色基因，践行初心使命，在市委组织部、县委组织部及相关部门的大力支持下，投资120万元，扩建冯庄子村红色教育基地展示厅3间，建设开放式、外延式红色教育广场1700多平方米，大大改善旧址的环境，提升教育功能和接待能力。

五是找准症结强化指导，加快推进后进支部整顿转化。一年来，在狄莎县长的指导下，在县财政局的大力帮扶下，有针对性地制定了坨上村后进支部转化的具体措施和办法，帮助、指导和督促开展整顿工作，使坨上村的村集体经济有了实质性的进展，同时修建村民活动广场900平方米，清理、砌筑排水沟100延长米，整顿达到了预期的效果，转化工作如期完成。

三、压实主体责任，强化"督"的力度。

团林乡全面开展廉政教育，筑牢思想防线。认真贯彻落实"党要管党、从严治党"的要求，严格落实党委书记抓党建责任制，始终坚持把学习教育作为党风廉政建设的根本和基础。多次带领党委班子学习党风廉政相关文件并开展党风廉政教育，从严纠治"四风"，开展谈心谈话30余次，带领党员干部观看警示教育片，使每一位党员干部接受了深刻的思想教育、精神激励和灵魂洗礼。坚持党风廉政建设责任制，将廉洁自律工作落实到各负责人头上。党委带头坚持民主集中制原则，对重要人事任免、大额资金使用、重大工程实施等实行集体研究，在重大事项决策上，共研究三重一大事项10余次；召开党委成员民主生活会、基层组织生活会开展批评与自我批评，查找问题，针针见血、如实整改，既教育爱护了同志，又增进了班子团结，使机关整体效能不断提高。同时，对上级交办的重大、复杂疑难案件亲自督导落实，努力把党建第一责任人的职责落到实处。常态化督促乡党政班子其他成员，严格履行"一岗双责"，真正把党建工作融入分管业务工作之中。特别是各村党支部书记，大都是村"两委"换届新选任的，我坚持逢会必讲，提醒其时刻把主体责任抓在手上，强化主责主业意识，充分发挥乡基层党组织作用，不断增强农村基层党组织政治功能，提升组织力。

四、创新党建模式，激发"活"的力量。

在"党建+集体经济"上谋求新突破。土地是乡村振兴的核心要素，全乡共有耕地13474亩，村民以外出务工为主，为解决农民土地"谁来种"的难题，进一步夯实乡村振兴基础，经乡党委研究，由各村集体牵头，盘活农村土地资源为突破口，走出一条土地流转的新路子，目前已流转土地近5000亩。由村集体提供水、电、路等基础设施，每亩收取50元土地流转服务费，使村集体经济有了新收入，确保全乡集体收入5万元以下的村年底前全部"摘帽"。下一步，我们将加大土地流转规模，力争实现整队、整村流转，逐步形成规模化、集约化的产业经营格局，为"村社共建"现代农业发展打下坚实基础，结合流转土地的实际情况，我们将与县供销社、河北科技师范学院进一步探索设施农业、规模科技示范园，寻找特色种植新路径，积极调整种植业产业结构，提高农作物的附加值，在带动乡村劳动力就业的同时，也助推村级集体经济发展和农民增收，让"村社共建"成为强村富民的"金钥匙"。

在"党建+乡村治理"上谋求新作为。冯庄子村网格化管理图，可以清晰了解整个村村民的基本情况。党员、村民代表、退役军人、建档立卡户、低保户、五保户一目了然，真可谓小网格发挥大作用。今年以来，冯庄子充分利用网格化科学管理，发挥网格员能动性，在疫情防控、信访维稳、秸秆禁烧、散煤管控等方面，突显了很强的优势。下一步，我们还要在安全生产、医疗养老社会保障、人居环境整治等各方面充分利用。通过网格化管理提升乡村治理精细化、精准化水平，推动形成人人有责、人人尽责、共享共建的乡村社会治理新篇章。

在"党建+乡村旅游"上谋求新引擎。团林乡鉴于得天独厚的交通与区位优势，依托旅游度假区较大的人流量，我们想结合冯庄子村党建教育基地的红色资源，拟打造旅游新地标，实现"红色+农业+旅游"特色乡村游、开发农家院和民宿以增加农民收入。将红色基因、农业农村的田园风光、农耕文明与自然景观等资源有机结合，培育"田园变公园、农房变客房、产品变商品、劳作变体验"的休闲业态，实现田园风光与民俗文化的深度融合。

党旗引领新征程，笃行奋进新时代。我乡正不断加强党的领导，持续在抓组织建设、机制创新、挂钩帮扶、典型培育方面下足功夫，全力推动乡村振兴高质量发展。

股份联营 集体共富

来自龙门山镇的党建引领集体经济实践经验

四川省彭州市龙门山镇人民政府

龙门山镇位于湔江河谷生态旅游区腹心地带，辖区面积465.6平方公里，由龙门山镇和原小鱼洞镇合并形成，现辖11个村（社区），集体经济组织成员2.5万人。龙门山镇坚持以问题为导向，积极探索以农村集体资产股份量化、镇村集体经济组织股权合作、多方利益分配激励为主要内容的农村集体经济联营制，逐步构建形成联建联控集体经济利益共同体，有力推动了资源变资产、资金变股金、农民变股东。2016年以来，龙门山镇乡村产业迈上新台阶，农村集体经济资产总量从1.8亿元增长到6亿元，集体经济经营性资产从120万元增长到9308万元（按投入计算），集体直接经营年收入从20万元增加到1000万元，乡村旅游游客突破330万人次，实现旅游综合收入10.5亿元。

回溯龙门山镇集体经济发展历程，主要可以总结为以下三个阶段：

一、缘起：宝山村示范三三共治激活集体经济内生动力

宝山村位于成都"西控"腹地，彭州北部山区，全村辖区面积56平方公里，辖13个村民小组，620户：2035人。20世纪70年代以来，在党的坚强领导下，宝山村始终坚持发展集体经济实现共同富裕道路，守护"绿水青山"底色推动生态价值转化，历经改土造田、工业兴村和转型升级三个阶段，以股权化、市场化、集团化集体经济发展模式，将生态资源转变为生产要素，打造形成外向型绿色工业、本土化现代农业和生态旅游发展体系，不断推动宝山向高质量、高品质生态人文宜居乡村全面发展。截至2021年，宝山村集体企业26家，集体资产累计110亿元，人均可支配收入突破8.1万元。先后获得了"全国先进基层党组织""抗震救灾先进基层党组织""全国文明村""中国美丽休闲乡村""全国乡村旅游重点村""全国乡村治理示范村""四川省乡村振兴示范村""四川省（5A）先进村党组织"等荣誉称号。

（一）"四次创业"不改发展初心

一次创业：开启共创。昔日的宝山村是区域内远近闻名的穷山村，"山高路又陡、村穷人心散、姑娘留不住、光棍一大片、吃粮靠国家、花钱靠贷款"是宝山村20世纪五六十年代的真实写照。当时宝山村处于发展要素极度短缺的时期，因地处山区，自然环境恶劣，耕地稀少，土壤贫瘠，需要以开荒、开山等方式对本地资源充分开发利用，改善资源禀赋条件。1966年，双目几乎失明的贾正方回到村里，怀着对家乡最深沉的热爱，他立下人生最响亮的誓言："山区穷，共产党员的志气不能穷；山区落后，共产党员克服困难的勇气不能落后"，在他的带领下，全体村民齐力共创，通过改梯地、打石头、烧石灰、挖煤炭、植绿树、建粮仓，宝山村共开荒造地715亩，改造茶园500多亩，造林18000多亩。到1978年，全村粮食单产从原来每亩不到200斤提高到800多斤，全村粮食总产量从23万斤增加到130多万斤，实现集体有余粮、家家有余粮、人人吃饱饭，终结了祖祖辈辈挨饿的历史，彻底改变了宝山村贫穷落后的基本面貌。

二次创业：集体共建。十一届三中全会之后，全国农业农村发展迎来重大转折。解决了温饱问题的宝山村，依然面临着全村人多地少、辖区内90%以上土地为荒山野岭的基本现实，单一发展农业面临瓶颈制约。如何在有限的资源禀赋下走向富裕，是宝山村这一阶段发展需突破的关键点。

宝山村在达成不包产到户和继续坚持走集体致富道路共识的基础上，抓住改革开放的历史机遇，作出了利用集体力量修路、修电站、办企业的重大转型决策，开始因地制宜将发展的重心从农业领域转向工业领域，以获得更高的经济效益。通过开发矿产资源、修建水电站、兴办建材加工厂、发展林业的"一矿二水三加工四林业"发展举措，宝山村逐步形成"以林养水、以水发电、以电兴工、以工补农"的新产业格局。先后培育了选矿厂、硅铁厂、天花板厂、光源电器厂、高分子材料厂、复合肥厂、建筑公司等一批工业企业。1994年12月，宝山村成立宝山（企业）集团公司（以下简称"宝山集团"），以企业化的方式运营村级集体经济。1996年，宝山集团总产值达2.5亿元。

三次创业：绿色发展。随着工业产值的持续增长，生态资源保护与经济增长之间的矛盾对宝山村可持续性发展的制约愈加突出，如何进一步挖掘本土资源以形成新的发展动能成为摆在宝山村可持续发展面前的重要难题，经过深入思考，宝山村开启了谋求"绿水青山"向"金山银山"生态价值转化的新篇章。

20世纪90年代中期开始，宝山村对产业进行结构调整，推动工业外向发展，关闭消耗型和污染环境企业，向绿色可持续发展全面转型。利用村域内青山绿水、飞禽走兽、奇特景观、洁净空气、宜人气候、绿色食品等良好基础，开始发展生态旅游。1996年，宝山村采用集体经济与村民股份合作形式，共同投资4500万开发回龙沟生态旅游风景区，并于1999年成功开发宝山温泉。

四次创业：全面转型。2008年地震之后，宝山村深入践行习近平总书记"两山理论"，坚持"生态优先、绿色发展"，提出"领秀天府、幸福宝山"发展定位，以工业反哺旅游促进农业农村发展的总体思路，坚持市场为导向，资源为基础，以观光旅游创品牌，发展山地休闲度假产业，全面推动生态价值创造性转化。

以四化（国际化、特色化、精品化、系统化）和四要素（环境、项目、管理与素养、文化）为标准，布局建设山地户外运动、乡村旅游、森林康养三大产业，建成了温泉度假区、乡村旅游区、太阳湾风景区、回龙沟景区四个产业功能区，形成了酒店、民宿、温泉、餐饮、索道、户外运动（云海蹦极、高空溜索、河谷全地形车穿越、卡丁车等）、医疗康复、自然研学、乡村商业等丰富的旅游场景和经营业态，开办了"蔷薇花节""文化旅游节""冰雪温泉节"三大节庆，打造了宝山红茶、熊猫天然山泉、九峰雪等特色生态产品。同时，依托千亩梯田，发展形成蔷薇花海大地景观，栽种茶叶、蓝莓、中药材、有机蔬菜等农作物，实现智能监控和喷灌，形成集资源节约型、农业观赏性、农事参与性为一体的现代观光农业。产业的发展，每年拉动经济增长上亿元，极大地增加了农民收入，优化了农村环境、丰富了农村文化，提高了农民素养，并为宝山的发展创造了更好的平台和条件。

（二）"三三共治"筑牢发展之基

"三维共建"，增强发展活力。注重发挥村两委、村民、社会组织多元主体作用，构建"三维共建"治理模式，落实社区民主决策机制，创造"集团+园区+村社"社区运营模式，引导居民积极参与社区发展治理。一是集体产业集团为社区发展赋能，从产业项目投资和村社公共事业支出两个方面为社区建设提供经济支撑。二是旅游产业园区完善社区基础，以环境、项目、管理、文化四要素为主要抓手，全域推进美丽乡村建设，改善生态环境和人居环境。三是多元参与共建新型社区，充分发挥村民和社会组织在社区治理中的主体作用，设立"三晒三提高"机制，通过晒规划方案、晒工作进度、晒工作成效，向群众征求意见，对专项规划进行合理调整提高，对工作计划进行检查提高，对工作成效进行检验提高，共建社区公约，共同维护社区生态。

"三产互动"，推动高质量发展。一是围绕生态资源，打造乡旅生活融合体。大力发展梯田观光、农事休闲、民宿体验、乡旅文创，建成特产销售、绘画研学、精油制作等功能区为一体的宝山乡村生活馆，完成互联网智慧平台、15608e等便民服务设施建设，构建社区"15分钟生活服务圈"，为社区居民和度假游客提供消费新场景。二是适度开发和有效利用山地资源，发展户外运动产业。建设了高山滑雪、蹦极、越野、全地形车极限运动项目。三是发展森林康养产业。以旅游环境和项目为基础，探索康养产业发展。创办健康管理社区服务中心，投资了龙门春天康养基地，结合农家乐和民宿、大数据和基础性服务人才输出，探索村民居家养老、游客异地养老新模式。四是创办四川宝山村庄发展学院，发展乡村教育产业。建立"宝山智库"，积蓄发展治理力量。全面提升干部、村民、企业员工素养和能力。

（三）"四维共建"反哺发展成果

通过社区、院落、文化和教育四个维度，营造现代社区，完善社区功能，丰富治理内涵。

优化社区空间。"党群、社区、游客、教育、文化和志愿者"一站式服务，把游客服务中心与党群服务中心统筹起来，充分考虑居民和游客的双重需求，建成党群（游客）服务中心，整合党群、社区、教育和文化四大功能，建成博物馆、图书馆、党性教育基地、宝山文化中心等社区场景，完善社区功能服务空间配套。

美化院落空间。以"一户一宅""子女不分家"的户宅管理制度，弘扬孝道文化。提倡空间环境美化，引导村民改善居住和生活环境，为村民经营发展创造空间。建立农家乐管理协会，引导村民共同完善农家乐管理、农房建设监管、食品卫生管理等制度，进一步优化院落生活经营环境。

营造文化空间。充分挖掘本地高山茶叶、中药材、野菜、鲜花、蓝莓、酒等特色资源，将产品开发和文化体验融为一体，创办了茶文化博览园、中草药园、蓝莓园、酒文化非遗展演产业园区等文化体验场景。同时成立乡村旅游、书画、摄影和美食等协会，开展书画展、摄影展、老年高尔夫比赛等，展现宝山新变化、群众新生活。发挥社区能人带动，运用美学理念营造乡村文化空间，规划布局欧洲风情、蔷薇花、茶文化、酒文化等特色主题民宿，策划开展蔷薇花风车节、宝山文化节、冰雪嘉年华"三大"节庆活动，既改善生产生活环境，又丰富在地居民和游客的精神生活。

完善教育空间。依托四川宝山村庄发展学院，开展健康讲座、文化讲堂，通过乡村旅游经营管理、民宿打造、职业技能、产品开发、服务礼仪等专题培训，提升村民的素养和管理服务能力。挖掘宝山文化和精神，弘扬患难与共、顽强拼搏、开放包容的独特宝山文化，注重优秀家风家训的传承，打造红色驿站党员志愿服务品牌等。

二、契机：渔江楠试点集体经济联营制提升发展能力

背靠湔山、面朝湔江，有一个叫渔江楠的地方，传说这就是古蜀王鱼凫渔猎农耕之地。每年清明，这里都会举行盛大的鱼凫祭祀，感怀古蜀先民勤劳勇敢智慧的精神，展示渔江楠新的生机与活力。2017年，渔洞、江桥、大楠三村按照"以党建资源整合带动发展要素聚集"的思路探索成立协同发展、相辅相成的新型社区。通过"党委抓统筹、党支部抓落实、党员干部作先锋"的党建引领机制，统筹三村资源，引导群众主动参与，共同探索壮大"1+C+N"集体经济联营制，因地制宜打造鱼凫湿地、竹林乡村俱乐部等乡村旅游项目，让荒滩变乐园、竹林变景区、村民变股东，集体经济联营模式取得显著成效。2020年，为进一步集约资源禀赋不断发展壮大集体经济，渔洞、江桥、大楠三个行政村撤销组建渔江楠村，在乡村振兴、共同富裕道路上继续前行。2021年，渔江楠村实现集体经济直接经营收入730万元、同比增长46%。过去5年，先后获得"全国民主法治示范村""省级百强村""省级乡村振兴示范村""省级乡村旅游重点村""成都市百佳示范社区""蓉城先锋·十佳基层党组织""成都市级（4A）先进村党组织"等荣誉，辖区内鱼凫湿地景区获评成都市乡村振兴十大案例之网红打卡地，鱼凫竹海林盘获评3A级林盘景区。

（一）"抱团发展"吹响集体经济集结号

一是深入推进集体资产股份化改革。坚持集体所有制不动摇，由镇党委牵头，全面完成10个村（社区）集体经济组织成员界定和集体资产清产核资、股份量化，成立了村级股份经济合作联社并登记赋码，村级联合社按"人口股"占80%、"农龄股"占20%的比例，将集体资产量化到集体经济组织成员。

二是建立"1+C+N"三级治理体系。构建权责明晰的"1+C+N"集体经济组织抱团发展利益共同体，即由原小鱼洞片区的10个村级集体经济组织共同出资组建"1"个镇级"乡村旅游联合社有限公司"（以下简称镇联合社公司），统一运营"N"个镇、村两级集体经济组织投资建设的具有独立法人资格的乡村旅游项目，主要以渔江楠村为试点，镇村合作打造了鱼凫湿地、竹林乡村俱乐部等两个集体经济项目，让荒滩变乐园、竹林变景区、村民变股东。

三是建立"三次分红"激励机制。镇联合社公司以激励为导向，建立年度"三次分红"利益分配机制，严格按照各集体经济组织持股比例进行分红，第一次是按股份对项目盈利进行分配，第二次是镇联合社公司将自己分红的30%或50%让渡给项目所在村集体，第三次是镇联合社公司向所有村级集体经济组织平均分红。

（二）"多元融合"开拓高质量发展道路

一是坚持"集体经济组织+"发展模式。一方面坚持集体经济组织为主体，通过出让土地整理结余的集体建设用地指标、吸收村民股金、统筹上级奖励扶持资金等方式，筹集资金、整理荒山、荒滩、林盘，建设鱼凫湿地、竹林乡村俱乐部等重点项目2个。另一方面实施"集体经济组织+"，通过对外出租、配套经营、收入分成等，创新合作方式，引进社会资本建设心语星宿泡泡酒店等时尚项目，带动区域产业品质和人气提升。

二是立足资源禀赋深入推动农商文旅体融合发展。坚持以农业为本底，深挖水、鱼、竹、石等本土文化元素，成功举办"鱼凫文化旅游节"、农民运动会等活动；加快发展农村电商，兴建山货市场和山货展销中心，线上线下同步销售生态农产品。多元化发展为农民增收开辟了新的增长点，形成种植、务工、经营、房租、房产增值、集体经济组织分红、股份增值收入七个增收渠道。

（三）党建引领共建共治和谐乡村

一是坚持党的领导强化党组织凝聚力。渔江楠村坚持镇党委定思路、村党组织抓落实、党员干部作先锋，充分发挥各级党组织的战斗堡垒作用和党员干部先锋模范作用，凝聚强大合力，引领集体经济组织正确规划、决策和发展。

二是以村党组织为核心强化组织人才建设。坚持建设学习型党组织，强化党的战略、政策、项目研究，结合"三会一课"强化村"两委"党员干部培训，提升党员干部科学决策能力和水平。坚持新型经营主体发展到哪里，党组织就建立在哪里，目前全村有党委1个，党支部4个，党员104名，镇级层面新成立集体经济2个、"两新"党组织1个。

三是以党建引领为抓手强化村级发展治理。健全完善"一核多元、合作共治"的基层治理机制，充分发挥村级自治、经济和社会组织的积极作用，建立了"四单合一"微腐败治理机制，有效控制基层腐败。实施"镇—村—小区—家庭"四级联动"雪亮工程"，全面建成四级互联互通立体化社会防控体系，乡村居民幸福感不断增强。

三、展望：龙门山镇多措并举推动共建共治共享

（一）"邻里共富"主体下沉激活内生动力

为了进一步破除部分村（社区）发展动能不足问题，在持续探索集体经济联营制的基础上，龙门山镇将进一步推动集体经济主体向基层末端下沉，构建"邻里联助、三级联动"的组织机制。基本方式是以村集体经济组织全体成员为对象，以户为单位，每户确定 1 位家长；全体股东代表按照自愿组合的原则，打破地域间隔，按照每3户为1邻比例，细化村（社区）共富网格，每3民家长中推选出1名邻长；再在每3 位邻长中选出 1 位里长，"里长"代表3个"邻里共富"网格共9户家庭成员参与城乡社区发展治理共建共治共享，并行使相关权利和履行相应的义务。

3位里长中推选1名村议事会成员或集体经济监委会成员深度参与村（社区）日常事务及集体经济组织运行，从而形成了"邻里联助、三级联动"的组织框架。每个共富网格是一个利益共同体和荣誉共同体，内部之间相互监督，并承担连带责任，在全民合作社利益分红上共增共减。

（二）"引智引知"撬动乡村振兴新动能

以龙源村为试点，搭建校地教研合作基地、建立孵化共享平台，探索党建引领教研合作推进集体经济模式，以各大高校老师、学生为中心，深化引才引智、强化资源配套，引入高校专业人才成为龙源新村民，引导新村民与村集体经济合作社共同创造龙源村旅游发展平台公司，探索聘用"乡村规划导师"，充分挖掘乡村资源、做好业态规划、重塑乡村形态。

（三）"引资整合"挖掘产业发展潜能

鼓励社会资本与平台公司深度合作，探索乡村旅游产业发展 PPP 模式，按具体项目成立项目运营公司，做到保持资产、资源不流失的同时，大力发展相关产业，推动"绿水青山"到"金山银山"、"颜值"到"价值"的高质量转换。

2016年至2021年党委政府工作经验

四川省万源市长坝镇人民政府

回顾过去的五年，在市委、市政府的正确领导下，我镇党委坚持以保持党同人民群众的血肉联系为核心，以建设高素质干部队伍为关键，以完善镇党委领导方式和工作机制为重点，以加强党的基层组织建设和党员队伍建设为基础，努力提高镇党委执政能力和领导水平，动员全镇广大党员干部和群众与时俱进、抢抓机遇、转变观念、理清思路、顽强拼搏，为我镇改革开放、经济发展和社会稳定作出了突出贡献。

一、过去五年工作回顾

（一）基层党建有作为

基层党建及意识形态工作：一是深入学习贯彻习近平新时代中国特色社会主义思想、党的十九大精神、十九届四中全会以及十九届五中全会精神，全面贯彻落实党中央、省委、达州市委和万源市委关于基层党建工作的各项部署要求，落实基层党建重点任务，着力提高基层党建质量；二是镇党委专题研究党建工作54次，专题研究意识形态工作18次，开展党建工作专题调研9次，对各村（社区）基层党组织抓党建工作落实情况例行督导6次，听取汇报18次；开展党委中心组学习54次，组织镇村两级干部开展意识形态教育培训累计32次，领导干部带头讲党课18次，培育壮大青年人才及年轻后备干部36人；三是开展农民工党建工作，扩大基层党员队伍，五年来共发展正式党员21人；四是做好村建制改革及村（社区）"两委"换届工作。按照市委的决策部署和要求，原花楼乡马鞍山村、花楼坝村、董家梁村划入长坝镇，长坝镇从6村1社区调整为9村1社区，在村级建制改革调整后，镇班子主要领导先后五次全覆盖到各村指导村支"两委"班子成员选拔任用工作，严格按照"德、政、勤、能"的标准，参照干部管理措施，并及时与新任村支"两委"干部、与党员代表、村民代表沟通，集思广益听取党员和群众意见建议，引导他们积极为长坝发展建言献策。同时妥善安置落选村干部，与他们逐个谈心谈话，了解他们的心声，确保换届稳步推进。

（二）脱贫攻坚有成效

脱贫工作：全镇5个重点贫困村全部销号，1231户3466名建档立卡贫困户全部实现现行标准下的脱贫，人均收入达8700元；实施全镇易地扶贫搬迁263户，828人，彻底完成脱贫工作，并继续巩固脱贫成果防止返贫现象。

（三）农业经济有发展

种植方面：新发展加工型辣椒产业600亩，全镇6个行政村实施；新发展规范茶叶600亩；其中建成高标准茶叶示范园70亩；新发展雷竹150亩；新发展猕猴桃720亩；新发展蜂糖李20亩；新发展中药材250亩，4个行政村实施；新品种引进推广。优质玉米品种"先玉1171"，示范种植50亩；优质蔬菜品种3000袋；引进旧院黑鸡新品种1360只；引进茶叶新品种"茗山131"共150万株。

养殖方面：新建中蜂规模养殖场10处，养殖中蜂共177桶；新发展生猪养殖47户，养殖生猪共4000头；新发展养鸡大户4户，养殖家禽共16000只；新发展肉牛养殖大户5户，养殖肉牛共250头；新发展肉羊养殖大户2户，养殖肉羊共400头。

（四）基础设施有推进

村社道路硬化57.14公里，涉及5个行政村；集中维修社道路塌方4500余立方米；新建人畜饮水管道设施232处226133米；新建微水池（窖）17口752立方米；维修整治山坪塘8口，整治水渠4.2公里；完成4处文化广场建设工作。

（五）社会民生有保障

发放城镇低保、五保、高龄、残疾、孤儿、优抚等补助资金655.8952万元；教学设施建设共计427万元；医疗卫计工作；全镇参保缴费69186人，贫困人口参保率达100%，小额人身保险9786人，扶贫保险773户，精准贫困户报销比例达到90%以上，婚前孕前检查156对，婚检和孕检率均达100%；完成所有村级健身娱乐设施配套安装；发放村村通280套。

（六）综治维稳有成效

安全工作：五年开展安全隐患排查整治60次；召开驾驶员培训会10次、交通安全劝导员培训会10次，每周上路巡查5次，收缴罚款5万余元；常态开展森林防火巡护工作，张贴防火标语100余幅；始终坚持24小时防汛值班制度，着力抓好地质灾害防治。

信访工作：共收到万源市委书记信箱、达州12345政务服务热线电话交办件、达州市信访信息平台信访件37件，通过调查办理、跟踪、回访等方式，化解率达100%。成功化解缠访、积访案16件。

综治调解工作：成功调解各类民事纠纷670件，成功率达98%。

政法工作：抓好基层派出所、综治办队伍和阵地建设，推进"法治长坝"建设，认真开展防邪、"法治赶场"和依法行政，有序开展平安建设。协调各站所开展联合行动，开展治安巡逻，持续开展综合治理，辖区内治安和刑事案件明显下降。全年发平安建设、综合治理、防邪等宣传资料800余份，悬挂标语60余幅，辖区无较大、重大安全事故发生，9年无邪教人员。

防邪教工作：全年发放宣传资料300余份，悬挂防邪标语30余幅，跟踪回访1人，近9年无邪教组织在境内活动。

二、今后五年的基本思路和工作要求

"十四五"时期，是全面建成小康社会向基本实现社会主义现代化迈进的关键时期，是开启全面建设社会主义现代化新征程的第一个五年规划。是实现第二个百年目标的第一个五年，开好局、起好步至关重要。我镇党员干部将统一认识，坚定理想信念，明确政治方向，树立发展意识，凝聚人心、抢抓机遇，着力强化"三种思维"，奋力抓好工作落实，推进本镇经济快速发展。一是强化法治思维。讲规矩、懂规矩、用规矩、守规矩，让制度入脑入心，用制度管人管事，靠制度律言律行，养成遇事找法、办事依法、成事靠法的思维方式，法律与效率并重，循规办事，依法行政。二是强化创新思维。着力打破思维定式，克服思想惰性，避免以老眼光看待新事物、用老办法解决新问题，以开明的态度、开放的胸襟、开阔的视野，突破瓶颈制约，激发活力，推动发展。三是强化底线思维。始终坚守"民生、稳定、安全"三条"底线"，以人为本，求真务实，注重经济发展与民生改善、维护稳定、安全保障相互支撑。

三、今后五年的工作举措和主要任务

（一）脱贫攻坚与乡村振兴有序衔接

一是着力巩固脱贫攻坚工作成果。健全防返贫监测和帮扶机制，对易返贫致贫人口进行常态化监测。二是稳步推进农业产业发展。牢牢守住耕地红线，杜绝违法乱占耕地问题，激发农民种粮积极性，遏制耕地"非农化"，保证粮食种植面积。三是持续推进村级集体经济发展。坚持党委统领，因村施策，积极整合涉农部门资源和力量，充分发挥驻村工作队、结对帮扶人和乡村干部作用，巩固提升发展壮大村级集体经济工作成果指导幺滩、白燕溪村等村发展好现有集体经济项目，帮助积极对上争取资金和政策，发展集体经济产业项目。

（二）基层党建稳步推进

一是深入推行党支部标准工作法，锻造过硬基层党组织，不断提升农村党建工作水平，充分发挥战斗堡垒作用，营造党建工作与其他各项工作紧密结合、同步加强、同步发展的良好氛围；二是扎实做好农民工党建工作，针对在农民工群体中发展党员难的问题，全面开展联合推荐、联合培养、联合考察、联合管理的方式，加大在农民工群体中发展党员的力度；三是严格落实"三会一课"制度，提升支部组织力，扎实推进"两学一做"学习教育常态化制度化，巩固深化"不忘初心、牢记使命"主题教育成果，深入开展党史学习教育及"大学习、大调研、大讨论"活动。

（三）基础设施全力推进

以铁矿—黑宝山快速通道 PPP 项目建设为契机，合理规划全镇村道公路交通网，成立项目工作专班，配合市级相关和建设单位做好征地拆迁等各项基础工作。

（四）奋力做好"民生"实事

全面落实国家低保、五保、优抚、新农保等惠农政策，为群众积极向上争取大病医疗救助、临时生活困难补助资金，确保群众得实惠。大力实施人畜饮水工程项目，优化供水、净水系统，切实解决各村、社区吃水难、水质差的问题。加强群众精神文明建设。积极帮助人民群众树立健康、文明的生活方式，充分利用现有镇文化站、村活动室等场所，举办各类文体活动，建立腰鼓队，丰富群众文化生活。全力支持医疗教育事业发展，积极向上争取项目资金，升级医疗设施设备，提升医疗水平；完善教育教学硬件设施，按时发放教育补助，拓宽教育支助，提高教学水平，全面提升教育质量。

（五）常态化抓污染防治

强力推进中央和省环保督察反馈问题整改，坚决杜绝回潮反复。聚焦大气、水、土壤"三大领域"，持续深化河（湖）长制，加强重点河流岸线环境保护，强力整治畜禽养殖污染、农村面源污染和"小散乱污"企业，确保空气质量达标率稳步提升。积极践行"绿水青山就是金山银山"发展理念，积极倡导绿色生活方式，开展节约型机关等创建活动，推动全社会形成绿色消费、低碳生活的良好习惯。

（六）深化干部作风建设

把深化干部作风建设作为提升群众满意度有力抓手。加强考勤制度，建立考勤台账，严格请销假制度，进一步落实去向公示制度，确保因下村、开会、请假等不在岗信息让群众知晓。持续转变工作作风，大力弘扬严的精神、实的作风，不搞花架子，不做表面文章，坚持按原则办事，使良好作风真正在干部队伍中成为一种思想自觉和行为习惯。全面提升行政效能，进一步完善首问责任制，对不能现场办理的做到及时跟踪回复或电话答复，确保群众进门能办事，件件有落实，事事有回应。

紧抓数字机遇 助推乡村治理

四川省井研县周坡镇党委书记 雷 蒙

周坡镇位于井研县最北端，是著名的"柑橘之乡"，全镇辖区面积114平方公里，下辖12个村，2个社区，117个村（居）民小组，总人口3.6万。近年来，周坡镇紧紧抓住数字机遇，积极推动"数字新动能"向农业农村延展，促进了信息技术与乡村治理全面深度融合。

一、有的放矢，找准问题靶向发力

为推动乡村善治，进一步助力乡村振兴，周坡镇组织镇干部到各自联系村开展深入调研，并召开党委会专题研究分析了当前乡村治理中暴露出来的三大短板和弱项。

一是群众参与缺乏主动。乡村振兴离不开优美的人居环境，周坡镇乡级、村级道路两旁都能做到光鲜亮丽，但在入户走访时发现，近半数农户没有形成良好习惯，院坝里东西乱堆、垃圾乱丢、鸡鸭乱跑，养成了"等、靠、要"思想，让一些有投资意向的业主看到纷纷摇头，村民人居环境整治、环境保护缺乏主动性，镇村干部工作推进起来存在很大阻力。

2022年2月，周坡镇党委书记雷蒙带队规划数字乡村天网慧眼工程建设

二是治理服务存在矛盾。乡村治理需要民众的理解与支持，常态化开展疫情防控工作以来，周坡镇对坝坝宴、茶馆等进行严格管控，引起部分村民的不适应，干群关系趋于紧张。另外在民政事项办理方面，有村民自身不符合五保、低保、残保条件，但他们却认为是村干部故意刁难，不满情绪长期积累。一些村民为达到自己私人目的，对村干部恶言相向，拒不配合登记外出行程、疫苗接种等工作，动则拨打热线电话，这让村干部们在日常开展工作时常处于被动，畏手畏脚，乡村治理难出成效。

三是时常发生干群摩擦。让群众支持工作，首先要让群众了解工作，周坡镇在宣传发动方面存在明显短板，在走访调研过程中，40%的村民不了解当前周坡镇的重点工作，不知道村两委干部在做什么、能做什么。甚至有村民认为镇村干部就是"有钱有闲"，整天无所事事、没事找事。诸如"四园"建设、厕污共治等"村务事"，群众在前期征集意见时没有广泛参与进来，工作推进过程中群众想的和干部干的一旦不一致，少数好事者就开始"煽风点火"，故意挑动矛盾、制造对立。

二、先行先试，突破乡村治理瓶颈

上述事例仅仅是农村工作的缩影，在工作中还有各种各样、层出不穷的具体现象，针对这些现实难题，周坡镇党委积极思考、大胆探索，全力建设以周坡村村史馆为阵地，以慧眼工程为脉络，以群众手机、电视为载体的数字乡村体系，力求破解制约本地乡村治理的瓶颈问题。

一是从态度入手，推动思想同心。为解决群众不了解、不信任、不支持干部工作的问题，周坡镇聚焦"办事不出村"工作，建立"便民服务线上办"平台，已将20余条服务权限下放到村，基础事项村民在家看电视时就能预约办理，时间周期也从一个多月压缩至三五天，伴随线上办事效率的提高，群众对干部态度发生了转变，关系明显缓和，更加理解与支持镇村工作。

二是从认识入手，推动目标同向。为解决朝哪里走、怎么走、如何走好的问题，周坡镇通过数字乡村平台留言板块，广泛征求群众意见，从"群众找我们"变为"我们找群众"。群众在家看电视时，就可以上报民意，心连心热线数量相较去年同期下降34%，最大限度找到干群共同点、结合点，凝聚政府与群众最大范围的共识。

三是从方法入手，推动工作同频。为解决步调不一、关切不同、个体偏差的问题，周坡镇通过数字乡村平台政务公开栏让群众了解当前工作重点，提高镇村事务透明度，并采取积分制管理模式引导群众配合参与中心工作。数字乡村平台还为村务现代化升级提供了便利，9月16日泸县地震发生时，周坡镇通过"云广播"第一时间向2000多名村民发送了短信提醒，改变了以往靠干部沿路喊的方式，有效消除了安全隐患。

三、深度融合，丰富拓展乡村业态

产业兴旺是乡村治理的基石，为促进镇域种养殖业与现代社会经济发展相适应，周坡镇大力建设"周坡三产融合示范园"，创新数字乡村的新型种养业态模式，引领带动周边地区产业发展。

一是数据赋能农业发展。采用"互联网+设施农业"模式，充分运用大数据、物联网、人工智能、GIS 等现代技术，试点建设高标准果园30亩，打造了数字化柑橘管理平台，建立作物生长模型，努力实现智能采集作物生长大数据及可视化远程管理。相较传统种植方式，数字化柑橘管理平台的肥料利用率提升了90%以上，进入丰产期可实现株产100斤，亩产超6000斤，年产量可达18万斤。

二是线上宣传农旅结合。农业提档升级离不开旅游业的参与，为解决发展成果与群众共享的问题，周坡镇依托本土资源优势，积极探索"农旅融合"发展路线。在前期利用数字乡村平台进行宣传片展播、送门票、插入短信息等形式充分铺垫后，2021年7月，周坡镇成功举办首届荷花文化节，吸引来游客5万余人次，带动集镇和沿线农户户均创收2000元以上，成功探索出一条农旅融合新道路。

三是整合资源打造品牌。疫情期间，农产品流通效率低，价格波动大，周坡镇利用数据分析手段，搭建"果美周坡"线上交易平台，上游对接业主、家庭农场，下游对接各大生鲜电商、大小型商超、品牌连锁餐饮等B端用户，实现供需快速匹配、线上下单、交易管理、供应链信息管理、支付管理、质量追溯等功能，提供生猪价格"晴雨表"，并通过现场直播形式带动电商销售，帮助农户建立稳固可靠优质的产品销售渠道，实现卖好果卖好价，特别是在抗疫特殊时期起到了很大的保供作用。

"十里西畴熟稻香，槿花篱落竹丝长。"伴随数字乡村建设的推进，周坡镇整体面貌焕然一新，逢山开道，遇水架桥，未来周坡镇将坚持以乡村善治促乡村振兴，不断改进工作能力和方法，抢抓发展机遇，创新发展思路，坚持结果导向，目标导向，做到思想统一、步调一致，不断推进"产业强镇，生态秀镇，商贸活镇，依法治镇"建设。

壮大社区经济 做深做实　两项改革"后半篇"文章

四川省井研县周坡镇党委书记　雷　蒙

【基本情况】

周坡镇是井研北部副中心、井研县周坡绿色种养片区中心镇，辖12个村2个社区，户籍人口3.6万人，其中周坡街社区、大佛社区户籍人口合计5600人，产业以农业为主，居民生产、居住分散，是典型的农村社区。

2022年以来，周坡镇借力两项改革"后半篇"文章东风，将壮大社区经济作为引领镇域发展、提升治理成效的引擎，创新"四聚"工作法，成立井研县第一家社区公司，因地制宜培育特色业态，有力推动各项工作落地落实。

一、攒聚组织力量，"做"的标准要求更严格

注重广泛动员，做到"三个发挥"，把社区党员干部的思想统一到镇党委决策部署上来。

一是充分发挥镇党委牵头作用。牢固树立"一张蓝图干到底"的思想认识，累计召开党委会2次、联席会4次，专题学习发展社区经济相关文件要求，进一步夯实政治自觉、思想自觉、行动自觉。

二是充分发挥社区党组织领导作用。2个社区联合成立社区经济工作专班，统筹召开动员部署会、工作推进会等4次，签订"责任状"，实现镇、社区工作一体推进，确保责任压实到位、压力传导到位。

三是充分发挥党员干部率带作用。用好"三会一课"、主题党日活动等平台载体，分层分类组织社区党员学习《中国共产党支部工作条例》《四川省社区党组织工作规则（试行）》等文件，着力增强政治领悟力、提高引领发展能力。

二、凝聚群众智慧，"实"的为民导向更鲜明

坚持以人民群众为中心的发展理念，坚持"三个注重"工作法，用好宣传和服务2支党员志愿者队伍，开展好群众工作。

一是注重宣传引导。积极与群众交流沟通，依托数字乡村、微信公众号、短视频等居民乐意接受的途径，及时宣传解读当前社区经济发展的规划、思路，调动群众参与社区经济发展热情。

二是注重深入群众。开展社区"敲门行动"，累计走访群众2200余人次，深入排查梳理社区居民急难愁盼的困难，确立社区经济具体涵盖领域，竭力解决居民文娱场所缺失、就业岗位不足等现实问题。

三是注重收集整理。通过一对一交流、走访调研、召开座谈会等形式，围绕"愿意发展什么""应该发展什么"深入讨论，建立需求、业态两张清单，累计征求并采纳意见建议39条，形成社区经济发展统一规划。

三、汇聚区域资源，"干"的要素配置更齐备

撬动镇域各类资源，针对"四大短板"靶向出击，推动社区经济发展迈上新台阶。

一是补齐"缺位"短板。成立井研县东俊社区生活服务有限公司，规范公司章程，破解"无章可循、无规可依"难题，打造社区经济发展引擎。公司设立执行董事、监事，负责全公司生产经营活动的策划和组织领导、协调、监督等工作，按规定建立健全财务、会计等各项管理制度，通过发展居民日常生活、家政、养老等创收项目，创新心理辅导工作室、婚恋服务工作室等公益项目，直接新增工作岗位28个，实现年盈利10万元以上。

二是补齐"缺人"短板。积极争取2个专职社工、2个公益性岗位的招聘名额，充分利用镇基层党校资源，扎实开展学习型社区党组织建设，及时将政治强、情况熟、有群众基础的优秀社区党员，充实到社区干部队伍中。

三是补齐"缺地"短板。推进社区办公、活动场所一体化建设，将一栋国有闲置两层建筑改造为社区联合办公场所，推行开放式办公，重点关注老人、儿童文娱需求，让干部有战斗阵地、居民有活动场所、公司有固定资产。

四是补齐"缺钱"短板。整合"五社"联动、场镇提升等项目资金200余万元，筹集社会资本50余万元，进一步完善社区养老服务设施、添置家政服务工具、跟进经营场所装修，在打造便民工程的同时，取得了良好的社会效益和经济效益。

四、集聚机制优势，"合"的工作体系更牢固

紧抓周坡街社区入选四川第三批省级城乡社区治理试点单位契机，健全"三项机制"，构建高效运转工作体系。

一是指挥调度机制。成立周坡镇发展社区经济工作领导小组，社区挂联领导、干部每月定期向镇党委汇报近期情况，集中讨论社区经济发展思路，及时优化制度机制，确保工作不偏不倚。

二是分析研判机制。由社区书记分别包抓，健全议事规则，每周自行组织内部研判，紧盯社区经济发展重难点，逐项研究对策措施，提前为社区经济公司扫除障碍。

三是沟通会商机制。邀请其他区县社区社会化服务组织负责人到镇座谈，征集意见建议14条，涵盖便民服务、产业发展等多个领域，为确定社区经济下一步发展方向提供决策依据。

编者按：砥砺前行谋新篇，奋楫扬帆再出发。周坡镇立足实干快干、勇于先行先试，以"钉钉子"精神抓好发展社区经济工作，为做深做实两项改革"后半篇"文章，满足农村社区居民多样化、多层次需求，探索出一条周坡特色道路。

党建引领　富民强村

青山村发展循环农业，壮大集体经济，助力乡村振兴

——松桃自治县迓驾镇青山村发展村级集体经济纪实

贵州省松桃苗族自治县迓驾镇人民政府镇长　陈俊杰

近年来，青山村紧扣"支部引领、党员带头、群众参与"的发展模式，依托当地资源禀赋和特色优势，因地制宜，团结带领全村党员群众大力发展生态循环农业，助力村集体经济高质量发展，成功走出一条乡村振兴的有效路子。目前，村集体经济年产值达1000万元以上，村民人均纯收入达到15000元以上，形成了党建大引领、土地大流转、产业大推动、民生大和谐、社会大发展的高质量发展新格局。

抓住"鸡"遇破难题

青山村地处黔湘渝两省一市接合部，与湖南的边城镇、重庆洪安镇以及本镇的十里村、坝德村相邻，2014年以前村集体经济"空壳"，是典型的老少边穷村寨。在村级集体经济薄弱这一压力的背景下，村党支部不得不考虑村级组织办事"钱从哪里来"的问题。

2014年，敢闯敢干的莫长江被选为青山村党支部书记，上任后，他冒着风险以身作则带头贷款50万元，动员本村蛋鸡养殖能手、村支两委干部共同筹资组建了贵州松桃富民蛋鸡养殖专业合作社，由于经营管理得当，蛋鸡养殖场实现了"开门红"，当年就盈利50余万元。

村干部带头建场成功后，为快速破解村级经济"空壳"难题，青山村利用"富民蛋鸡养殖合作社"蛋鸡养殖的成功经验和"富民蛋鸡养殖合作社"的技术、销售渠道、品牌等资源，大胆开展村级集体经济发展试点工作。2015年3月，青山村利用省级项目资金80万元发展集体经济，新建了1条万羽蛋鸡养殖生产线，当年7月下旬鸡苗进场开

始养殖，8月开始产生效益。经过多年扩建，目前青山村集体经济建有标准化鸡舍2栋，蛋鸡存栏2万羽，年产优质鸡蛋300万枚（0.6元／枚），年产值达450多万元。

同时，青山村以实施党员创业带富工程为载体，按照"支部引路、民主决策、群众积极参与"的工作思路，采取"支部+合作社+市场+基地+农户"的发展模式，广泛发动党员群众参与蛋鸡养殖。凡是参与蛋鸡养殖的群众，都提供技术支持并分享其稳定的销售渠道帮助销售，为广大村民除去后顾之忧。2014年以来，带动群众先后发展规模蛋鸡养殖场4个、养殖大户7户，形成了青山村蛋鸡养殖小区，蛋鸡存栏13万羽，年总产值1500多万元，带动50余人就业，人均增收5000元以上，有力助推群众增收致富。

循环发展强产业

为持续发展壮大村集体经济，青山村紧紧围绕蛋鸡养殖主导产业，进一步延伸产业链条，积极探索生态循环产业发展模式。

针对蛋鸡养殖产业区鸡粪堆积污染问题，2018年青山村以村集体经济投资240余万元成立松桃苗家人生物有机肥有限公司，建成有机肥加工厂，采用人工辅助氧发酵处理鸡粪的方式，腐熟完成后即可作为初加工有机肥出售，使鸡粪变废为宝。产品除了满足本村所需外，还销往秀山、花垣等周边县城。目前加工厂年产量3000吨，年总产值达150万元，每年纯收益60万元以上。为了解决鸡蛋的自主包装，2020年青山村由村党支部带头，总投资110万元，在蛋鸡产业区新建蛋托加工流水线，年产量达24万件，带动4户贫困户入股，常年带动7户贫困户务工，月工资约4000元。生产的蛋托还远销怀化、重庆等周边地区，2020年总产值就突破100万元，实现利润13万余元。为进一步降低村集体和群众发展蛋鸡养殖采购鸡苗的成本，2021年5月青山村整合石头、晚森2个深度贫困村的扶贫资金100万元，建成投产6万羽青年鸡育雏场，年育雏量15—20万羽，年总产值150万元，带动群众就业6人，月均工资收入3800多元。此外，青山村还依托松桃县吉丰公司，大力推广"企业+合作社+农户"利益联结机制与农户代种代养代管模式，发展精品水果白皮柚1500亩、无籽石榴250亩、春见（柑橘）100亩，每年组织群众在产业园区套种辣椒、油菜、蔬菜等农作物1000余亩。依托留雁工程，2020年新建生猪代养场1个，养殖规模4000头，年出栏生猪2批8000头，年经营收入可达200余万元，带动就业16人。

目前，青山村利用村内畜禽养殖产生的粪便进行有机肥加工，有机肥又满足了村内种植业的施肥需求，"种养加"互补，循环促进，延长产业链，已形成了"种养加"绿色循环发展模式。

规范管理谋长远

发展壮大村集体经济，项目建设是基础，经营管理是关键。近年来，青山村立足本村产业发展实际，实行党支部书记牵头抓总、村支两委成员认领产业的管理模式，每个集体产业明确1名村两委干部负责统筹管理，白皮柚、无籽石榴、春见等种植业采取"反租倒包"的方式，村集体将产业分片由大户进行管理、经营，形成了"小分工，大合作"产业管理工作格局，解决了"该谁牵头""该谁管事""该谁落实"的问题。同时，为进一步推进产权制度改革，壮大集体经济，提升治理水平，青山村坚持以"433"模式进行村集体经济收益分配，即：将村集体收益的40%用于村集体合作社再生产再发展，30%用于发展村级公益事业，30%用于合作社全体成员分红。2022年村集体收入达到200多万元，村人均可支配收入达到15000元以上。

此外，在党委、政府工作人员的帮助下，经过村民代表大会讨论，青山村实行"村财镇管"模式，逐步建立完善了民主理财和财务开支审批制度。多年来，青山村集体经济财务审批制度完整，审批数额明确，并且坚持按季度进行财务公开，主动接受群众监督，让群众放心。

成果共享惠民生

青山村始终坚持把群众参与、群众受益作为发展壮大村级集体经济的出发点和落脚点，既做大"蛋糕"，又分好"蛋糕"，推动集体经济可持续发展。

在党支部的主导下，通过"党支部+合作社+农户"模式，村级产业的繁荣发展成功带动本村群众就近创业就业，产业园吸纳返乡农民工和残疾人稳定就业100余人。同时，群众通过技术、劳务、资金入股合作社，每年参与利润分红，人年均增收8000余元，实现了一方产业带富一方群众。

近年来，村民"口袋富了，脑袋也富了"之后，看病难、养老难、公共基础设施薄弱等民生问题更加凸显。青山村党支部想群众之所想，急群众之所急，办群众之所需，逐步建立和完善村级社会公共服务体系。医疗方面，村集体为生活困难的55岁以上老人缴纳新农村合作医疗保险费，每年组织年满60岁的村民接受免费体检。养老方面，村里每年定期补助低保户、五保户，时刻关注弱势群体的生产生活；为生活困难群众缴纳养老保险费；春节、"七一"等节日为困难党员群众发放慰问金。教育方面，依托新时代春晖社，每年定期开展助学活动，累计发放助学金10余万元。公共设施建设方面，采用以村集体为主，群众小量参与的方式，先后投入数十万元改善基础设施，完成生产机耕道、组组通公路硬化6公里，道路硬化率达90%以上，产业园区实现路网全覆盖；全力推进安全饮水工程建设，新建150立方米蓄水池一座，修缮人畜饮水管道2000米，直接受益人口1788人，辐射周边村寨群众2000多人。全村卫生厕所普及率达100%，自来水入户率到达100%。

如今的青山村，成了远近闻名的"环境优美、生活富美、邻里和美、言行尚美"的美丽、文明、卫生村寨。

发挥群众自主性　推动乡村治理

——杜市镇乡村治理体系建设试点典型案例
重庆市江津区杜市镇人民政府

我镇龙凤村自创建全国乡村治理体系试点示范村以来，坚持党对乡村治理的集中统一领导，突出党建引领，依托原龙凤小学校址，融合纳入综治中心、便民服务中心、党建文化广场，联合重庆工程职业技术学院一体化建设乡村振兴学院田间学院，建成时代特色鲜明、党员群众认同、带动作用明显、硬件完善、软件规范的基层党建阵地，不断提升服务能力，凝聚乡村治理合力。为更好地服务群众，"拆三建五"调整社组规模，将原有三个村民小组调整为五个，组建三会一堂，修订完善村规民约，发挥群众主体作用；积极回应和推进村民最关心的天然气入户、饮水工程升级、生产便道入户、平安乡村建设四项民生工程，全面提升群众的满意度；持续加大人居环境整治力度，打造"三点两线"，不断刷新乡村颜值；利用资源优势，制定和推进"五个千亩"发展计划，做好产业兴村保障，与村民共建共享发展成果。现将创建试点示范村以来的工作汇报如下：

一、"三个注重"突出党建引领，凝聚乡村治理合力

注重强化组织支撑。成立镇委乡村治理体系建设试点示范工作领导小组，下发了《龙凤村乡村治理体系建设试点示范创建工作方案》。在上级各部门的支持下新建成龙

凤村集党群服务中心、综治中心、党建文化广场、新时代文明实践站为一体的阵地2000余平方米。

注重发挥"头雁"效应。党员户全部挂牌，亮明身份。充分利用党员干部、企业、高校三支队伍，龙凤村党总支联合重庆工程职业技术学院一体化成立乡村振兴学院田间学院，搭建"政校行企"合作平台，大力推进村、校、企合作，充分发挥高校人才创新理念、企业专业技术等优势，创作了墙体彩绘近400平方米展示乡村文化。

注重利用资源优势。实施"五个千亩（小龙虾水产养殖、花卉苗木、中药材枳壳、小水果、蔬菜）"计划，现在龙凤村发展种养殖企业15家，种植花卉苗木800余亩、养殖小龙虾500余亩，人均可支配收入提升至2.4万余元，连续举办了四届江津龙凤小龙虾美食文化节，实现村民共建共治共享发展成果。西南大学动物科学学院授予龙凤村校企合作基地，联合重庆工程职业技术学院一体化建设乡村振兴学院田间学院，傲杰生态农业专业合作社成功申报江津区农业科技服务站。

二、"三个改变"完善治理制度，提升乡村治理水平

改变社（组）管理幅度。按照每个小组500人以下的标准，将原先的3个组小组重新调整为5个组，按照"五张清单"（基层自治组织权利清单、自治事项清单、协助政府工作事项清单、涉证事项清单和负面清单）明确自治事项、"四务公开"（党务、村务、财务、服务公开）增强自治透明度，重新选举了小组长，小组长平均年龄从72岁下降到了45岁，适应了农村熟人治理需要，形成了"大村小社"治理局面。目前，全村5个组在划分为7个网格、18个院落，共有100余名志愿者。

改变自治工作机制。组建"三会一堂"，每个小组建立一个组民议事会、红白理事会、道德评议会、设立一个议事堂；同时修订完善了村规民约，以制度和共识来规范大家的行为，破除陈规陋习。组民议事会由村民代表、农业企业业主、乡贤组成，共45人，切实发挥群众的主体作用。红白理事会，建立红白喜事备案制，组内所有村民办理红白喜事都要到议事会备案，尽量减小办理规模，推动移风易俗、喜事新办，礼金控制在200元以内；道德评议会建立健全先进模范引领作用，评选了"好婆婆""好儿媳""整洁庭院""杜市楷模"等先进典型36个（户）。

改变信息公开方式。严格按照《江津区村（居）务公开目录》规范党务、村务、财务、服务公开制度，全面推行村级重大事项"四议两公开"决策制度，在利用传统

方式公开基础上，利用电子显示屏、QQ 和全村微信群等信息化手段，公开公共事务决策流程和结果，最大限度增加党员群众的参与度和知晓度。

三、"三个抓手"推进三治融合，助力乡村振兴

以实行村民自治积分制为抓手，让农村自治更"实"。以乡村治理"积分制"为抓手，推动村级自主议事、自我管理、自我服务、自我监督，真正让群众的事群众说了算。一是评定积分。党员干部带头垂范，"三会"成员和"院落长"为评分骨干，群众共同参与的"自治积分"评判格局，以"五要五不"为评分条件，建立"一户一档"，推行"三个一"积分管理流程，即一日一巡查、一周一整治、一月一评分。二是公开积分。以引导村民积极向上为主旋律，建立积分奖励公开机制，在议事堂公示栏公示积分。三是使用积分。根据群众实际需求，积分可以用于兑换洗衣液、肥皂等生活用品，积分制的推行极大地促进了人居环境改善和邻里和睦，龙凤村引导群众打造了中道堂、四方井、何家湾3个人居环境整治示范点。

以综治中心建设为抓手，让农村法治更"严"。建立一个法治体系。调委会、驻村民警、法律顾问综合的平安龙凤建设小组，健全法律公共服务体系，把普法教育融入矛盾化解全过程，让群众办事依法、遇事找法成为行为准则和自觉习惯。建设一处"服务室"。依托党群服务中心，设立村公共法律服务中心（室），健全规章制度，作为化解矛盾纠纷、提供法律咨询的服务阵地。推行一项"硬制度"。坚持运用法治思维化解矛盾纠纷，对涉及邻里纠纷、土地边界、房屋建设等信访问题，推动矛盾纠纷阳光化解。近年来，龙凤村没有发生非法上访事件，2021年被评为扫黑除恶先进集体。

以新时代文明实践站为抓手，让农村德治更"活"。一是增强新时代文明精神力量。大力弘扬社会主义核心价值观、民族精神和时代精神，用核心价值观培育新时代农民。二是主动占领宣传文化阵地。组建龙凤志愿宣讲队，由镇村干部、妇联执委、致富带头人等为对应。三是充分发挥示范带头作用。开展美丽庭院、文明家庭和杜市楷模评比，评选出美丽庭院20个、文明家庭8个和杜市楷模2个，好儿媳好婆婆好邻居新乡贤6个。

农业产业"多点开花"

贵州省习水县二里镇人民政府

盛夏，在习水县二里镇田间地头一派忙碌，诸多农业产业迎来丰收。

近日，位于二里镇观摩村花山组的300亩花椒基地，青色的椒果密密麻麻，挂满枝头，微风拂过不断散发出阵阵椒香。剪枝、切断、分拣、装筐、运送……村民们正抓住晴好天气，戴着草帽和手套，不断穿梭在椒林间进行花椒采摘，现场呈现出一派繁忙劳作的景象。

"观摩村花山组山高坡陡，土层较薄，地力肥力不强，适宜耕种的土地极少，经过几年的管护培养，今年的花椒迎来首次采摘，收入预计在10万元左右。"观摩村支部书记、村委会主任吴红梅介绍，以前漫山遍野不是石头就是荆棘荒草，传统的低效农作物广种薄收让村民吃尽了苦头。

近年来，二里镇在探索石漠化治理和农业产业结构调整中，通过花椒种植，有效解决了群众增收和石漠化问题，进一步维护了生态环境，真切将生态效应转化为经济效应。

该花椒基地合作社负责人邓红说："种植、管护、采摘的各环节，主要都是本村村民进行，既实现了就近务工，也增加了收入。"当下，随着成片花椒结出的累累硕果，不断带动着就近村民增收，还有效助推产业发展，为大力实施乡村振兴战略装上"加速器"。

与此同时，走进二里镇钟家湾村西瓜种植基地，绿色的藤蔓下，个个硕大饱满的麒麟瓜也迎来了采摘期。

"通过招商引资，我们引进公司种植西瓜100亩，产量约200吨，单价在1.5元/斤，预计收入能达到55万元。"合作社负责人王源烽说，现在外出务工就业较难，村民在家既能学习农业技术，也能达到务工需求。

"产业的植入，有效带动了村民就近就业，有效提高了土地利用率，目前已成为村级有力的带动项目和经济新增长点之一。"该村党支部书记、村委会主任张英说，通过推广农业新技术、发展作物新品种，有力推动农业产业提档升级，不断提高农业产出效益。

发展产业是乡村振兴的重要前提。作为纯农业乡镇，二里镇结合资源禀赋，不断优化产业布局，坚持党建引领，采取"党支部+公司+合作社+农户"经营模式，大力推进"一村一基地"建设，在稳定21000亩有机高粱基地的同时，在各村发展了花椒、辣椒、蜜柚、西瓜、魔芋、大豆、玉米等优势产业，通过示范办点，成片发展，实现多点开花的农业格局，促进农民增收，壮大村集体经济。同时，发展畜牧养殖等项目，不断推动农业经济高质量发展。

二里镇农业农村服务中心负责人邓金池说："在整合全镇农业产业发展过程中，还实行高粱套大豆、红苕种植，不断加大土地利用率，实现多产业品样融合发展。"当下，在高粱、白茶等主导产业蓬勃发展的同时，一批产值好、特色鲜明的农业产业不断涌现，推动了现代农业多产业融合发展。

此外，二里镇还不断加大整体布局，"三产融合"发展，依托兴隆煤矿、砖厂等企业带动辖区就业，还在农业产业中实现产供销一体化发展，同时建设有油菜加工厂、苕粉加工厂、花椒烘干房等，形成完整产业链条。完善茶山产业布局、优化观摩湖基础设施建设，扎实推进玉溪村茶旅发展，带动区域经济发展。

二里镇分管负责同志表示："我们将不断优化农业产业结构，形成多点开花的产业新格局，实现农业产业全方位发展，为扎实开展好乡村振兴工作打下坚实的基础。"

党员带头谋发展　乡村振兴产业旺

盛夏，习水县同民镇火龙果种植基地，红彤彤的火龙果挂满枝条，村民正熟练地采摘、分拣、装箱，准备运往省内外市场。

这片650亩的火龙果覆盖了同民镇4个村，成为400余人就业增收的致富产业，这些发展变化得益于红旗村党支部副书记钱春平的努力。正是他带动当地群众发展火龙果，套种"短平快"蔬菜，让这片土地实现了亩产值从5000元增长至14000元。

乡村兴则产业兴。在习水各乡村，党员干部充分发挥带头作用，引导和帮助群众积极参与到产业发展中，凝聚党群合力，推动产业高质量发展。

【高质量发展蹲点采访】因地制宜 护河增产丨习水县二里镇乡村振兴实践一瞥

夏日，习水县二里镇的观摩湖两岸青山环绕、风光旖旎，湖面上碧波荡漾，鸟儿翩跹留下阵阵涟漪。

观摩湖在桐梓河流域习水县境内，是赤水河流域的支流。观摩湖在二里镇的多个村居有支流汇入，沿湖最大的村庄是观摩村和玉溪村，两岸民居依湖而建。

保护好桐梓河，就是保护好二里镇当地群众的家园。

"巡湖就要时刻关注这条河流，我们不断对危险区域垂钓人员进行劝导、对非法捕捞进行处理，如果遇到漂浮物也会及时打捞清理。"观摩村村民、民间河长吴飞说。

为做好桐梓河流域的综合治理工作，二里镇建立起河湖环境保护管理机制，实行以镇主要领导为河长的河长制，镇村干部任巡河员的管理机制，对二里境内的桐梓河流域进行网格化管理。

同时，由二里镇综合行政执法大队、农业农村服务中心、派出所等部门组建的巡护队伍每天对河流进行不定期巡视，并记录巡视内容、路线里程等进行存档上报，确保非法捕捞有人管、生态环境有人护。今年以来，二里镇共开展巡河劝导100余人次，移交办理非法捕鱼案件7件，没收非法渔具40余件，销毁非法自用船2只。

依托河长制，二里镇梳理出涉及生态修复、管网建设、农业面源污染、清淤疏浚、农村生活污水治理等多方面急需解决的问题，整合资金，依据自然生态功能，采取禁渔、拆违、截污等保护措施进行"护绿行动"，推进河湖生态治理管护。

同时，二里镇围绕全面改善水生态环境，采取治水、增绿等举措，不断加强辖区水域治理，形成"水青、岸绿、景美"的水生态系统。

"我们鼓励群众发展经果林种植，形成严管理、重发展、助增收的长效流域保护机制，为沿河流域实现水清气净、岸绿景美的生态环境提供有力保障。"观摩村党支部书记、村委会主任吴红梅说。

水清识鱼乐，岸绿闻鸟鸣。通过当地干部群众齐心协力的努力，桐梓河流域习水境内的水生态环境不断改善，漫步观摩湖边，恬静舒适、心旷神怡。

绿水青山就是金山银山。当下，二里镇依托桐梓河流域习水境内的良好生态环境，结合乡村振兴和全域旅游安排部署，在强化管护治理的前提下，整合资源、多方发力，着力打造"一村一品"，建设幸福家园、带动区域发展。

近几年，慕名而来玉溪村休闲度假的游客越来越多，许多村民吃上"旅游费"，并且村里白茶、蜜柚等产业加速发展，不断丰富乡村旅游业态，村级集体经济年均收入30余万元，群众收益逐年递增。2021年，玉溪村实现人均纯收入13000元以上。

目前，习水县二里镇进行整体布局，在桐梓河流域习水境内因地制宜发展种植业，包括白茶1000亩、有机高粱20000亩、砂糖柑2000亩、红心蜜柚1200亩、脆红李2000亩、花椒种植3000亩，带动沿岸2500户村民实现增收。

"我们通过发展种植业，一方面改变桐梓河流域习水境内沿线群众以打鱼谋生的生产方式，有效解决大家的收入问题，另一方面，通过种植树木加上捕捞减少，桐梓河水域生态环境自然而然得到保护。"二里镇党委书记、河长冯双说，"乡村振兴如何推进，这就是我们是探索实践的方法之一。"

群众增收路更宽

"我们正在打造'千亩茶山'，目前，600余亩白茶有序走向市场，畅销上海、广东、福建及海外，群众收益得到提高……"近日，在习水县村（社区）党组织书记"擂台赛"上，二里镇玉溪村党支部书记陈虹信心满满地讲述着本村的发展。

陈虹口中的白茶产业，便是玉溪村的主导产业。从最初几亩到现在规模化发展，玉溪白茶帮助村级集体经济壮大至52万元，给130余户脱贫户平均每年每户分红1000元，带动3000名劳动力就近就业。

这是二里镇党员干部领着当地群众干出来的新成绩。

玉溪村历来就有种植茶叶的习惯，不过一直不成规模，利润不高。为破解这一难题，二里镇党委决定走茶叶标准化、规模化的道路，打造高端茶园，加大招商引资力度。村党支部书记、党员带头鼓励群众参与种植，通过土地流转、务工就业带动群众从白茶产业中受益。

"通过加强技术管理，茶叶品质提上来了，价格也可观了。现在每到采茶季和管护时期，都有大量村民前来工作，去年，光是支付给群众的务工工资都有20余万。"陈虹说。

除此之外，玉溪村党支部还大力引导群众发展红心蜜柚、柑橘、高粱、红薯等产业，多季节、多方面、多渠道帮助群众增加收入。

在玉溪村，每到红心蜜柚成熟的时节，田间、村道、家门口都能看见群众售卖的摊位。售卖的群众里总少不了汪明辉的身影，种着2亩红心蜜柚的他，在当地党员干部的引导下，改变销售模式，换成就地售卖。去年，蜜柚成熟时，仅仅一周，汪明辉就卖完了自家种的柚子。

"最多的一天卖了2000多块，真不错。"汪明辉高兴得合不拢嘴。

现在，玉溪村家家有产业，户户有增收，人均纯收入达到了1.3万元以上。

支部带头产业兴

6月，二郎镇莫洛村党支部书记周章正与贵州任禾农牧发展有限公司负责人抢抓进度发展林下养鸡。

这片1000亩的林下养鸡项目，便是周章领办的特色产业，从寻找项目到带队考察，从签订合同到落地实施，整个过程周章亲力亲为。

莫洛村拥有3000亩水土保持林资源，如何将它变成群众增收的经济林？经过村党支部讨论研究，大家一致决定发展林下养殖，生产绿色食品，打出自己的特色品牌。

引进公司、召开群众会、制订管理机制，投资900万元，村合作社以财政衔接推进乡村振兴补助资金198万元投入项目。

为更好引导村党员带头参与发展，莫洛村充分发挥基层党组织"主心骨"作用，确定由支部领办、干部参与，依托村股份经济合作社和农民专业合作社，发展林下养鸡、脆红李、花椒、红粱四个主攻产业，并健全监督考核机制，逐步走出一条集体与群众"双赢共富"的发展新路子。

在莫洛村，村党支部书记负责林下养鸡，副书记负责脆红李，宣传委员负责花椒，组织委员负责红粱，监督委员负责监督考核。现在，莫洛村不仅发展有订单红粱1500

亩，脆红李1200亩，花椒2000亩，还增加了柑橘、清水鱼养殖、禽种苗养殖等产业。2021年，莫洛村集体经济净收益50万元。

"接下来，我们将大力发展农产品初加工企业，建造花椒加工厂、水果冷库等，同时，进一步规范农产品种植、管理、采摘技术，提高产品品质，实现党组织建在产业链上、党员聚在产业链上、群众富在产业链上。"周章说。

群众致富有奔头

2021年，自开启全面推进乡村振兴工作以来，习水县大力实施"一村一名职业经理人"工程，在全县257个村（社区）招引、配备农村集体经济职业经理人257名，通过他们的力量带动村集体经济更快更好发展。

杨家德是原银厂村的老支书，也是该村第一批发展生猪养殖的人。为此，他被银厂村"两委"推选为该村的职业经理人。

从党员到群众，从围观到入股，从4个人到上千人，在村党支部和杨家德的带动下，参与的群众越来越多，积极性很高。

为充分发挥村集体经济发展引领功能和带头作用，银厂村党支部积极对接遵义天兆猪业有限公司，通过"公司+村集体+大户"和"公司+股份经济合作社+大户+股民"的组织方式，建成康源养殖农民专业合作社生猪养殖场和桑木镇银厂村股份经济合作社生猪养殖场。

现在，两个生猪养殖场可实现生猪存栏量4250头，年出栏生猪8500头，村集体经济年均纯收入195.5余万元。

说到产业的发展，银厂村的群众都十分高兴，"现在大家都是股东，有分红，有技术指导，干劲十足。"如今，银厂村生猪养殖已有2021名股民参与进来。

"为应对生猪市场变化，我们计划把两个养猪场调整为黔北黑猪和白猪自繁自养场，并延长产业链条，建设腊肉加工厂，增加附加值和经济收益。此外，积极鼓励大家发展养牛、红粱、辣椒等产业，利用集体经济的收益扶持产业发展，让大家有钱赚，放心赚。"银厂村党支部书记秦小燕信心满满。

石柱县中益乡聚焦中小学思政研学
走出乡村旅游同质化发展困境

重庆石柱县中益乡人民政府

石柱县中益乡是重庆市原十八个深度贫困乡镇之一。近几年，响鼓重锤，取得脱贫攻坚战全面胜利。在巩固脱贫攻坚成果，全面推进乡村振兴过程中，该乡聚焦"全国首批脱贫攻坚交流基地"，以中小学生思政研学为突破口，成立"益起奔跑"集体公司，盘活了脱贫攻坚资产，助力乡村旅游发展走出困境。

一、将脱贫攻坚大战场变成思政研学大课堂

脱贫攻坚伟大斗争，锻造形成了脱贫攻坚精神，我们有义务弘扬新时代脱贫攻坚精神，让更多人深刻感悟共产党人为人民谋幸福的初心。

一是扶贫资产变研学课堂。充分运营脱贫攻坚期间形成的初学学院、扶贫车间、产业基地等资产，已整合1.2万方面积室内课堂和约67万方（1000亩）产业基地户外课堂，成功申报中小学综合研学实践基地，发展年代院、蜜乐园、农耕园等研学阵地20余处。

二是脱贫故事变研学课程。将社会主义制度优越性和深度贫困乡镇攻坚期间干部与群众的故事融进研学课程中，按照"有知识、有趣味、正能量"原则，开设低年级"周妈妈脱贫故事""守蜂人探秘之旅"，高年级"华溪村扶贫足迹""农村土地经营权返包"等3套课程体系22套专题课程。

三是农事劳作变研学体验。深化农村传统文化传承功能，让研学走进田间地头，吸引中小学生走进田园，体验农耕文化，学习农作物及手工艺知识，感知劳动的艰辛与快乐。优化提升黄连基地、蜜蜂示范场、非遗工坊等研学体验场地7处，已培育"乡村师傅"16名。

二、将"单打独斗"的村集体变成"益起奔跑"大平台

集体经济作为巩固基层政权有力手段，我们将发展壮大村集体经济作为抓基层、打基础的重要抓手，变"单打独斗"为"联村抱团"，逐步解决集体经济"小散弱"问题。

一是公司化运作。将7个发展不均衡村集体公司联合成立"益起奔跑"平台公司，股份由全乡全体村民共同持有，法人代表民主决策。将"益起奔跑"公司作为平台公司统筹全乡资源、破解村域发展不平衡难题。

二是市场化经营。依托"鲁渝协作"引进山东中郝峪村研学运营团队，与其合资成立研学板块"溪游记"运营公司，形成由"益起奔跑"公司控股的"集体经济+专业公司"运营机制。目前，"溪游记"公司由7名山东引进人才和22名本地年轻村民组成，解决集体经济运营人才问题的同时，不断培育本地运营人才。

三是规范化管理。专业人干专业事，剥离集体公司运营权（保留决策权），人员选拔录用完全遵照运营公司发展需求。强化对运营公司资金监管，严格规范公司财务管理制度，收支两条线，全部纳入乡财政代管。物资由集体公司登记，运营公司具体使用和启动报废程序，保证资产保值增值。将公司管理纳入乡纪委监督，正试点纳入提级监督。

三、将避暑纳凉景区变成"初心"教育基地

乡村旅游产品应该各具特色，而实际上却大致雷同。特别是武陵山片区大多以避暑和体验古村古镇等民族文化为主，不仅没有为乡村旅游增加优势，反而产生千村一面的现象。我们强化"初心"品牌，将乡村游"故事化"，通过将乡村旅游的休闲观光变为沉浸式研学体验活动。

一是由在家等变主动找。紧盯"研学+团建"客流，将乡村旅游的在家等客变为主动签订教育实践共建基地引客。目前，依托"初心学院"已与清华大学、重庆大学、川美、华龙网小记者等高校单位签订共建基地，客流约5万人；与农行市分行，重庆高速集团，重庆供电公司等18家企业签订党性教育基地，客流约15万人。

二是由节假日变工作日。依托国家"双减"政策红利，不断深耕石柱及周边区县约30万中小学生市场，依托"初心""蜜蜂"研学课程，丰富周一至周五基础流量，打破乡村旅游淡旺季格局，形成工作日团队客、节假日家庭客的四季游新格局。

三是由走马观花变探究式学习。重点围绕"初心小院""连心小院"等重要节点设置脱贫攻坚精神相关课程，接受脱贫攻坚主题教育，忆苦思甜，体会中国共产党人的为民情怀，感悟当下幸福生活的来之不易。

四是要我发展变我要发展。乡村旅游的主体是农民，村民成为乡村旅游的主人。目的也是为了农民增收。目前，全乡"中益人家"农家乐134家户均增收2万元，较2017年增长110家，1.7万元。带动300余户参与到旅游发展，通过研学授课、在农家乐务工、售卖农特产品等户均增收2000元以上。群众参与乡村旅游发展占在家人数的30%，并不断增长。2022年上半年，中益乡共接待游客超过13.58万人次，收入512万元，年旅游收入预计突破800万元。较2021年旅游收入同比增长86.9%，年游客同比增长39.8%。团建研学与自由组客方式人数占比分别是75%、25%，平均消费分别是150元、32元，研学收入远远超过了散客带来的经济流。

随着而来的是，2020年以来，回引大学生本土人才12名，培养党员致富带头人35人，孵化本乡本土人才担任导游、解说员、研学教练等30余人，140名青年主动返乡创业就业，实现了户户有增收产业、人人有致富渠道。预计2022年全乡常住人口收入结构中，旅游收入占比到达到15%。益起奔跑公司作为集体公司发挥平台作用，在统筹全乡资源和调解村域发展不平衡上起到了关键作用，有效巩固了基层政权。群众作为中益乡旅游发展的主人翁，深度参与全乡旅游发展，让群众从中益乡的旅游发展中获得实实在在的好处，干群一起奔跑。作为突破单季旅游的先行者，通过团建研学，打破原有的避暑旅游单一模式，实现旅游收入再增长。

茫拉乡2021年工作七大亮点

青海省贵南县茫拉乡人民政府

2021年，茫拉乡以党的建设统领经济社会发展，抢抓乡村振兴战略机遇，抓好特色产业发展、生态保护、民生保障和社会治理，加快农业和农村经济结构的战略性调整，锐意进取，开拓创新，农村经济和社会各项事业保持健康、稳步、有序发展的势头，各项工作取得良好的成效。

一、全面推行党建引领，各类亮点富有特色

始终坚持党的建设统领一切工作，以夯实基层党建推动经济社会各项事业，呈现出基层党组织坚强有力、民生事业稳步发展、社会大局和谐稳定的良好局面。

一是在全乡党员群众中制发"一牌三卡"，铺架为民服务之桥，树立干部亲民、利民、为民的良好形象，夯实基层党的建设，不断提升党员干部服务群众的能力和水平。

二是坚持"支部带协会、群众得实惠"工作思路，巩固拉干村支部带协会党建示范点，关爱老人、支持教育、促进群众增收致富，形成了党建引领服务群众的新模式。

三是持续推行"一人一旗一车一音响"四个一疫情知识宣传工作法，组织全村党员干部全方位宣传疫情防控知识；及时成立党员志愿者服务队，设立疫情防控卡点，24小时轮班值守，充分发挥了基层党组织战斗堡垒作用和党员先锋模范作用。

四是通过抓党建、助乡村振兴，因地制宜发展壮大村集体经济，强化巩固"破零"工程，推动全村经济发展，带动村民增收致富，截至目前全乡各村集体经济2021年收益资金220.36万元。

五是结合庆祝中国在共产党建党100周年开展集体学习研讨、读"四史"原文、听红歌、看红色电影、发放党史学习教育大礼包、参观党性教育基地等多种形式的党史学习教育，全乡共开展当时学习教育活动100余次。

二、大胆调整种植结构，规模种植逐步形成。

一直以来，茫拉乡秉承着走种饲养畜的生态环境保护+经济增长的双循环路子。今年茫拉乡以都兰、上下洛哇村为主青贮玉米种植面积达2000余亩，平均亩产达7吨以上，预计青贮总产量达到1.4万吨，可为4万余只羊单位提供充足的饲草料保障，为持续打造"一乡一品，一人一牛"黄牛高效养殖产业发展，拓展巩固脱贫成果，协调生态生产生活可持续高质量发展打下坚实的基础。茫拉乡拉干村股份经济合作社，通过"集体+农户"的方式，流转农户耕地1600亩，户均流转耕地约9亩，年内村集体经济收入预计达80万元，户均增收3770元。

三、大力整治人居环境，村容村貌大变样。

按照"美丽茫拉、环境先行"的工作思路，全力推进全域无垃圾三年行动工作的基础上，向全乡各村全面推广"2532"人居环境整治模式，并将每周三定为全乡环境

卫生集中整治日，大力整治环境卫生，全乡环境面貌发生了新的变化。截至目前，共开展环境卫生整洁活动150余次，清理各类垃圾20吨以上。并组织各村草林管员在白刺滩库区开展"保护母亲河，我们在行动"专项环境卫生整治活动2次，使黄河沿岸生态环境更加美丽、风景更加靓丽。

四、群众愁事放心头，耕地调整纾民困。

乡党委坚持想群众之所想、急群众之所急、解群众之所忧。今年，针对麻格塘村群众反映强烈的耕地少、不够用的遗留问题，乡党委带领麻格塘村"两委"班子积极争取党员、老农代表的支持，按照"大稳定，小调整"的原则，通过整合改良旱地、水浇地、泥石流地、洪水淹没地，共调整耕地面积 1377.30亩，解决了群众多年耕种无地的问题。

五、群众盼事放心里，解决就业暖民心。

茫拉乡党委、政府一直把解决群众所需所盼作为干事创业的重要目标，在积极争取惠民项目的同时，把解决群众就业、增加群众收入作为顶顶要紧的事去干。今年来，充分利用虫草采挖等有利时机，加大劳务输出力度。全乡虫草采挖人员达600余人次，外出务工人员达800人次，收入达540余万元。同时在实施的防洪、河道治理、道路硬化等项目中，积极与项目负责人协调，计划项目用工全部从本地、本村就近吸收，解决100余人的就业问题，创造收益110余万元。

六、及时化解矛盾纠纷，社会治安和谐稳定。

结合全乡扫黑除恶专项斗争活动，持续巩固深化茫拉乡矛盾纠纷排查化解"1234"工作法，切实发挥乡、村两级党组织的引领和党员的先锋模范作用，坚持日常排查、定期排查和专项排查相结合，做好矛盾纠纷排查台账，加大对已发生矛盾纠纷数据的分析研判力度，有针对性地做好矛盾纠纷预警工作，加强党员干部与广大群众之间的联系，带动广大农牧民党员参与矛盾纠纷排查调解，今年以来，共排查化解各类矛盾纠纷10余起，未发生越级上访和群体性事件，未发现涉黑涉恶事件。

七、严抓不懈生态保护，区域生态恢复良好

始终坚持"生态立乡"战略不动摇，以茫拉河北岸为重点，对全乡54万余亩草场进行禁牧，并倡导群众自觉禁牧减畜、舍饲圈养、保护生态，形成全民参与、人人奉献的良好氛围；充分发挥生态管护队伍作用，严格落实管护巡查制度，按期开展禁牧

区管护巡查活动，推动全乡生态管护工作迈上制度化管理；强化环保主体责任，认真落实河长制工作责任，开展砂石料采挖整治活动，以实际行动走好新时代生态环境保护的长征路。

退伍不褪色，扎根基层守初心

四川省巴塘县德达乡人民政府

巴塘县位于甘孜州西部，德达乡位于巴塘县东北部，距巴塘县城74公里，地处高山峡谷地带平均海拔3800米，全乡辖区面积565.5018平方公里，辖区4个行政村、10个自然村。全乡共有472户、2071人。全乡共1个脱贫村，全乡脱贫人口64户321人，2019年实现完全脱贫。

益西吉村同志，从小便立志要改变家乡，参加工作更是扎根基层，在工作的20个年头里，他一直以一名军人和共产党员的身份来要求自己，严于律己，吃苦耐劳，一步一个脚印走过来，现在他担任着巴塘县德达乡党委书记的职位，在工作中用自己的实际行动继续书写一个退役军人的光辉形象。

一、思想坚定，不忘初心守基层

作为一名中共党员，他积极拥护党的各项方针政策，在工作、生活和学习中贯彻落实科学发展观。思想上严以律己、宽以待人，无论在思想上还是行动上都走在前列，用自己的言行影响、带动身边的同志，使大家以更积极的态度投入工作。在工作和生活中坚持正确的政治方向，在大是大非面前做到旗帜鲜明，立场坚定。他能认真学习实践科学发展观，用心主动参加为民服务创先争优各项主题活动。拥护党的路线、方针和政策不含糊，坚持共产主义的理想信念不动摇在思想上和行动上自觉与党保持一致。注重理论联系实际，不断提高自身政治理论素质和业务工作潜力，构成了正直坦诚、求真务实的思想作风。该同志将科学发展观的理论知识转化为解决乡村振兴工作实际问题的思想源泉.善于在实践中积累经验，不仅仅提高了工作效率，还创新性地提出了许多行之有效的工作方法。

二、爱岗敬业，勤勤恳恳脱贫路

他时刻想着扶贫工作，在理思路想办法上他思维敏捷，在工作落实上，尽职尽责，脚踏实地，强化督查，德达乡的田间地头、山坡牧场无处不是他的脚印，下村、组、户搞调研，总是身先士卒，精益求精，亲自对口把关审核，亲自督促实施，为全乡扶贫开发工作提出了新思路，保证了扶贫取得成效。在他的努力带动下，全乡的人均纯收入稳步增长。通过国家补贴、劳务输转、产业带动、合作社分红等措施，全乡人均纯收入从2013年底的2736元提升至2022年的14852元，增长442.84%，年均增长49.2%，2021年总收入为：2938857.75，生产经营性收入为1469428.88%占总收入的50%，工资性收入为764103.02%占总收入的%26，转移性收入为323274.35%占总收入的11%，财产性收入为1763314.65%占总收入的6%。到2022年8月总收入为4008747.51生产经营性收入为2284986.08%占总收入的57%，其中工资性收入为1042274.35占总收入的26%，转移性收入为440962.23占总收入的11%，财产性收入为521137.18%占总收入的13%。2022年收入增幅36.4%。

有这些成绩都是他不惧挑战的结果，工作多年来他挑战了一个又一个全新的职位，无论他在哪个岗位上，他都勤勤恳恳，爱岗敬业，始终保持着一名军人应有的本色，不怕苦，不怕累，哪里有需要就冲锋在前，发挥了党员先锋的积极作用。圆满地完成了各项任务。

三、勇于创新，多措并举有成效

为了发现脱贫攻坚中尚存在的问题，他走遍了所有贫困户，带着问题落实帮扶措施、帮助解决具体问题。访问了多少贫困群众、进行过多少次调研，没有人可以数清楚，连他自己都数不清，唯有那20多本走访笔记记载着。通过深入调查研究，掌握第一手资料，对全乡的贫困状况、经济发展现状、致贫原因、群众脱贫愿望及贫困户需求等有了更深刻的认识也为制定脱贫攻坚规划奠定了基础。他呕心沥血的思考着方法和举措，因地制宜地提出了了发展特色农业的方法，从耕作方式、引进优良品种和科学管理入手，按照一圈一带一走廊的思路，打造德达全乡千亩青稞基地和百亩马铃薯基地，增加群众收入。德达乡打造300亩良种青稞基地、100亩良种马铃薯基地，发展特色畜牧业：认真抓好畜禽良种、饲料供给、动物疫苗和养殖环境等技术指导工作，结合德达实际、在牧业村的建立保畜打贮草基地3千亩和小围栏割草地350亩以及标准化养畜暖棚110户，是实现群众增产增收的重要扶贫项目，为确保能够如期完成"摘帽"

产业扶贫项目。接着他看到德达乡天然的自然环境后，便做起了旅游行业，结合沿318线实际，强力提出打造318线精品旅游风景线，围绕骑游营地、露天营地和自驾游等旅游资源开发，来提升德达的人文素养和文明素养，大力推进村容村貌改造和环境整治建设，以开发茶青卡温泉和海子山爱情海等旅游资源来提升农村经济发展水平，形成了有利于农村环境保护和优美的人居环境，努力把德达打造成为村庄秀美、环境优美、生活甜美、社会和美的宜居、宜业、宜游的美丽乡村。

四、勤思苦想，制定路线谋发展

为进一步巩固脱贫攻坚成效，助力乡村振兴发展，开发优势资源，发展切合实际的支柱产业。益西吉村同志通过，结合318国道贯穿乡辖区，境内更是有海子山、姐妹湖等优质旅游资源为基础，抓住川藏铁路修建契机，制定了后续发展的思路：

一是进一步拓展海子山观景台等设施，借鉴康定市折多山观景台成功之道，结合实际打造更全面、更完善的服务站点；

二是进一步开发姐妹湖景点，申请建设姐妹湖转湖栈道，挖掘周边"看点、玩点"，让游客能停下来，缓下来。

三是依靠川藏铁路建设的东风，合理推进当地群众参工参建，增加群众收入。

四是进一步加强教育引导，针对性培养需求人才。将目光聚焦在铁路通车后的发展上来，针对火车站站点及火车小镇建设，持续教育群众眼光要放长远，培养一批有"一技之长"的群众，对未来创业和就业夯实基础。

五是针对建设周期长达十年的铁路建设及未来前景，落实好各项教育救助政策，鼓励大学生返乡就业、创业；

六是加强宣传教育工作，引导群众遵守法律法规，合理有序地参与到建设和开发中来。

五、积极进取，乐于钻研勤思考

在每一次面对新岗位新挑战时，他都积极发扬自己军人身上特有的不惧挑战的精神，面对自己不熟悉的领域，他能积极向周围同事学习，利用业余时间主动学习相关知识，很快就能适应新岗位，并且在新岗位上做出优异的成绩出来。尤其是在现如今脱贫攻坚战如火如荼的今天，他作为德达乡党委书记，深知自己的责任巨大，所以他绝不松懈学习，每时每刻都严格要求自己，学习新的脱贫举措方式，学习新的思路方法，学习如何做好守住脱贫成效的方法等等，他时刻要求自己走在最前线，像一个战士一样冲锋在前。他虽然脱下了绿色的军装，但是他却又投身到脱贫攻坚的战斗中来，他的心依然是那颗炽热的忠诚心，在他身上有着退伍不褪色的精神，无论在工作岗位上还是生活里，他都一直是一幅坚定的军人形象，面对国家给予的使命和任务，他没有丝毫的懈怠，还是像一个听到命令的士兵一样冲锋向前，哪里有困难，他就往哪里冲。天行健君子以自强不息，在未来他将忘记过去所有的荣誉，以更高的标准来要求自己，因为他深知未来任重而道远，还有很多工作等着他去做。他将不忘初心，牢记使命，敢于担当，充分发挥退伍军人的品质，扎根农村，立足本职，积极进取，为乡村振兴、百姓幸福贡献一份力量。

老君乡构建"123"发展格局，奋力推动全面振兴发展

四川省宣汉县老君乡人民政府

老君乡认真贯彻落实党的十九届六中全会、省委十一届十次全会和十四届县委第二次党代会精神，以乡村振兴为契机，紧扣"123"发展格局，埋头苦干、拼搏实干，奋力推动老君全面振兴！

（一）围绕一个目标，奏响乡村振兴"主旋律"

立足山区农业乡的特点，老君乡紧扣乡村振兴这一战略，把全面振兴作为总目标，把对标进位作为主基调，紧紧围绕市委"157"总体部署、县委"12345"发展战略，立足"四个定位"、实施"五大工程"，做大做强特色农业，积极融入中部山区一体化发展，为加速争创全国百强县、勇当达州振兴主力军贡献老君力量。

（二）强化两项保障，夯实乡村振兴"支撑力"

一是强化政治引领，凝聚发展合力。严格执行《党委工作规则》，认真践行"四项工作法"，切实履行党委主体责任。加强村"两委"班子建设，牢固树立党的一切工作到支部的理念。认真落实"三个一"工作机制，印制村民大会（院坝会）专用笔记本，由乡纪检办全程督办。抓实抓牢"一村一项目"工作，壮大村集体经济。扎实开展"四心"作风问题教育整顿切实把问题找准，把措施定实，把作风转好。

二是强化基层治理，维护社会稳定。把基层治理作为首要任务，紧盯"红军广场"等矛盾纠纷，全力做好风险防控。认真落实党务、村务和财务公开制度，依托"我为群众办实事"和整治"群众最不满意的10件事"活动，进一步畅通社情民意表达渠道，积极化解信访矛盾，不断提升社会评价满意度。

（三）突出三个关键，谱写乡村振兴"新篇章"

一是着手产业发展，持续加力，确保增产增收。围绕"个十百千万"发展思路，推进现代农业提质增效。"个"，即完成一个"硬任务"，以撂荒地整治、耕地保护为抓手，积极推广玉米大豆复种、经果林套种等模式，坚决完成粮食播种面积26000亩、大豆扩面2400亩目标。"十"，即培育十家专合社，围绕尚食源、梦鑫农等招引企业，带动培育十个市、县级专合社。"百"，即建成百亩示范园，加快推进彩云社区100亩中药材示范园和排马村400亩黄精种植。"千"，即持续抓好千亩油茶管理，启动加工厂建设，提升油茶经济产值。"万"，即发展万袋老君香菇，发展夏菇2万袋、冬菇5万袋。

二是着力城乡建设，借势发力，提升品位品质。一是完善场镇基础配套，加快文化广场建设进度，启动运动广场建设；对场镇"亮化"实施改造、提档升级。二是持续巩固脱贫攻坚。持续抓好1089户脱贫户、11户监测户动态监测和帮扶工作，确保不发生规模性返贫和新增贫困户。启动古楼、铁尖、双坪等村道路、饮水整治建设工程。三是深入推进环境治理。加强场镇污水处理站运行管理，启动铁尖、龙凤等村污水管网配套设施建设。规划建设垃圾中转站。务实推进农村"厕所革命"，加强农业面源污染治理，打好"蓝天、碧水、净土"三大保卫战。

三是着重惠民服务，竭虑给力，改善民计民生。一是常态化开展疫情防控工作，根据疫情形势适时启动对重点区域、重点人群的管控，稳步有序推进新冠疫苗接种工作。二是继续办好人民满意教育，加强教育教学质量管理、过程管理，确保升国家级、省级重点高中人数上增加、位次上升位。三是全面落实社会保障制度，持续扩大医疗保险、养老保险覆盖面，提高新增就业人数，严格落实社会救助、社会福利、慈善事业、残疾人帮扶等工作。

康定市积极打造大渡河流域水果现代农业园区

四川省康定市人民政府

（1）**夯实基础。**实施道路畅通、通讯覆盖、示范村打造、基地提升"四大工程"，进一步完善和提升产业发展基础设施。目前，已建成产业路145.35公里，完善灌溉渠系295公里，建成物联网气象监测站16个，溯源体系可视化视频监控体系16套，打造标准化生产基地16个。

（2）**品牌打造。**探索建立"运营公司+龙头企业+基地+农户"的电商发展模式，借助"网红、赶集、京东"等网络平台及公众号，发展订单农业，将康定苹果、康定仙桃等农产品远销成都、重庆、北京、香港、台湾和珠三角地区。

（3）**科技支撑。**依托"院州合作""所县合作"，搭建"产、学、研"平台，与四川省农科院等建立长期战略合作关系，成立专家工作站，建立新品种试验示范区，教学实训基地。目前，园区引进秦脆等种类苹果、新品种甜樱桃，开发仙桃果酒、仙桃面条等系列产品，申报技术专利3个。

（4）**拓宽销路。**园区采用"文化+产业+旅游+生活"四位一体的形式，发展休闲农业和乡村旅游，目前，接待游客12万人次；通过"耕地流转、土地托管、联合体发展"等模式实现联农带农，带动23个村1762户。

果蔬现代农业园区破解产业发展瓶颈助力乡村振兴

四川省新龙县人民政府办

2022年初，新龙县启动实施了雅砻江流域大豆果蔬现代农业园区建设项目，分别为大盖、博美、雄龙西三个示范园。园区建成后将破解全县92个村的产业发展瓶颈，进一步推动全县农业产业集约化、规模化发展，通过产业发展带动老百姓增收，以产业促发展助推乡村振兴。

一直以来，地处全州腹心地的新龙县因受经济基础、特殊地域环境制约，乡村产业项目的融资非常难，且没有龙头企业和致富带头人。2021年，新龙县在对州委、州府关于全州"三江六带"现代农业产业带建设的新龙定位进行深入分析的前提下，结合县域实情深度调研，确定了新龙县"一心三带两基地"的农业产业总体发展思路，即"一心"：以县城如龙镇为核心，打造县域农业发展产业枢纽中心；"三带"：青稞粮油现代农业产业带、牦牛现代农业产业带、大豆果蔬现代农业产业带；"两基地"：以博美乡为中心辐射周边，建设3000亩玉米种植基地，以通宵镇辐射周边，建设中藏药材种植基地的农业产业总体发展思路，按照"双百工程"建设要求和宜居乡村建设的总统规划布局，

如何让全县92个村都能"加入群"？"我们通过这三个示范园项目就能保证全县92个村都能参与进去，形成村企共同投资、共同盈利的模式。"县政府相关负责人介绍说。

据了解，大盖示范园由60个村与蜜思特公司合作，占地600余亩，预计投资1.12亿元，预计今年12月建设完成；博美示范园由10个村与云海公司合作，占地50余亩，预计投资1085万元，预计今年9月建设完成；雄龙西示范园由22个村与云海公司合作，占地100余亩，预计投资2380万元，预计今年12月建设完成。

如何让全县92个村都能"鼓腰包"？"我们为保证全县92个村从公司购置委托经营的农业设施中得到合理、稳定的分红收益，县政府与公司签订了框架协议，明确了分红机制，将受益的30%作为集体经济滚动资金，用于村集体经济后续发展及村集体其他建设；70%作为村民个人分红资金，向户籍在本村的全体村民分红，按照优先享受1股的方式对脱贫户和监测户进行分红政策倾斜。"县农牧科技局相关负责人介绍说。

据悉，大盖示范园今年按各村投资额（140万元）的5%进行固定分红，每村每年分红约6.9万元，全县60个村每年共计分红420万元左右；明年至合同期满按各村投资额（140万元）的6%进行固定分红，每村每年分红约8.28万元，全县60个村每年共计分红504万元左右；

博美示范园前5年按各村投资额（81万元）的6%进行固定分红，每村每年分红约4.86万元，10个村每年共计分红48.84万元左右；后10年按各村投资额（81万元）的7%进行固定分红，每村每年分红约5.67万元，10个村每年共计分红56.98万元左右；

雄龙西示范园前5年按各村投资额（81万元）的6%进行固定分红，每村每年分红约4.86万元，22个村每年共计分红107.16万元左右；后10年按各村投资额（81万元）的7%进行固定分红，每村每年分红约5.67万元，22个村每年共计分红125.02万元左右。

为园区建成后避免出现管护缺失，企业与各村出现管理不到位的情况，新龙县还与企业签订框架协议明确园区管护责任，建立健全园区"园长"制，由县级党政主要领导担任"园长"，统筹推进园区规划建设和管理运营，成立现代农业园区建设管理委员会，负责园区内企业的管理和服务及园区综合管理工作，确保园区建成后正常高效运转。

科技赋能种业振兴

浙江省科技厅

2023年2月22日，"十四五"浙江省水产新品种选育重大科技专项2022年度工作总结考核会在杭举行。

水产协作组组长丁雪燕首席专家汇报了"十四五"浙江省水产新品种选育重大科技专项2022年度总体实施情况，9个课题组分别汇报了年度工作进展、特色亮点、存在问题及下一步工作安排。2022年，水产育种专项协作组重点围绕水产种质收集与评价、重要性状挖掘、育种技术创新、新品种培育及配套良种良法技术的协作攻关与示范推广工作，取得亮眼成绩：一是育成品种方面，全年共收集优质水产种质材料78份，创制育种材料71份，培育性状优势明显的新品系13个，罗氏沼虾"南太湖3号"获国家水产新品种审定。罗氏沼虾"南太湖3号"生长速度快、抗逆能力强、养殖成本低，适宜培育大规格商品虾，在同等条件下养殖150天，与"南太湖2号"相比，体重提高21.16%，成活率提高5.14%，饲料系数减少9.64%，增产增收效果明显，建立的罗氏沼虾育繁推一体化商业化育种模式成为全国典范。二是育种水平方面，水产育种创新能力水平跻身全国第一方阵，十年育成年育成国审新品种位居全国第一（14个）。2022年，专项成果获全国农牧渔业丰收奖推广合作奖、省自然科学奖等奖项4项，授权发明专利29项，先后发布地方标准4项、团体标准3项，发表SCI论文50余篇。三是产业服务方面，浙江省育成的罗氏沼虾、翘嘴鲌、中华鳖品种全国市场占有率达40%以上。水产育种专项协作组全年共建立新品种核心示范基地35个，新创建国家级、省级水产原良种场共6家，指导育种主体入围国家水产种业阵型企业/平台12家，居全国第三。累计繁育优质鱼虾贝藻苗种255.8亿粒（株/只/尾），苗种产值1.1亿元，示范推广面积14.5万亩。

桂建芳院士领衔的咨询专家组充分肯定了浙江省水产育种取得的成效，并鼓励各课题组要强化协作攻关，聚焦重要目标性状，进一步明确育种路线，加快育种技术方法应用，力争育成一批具有浙江特色的、性状优良的、核心竞争力强的、产业辐射带动好的水产新品种，有力支撑浙江渔业高质量发展。

浙江省科技厅相关负责人强调，"十四五"育种专项是浙江农业科技工作的重要抓手，要紧扣品种和绩效两条生命线，抓住惠民、惠企、惠及科技人员三个关键点，重点围绕优质高效品种、育种技术水平、推广转化效果、高层次人才团队、高能级平台载体、产业和企业培育等六个方面持续突破，加强长远布局、协同攻关、产业联动和全过程管理，持续支撑浙江省乡村振兴、共同富裕和农业农村现代化先行。

科技赋能助力乡村振兴

青海省科技厅

实施乡村振兴战略的总目标是实现农业农村现代化，农业农村现代化的关键在于科技进步。青海省科技厅按照2022年青海省推进乡村振兴"八大行动"任务分工，围绕科技兴农、科技富农，科学谋划、创新举措、精准发力组织开展科技支撑行动，加强农业领域"卡脖子"关键技术攻关，加快技术成果转化推广，加大乡村技术人才培养，为乡村振兴赋能科技"加速度"。

建立会商机制，落实工作责任。

制定《青海省2022年科技支撑行动实施方案》，建立由省科技厅、省农业农村厅牵头，省相关单位配合的联席会商工作机制。成立由省科技厅主要负责人任组长，各相关单位负责人为成员的乡村振兴科技支撑工作组，坚定扛起乡村振兴政治责任，对标科技支撑行动主要任务，组织各成员单位对青海省2022年乡村振兴科技支撑行动实施方案主要内容进行深入解读，围绕科技成果转化应用、种业振兴、农业主推技术、人才培养、千名大学生服务乡村振兴等工作目标，各单位主动认领任务、逐项细化分解，实施工作推进月历表和进度周报制。

健全完善科技政策，激发创新创业活力。

一是2022年8月，省政府办公厅印发《关于坚持和深化新时代科技特派员制度的实施意见》、在此基础上形成了《青海省科技特派员管理办法（试行）》（征求意见稿）、《科技特派员专项管理办法》（初稿），进一步规范省级科技特派员的认定、选派和"科技特派员工作站""科技小院"团队组建、政策支持、管理培训、监督检查、绩效考核、表彰宣传等机制。

二是配合省委组织部制定印发《青海省国家乡村振兴重点帮扶县科技特派团服务保障若干措施》，从强化关心关爱、提供创业支持、严格管理考核、压实部门责任等方面，服务保障特派团成员在青海积极作为、干事创业。

三是草拟了《青海省乡村振兴科技示范县专项管理办法》（初稿），巩固拓展脱贫攻坚成果同乡村振兴有效衔接，夯实县域振兴基础。

破解关键核心技术，引领农牧业发展。

一是实施重大科技专项"三江源区代表性动物基因资源保护与应用""牦牛、藏羊遗传资源挖掘与创新利用"项目，开展牦牛、藏羊种质资源精准鉴定与有效保护、育种关键技术集成与模式创新等关键技术攻关，并取得初步成果，为解析牦牛与普通牛生殖隔离的分子机制奠定了基础，研究成果于2022年9月6日在《自然—通讯》上发表。

二是针对种业"卡脖子"技术问题，建设青藏高原种质资源研究与利用省实验室，筹建国家高原种质资源库，联合省内种业相关优势科研资源，搭建"产学研用"深度融合的新型种质资源研发载体。筹建国家牦牛技术创新中心，打造牦牛产业创新策源地、协同示范基地、成果转化高地。

三是开展牦牛、藏羊、八眉猪、海东鸡畜禽遗传资源保种场和油菜、马铃薯、蔬菜、蚕豆良种繁育基地建设，建成各类良种繁育、示范、展示基地24万亩，并以畜牧良种补贴项目为抓手，在全省范围内推广牦牛、藏羊优良种畜4000头（只），不断提升供种能力。投资建设牦牛、藏羊、海东鸡保种场和油菜、蚕豆良种繁育基地6个，进一步提升青海省特色种子（种苗）和种畜保障能力，加快良种推广速度。

创新工作体制机制，夯实基层人才队伍。

一是针对全省基层科技力量缺乏和科技管理力量薄弱的实际情况，整合省、市（州）、县科研力量，从2022年起设立省级"科技特派员"专项，统筹科技部"三区人才"专项资金，选派1000名科技特派员启动青海省首批39县102个科技特派员工作站建设，有效衔接国家有关部门在青海部署的重点帮扶县科技特派团，通过互联网+团队协作、长期驻点、相互促进、全产业链条等方式，推动科技与需求的全方位耦合，让更多成熟、实用的农牧业技术成果在一线转化推广，形成实效，切实打造乡村产业创新驱动发展"新引擎"。

二是以"下基层、强服务、解民忧"为主题，部署开展为期8个多月的农业农村系统领导干部和科技人员服务基层行动，从全省涉农部门抽派8个联市（州）联县（区）督导组、40个包县联片科技服务督导组和12支特邀首席专家团队，深入全省8个市州及基层县乡，开展服务行动相关工作。服务基层行动在人民网、中国农网、学习强国等平台进行了多篇宣传报道。

三是选聘和续聘服务农村合作组织大学生1000人，为村两委、村集体经济组织、国有农场、农牧民专业合作社提供服务，帮助拓宽发展领域、建立科学的内部管理制度、提高收益水平。

积极有效应对疫情，拓展科技服务方式多样化。

针对近期新冠肺炎疫情影响，及时动态调整工作方向和服务方式，要求各"科技特派员工作站"结合春耕农时需求，以科技特派员管理服务平台为核心，通过视频双向互动、线上指导培训等方式，开展非接触式精准技术培训和服务，就近就便组织指导基层农技人员、乡土人才开展生产。于5月16日—20日、6月13日—17日、8月15日—19日共对基层专业技术人员、农牧业产业致富带头人、驻村干部等110人进行了理论政策、专业知识和实操技能培训，全面提升"科技特派员工作站"服务地方经济发展能力。举办"青海省高素质农牧民培训空中课堂"，根据实际情况和农牧民的需求，制作了《青海农牧区主要自然灾害及韧性乡村建设》《青海小麦主要病害发生规律及防控关键技术》《优质牧草种子检选》和《养羊的关键核心技术》四门网课，解决"学员上不来"和"专家下不去"的痛点，填补了青海省高素质农牧民培训线上教学空白。持续实施农牧民教育培训工程，就地就近培养种养殖大户、新型经营主体带头人等各类农牧民，完成培训13829人次，组织农牧民职业技能培训45576人次，提升农牧民职业技能。

面向农业产业需求，强化科技成果供给。

一是2022年资助专项总经费6240万元，支持省级科技成果转化项目31项。积极引导并做好农牧业科技项目成果登记服务工作，今年已累计登记省级农业科技成果24项，集成熟化先进适用技术14项，应用推广适用技术13项，选育青蚕21号、青蚕25号作物新品种2个。

二是支持青海大学食用菌科研团队选育的羊肚菌新品种科技成果成功转化，正式与西藏自治区日喀则市谢通门县一见则喜生物科技发展有限公司签订技术转让合同，青海大学作为出让方为该公司提供青菌系列5个羊肚菌菌种在西藏自治区的使用权，技术转让交易金额50万元。食用菌新品种科技成果实现转化在全省尚属首例。

文化促振兴　展现乡村美

新疆维吾尔自治区阿瓦提县英艾日克镇

阿克苏地区阿瓦提县英艾日克镇也克力村"访惠聚"工作队牢牢聚焦今年四项重点任务，以文化振兴助力实施乡村振兴战略，不断加强乡村治理，着力改善农村人居环境，弘扬中华优秀传统文化，努力践行社会主义核心价值观，掀起了新时代乡村文明新风。

文化大街展新颜

"我们村有一条特别漂亮的街，来了一定要去那里看一看。"村民肉孜·麦麦提逢人就会这么说。他说的这条街，就是也克力村"文化大街"，也是外地人来也克力村的必"打卡地"。结合文化润疆、旅游兴疆、乡村人居环境整治，驻村工作队积极谋划，争取资金支持，发动群众广泛参与，将原本普通的村道变成了一条饱含文旅综合体气韵、集中展示中华优秀传统文化的集聚区。文化大街从临近村主干道的宣传文化长廊起始，全长300多米，路边种植了柏树和玉兰树，一直延伸到村"文化大院"，沿街近20户人家，乡土气息浓厚。农民画墙绘、新疆文物展板、中华文化元素的葡萄架门头、"中国红"色彩的长椅、徽派建筑的屋顶墙头……文化大街让也克力村的颜色变得色彩斑斓、内容变得形象生动，成了倡导村庄文明新风、弘扬中华优秀传统文化的新阵地，提升了乡村的颜值和文化品位，在中华优秀传统文化滋养中，中华民族共同体意识深入人心。

文化大院聚人心

沐春风以化雨，施文明兮甘霖。"工作队把我们家打扮成了全镇最漂亮的地方。我今年还要加大投入，依托文化大院办好农家乐，除了搞文化活动，还可以提供餐饮娱乐服务，既富脑袋、也富口袋。"掩饰不住内心喜悦的"文化大院"户主艾则孜·尤努斯激动地说。按照文化和旅游厅党组安排部署，驻村工作队把建好用活"文化大院"作为推进乡村振兴战略的重大举措，作为贯彻落实第三次中央新疆工作座谈会精神、推进"文化润疆"工程的具体实践，逐步完善设施配置、不断强化功能与利用，坚持以活动为载体，经常性组织开展歌舞表演、书法绘画、文体比赛、政策宣讲、阅读交流、"民族团结一家亲"联谊等活动，推进农村移风易俗，促进各民族交往交流交融，真正把"文化大院"建成了传播党的声音、培育新时代文明乡风、广泛凝聚人心的精神家园。

党史展馆强信念

"李书记，临近清明节，我们想组织村里的党员干部前往也克力村党史馆接受教育，举行莎吉木汗·莫明烈士墓祭扫仪式，您看安排在什么时间合适？"也克力村党支部书记李家旺最近每天都要接到很多这样的预约电话。为进一步弘扬革命精神，传承红色基因，提升爱国主义教育的深度和广度，驻村工作队争取派出单位400万元资金支持，2019年在莎吉木汗·莫明烈士陵园内新建了400余平方米的也克力村党史陈列馆，通过图片和文字的形式，展示中国共产党发展壮大过程中的重大历史事件和人物。党史馆建成后，工作队培训专门人员，为村民和前来接受教育的各地党员干部讲解，引导党员干部和村民边学边悟，感悟中国共产党的伟大，坚定跟党走的决心。党史馆建成以来，共接待群众7万余人次。如今的也克力村党史陈列馆知名度越来越高，已成为当地、阿瓦提县乃至阿克苏地区的重要红色教育基地。

文化活动享和谐

傍晚时分，村里不时会传出阵阵悠扬的乐声、孩子们打篮球的嬉戏声、村民们聚在一起闲谈时的笑声。为给村民开展文体活动创造良好的条件，驻村工作队争取派出单位支持,改造了村民文化活动中心、文艺大舞台、民族团结广场,添置了 LED 大屏、专业音响、舞台灯光等设备,动员村民组建舞蹈队、歌唱团、模特队、篮球队,丰富村民的业余生活。工作队采取"送出去+请进来"模式,先后将30多名热爱舞蹈的青年送往新疆文化艺术学校参加培训,提升舞蹈技艺,联系新疆专业院团的舞蹈艺术家到村指导队员。文艺队成为村民眼中最亮的"星",农民大舞台成为村里最热闹的地方,村民们的精气神越来越足。

环境整治树新风

拆除危旧房屋、清理房前屋后乱堆乱放、打扫巷道庭院杂草杂物、清理乱搭乱建、整治户厕......这一幕幕热火朝天的画面,正是当前也克力村农村人居环境整治的景象。"虽然在推进人居环境整治过程中,一些村民不理解,我们遇到了很大的困难,但是,我们还是坚持按照工作要求,耐心细致做好群众工作,1月份以来,已拆除危旧房屋100多座,清理垃圾100余吨。"工作队队长翟为民说。通过落实推进"厕所革命""院落改造""村容村貌美化"等,也克力村村容村貌正在向着更好的方向变化,村民们逐渐告别了不良的生活习惯和脏乱差的生活环境,村民的生活更加现代化,基础设施得到改善,开启了现代文明新生活。

"我也去过外面很多地方旅游，但是现在我觉得自己的村子是最美的，不光是环境越来越美，大家相互帮助、互相支持、和睦相处，是村子里最美的一点。"村民艾则孜江说。

鄯善县发展电商推动乡村振兴

2022年以来，鄯善县引入电商服务企业、MCN（短视频）机构及农文旅企业29家，淘宝官方全品类直播基地也率先落地电商产业园。电商业的快速发展，助推了乡村振兴、农民增收。

数据显示，今年进入哈密瓜销售季以来，鄯善县电商产业园已销售哈密瓜483.28吨，销售额555.17万元，通过数字赋能，哈密瓜地头直采价在每公斤4至4.5元，较上年上涨1元左右。同时，干果、红酒、玉石等产品也全面进入华东华南核心市场。

目前，鄯善县电商产业园内快手、抖音基地正在加速推进。直播基地带动海量流量，辐射全疆电商产业园区，形成县域总部经济；电商企业参加全国第四届"双品网购节"——"激情盛夏·域见鄯善·夏日甜蜜季"系列活动两场（次）。

近两年，鄯善县将发展电商经济作为县域经济发展的重要助力进行培养扶持，加大对电商经济和数字经济的专项研究，并结合该县区位、交通、农特产品实际，明确电商经济发展思路，于2021年争取到国家级电子商务进农村示范项目及鄯善县农副产品销售电商平台项目（援疆），形成双轮驱动的总部型经济形态，以高水平共享开放促进电商赋能传统产业转型。

经过统筹规划、综合考量、空间比对，鄯善县政府从六处选址中优选出万振奇石城作为县电商产业园主阵地。以电商产业园为中心，打通农村"最后一公里"，实现统仓共配、提速降费；与吐鲁番职业技术学院、巴音学院、新疆职大等9校建立"校企联盟"，实现"职校+就业"无缝对接，今年通过高校、返乡大学生等开展各类电商培训31场708人（次），吸收高职应届毕业生近百名入园就业。

鄯善县以产业孵化、电商服务、云上鄯善为依托，构建了"6（六大区域）+5（五大产业）+4（四个矩阵）+3（三个平台）+2（双轮驱动）"的运营模式，以粤港澳、长三角、闽东南、京津冀、大西南（川渝）、大西北（西安）等6大区域为主要阵地，结合本地生鲜、干果、奇石、红酒、文旅（创意手工、美食）等5大生态，通过商家自播、海量达人、营销活动、头部大V为品销双赢的四个矩阵，链接抖音、快手、淘宝三大平台，打造链路清晰、数字聚焦、垂直分类的电商基地，推动本地产业数字化转型升级，以数字经济助推乡村振兴。

此外，鄯善县大力推动数字电子商务与农村经济实体深度融合，不断催生数字文旅、共享经济、网络平台经济，用数字赋能线下生产，物联网倒逼产业升级，实现农产品增值。该县还充分运用疆内收购、疆外销售"两张网"，紧抓"域见鄯善"区域公用品牌，借助"三通一达"全国网络，设置前置水果仓，打通新疆农产品供应"零距离"，通过六大区域MCN（短视频）机构赋能，实现品牌援疆新模式，织密织牢内地"销售网"。创新供应链金融，通过流量进行信用评级，打通供应链企业的资金短板，撬动数据赋能产业。

智慧农业引领农业变革新方向

新疆维吾尔自治区农业农村厅

如今，智慧农业实践愈加多元化，无论是春播夏种，还是秋收冬藏，农业生产的各环节都不乏"智慧因子"。植入了"智慧芯片"的农业，正在将一产引向前所未有的智能高效时代。随着5G、大数据、物联网、云计算等新技术的发展和运用，越来越多的智慧农业应用场景将铺展在新疆大地。

轻点鼠标就能自动给蔬菜施肥浇水，通过手机就能实时掌握农作物生长情况……这些高科技农业种植技术，正随着新疆智慧农业的快速发展成为现实。

催生新的生产力

"智慧农业是传统农业向现代精准农业发展的一次深刻变革，是农业信息化发展从数字化到网络化再到智能化的高级阶段。"1月31日，自治区政协农业和农村委员会副主任陈彤说。

陈彤对乡村振兴和智慧农业格外关注。他认为，现代农业有三大科技要素：品种是核心，设施装备是支撑，信息技术是质量水平提升的手段。智慧农业完美融合了这些要素，对农业发展具有里程碑意义。

无人机、北斗导航、植物生长传感器……近年来，我区智慧农业实践愈加多元化，无论是春播夏种，还是秋收冬藏，农业生产的各环节都不乏"智慧因子"。

2020年春耕期间，我区各地都有自动导航驾驶系统的田间演示会，这些演示会让不少农民开了眼界。自动导航辅助驾驶和作业系统的大马力拖拉机，在提前设置好的导航系统引导下，按照规划路线自动驾驶，播种线路笔直，行距均匀，过去需要多年经验积累和多天多人才能完成的工作，如今在现代化技术的辅助下轻松完成。

毫无疑问，智慧农业的生产效率是传统农业无法比拟的。2020年，我区主要农作物综合机械化水平达到85%，高出全国平均水平。

作为智慧农业的亲历者，玛纳斯县玛纳斯镇党委书记郑磊感触颇深："玛纳斯县在现代农业发展中，充分运用信息化农业技术，创新农业服务机制，通过对农业生产经营、管理、服务全产业链进行智能化运作，实现了传统农业到优质高效、安全可控的智慧农业转变。"

"智慧农业催生了新的生产力。"郑磊说，目前，玛纳斯县农业新技术科技成果转化率达到80%；农作物良种覆盖率100%，高效节水全覆盖，高效智能水肥一体化节水技术覆盖率达80%；主要农作物综合机械化水平达到98%以上。

实践表明，农业插上"智慧"的翅膀，将为乡村营造出"金色"十足的未来，让农民的"钱袋子"更鼓，让农民这份职业更体面。

手机成为新农具

沙雅县是全国优质棉生产县、自治区粮食生产基地县。沙雅县委副书记、县长夏帕克提·吾守尔介绍，近年来，随着渭干河灌区50万亩高效节水增收试点项目的顺利实施，沙雅县通过建设高标准农田、发展适度规模经营、培育社会服务组织等，全面推进棉花产业提质增效，建立健全棉花种植、制种、纺纱、织布等全产业链，实现了传统农业向现代农业的转变。

目前，沙雅县高标准农田建设及适度规模经营面积达121万亩，主要农作物综合机械化率达91.92%，已培育各类生产经营主体315个、农机社会化服务组织89个。沙雅县还与新疆农业大学、塔里木大学等科研院所签订了战略合作协议，通过整合现有的农业、水利、农机等信息化平台，集成应用计算机与网络技术、物联网技术等，打造了沙雅县智慧（数字）农业信息平台。

高标准现代化大棚、有机蔬菜智慧工厂、智能种植床、水循环温度调节……谈起智慧农业，新疆北大仓农业科技开发有限公司董事长宋林滔滔不绝："新疆有着独特的光热资源和农作物生长环境，以智慧农业和高效精准农业为引领，能够赋能农业现代化高质量发展，进一步提高新疆农产品品质。目前，我们公司正深入开展种植前端生产标准化、规模化、规范化的探索，搭建从田间到餐桌的全程可追溯体系，推动农产品品质化和品牌化提升，实现农产品从优地优品到优质优价，促进农民持续稳定增收。"

从"靠天吃饭"到"靠科技增收"，随着5G、大数据、物联网、云计算等新技术的发展和运用，越来越多的农民将习惯"在手机上种田"，越来越多的智慧农业应用场景将铺展在新疆大地上。

乡村振兴添动力

作为"科技+现代农业"的最优载体，智慧农业在推进乡村振兴中扮演着重要角色。

夏帕克提以沙雅县为例，总结了智慧农业的蝶变效应：使农机、农艺与机械化、信息化深度融合，节约了劳动力，提高了生产效率，推动了农业生产力提升的变革；通过水利信息化、节水工程、节水机制的建设，推动了农业绿色发展、农业生产节本增效；通过现代农业的快速发展，辐射带动上下游产业集聚集群、互动发展，初步形成了种、肥、水、农机制造等一体化循环产业链；从土地上转移出来的农民从事二三产业，形成新的经济增长点，加快了城镇化步伐，推动城市结构优化、功能完善、品质提升。

智慧农业正以其独特的魅力激发出乡村振兴的巨大活力。

"植入了'智慧芯片'的农业，正在将一产引向前所未有的智能高效时代。"宋林说，"在现代信息技术支撑下，农作物墒情、苗情、病虫害情况都能实时监控并智能控制，农产品质量追溯可以直达源头，农业生产变得简单易行，农业发展质量更好、效益更高，更加绿色。

博州深入推进"互联网+农业"

促进农村一二三产业融合发展

博州以"互联网 农业"为驱动，发展智慧农业、精细农业、高效农业、绿色农业，提高农业质量效益和竞争力，促进农业发展方式转变，努力拓宽农民增收渠道，不断探索数字乡村振兴有效途径，以"互联网 农业"促进农村一二三产业融合发展。

一、主要做法

一是加大互联网技术应用，促进农业转型升级。现代信息技术在轮作休耕监管、农机精准作业等方面得到了广泛应用。2019年，博乐市引进3台全免耕播种机，7套卫星定位导航系统，在小营盘镇、阿热勒托海牧场建试验玉米免耕保护性耕作试验田3392亩，在技术人员全程指导下，取得了非常的好成效。经州、市农技推广中心专家多次测产，3392亩免耕试验田平均单产为1097.3公斤，比全市平均单产960公斤，高出137.3公斤。2020年，全市计划推广玉米免耕精量播种与水肥一体化种植面积56000亩，将在博州探索以保护性耕作替代地膜覆盖的可持续农业发展，将博乐建成全疆第一个玉米全面实施保护性耕作的试点，成为覆盖西北和中亚地区的保护性耕作典型。

二是依托互联网，促进农产品流通体系建设。线上依托"淘宝网""特色中国·博尔塔拉馆""官方天猫旗舰店""邮乐购""苏宁易购博尔塔拉馆""天山聚"、"微动精河""掌上精河""精河微商联盟""翼支付""微赞""券多多"等第三方电商平台，带动本地农产品进入互联网生态圈。建立了精河县依托智慧园电子商务有限公司的精河县电子商务公共服务中心；博乐市依托雪狼电子商务有限公司成立了博州电商创业孵化基地和博乐市电商公共服务平台，并给予了场所租金减免、人员招募、广告宣传等支持。通过整合物流企业的运力，对企业物流进农村实行物流补贴，加快物流园建设步伐，为电商企业物流仓储解决后顾之忧，确保互联网乡村流通体系稳定运转。全州成立2个县级电商公共服务中心，18个镇级电商服务站，115个村电商服务点，电商销售农产品0.7亿元，网络购物近17亿元；

三是创新互联网 品牌等新模式，提升农产品附加值。借助互联网手段，帮助农业基地、龙头企业打响标识性品牌，降低农产品流通成本，有效提升了农产品附加值与竞争力。通过不断扶持与培养，涌现出"西域杞源""俏军嫂""杞惠好"等一批本土电商企业及"精河枸杞""西域粮票""温泉礼物""营盘礼物""银盘鸡蛋"、"营盘香米""保玲蜂蜜""中酒葡萄酒""旺泉羊肉串"等地域品牌，博州在线上销售的农特产品近100种，通过互联网手段，大幅度提升了农民群众和农企的生产效益。

四是扩大信息进村入户范围，提升农村信息综合服务能力。推广运用农技推广服务信息化平台以及中国农技推广APP，依托农业农村部、自治区农业农村厅基于移动互联的基层农技推广服务云平台，利用互联网、3G等现代信息技术，搭建农技推广工作管理、农情及突发事件信息采集平台，实现任务安排网络化、推广服务信息化、工作考核电子化。农民用手机关注农业服务类微信公众号，获得近期温度、湿度、风量、雨量和灾害预警，农民根据这些农业数据提前做好应对。同时，与中国知网（CNKI）合作，购买网络科技书屋480个，其中农技人员科技书屋100个、示范户科技网络书屋380个；引导农技人员充分利用农业科技网络书屋资源，发挥身边书屋的作用，加强自身学习，促进知识技术不断更新；积极向村队干部、种养大户、专业合作组织、龙头企业推荐使用农业科技网络书屋，指导他们选择并正确使用适应本地的农业技术，因地制宜、因时制宜进行科学种植养殖。

二、存在的困难

"互联网 农业"还存在 些问题和短板。如冷链等物流成本过高，使农产品难以销往外地；农村电商物流对于偏远农村尚未实现网点全覆盖；缺乏既懂农业，又精通互联网的复合型人才等，极大制约了该行业的发展；农业农村信息化建设起步晚、底子薄，基础差，"互联网 农业"发展不充分、不均衡，对促进农村一二三产业融合发展的作用仍然不足。

三、对策举措

一是加快发展冷链物流。发挥政府部门在规划、标准、政策等方面的引导、扶持和监管作用，为冷链物流行业发展创造良好环境，聚焦农产品产地"最先一公里"等突出问题，因地制宜、分类指导，形成贯通一二三产业的冷链物流产业体系。

二是加快打通农村电商物流。建议不断完善农村电商物流扶持政策，大力开展农村公路、电力、网络通信等基础设施建设，支持基层电子商务公共服务中心和电子商务服务站点的合理建设，联合顺丰、申通、圆通、韵达、中通等快递公司开展惠农行动和便民服务。

三是加大农业农村人才培育力度。全面推进以新型职业农民为主体的农村实用人才培育工程，加快探索建立职业农民扶持制度，积极推动产业发展、财政补贴、金融保险、社会保障等方面扶持政策向职业农民倾斜。同时，加强政策引导，鼓励和支持高校毕业生投身现代种业、农业技术、农产品加工、休闲农业、农村电子商务等事业。